国家社会科学基金重大项目（20ZDA103）资助
浙江大学开放型经济与发展优势特色学科资助
浙江大学经济学院优秀学术著作出版资助计划资助

数字经济时代

中国推动全球经济治理机制变革研究

马述忠 郭继文 等 ◎ 著

中国财经出版传媒集团

经济科学出版社
Economic Science Press

·北 京·

图书在版编目（CIP）数据

数字经济时代中国推动全球经济治理机制变革研究/
马述忠等著 . -- 北京：经济科学出版社，2024.10
ISBN 978 - 7 - 5218 - 5613 - 2

Ⅰ. ①数… Ⅱ. ①马… Ⅲ. ①世界经济-经济治理-
研究 Ⅳ. ①F113

中国国家版本馆 CIP 数据核字（2024）第 041255 号

责任编辑：王柳松
责任校对：杨 海
责任印制：邱 天

数字经济时代中国推动全球经济治理机制变革研究
马述忠 郭继文 等著
经济科学出版社出版、发行 新华书店经销
社址：北京市海淀区阜成路甲 28 号 邮编：100142
总编部电话：010-88191217 发行部电话：010-88191522
网址：www.esp.com.cn
电子邮箱：esp@esp.com.cn
天猫网店：经济科学出版社旗舰店
网址：http://jjkxcbs.tmall.com
北京联兴盛业印刷股份有限公司印装
710×1000 16 开 20.5 印张 370000 字
2024 年 10 月第 1 版 2024 年 10 月第 1 次印刷
ISBN 978 - 7 - 5218 - 5613 - 2 定价：129.00 元
（图书出现印装问题，本社负责调换。电话：010-88191545）
（版权所有 侵权必究 打击盗版 举报热线：010 - 88191661
QQ：2242791300 营销中心电话：010 - 88191537
电子邮箱：dbts@esp.com.cn）

前　言

数字经济时代的到来，为全球经济治理带来诸多新的机遇和挑战，也改变了国际经济格局。金融、贸易、投资、能源等领域的地缘冲突或许会因数字经济新元素的注入而升级，在数据流动、网络安全、贸易规则等方面也可能衍生新的矛盾，但数字技术的不断提升和数字经济的融合发展也为各国分歧的处理提供了更多可能。站在十字路口，是求同存异还是剑拔弩张，是合作互助还是单边独立，是开放包容还是封闭自锁，是互利共赢还是以邻为壑，是世界各国面临的现实问题。中国要"积极参与全球经济治理，推动建设开放型世界经济。"① 中国所倡导的"人类命运共同体"② 理念以及"共商共建共享"的全球治理观③，必将在数字贸易规则构建、跨境数据流动、网络空间安全治理、消费者跨国权益维护、缩小数字鸿沟等方面发挥重要作用，为形成公正合理、包容联动的全球数字经济治理体系贡献中国智慧与中国方案。

本书从上述时代背景切入，兼顾国内形势发展与国际环境变化，立足于国家可持续发展和长远利益，从数字经济对全球经济治理机制变革的影响、数字经济时代中国在全球经济治理机制变革中的角色定位、数字经济时代中国推动全球经济治理机制变革的机遇与挑战、数字经济时代中国推动全球经济治理机

---

① 人民网. 习近平出席亚太经合组织工商领导人峰会并发表主旨演讲［EB/OL］. http：//jhsjk. people. cn/article/322792900.

② 人民网. 记习近平主席出席亚太经合组织第二十一次领导人非正式会议［EB/OL］. http：//jhsjk. people. cn/article/23131051.

③ 人民网. 习近平提出，坚持和平发展道路，推动构建人类命运共同体［EB/OL］. http：//jhsijk. people. cn/article/2594530.

制变革的实施路径研究及数字经济时代中国推动全球经济治理机制变革的关键举措研究几部分，详细解构了数字经济时代中国推动全球经济治理机制变革的一系列重要命题，期待为新兴市场国家共享全球数字经济红利提供战略设计，为中国在全球经济治理机制变革中找准角色定位，为中国推动全球经济治理机制变革确定实施路径，为本土企业参与全球数字经济竞争提供决策参考。

相比同类研究，本书的特色在于：第一，独特的研究视角，既有研究大多基于传统的工业经济视角，而从数字经济视角切入分析全球经济治理机制演变的逻辑、方向、路径以及中国扮演的角色仍十分少见，本书希望为弥补相关学术空白作出贡献；第二，系统的研究架构，少数相关研究只是涉及全球数字经济治理的某个方面，在深度和广度上有待挖掘，本书从数字经济分解视角，全面剖析了全球经济治理的新需求，并从治理方法、治理范围、治理理念、治理重点等多个方面给出解决路径；第三，科学的研究方法，本书高度重视数据的可靠性、文献的代表性，以逻辑演绎为主，运用经济学、管理学、法学、政治学等多学科知识，提升论证的科学性和严谨性，力求做到论证有力、逻辑自洽；第四，翔实的论证细节，本书每部分的观点尽可能做到凝练鲜明、切合实际，每个观点辅之以大量理论支撑或者事实支撑，与观点直接相关的部分位于正文，延伸拓展的部分位于专栏、脚注等，在合理的结构安排下做到翔实论证。

本书是国家社会科学基金重大项目（项目号：20ZDA103）的最终结项成果。在项目调研期间，研究团队围绕全球经济治理中的诸多现实话题展开了充分剖析和解构，在《经济研究》《管理世界》发表学术论文 5 篇，在《经济学季刊》《国际贸易问题》《经济学动态》《农业经济问题》《浙江大学学报》等重点期刊发表学术论文 5 篇，在《光明日报（理论版）》《中国社会科学报》等重要报纸发表文章 3 篇，被人大复印资料转载 5 篇，在 International Business Review、World Economy、Applied Economics 等高水平 SSCI 期刊发表学术论文 6 篇。此外，在调研基础上形成的研究成果、咨询要报曾被省部级政府机构采纳或被省部级领导批示，共计 9 份。这些丰富的成果组成了本书内容的核心素材。考虑到专著的写作风格、内容安排和篇章结构，相关论文的许多重要观点很难详细展开论述，我们以已发表的研究成果为基础，通过插入专栏、脚注等形式对上述论文和调研成果进行理论或经验上的阐释或补充，使得相关论证更加完整、全面且有说服力。

本书的撰写工作自 2020 年启动，在借鉴并吸收国内外大量相关文献资料和素材的基础上，经过反复讨论和修改后最终成稿。本书的逻辑框架由马述忠教授组织搭建，并确定了全书的写作风格和内容安排。按照章节先后顺序，其他参与本书撰写的团队成员包括：第 1 章和第 2 章，郭继文（湖南大学副教授）；第 3 章，胡增玺（中央财经大学助理教授）；第 4 章，郭雪瑶（浙江大学博士生）；第 5 章，贺歌（浙江大学博士生）；第 6 章，沈雨婷（浙江大学博士生）。全书由马述忠和郭继文负责统稿和校对。

　　感谢浙江大学经济学院优秀学术著作出版资助计划对本书的资助！感谢经济科学出版社对本书编辑出版工作的全方位支持。

　　本书可供经济、管理、法律等各个专业的师生及研究人员参考使用。尽管笔者已尽力确保内容准确可靠，但囿于精力和时间，部分细节难免有所疏漏，还望学界同仁及广大读者朋友多多批评指正，笔者不胜感谢。

马述忠

2023 年 10 月 1 日

目　录

1

引　言

1.1　研究背景

1.1.1　全球数字经济发展提挡加速

移动互联网、人工智能、大数据、云计算等数字技术的飞速发展和广泛渗透，使得数字经济快速成为世界经济增长的新引擎，有助于各国转变经济发展方式，重塑经济发展格局，提高经济发展效益。为抓住宝贵的发展机遇，世界各国纷纷出台数字经济发展战略。比如，英国先后出台了《数字经济法案 2010》《数字经济战略 2015～2018》和《英国数字战略》，德国发布了《数字议程 2014～2017》《数字战略 2025》等，对数字经济进行全面而详细的规划，以充分释放数字技术驱动经济增长的潜能。同时，数字经济也越来越受到国际组织或区域性集团的重视，联合国发布的《数字经济报告 2021》（*Digital Econovny Report 2021*）全面审视了全球数字经济发展的态势，经济合作与发展组织（Organization for Economic Co-operation and Development，OECD）、金砖国家等纷纷将数字经济作为重要议题。2016 年，中国作为 20 国集团（Group of 20，G20）轮值主席国，首次将数字经济列为 G20 创新增长蓝图中的一项重要议程。在 2016 年 9 月举行的 G20 杭州峰会上，多国领导人共同签署《二十国集团数字经济发展与合作倡议》，该倡议旨在本着创新、协同、灵活、包容、开放等原则，通过各国互惠合作，在关键领域持续释放数字经济潜力，携手推动全球数字经济迎来更加广阔的发展空间。[①]

在各国政府的普遍重视和政策支持下，数字经济迅猛发展。根据中国信息通信研究院测算，2018 年 47 个国家的数字经济规模合计达 30.2 万亿美元，占 47 个国家国内生产总值的比例为 40.3%。其中，近一半国家数字经济规模超千亿美元，中国数字经济规模近 5 万亿美元，居于美国（规模超 12 万亿美元）之后，为全球第二大数字经济体。在 47 个国家中，有 38 个国家数字经济增速显著高于同期 GDP 增速，且各国产业数字化占数字经济比重均超过 50%。[②] 新冠疫情的全球蔓延给世界经济发展带来严重冲击，对维持经济韧性带来很大挑战，在严峻的背景下，全球数字经济仍在逆势中实现了平稳发展。2020 年，中国信息通信研究院测算的 47 个国家数字经济增加值规模达到 32.6 万亿美元，同比增长 3.0%，占 47 个国家 GDP 比重为 43.7%。从内部看，发达国家是数字经济发展的绝对主力，规模达 24.4 万亿美元，占全球总量的 74.7%，约为发展中国家的 3 倍。但从增速看，发展中国家略高于发达国家。总体来看，新冠疫情成为强劲的数字化加速器，经济体系、治理模式因其加速变革，进一步加快了从工业经济时代迈向数字经济时代的步伐。

1.1.2　各类新型跨国挑战不断涌现

数字经济时代的到来会带来一系列新模式、新业态、新场景和新体制，会对生产方式、生活方式的变革产生重大影响。在此背景下，金融、贸易、投资、能源等方面的一些冲突可能会减弱，但数字经济新元素的注入可能同时在数据流动、网络安全、贸易规则、市场管理等多个方面衍生新的矛盾。比如，在贸易方面，因为缺乏统一的全球性共识，所以，数据开发和数据保护之间的平衡成为全球难题。数字贸易中的数据呈现几何级数式增长，是驱动技术创新和模式创新的关键力量，对数据的分析、挖掘和利用可以释放巨大价值。但与此同时，数据的跨境自由流动可能损坏个体层面的数据主权甚至威胁国家安全。同时，数据价值链分配不平衡的问题愈发凸显。目前，全球数据价值链主要由一

---

① 二十国集团杭州峰会．二十国集团数字经济发展与合作倡议［Z/OL］．http：//www. g20chn. org/hywj/dncgwj/201609/t20160920_3474. html.

② 中国信息通信研究院．全球数字经济新图景（2019 年）［R/OL］．http：//www. caict. ac. cn/kxyj/qwfb/bps/201910/P020191011314794846790. pdf.

些超大型跨国数字平台主导，大部分集中于美洲地区，市值占比高，攫取了全球数据价值链中的大部分收益。比如，在金融方面，数字金融作为数字经济时代新的金融运作模式，出现时间短、成长速度快，且发展形式多样，给政府监管及世界范围内的跨国监管合作带来新的挑战。对于数字金融，尚无可借鉴的监管先例与监管经验，各项市场准入制度和监管制度、新技术应用标准、行业自律规则尚不够完善，且数字金融的混业经营创新趋势增强进一步模糊了监管边界，加上各国对待数字金融发展的态度不同，有关数字金融的跨国监管合作更是难上加难。

类似地，在投资、能源、文化交流等方面的全球挑战还有很多。而数字技术的不断延伸和数字经济的融合发展为弥合各国分歧、实现高效全球经济治理提供了更多可能，僵持不下的问题或分歧可能迎来较好的解决方案。

1.1.3　全球经济治理机制亟须变革

鉴于数字经济发展给全球经济治理带来的诸多新议题、新挑战，全球经济治理机制亟须变革以适应新的治理需求。

第一，在治理方法上，亟须加快治理机构、治理方式的转变，提升治理效率。一方面，数字经济时代的治理对象更加复杂多样，全球经济治理结构需要从"纵向"治理结构向"横向"治理结构转变，实现分布式共同治理，同时，需要保证政策出台的连续性；另一方面，治理方式亟须转变，在全球经济治理形势越来越复杂的情况下，需要利用大数据、云计算等数字化手段对全球经济治理不同领域的各类问题进行精准分析和精准预判，确定合理、急需解决的议题，打造智能治理模式，为国际组织和各国政府提供更可靠的决策依据，从而为相关问题的解决设计更优方案。

第二，在治理范围上，亟须覆盖更多群体，尤其是数字鸿沟中的弱势群体。首先，数字经济时代的全球经济治理要涵盖更多主体，在持续扩大互联网普及范围的同时，要注重提升人们的数字素养和数字技能。同时，要将中小企业等在传统贸易中的弱势群体纳入全球经济治理范畴，借助数字贸易参与国际分工；其次，数字经济时代的全球经济治理要涵盖更多业态，数字经济会带来许多新兴业态，分属于数字技术、数字贸易、数字金融、数字政务、数字安全等各个领域，如比特币、跨境电商、智能制造，等等。全球经济治理要将这些新兴业态纳入治理范围。最后，数字经济时代的全球经济治理，要涵盖更多领域。数字经济时代，产业边界愈加模糊，这就要求全球经济治理关注的领域更加广泛，特别是在网络、太空等新兴领域，要探索国际合作新机制，使更多国家搭上数字经济快车。

第三，在治理理念上，亟须建立多方参与、协同共建的治理理念。数字经济时代的全球经济治理问题往往不是单一、独立的问题，在实际经济运行中涉及多个领域、多个层面、多个角度，仅靠一个国家或者一个组织的力量很难推动问题的有效解决，笔者呼吁国际社会在面对复杂棘手的问题时要本着"共商共建共享"的原则进行协同治理。在数字经济时代，政府、行业组织、平台、平台用户等要实现协同治理，打造权责利清晰、激励相容的协同治理格局，形成治理合力，是全球数字经济治理的必然选择。

1.1.4 新兴市场国家主体地位日益提升

技术的重大革命往往会带来世界经济格局与世界政治格局的调整，当前的科技革命与产业变革是驱动世界经济格局重构、世界政治格局重构的核心力量，即数字经济发展正重构着世界经济格局和世界政治格局。在数字经济时代，新兴市场国家和发展中国家在全球经济中的地位不断提升。根据国际货币基金组织（International Monetary Fund，IMF）统计，按购买力平价计算，新兴市场国家和发展中国家国内生产总值的加总在 2008 年首次超过发达国家，且是金融危机之后全球经济复苏的主力军。[①] 尽管在数字经济规模上，发展中国家与发达国家还有较大差距，但发展中国家的数字经济增速要快于发达国家，因此，长期来看差距会趋于收敛。经济地位提升的直接结果，是发展中国家在国际场合话语权的提升。以往全球经济治理体系下的规则更多地体现了发达国家的利益诉求，对于发展中国家而言有失公平。比如，在乌拉圭回合谈判中制定的《与贸易相关的投资协定》《服务贸易总协定》等协议，较多地关注有利于发达国家发挥竞争优势的领域，发展中国家的利益在规则框架下并不能得到有效保障。

随着发展中国家和新兴市场国家的崛起，"南—南"合作变得更加重要，

---

① IMF. World Economic Outlook ［R/OL］. https：//www.imf.org/zh/Publications/WEO/Issues/2019/03/28/world-economic-outlook-april‐2019.

不少发展中国家的区域组织在全球经济治理中扮演着越来越重要的角色。

比如，金砖国家致力于建立更紧密、更广泛、更全面的战略伙伴关系，合作影响力已经超越自身范畴，成为促进世界经济增长、完善全球治理、推动国际关系民主化的建设性力量。①

比如，2001 年上海合作组织正式成立，截至 2023 年已有 9 个成员国、4 个观察员国、14 个对话伙伴，在区域内着力开展经贸、环保、文化、科技、教育、能源、交通、金融等领域的合作，致力于建设民主、公正、合理的国际政治经济新秩序。②

再比如，2024 年东盟峰会的与会各方围绕东盟政治安全共同体、经济共同体、社会文化共同体三大支柱，就区域经济一体化、互联互通、数字经济、绿色发展等议题深入探讨，审议并通过了 90 多项成果文件；峰会同时审议了《2025 年东盟共同体愿景》的落实情况和东盟共同体建设进展。③

全球经济治理体系应该向更加公平、合理的方向演进，发展中国家在国际事务决策中应该享有更大话语权，这一点在国际环境日趋复杂的数字经济时代将更为重要，而新兴市场国家主体地位的不断提升必将推动这一历史演变。

1.1.5　中国治理理念契合世界潮流

面对数字经济时代全球性难题的繁复庞杂、不同领域治理议题不断涌现、关键领域缺乏共识的困境，全球经济治理亟须新的理念来凝聚共识、共迎挑战。

中国提出"共商共建共享"的全球治理观，有利于在新的国际格局下保障机会平等、规则平等和权利平等，符合大多数国家的根本利益，有利于促进数字经济时代全球经济治理机制朝着更加合理的方向演进。中国秉持这一理念且一直在实践，比如，通过"一带一路"倡议加强与"一带一路"共建国家的政

---

① 金砖国家领导人第十四次会晤官网．金砖国家简介［EB/OL］．http：//brics2022. mfa. gov. cn/chn/gyjzgj/jzgjjj/.
② 上海合作组织官网．上海合作组织简介［EB/OL］．https：//chn. sectsco. org/20151209/26996. html.
③ 人民网．东盟持续推进区域一体化进程（国际视点）［EB/OL］．https：//baijiahao. baidu. com/s？id = 1812933709176144676&wfr = spider&for = pc.

策沟通、设施联通、贸易畅通、资金融通和民心相通，共同打造政治互信、经济融合、文化包容的利益共同体、命运共同体和责任共同体。在数字经济时代，"数字丝绸之路"将继续肩负"一带一路"倡议的使命与责任，通过加强与周边国家在数字贸易、数字金融、数字基础设施等方面的互联互通来弥合数字鸿沟、解决发展分歧，共建数字经济共同体。2017 年，第 71 届联合国大会通过关于"联合国与全球经济治理"的决议，"共商共建共享"的理念首次被纳入联合国决议，表明中国提出的全球治理观已经被世界广泛认可。[①] 从倡议到实践，中国以实际行动践行着"共商共建共享"的理念，积极为建设开放、包容、普惠、平衡、共赢的全球经济体系贡献智慧和力量，必将继续为数字经济时代的全球经济治理提供指引。

1.2　现 实 意 义

1.2.1　为新兴市场国家共享全球数字经济红利提供战略设计

在传统经济时代，广大发展中国家和新兴市场国家因经济基础薄弱、技术落后、市场环境限制等因素，在国际分工中处于价值链底端，在全球经济体系中处于弱势地位。数字技术及数字经济的发展为新兴市场国家带来了难得的弯道超车的机会，新兴市场国家有望在发展中逐渐跟上发达国家的步伐，而这一过程的关键在于全球数字鸿沟的有效弥合。本书从广大发展中国家的根本利益出发，重点分析全球经济治理机制变革的演进方向和演进机制，尤其是重点分析了中国应如何从数字技术、数字贸易、数字金融、数字文化、数字政务、数字安全等方面积极为发展中国家发声、争取利益并提升其话语权，如何在人类命运共同体理念的指引下，引导世界各国做到"共商共建共享"，以帮助新兴市场国家共享全球数字经济发展红利，实现包容性发展。

1.2.2　为中国在全球经济治理机制变革中找准角色定位

世界经济环境及形势的变化赋予世界上最大的发展中国家——中国以新的

---

① 新华网．坚持共商共建共享全球经济治理理念［EB/OL］．http：//www. xinhuanet. com/politics/2017 – 09/13/c_129702506. htm.

时代使命，而中国经济实力的崛起及在数字经济发展中的领先地位也给了其更深层次地参与全球经济治理的底气。近几十年来，中国在全球经济治理中逐渐从舞台边缘走向舞台中央，成为全球经济治理的重要贡献者。本书着重分析了在数字经济时代中国参与全球经济治理的现实条件及基本原则，在此基础上探究了中国应如何成为数字经济时代全球发展治理机制变革的推动者、全球贸易治理机制变革的贡献者、全球能源治理机制变革的倡议者、全球投资治理机制变革的践行者以及全球金融治理机制变革的探索者，为政府决策提供了参考。

1.2.3　为中国推动全球经济治理机制变革确定实施路径

明晰中国在推动全球经济治理机制变革的角色定位之后，从哪些方面重点着力、采取何种具体的实施路径至关重要。从数字经济的不同业态出发，本书从数字技术、数字贸易、数字金融、数字文化、数字政务、数字安全六个层面勾勒了数字经济时代中国推动全球经济治理机制变革的路径选择，重点从拓展数字技术转移和应用、制订数字贸易规则和标准、完善数字普惠金融体系构建、促进数字文化资源转型创新、共建网络空间安全体系、实现多元主体协同共建、密切跨国、跨区域治理合作等方面，疏理了中国参与全球数字经济治理的有效抓手和实施重点，为具体实践提供理论支撑。

1.2.4　为本土企业参与全球数字经济竞争提供决策参考

在数字经济时代，随着技术的快速发展和传播、市场规则的完善，市场进入门槛不断降低，市场竞争愈发激烈，这体现在产业链上中下游的各个环节。因此，企业需要结合内在比较优势和外部营商环境的变化合理选择市场进入策略和市场经营策略，实现可持续发展。本书从宏观层面梳理和分析数字经济发展的外部环境变化、数字经济治理的重点领域等，为相关企业提供了宏观参考。本土企业可以结合中国在全球数字经济治理中的角色定位和政策取向，寻觅市场机会，既要把握市场需求，也要兼顾市场环境，尽可能在不确定性小的领域或市场顺势而为，在全球数字经济竞争中建立稳固的企业优势。

1.3　理　论　价　值

1.3.1　为丰富全球经济治理机制理论提供新的研究视角

自 20 世纪 90 年代初全球治理这一概念由詹姆斯·N. 罗西瑙（James N. Posenau）提出以来，逐渐成为国内外学者研究的热门话题。随着经济全球化的深入发展以及全球性经济问题凸显，20 世纪末，全球经济治理从全球治理的理论话语中分离而出，其中，规则分析与制度分析是全球经济治理的理论核心。而随着数字经济的蓬勃发展及国际环境演变，现行的全球经济治理机制不能有效地应对全球挑战，全球经济治理正处于瓦解、重构、变革和新创时期。但既有研究视角集中于传统的工业经济时代，相关研究尚有诸多局限性。本书从数字经济角度出发，为丰富全球经济治理机制理论提供新的研究视角，重在分析数字化转型背景下全球经济治理机制的演变方向和演变路径，以期更好地让理论指导实践。

1.3.2　为解决数字经济时代的全球性挑战提供理论支撑

在数字经济时代，贸易、金融、投资、能源等各个领域的全球性挑战更为隐蔽、庞杂，诸多伴随数字产业化和产业数字化产生的新型挑战更是加大了全球经济治理的难度。在此背景下，原有的全球经济治理理论依据的现实基础已经发生了变化，比如，贸易规则和贸易标准亟须根据数字贸易的相关事实进行重新制订、金融监管规则需要根据数字金融和数字货币的发展切实调整等，相关的治理机构、治理方式也亟须调整。本书旨在为这些新型全球性挑战提供一定的理论支撑，助力全球数字经济治理新框架的搭建。

1.3.3　为解决全球治理中的集体行动困境提供中国方案

在数字经济时代，世界市场一体化趋势更加显著，形成了一荣俱荣、一损俱损的利益格局。面对有关数字贸易规则制定、数字安全维护、电子认证统一等多方面的挑战，任何国家都不可能独善其身。然而，现实问题在于，对于数字贸易规则、数字贸易规则执行所需的载体、国际组织运行的成本等全球性公共物品，每个国家都试图搭别国的"便车"而不希望他国搭自己的"便车"，导致全球经济治理中的公共品提供不足，陷入集体行动困境。本书旨在研究如何通过机制设计打破集体行动困境，提高世界各国的参与意愿，为构建以积极参与、自觉承担、合作共建为基本原则的数字经济时代的数字经济共同体贡献智慧。

1.3.4　为数字治理中践行人类命运共同体理念提供依据

中国倡导的人类命运共同体理念具有穿透时空的生命力，对于指导数字经济时代的全球经济治理机制变革具有广泛的适用性。本书基于利益共同体的逻辑起点和责任共同体的逻辑诉求，通过细分研究数字技术、数字贸易、数字金融、数字文化、数字政务以及数字安全等各个领域内全球经济治理中人类命运共同体理念的运作机制，期待能够从客观上为回答全球数字经济治理为何需要人类命运共同体理念，"共商共建共享"的全球治理观有助于解决实际治理问题等提供理论依据。

1.4　主　要　内　容

1.4.1　数字经济对全球经济治理机制变革的影响

移动互联网、人工智能、大数据、云计算等数字技术的飞速发展和广泛渗透使得数字经济成为世界各国经济增长的新引擎，同时，也对全球经济治理机制的变革产生了诸多影响。第 2 章分别从数字技术、数字贸易、数字金融、数字文化、数字政务以及数字安全六个角度分析了数字经济对全球经济治理机制变革的有利影响和不利影响，在此基础上，归纳了数字经济时代与传统经济时代全球经济治理机制的异同，总结了数字经济时代全球经济治理的新诉求，以期为后续政策举措的提出提供方向。

数字技术对全球经济治理机制变革的有利影响在于：（1）通过线上沟通形式，为相关磋商谈判创造便利条件，提高磋商谈判效率；（2）促进相关新业态的产生，为全球经济治理提供新思路；（3）借助大数据分析，清晰掌握全球经济治理的焦点问题，通过数字技术的运用有利于对不同领域问题的严重程度及发展现状做出准确评估、合理排序，以确定项目解决的先后顺序。不利影响在于：（1）数字技术的种类日渐繁多，加大了国际通用认证标准的复杂度，数字技术不断创新，许多基础标准、产品标准、工艺标准、方法标准和安全标准、卫生标准、环境保护标准等亟须配套更新；（2）数字技术原有基础不同，可能拉大国家（地区）之间的数字鸿沟。

数字贸易对全球经济治理机制变革的有利影响在于：（1）治理全球贫困问题，数字贸易大大降低了参与国际贸易的门槛，中小企业借助数字贸易平台也能低成本参与国际分工；（2）解决跨国贸易分歧，数字贸易平台可以将政府、企业、消费者、第三方服务商紧密联系在一起，各方主体已经弱化了国别属性，来自世界上不同国家（地区）的所有商家，连同平台、消费者会构成一个利益共同体。不利影响在于：（1）数据开发与数据保护之间的平衡成为全球难题，从微观层面看，只有数据流动才能充分带动数据分析、数据挖掘和数据利用，最大化释放数据价值，但这在宏观上会对国家安全造成一定威胁；（2）平台型市场结构可能带来新的反垄断难题。平台化运营已经成为数字贸易的主要商业模式，但网络外部性的存在导致易形成"赢者通吃"或者"赢者最多"的市场格局。

数字金融对全球经济治理机制变革的有利影响在于：（1）为推动全球经济发展提供新动力，数字金融的快速发展有助于更好地发挥金融在经济运行中合理配置资本要素的作用，有助于促进各国转变经济动力，调整经济结构；（2）为解决全球贫困问题提供新思路，普惠性是数字金融的重要特征，数字金融发展使得更多群体能够享受金融服务。不利影响在于：（1）为跨国权益维护带来严峻挑战，一方面，金融科技企业信息安全管理能力参差不齐；另一方面，各国适用的金融法律法规不同，导致面对金融消费跨国纠纷时难以形成有效的解决机制。（2）为跨国金融监管带来严峻挑战，对于数字金融没有可借鉴的监管先例与监管经验。（3）为消除金融排斥带来的严峻挑战，庞氏骗局更加隐蔽，还可能突破国界限制进行跨国传播，欺诈波及的范围和造成的影响更大。

数字文化对全球经济治理机制变革的有利影响在于：（1）丰富了世界文化体系的多样性，数字技术的发展拉近了人与文化的距离，草根文化、自媒体文化等借助网络快速兴起，形成新的文化现象、文化结构、文化生态和文化理念；

（2）为全球经济提供新的增长点，数字文化产业涉及设计、创作、生产、传播等多个链条环节，数字游戏、数字音乐等发展迅猛、不断壮大。不利影响在于：（1）有可能拉大发展中国家与发达国家之间的数字鸿沟，发展中国家在数字基础设施、数字技术研发水平等方面明显落后于发达国家，导致其数字文化产业基础天生弱于发达国家，差距很可能越拉越大；（2）有可能弱化发展中国家在世界文化格局中的地位，发达国家在数字文化的国际传播中占据主导优势，文化趋同性很可能反映为发展中国家文化被发达国家文化深刻影响而向其靠拢。

数字政务对全球经济治理机制变革的有利影响在于：（1）进行跨国合作，实现协同治理，各国借助数字政务模式及时进行数据交流和数据共享，在一定程度上能够有效地消除世界不同国家政府在能力、知识、信息等方面的差异；（2）利用数据分析，实现智慧治理，数字政务利用大数据、云计算等技术，能够通过数据运用提升决策科学性；（3）降低组织成本，实现集约治理，数字政务能够通过数字技术协调各方行动、提升资源整合能力，同时，能够降低应急管理成本，提升应急管理能力。不利影响在于：（1）对政府信息安全防护带来挑战，政府层面的数据变得越来越重要且具有很高的商业价值，已经成为网站爬虫、网站克隆技术等攻击的重点目标；（2）对政府信息识别处理带来挑战，信息来自企业、个人、团体、部门、组织、政府等各种主体，繁杂且识别难度大大增加。

数字安全对全球经济治理机制变革的有利影响在于：（1）各国协同共建网络安全空间，产业生态各方责任得到明确，网络运营商、设备供应商、行业服务提供商等主体各司其职、各负其责；（2）提高不同主体信息防护等级，利用大数据、人工智能等技术强化威胁预测能力、威胁感知能力，同时，强化数据保护与数据管理；（3）借助安全合作，密切国际联系，数字安全有利于建立跨国网络安全应急协作体系，面向行业建立网络安全漏洞、网络病毒、网络攻击活动等情报共享机制和应急处理机制。不利影响在于：（1）各国在数字安全理念与数字安全政策上的分歧为全球经济治理带来新问题，各国在数据方面的认识和监管政策在网络安全事件的应对策略等方面存在诸多不同；（2）以安全为外衣的数字技术可能会为全球经济治理带来新挑战，需打开算法黑箱、赋予算法价值观，以引导科技向善。

1.4.2 数字经济时代中国在全球经济治理机制变革中的角色定位

在明晰了全球经济治理机制的历史演变以及数字经济对其影响之后，第3章分析了数字经济时代中国在全球经济治理机制变革中的角色定位。在充分确定自身参与全球经济治理的现实条件以及全球经济治理基本原则的基础上，从全球发展治理机制变革的推动者、全球贸易治理机制变革的贡献者、全球投资治理机制变革的践行者、全球金融治理机制变革的探索者以及全球能源治理机制变革的倡议者五个方面阐述了中国在全球经济治理机制变革中的角色定位，并归纳、总结了与传统经济时代中国参与全球经济治理角色定位的不同。

第一，中国是数字经济时代全球发展治理机制变革的推动者。其一，中国是数字经济发展的积极驱动者。世界经济面临"百年未有之大变局"，数字经济方兴未艾，正在成为全球经济结构和分工格局深化调整、实现全球价值链协调发展的重要突破口。中国应当以数字经济发展驱动者的身份融入全球数字经济发展，以自身数字经济发展的经验驱动全球数字经济发展。其二，中国是南北数字鸿沟的弥合者。中国与世界各国深化合作、扩大共赢，推动互联网更加普惠、更加包容、更加均衡地发展。其三，中国是全球数字公共品的提供者。中国作为世界上最大的发展中国家，是连接发展中国家与发达国家的重要桥梁，也有责任和义务推动并参与构建网络空间命运共同体，不仅要贡献数字产品、数字技术与数字市场，而且要贡献数字文化、数字制度和数字思想，使数字技术的发展为全球各国（地区）带来福利。

第二，中国是数字经济时代全球贸易治理机制变革的贡献者。其一，中国是多边贸易体系的拥护者。在数字经济时代，中国应积极参与多边贸易治理机制尤其是数字贸易治理机制的谈判和协商，积极构建全球贸易治理机制尤其是数字贸易治理机制的多边新框架。其二，中国是数字贸易规则的建设者。中国应积极完善全球数字贸易规则的模糊条款，对于数字贸易定义不清、统计困难等问题，以及跨境数据自由流动、数据隐私保护、知识产权保护、源代码非强制本地化等一系列争议条款，积极尝试并推广行之有效的中国方案。其三，中国是数字贸易新业态的引领者。中国数字经济特别是数字贸易蓬勃发展，在世界范围内处于领先地位。应该继续加大政策创新力度，及时调整数字贸易领域的行政许可制度、商事登记制度，简化数字贸易运作流程，探索形成多方协同共建、相互制约、相互监督的监管机制，营造公平公正的数字贸易市场环境。

第三，中国是数字经济时代全球投资治理机制变革的践行者。其一，中国是现有投资规则的践行者。中国作为 2016 年 G20 杭州峰会的轮值主席国，专门成立了贸易和投资工作组。《G20 全球投资政策指导原则》发布后，中国率先践行落实其中的基本原则和承诺，不断优化吸引外资。其二，中国是投资治理机制的变革者。中国可以努力推动全球投资治理机制中以发达国家为主的投资治理机制的变革，提高发展中国家在全球投资治理机制中的地位和话语权，积极推动全球投资治理机制变革，使其不断体现发展中国家的利益，展现中国"负责任大国"的形象。其三，中国是全球投资活力的拉动者。在全球经济发展疲软，逆全球化愈演愈烈，全球投资活力不足的情况下，数字经济的兴起为中国和世界注入了活力，中国有望为激发全球投资活力做出更大贡献。

第四，中国是数字经济时代全球金融治理机制变革的探索者。其一，中国是包容普惠金融体系的建设者。数字经济时代金融科技不断发展，助推中国普惠金融加速转型，中国在数字金融领域具有先发优势，是数字金融领域的全球领先者。中国可以从政策上不断加大力度，积极制定相关产业规划和发展政策，为建设包容普惠的金融体系贡献中国方案。其二，中国是全球金融风险治理机制的合作者。中国在制定宏观金融政策、人民币汇率波动政策、金融风险政策时，一直表现出大国担当。在数字经济时代，中国应进一步深化国际合作，在跨境风险处置机制、金融机构监管方面发挥更大作用。其三，中国是全球数字金融发展的推动者。中国可以继续促进数字金融良好实践、标准和经验的传播运用，为发展中国家和新兴市场国家数字金融发展提供技术援助及技术支持，助力世界各国共享数字金融红利。

第五，中国是数字经济时代全球能源治理机制变革的倡议者。其一，中国是能源供需变革的倡议者。2015 年，面对能源供需格局新变化、国际能源发展新趋势，为保障国家能源安全，必须推动能源生产、能源消费革命。[①] 中国可以继续在能源消费上进行数字化升级，运用人工智能、大数据等新技术来降低能源消耗，引领全球供需变革。其二，中国是能源体制变革的参与者。未来中

---

① 人民网. 习近平：经济增长必须是实实在在和没有水分的增长［EB/OL］. 2015. http：//jhsjk. people. cn/article/27383618.

国应继续凝聚各国力量，共同构建数字经济时代能源命运共同体，引领全球能源体制变革。其三，中国是能源技术革命的驱动者。中国不断坚持以科技创新为生产力，在特高压、输电网络建设、电气制造等领域开拓创新，以科技创新驱动能源事业高质量发展，担当能源技术革命的驱动者。

1.4.3 数字经济时代中国参与全球经济治理机制变革的机遇与挑战

第4章着重分析了数字经济时代中国参与全球经济治理机制变革的外部环境和内在条件，在此基础上，从数字技术、数字贸易、数字金融、数字文化、数字政务、数字安全等角度总结了中国推动经济机制变革的机遇和挑战，并勾画了中国下一步应对全球经济治理机制变革的战略重点。

中国推动全球经济治理机制变革面临的外部环境有五点：（1）从经济环境看，世界经济秩序发生重大转变。一方面，主要经济体力量对比发生巨大变化，2010年，中国GDP总量超越日本成为世界第二大经济体；另一方面，新兴经济体势力相继崛起，新兴经济体对世界经济增长的贡献持续增大。（2）从政治环境看，新兴市场国家国际地位逐步提升。一方面，新兴市场国家在国家竞争力、发展环境等方面的地位全方位提升，尤其在数字经济发展方面潜力巨大，话语权有望进一步提高；另一方面，新兴市场国家在全球经济治理机制变革中发挥着越来越重要的作用，特别是以巴西、俄罗斯、印度、中国和南非为代表的新兴市场国家有望推动新的全球经济治理机制的建立。（3）从文化环境看，全球价值观多元化趋势加强。价值主体更加多元，价值理念也会附着于经济交流活动、文化产品等不断传递，价值观文化传播呈现出新方式、新模式、新载体。（4）从技术环境看，数字技术水平革新日益加快。云计算、大数据、区块链、虚拟现实等技术，成为信息科技时代的研究热点和应用热点。（5）从资源环境看，全球公共物品需求持续增长。当前，与全球化迅猛发展相匹配的解决国际化危机的全球性机制仍未建立，全球公共物品的需求将持续增长。

中国推动全球经济治理机制变革面临五个内在条件：（1）从经济条件看，经济大国的实力基础不断夯实。改革开放以来，中国持续40余年的经济高速增长，成为拉动世界经济增长的重要引擎；（2）从政治条件看，开放型新体制的优势愈发凸显，以对外开放作为和平外交的重要路径，强化与国际社会的联系纽带；（3）从文化条件看，中华文化的国际影响日益深远。中华民族蕴含在生产、生活中的世界观、人生观和价值观伴随中国经济地位的提高而日益扩大，中华文化有望为全球经济治理贡献中国理念；（4）从技术条件看，新一代数字化技术持续领先。中国高度重视数字技术发展，云计算、物联网、5G和人工智能技术已经应用在众多生活场景中，工业、农业、服务业等领域开展了数字化改造；（5）从资源条件看，公共物品供给能力不断提升。中国作为崛起的新兴市场国家和发展中国家的代表，在数字经济和数字资源发展上具有较大优势，表现出更多大国担当，以新思维、新方式、新准则积极推动全球公共物品供给增加。

在明晰了内外部条件之后，中国推动全球经济治理机制变革面临多重机遇。在数字技术方面，随着数字技术在产业内的深度应用，成为推动全球经济治理科学化的工具。在数字贸易方面，中国数字贸易规模位居世界前列，为中国开展多边探讨和多边治理提供了更多条件，在数字贸易规则制定等方面拥有更多主动权。在数字金融方面，中国以移动支付为代表的数字金融发展领先于全球，极大地提升了金融的普惠范围，对其他发展中国家具有鲜明的示范效果。在数字文化方面，数字文化资源汗牛充栋，具有海量、多样性、易于提取的优点，大量文化遗产信息是一个时代文化的生动体现。在数字政务方面，中国积极推进数字政府建设，在建设平台型政府和服务型政府等方面能够为世界提供良好经验。在数字安全方面，全球网络信息安全维护和执法实践经验不断丰富，数字信息安全已经被各国政府高度重视，为共建网络空间命运共同体奠定了基础。

与此同时，中国推动全球经济治理机制变革也面临多重挑战。在数字技术方面，发展中国家数字产业羸弱，与发达国家的数字鸿沟不断拉大。在数字贸易方面，数字贸易摩擦不断显现，相关跨国权益纠纷此起彼伏，相关的监管体制亟待完善。在数字金融方面，数字金融行业相对宽松的监管环境易滋生投机行为，庞氏骗局往往更加隐蔽，相关金融监管体系、金融监管规则难以确立，导致各国在数字金融方面的矛盾和分歧难以调和。在数字文化方面，发展中国家数字文化资源开发能力不足，数字技术的快速更新使得文化资源开发需要较多时间成本和资金成本。在数字政务方面，发展中国家面临信息更加严重的安全风险和技术风险，政府组织结构复杂，对各单位按需配置资源和动态配置资源的网络灵活性要求较高，因而产生了隐患。在数字安全方面，国际数字安全监管规范框架争议较大，由此可能引发国际争端甚至产生连锁反应。

1.4.4　数字经济时代中国推动全球经济治理机制变革的实施路径

第5章从数字技术、数字贸易、数字金融、数字文化、数字政务、数字安全六个层面，勾勒了数字经济时代中国推动全球经济治理机制变革的路径选择。

数字技术层面的实施路径：第一，推动产业数据深度挖掘，培育数字经济发展新动能，全面深化对产业大数据的挖掘，促进产业数据应用成熟度和商业化程度提升，进一步挖掘新的产业数据应用场景；第二，实施商业数据分类监管，构筑数据跨境流动新框架，考虑建立数据分级管理制度、数据流动合同监管制度以及数据安全风险评估制度，通过专门的数据监管机构对企业进行定期监管与定期审查；第三，促进数字技术协调整合，开辟全球数字治理新路径，推动人工智能、区块链、云计算、大数据、第五代移动通信技术（5th generation mobile communication technology，5G）等新兴技术相互关联并相互促进，形成由一系列新兴技术合成的科技新生态；第四，推动数字技术创新应用，引领智慧经济发展时代，通过推动物联网和数据应用结合、云计算向传统行业渗透等，丰富数字技术应用场景。

数字贸易层面的实施路径：第一，完善贸易发展战略设计，夯实数字贸易制度基础，自上而下地完善数字贸易发展战略的设定，积极参与全球数字贸易规则制定；第二，规范贸易垄断稽查方式，转换数字贸易监管思路，尤其要解决数字平台崛起背后伴随的市场失灵和监管失灵的"双失灵"问题；第三，优化数字贸易监管标准，消除数字贸易政策壁垒，坚持数字贸易便利化、自由化主张，号召各国共同降低数字贸易发展的限制性因素；第四，提高数字贸易监管水平，建立数字贸易监管合作机制，努力增进与他国之间的政策、规则、标准的协同性，共同弱化数字贸易壁垒中的非关税壁垒；第五，提高贸易政策协调水平，构建数字贸易规则框架，为构建全球数字贸易规则框架做出贡献。

数字金融层面的实施路径：第一，创新金融基础设施建设，提高金融市场运行效率，更好更快地推动金融数字化、金融智能化、金融线上化发展，为经济发展提供"新动能"；第二，推动法定数字货币流通，实现金融服务创新发展，提升财政政策和货币政策实施的有效性，加速数字人民币融入全球实体经济进程；第三，促进数字金融技术进步，助力金融服务供给改革，弥补传统金融对金融主体支持的不足；第四，完善数字金融监管框架，注重金融体系风险防范，通过创新金融监管技术、金融监管方法，完善合规管理制度建设；第五，推进普惠金融体系构建，助力全球贫困治理改革，充分发挥中国数字普惠金融的示范效应。

数字文化层面的实施路径：第一，推动传统文化云端重构，促进文化资源转型创新，构建传统文化数字信息资源"采集—分类—存储—组织—检索—利用—传播"的良性循环模式；第二，引入多元文化治理主体，提升数字文化治理效率，构筑具备开放化、多元化特征的全面、持续、循环的系统性治理工程；第三，促进多元文化矩阵构建，推动文化模因海外传播，在有效地推动国内数字文化产业资源整合的同时，为海外用户提供精准的定制化服务；第四，注重数字知识产权保护，实现文化创新繁荣发展，从法律规制上改革文化产业外商投资准入制度，构建基于区块链技术的数字知识产权保护方案。

数字政务层面的实施路径：第一，推动数字治理与开放治理融合，转换政府治理模式；构建三方协同的政府治理新框架，通过构建数字治理平台，提高治理协作的网络化进程。第二，推动数字治理与智慧治理融合，扩展公共治理范围，基于大数据技术推动政府与公众互动，打造创新发展的智慧型政府治理模式。第三，推动数字治理与集约治理融合，提升全球治理水平。以电子政务为核心，以数字化实现流程集约化；以增强政府数字素养为核心，以数字化实现服务效率提升。

数字安全层面的实施路径：第一，规范等级保护建设标准，提高数据安全信息防护等级。分等级、分标准地进行信息系统的安全管理，应成为中国加强数字安全防护的重要内容。第二，提升算法平台风险意识，强化数据安全综合管理能力，加强平台用户媒介素养以及算法平台的社会责任意识。第三，构建国际监管平行议程，增进数据安全监管合作效率，推动成立区域间数据监管合作组织，有效地推动数据跨境流动监管的国际规则谈判。第四，倡导多元主体立法合作，打造数据安全生态治理体系，主动参与国际数据流动规则的制定并积极完善国际互信机制。

1.4.5　数字经济时代中国推动全球经济治理机制变革的关键举措

第6章基于中国在数字经济时代全球经济治理机制变革中的角色定位，从如何推动全球发展治理机制变革、如何推动全球贸易治理机制变革、如何推动全球投资治理机制变革、如何推动全球金融治理机制变革、如何推动全球能源治理机制变革五个方面，探讨了中国应当采取的关键举措。

推动全球发展治理机制变革的关键举措：第一，以提升国内数字化水平为杠杆，推动全球数字经济发展，加快数字基础设施建设进程，在着力推动政府治理数字化转型的同时加强数据安全保护；第二，以扩大互联网普及范围为抓手，推动全球数字鸿沟弥合，以"数字丝绸之路"建设为契机，着力推动各国在通信、基础设施领域达成合作共识，做到设施联通，同时，推动全球互联网治理体系变革；第三，以实现人类命运共同体为目标，推动数字经济共同体构建。秉持人类命运共同体理念，积极为广大发展中国家和新兴市场国家发声，推动以积极参与、自觉承担、合作共建为基本原则的数字经济时代的数字经济共同体；第四，以贯彻可持续发展理念为动力，推动数字公共品供给增加，以实现2030年可持续发展议程为目标，积极在全球贫困问题、贸易问题、环境问题等方面提供全球公共品以促进数字经济时代的全球包容性发展。

推动全球贸易治理机制变革的关键举措：第一，以经贸组织改革方式引领全球多边贸易谈判的开展。本着机会平等、规则平等和权力平等的原则积极推动国际经贸组织变革，使发展中国家在世界贸易组织（World Trade Organization，WTO）、G20等国际组织或者区域性组织中拥有更大的话语权。第二，以跨境电商发展为契机，引领全球数字贸易规则制订。要积极借助中国跨境电商发展的先行优势，充分研发数字贸易应用场景，在国际协定、国际组织中贡献数字贸易规则及标准制定的中国方案，为建立全球数字贸易规则贡献力量。第三，以顶层设计创新为路径，引领全球数字贸易业态发展。一方面，需要构建完善的数字贸易发展政策体系，加强数字贸易监管；另一方面，要形成有利于数字贸易发展的制度环境，完善相关法律法规，推动数字经济国际合作。

推动全球投资治理机制变革的关键举措：第一，完善国内国际投资协定，响应国际投资体制改革。在国家层面，完善本国国际投资协定，响应国际投资体制改革号召；在区域层面，整合区域既有投资协定，缓解"意大利面条碗"效应。第二，贯彻G20投资指导原则，参与全球投资规则建设。在2016年G20杭州峰会上，国际社会首次就全球投资规则达成多边共识，通过了《G20全球投资指导原则》。中国应保持国内国际政策相协调，建立健全投资争端预防及解决机制，根据投资保护原则完善外资管理体制。第三，利用数字经济发展契机，促进全球投资活力迸发。中国数字经济规模庞大，数字市场潜力巨大，可以引导跨国公司等以抢占数字经济发展高地为契机，加大对中国市场的投资力度；中国也可以继续借助"一带一路""数字丝绸之路"等加大对国外市场的直接投资力度。

推动全球金融治理机制变革的关键举措：第一，改变旧格局，强调平等理念，探索构建新型包容普惠金融体系。在改变旧格局的基础上，改革旧职能，探索形成新型全球金融治理秩序，依托新平台，着力形成平等、开放、合作的新模式，推动建立全球金融治理新价值理念。第二，直面新风险，利用数字技术，探索建立全球金融风险治理机制。善于利用数字技术防控全球金融风险，构建全球性金融风险预警机制，同时，推动建立国际性金融监管机制或区域性金融监管机制，加大对金融机构的监管力度，有效降低信息不对称、不透明等产生的金融风险。第三，借力新业态，推广数字金融，探索搭建新型全球金融交流平台。一方面，要营造良好的外部环境，推动国内数字金融稳步发展；另一方面，要充分发挥全球数字金融排头兵的作用，积极促进数字金融的国际合作。

推动全球能源治理机制变革的关键举措包括：第一，倡导开展国际对话，建立稳定的能源供需体系，破解碎片化问题。一方面，借助石油输出国组织（Organization of the Petroleum Exporting Countries，OPEC）、国际能源论坛（International Energy Forum，IEF）、能源宪章条约（Energy Charter Treaty，ECT）、国际能源机构（International Energy Agency，IEA）等妥善处理不同国家之间的分歧；另一方面，倡导推进国际合作、制定维护能源安全的政策，维护国家能源安全。第二，倡导改变治理理念，增加能源领域的国际合作，破解全局性问题，通过加强国家（地区）之间的沟通与协商，建立互利共赢的能源合作关系、普适高效的能源治理体系以及绿色环保的能源发展方式。第三，倡导推进科技创新，推动全球能源技术革命，破解可持续发展问题。积极推动"南—北""南—南"能源技术合作，加速推进能源数字化进程。同时，坚持可持续发展原则，着力解决能源利用的外部性问题，促进经济与环境协调发展。

2

数字经济对全球经济治理机制变革的影响研究

2.1 问题的提出

移动互联网、人工智能、大数据、云计算等数字技术的飞速发展和广泛渗透，使得数字经济成为世界经济增长的新引擎，这有助于各国转变经济发展方式，重塑经济发展格局，提高经济发展效益。为抓住宝贵的发展机遇，世界各国（地区）纷纷出台数字发展战略。比如，英国先后出台了《数字经济法案 2010》《数字经济战略 2015～2018》和《英国数字战略》，德国发布了《数字议程 2014～2017》《数字战略 2025》等，目的是通过对数字经济进行全面而详细的规划，充分释放数字技术驱动经济增长的潜能。同时，数字经济越来越受到国际组织或区域性集团的重视，联合国发布的《数字经济报告 2019》全面审视了全球数字经济发展的态势，OECD、金砖国家等国际组织纷纷将数字经济作为重要议题。2016年，中国作为二十国集团（G20）的轮值主席国，首次将数字经济列为 G20 创新增长蓝图中的一项重要议程。在 2016 年 9 月举行的 G20 杭州峰会上，多国领导人共同签署通过了《二十国集团数字经济发展与合作倡议》，该倡议本着创新、协同、灵活、包容、开放等原则，通过各国的互惠合作，在关键领域持续释放数字经济潜力，携手推动全球数字经济迎来更加广阔的发展空间。①

---

① 二十国集团杭州峰会. 二十国集团数字经济发展与合作倡议［Z/OL］. http：//www. g20chn. org/hywj/dncgwj/201609/t20160920_3474. html.

在各国政府的重视和政策支持下，数字经济迅猛发展。根据中国信息通信研究院测算，2018 年，47 个国家的数字经济规模合计超过 30 万亿美元，占国内生产总值的比重超过四成。其中，近一半国家数字经济规模超千亿美元。中国数字经济规模将近 5 万亿美元，居于美国之后，为全球第二大数字经济体。在 47 个国家中，有 38 个国家数字经济增速显著高于同期 GDP 增速，且各国产业数字化占数字经济比重均超过 50%。① 2022 年，数字经济规模进一步扩大。根据中国信息通信研究院测算，51 个国家数字经济增加值规模为 41.4 万亿美元，同比名义增长 7.4%，占 GDP 比重的 46.1%；产业数字化持续成为数字经济发展的主引擎，占数字经济比重的 85.3%。②

在数字经济蓬勃发展的同时，社会多样化议题、全球性议题不断出现，使得全球经济治理问题变得越来越重要，引起世界各国以及国际组织的广泛关注。单边主义、贸易保护主义重新抬头，地缘政治分歧严重，气候治理、能源治理难以达成共识，金融体制、投资体制亟须完善等一系列问题，使得全球经济治理面临严峻挑战。中国一直秉承"人类命运共同体"的主张，致力于推动构建"共商共建共享"的全球经济治理格局。可以看出，从倡议到实践，中国以实际行动践行着人类命运共同体的理念，积极为建设开放、包容、普惠、平衡、共赢的全球经济治理体系贡献智慧和力量。

数字经济时代会带来一系列新模式、新业态、新场景和新体制，对生产方式、生活方式的变革产生重大影响。在这种背景下，原有的在金融、贸易、投资、能源等方面的冲突将继续存在，且数字经济新元素的注入可能会造成冲突升级，同时，会在数据流动、网络安全、贸易规则等多个方面衍生新的矛盾。但数字技术的不断延伸和数字经济的融合发展也为各国分歧的处理提供了更多可能，之前僵持不下的问题或分歧也可能迎来较好的解决方案。在数字经济时代，各国如何平衡自身利益和集体利益，采取什么主张和立场，都是事关自身长远发展的重要问题。充分把握数字经济契机，发挥数字经济的长处、规避数字经济的短板，无论对单一国家还是世界整体都至关重要。把握数字经济契机，

① 中国信息通信研究院. 全球数字经济新图景（2019 年）［R/OL］. http：//www.caict.ac.cn/kxyj/qwfb/bps/201910/P020191011314794846790.pdf.

② 中国信息通信研究院. 全球数字经济白皮书（2023 年）［R/OL］. http：//www.caict.ac.cn/kxyj/qwfb/bps/202401/P020240326601000238100.pdf.

充分发挥数字经济的长处和优势，尽力规避数字经济的短板和弊端，是至关重要的。

回溯人类历史进程，从蒸汽机到电气再到电子技术，每一次技术进步都会带来深刻的社会变革，对人们的生产方式、生活方式产生深远影响。当前正在进行的数字革命是一场数字技术引发的全新革命，影响范围更广、更深刻，对于全球经济治理也提出了新的要求。在数字经济时代，全球经济治理体系的走向关乎世界各国的发展前景，关乎世界的繁荣稳定。在明晰数字经济内涵和外延的基础上，准确把握数字经济各个方面（数字技术、数字贸易、数字金融、数字文化、数字政务、数字安全等）对全球经济治理的有利影响和不利影响（推动全球数字经济治理，参见专栏 2 - 1）。对于各国在数字经济时代加强互惠合作，携手共建开放、包容、共赢的全球经济治理体系具有重要的参考意义。

▶专栏 2 - 1

推动全球数字经济治理

第一，以弥合全球数字鸿沟为目标推动全球数字技术治理。随着数字经济活动的开展，全球财富增长迅速，但发展差距问题却更加严重，发展中国家在数字基础设施建设、数字技术使用以及数字资源的获取、处理和创造等方面远远落后于发达国家，导致严重的全球数字鸿沟。同时，新冠疫情全球大流行，对各国经济造成巨大冲击，全球数字鸿沟进一步加剧。

第二，以构建数字贸易规则为愿景，推动全球数字贸易治理。数字贸易的蓬勃发展带来了日益增长的治理需求，但数字贸易规则的制定仍处于滞后状态。目前，WTO 并未制定专门规范数字贸易的多边协定，留下了大量监管真空，且现有规则更偏向于发达国家，无法充分体现包括中国在内的广大发展中国家的利益诉求，存在严重的不平等、不平衡现象。不少区域贸易协定已经纳入电子商务的相关条款，但同时也加剧了全球数字贸易治理的碎片化趋势。

第三，以完善数字金融监管为抓手，推动全球数字金融治理。数字金融的发展在创新金融产品、再造业务流程、提升服务质效的同时，也改变了金融运行机理，带来了新的技术风险和操作风险，甚至可能引发系统性金融危机。然而，传统的金融监管体系难以适应去中介化、去中心化的数字金融交易现状，难以规避分散化的数字金融市场面临的各项风险。如何强化数字金融监管，已经成为一个重要的全球性问题。

第四，以完善数据治理体系为保障，推动全球数字安全治理。数据交易的发展给传统的国际贸易规则带来冲击，在数据跨境流动这一核心议题方面，国际差异化的利益诉求始终无法调和，国际数字安全监管规范性框架滞后于实践。显然，即使在国际协议发达且国际公约屡见不鲜的今天，要通过一个具有相当普遍性的数字安全治理公约也并不现实。在此背景下，国家之间的数字冲突愈演愈烈，国际数字安全稳定难以维持。

资料来源：马述忠，贺歌，郭继文. 推动全球数字经济治理 [N]. 中国社会科学报，2021 - 04 - 21（3）.

2.2　数字经济概述

2.2.1　数字经济的显现与演进

2.2.1.1　数字经济的显现

1946 年，随着第一台通用电子计算机埃尼阿克（ENIAC）在美国诞生，人类步入信息时代。人们开始借助计算机处理实际生产活动中遇到的复杂信息及数据信息，信息技术对于经济活动的影响逐步显现。在信息技术产业不断发展壮大的过程中，信息经济随之诞生。

1962 年，美国最早研究信息经济的学者马克卢普（Machlup）在《美国的知识生产与分配》（*The Production and Distribution of Knowledge in the United States*）① 一书中首次提出了知识产业的概念，包括教育、研究与开发、传媒、信息机器和信息服务五个方面，并在书中开创性地测算了知识产业在美国国民

---

① Machlup F. The Production and Distribution of Knowledge in the United States ［M］. Princeton：Princeton University Press，1962.

经济中占的比重。1973 年，美国学者贝尔（Bell）在《后工业社会的来临》（*The Coming of Post-Industrial Society*）① 一书中进一步对信息经济进行了研究，将人类社会发展分为三个阶段：依赖自然界提供的原料和人的体力进行生产的前工业社会（或称农业社会），依靠能源、技术和机器从事大规模商品生产的工业社会以及依赖信息发展服务业的后工业社会。1977 年，美国斯坦福大学波拉特（Porat）博士在马克卢普和贝尔的研究基础上完成的《信息经济：定义与测量》（*The Information Economy：Definition and Measurement*）②，提出了一套关于信息经济分析的整体框架。1984 年，美国企业家兼经济学家霍肯（Hawken）在其著作《未来的经济》（*The Next Economy*）③ 中以一种新的方式提出信息经济的概念，认为信息成分大于物质成分的产品和劳务占主导地位的经济即信息经济。

综上所述，早期的信息经济是指，以信息产业及相关产业为主体的经济形态，是日后蓬勃发展的数字经济的前身。随着信息技术的不断发展和交叉融合，数字技术作为更广泛的技术概念逐渐产生，数字技术对于生产、生活的不断渗透对现实世界产生了广泛而深刻的影响，在此过程中，信息经济的内涵不断丰富和扩展，数字经济这一更广泛、更具包容性的经济形态开始显现。

2.2.1.2　数字经济的演进

数字经济的概念由著名经济学家泰普斯科特（Tapscott）提出，1996 年，其在《数字经济：网络智能时代的前景与风险》（*The Digital Economy：Promise and Peril in the Age of Networked Intelligence*）④ 中，详细论述了互联网对社会经济的影响，并归纳了数字经济的 12 个特征：知识性、数字化、虚拟化、分子化、集成性/互联网化、去中介化、聚合性、创新性、产销一体性、即时性、全球化、不一致性。这本书虽未直接给出数字经济的定义，但通过对诸多特征的描述和归纳，全面刻画了这种新型经济范式。该书的出版引起了强烈反响，在帮

---

① Bell D. The Coming of the Post-industrial Society［M］. New York：Basic Books，1976.

② Porat M. U. The Information Economy：Definition and Measurement［M］. Washington D. C. ：Office of Telecommunications，1977.

③ Hawken P. The Next Economy［M］. New York：Ballantine Books，1984.

④ Tapscott D. The Digital Economy：Promise and Peril in the Age of Networked Intelligence［M］. New York：McGraw Hill，1996.

助人们理解数字经济的过程中做出了开创性贡献，因此，泰普斯科特被称为数字经济之父。1996 年，尼葛洛庞帝（Negroponte）在《数字化生存》（*Being Digital*）① 中将数字化比喻为原子向比特的转变，原因在于，数字经济时代信息储存于虚拟化的比特币而非实体化的原子之中，工业经济时代的运输、出版等方式将发生颠覆性变化。梅森伯格（Mesenbourg）界定了数字经济的范围，包括数字化的基础设施（如硬件、软件等），数字化的商务网络与组织（如电子邮件、视频会议等），以及电子商务中交易的产品（如在线售书、CD 等）。② 马奈克和莫里塞特（Malecki and Morieset）将数字经济定义为信息通信技术在经济运行中的普遍应用，并以金字塔的形式描述了数字经济的构成，由上而下依次包括硅晶制造和半导体产业、计算机和通信产业、依赖于信息通信技术的制造业和服务业以及未来可能实现数字化的产业（如农业、家庭服务、消费服务等）。③ 克尼克雷姆等（Knickrehm et al.）认为，各类数字化投入（如数字设备、数字技能、数字化中间品和数字服务等）带来的经济产出即数字经济。④ 瑞斯多夫和奎洛斯（Reinsdorf and Qutros）明确指出，广义的数字经济应该包括所有利用数据信息的经济活动。⑤

　　数字经济理念不仅受到学术界的广泛关注，也受到各国政府的普遍重视。1997 年，日本通商产业省开始使用数字经济一词，认为数字经济具有合同签订趋于电子化、信息通信技术高速发展、电子商务广泛渗透等特征。美国商务部于 20 世纪末先后发布《浮现中的数字经济》（*The Emerging Digital Economy*）⑥、《浮现中的数字经济Ⅱ》（*The Emerging Digital Economy* Ⅱ）⑦ 等研究报告。美国

---

① Negroponte N. Being Digital ［M］. New York：Vintage，1996.

② Mesenbourg T. L. Measuring the Digital Economy ［R］. Washington D. C. ：United States Bureau of the Census，2001.

③ Malecki E. ，Moriset B. The Digital Economy：Business Organization，Production Processes and Regional Developments ［M］. London：Routledge，2008.

④ Knickrehm M. ，Berthon B. ，Daugherty P. Digital Disruption：The Growth Multiplier ［R/OL］. 2016. https：//www. accenture. com/t00010101T000000＿＿w＿＿/br-pt/_acnmedia/PDF－14/Accenture-Strategy-Digital-Disruption-Growth-Multiplier-Brazil. pdf.

⑤ Reinsdorf M. ，Quiros G. Measuring the Digital Economy ［J］. IMF Policy Papers，2018.

⑥ Henry D. ，Cooke S. ，Montes S. The Emerging Digital Economy ［R/OL］. 1998. http：//govinfo. library. unt. edu/ecommerce/EDEreprt. pdf.

⑦ Henry D. K. ，Buckley P. ，Gill G. et al. The Emerging Digital Economy Ⅱ ［R/OL］. 1998. https：//www. innovation4. cn/library/r32687.

商务部在《浮现中的数字经济》中将数字产业分为硬件制造业（计算机及计算机设备、光录设备和磁录设备等）、软件及计算机服务业（计算机编程服务、预装软件、软件批发及零售贸易等）、通信设备制造业（音像设备、电话设备等）和通信服务业（电话通信、广播业等）。美国商务部发布的《浮现中的数字经济Ⅱ》研究报告将电子商务和支撑电子商务的信息技术进行区分，电子商务是数字经济中交易的手段，支撑电子商务的信息技术是数字经济变革的发动机。2009 年，《澳大利亚的数字经济：未来的方向》（Australia's Digital Economy：Future Directions）报告中指出，数字经济是一种依靠平台实现的全球性经济网络，包括每天使用的计算机、电话、游戏机等设备以及借助这些设备进行的网络搜索、电子银行等服务。① 《英国数字战略 2017》（UK Digital Strategy 2017）将打造世界级基础设施、促进企业的数字化转型、发展电子商务、发展数据经济等都纳入发展数字经济的框架内。②

数字经济范围的演进大致分为两个阶段：第一阶段主要包括信息通信技术产业和电子商务，是传统的信息经济概念在电子商务时代的扩展；第二阶段数字经济范围进一步扩大，基于数字技术的所有经济活动都被纳入数字经济范畴，与数字技术有关的产品和服务的产出、电子商务、数字技术与实体经济的融合等均为数字经济的实际表现。需要指出的是，两个阶段并无明确的界限，不同的学者、组织乃至国家对数字经济的理解也不同，往往是在特定时期根据发展的实际情况形成的具有特色的定义。

综上所述，数字经济的内涵随着数字技术的发展、数字技术在其他产业中应用范围的拓展和延伸不断演进，在时代向前发展的过程中日趋丰富。

2.2.2　数字经济的内涵与外延

2.2.2.1　数字经济的概念阐述

2008 年全球金融危机使得世界经济大伤元气，之后，各国走上经济复苏之路。然而，经济增长动能缺乏、资源环境约束收紧、区域贸易摩擦不断等使得

---

① Department of Broadband，Communications and the Digital Economy. Australia's Digital Economy：Future Directions ［R/OL］. 2009. http：//www. digecon. info/docs/0098. pdf.

② Department for Digital，Culture，Media & Sport. UK Digital Strategy 2017 ［Z/OL］. 2017. https：//www. gov. uk/government/publications/uk-digital-strategy/uk-digital-strategy.

全球经济复苏并不如预期乐观，各国亟须转变经济发展方式，寻找经济增长新动能。与此同时，移动互联网、物联网、云计算、人工智能等新型数字技术迎来繁荣发展的窗口期，跨境电商的兴起可以使人们足不出户买到全球范围内的好产品，大数据的应用使得产品生产定制及服务定制更加个性化和精细化，人工智能的发展使得人们逐渐从体力劳动和脑力劳动中解放出来，有更多时间追求幸福感。以高速发展的数字技术为基础的数字经济对日常的生产、生活产生颠覆性影响，逐渐成为世界经济增长的新引擎，重新燃起各国经济振兴的希望。在这种情况下，数字经济急需一个更科学、更契合经济事实的准确定义来概括。

在 2016 年 9 月的 G20 杭州峰会上，数字经济首次被纳入 G20 创新增长框架，峰会还通过了《二十国集团数字经济发展与合作倡议》，该倡议指出，数字经济是以使用数字化的知识和信息作为关键生产要素、以现代信息网络作为重要载体、以信息通信技术的有效使用作为提升效率和优化经济结构重要推动力的一系列经济活动。[①]

本书在 G20 峰会对数字经济定义的基础上，提出数字经济是以数据资源作为关键生产要素，以信息网络和数字平台作为重要载体，以数字技术的有效使用作为提升效率和优化经济结构重要推动力的一系列经济活动。数字经济包括生产环节、分配环节、交易环节和消费环节。其中，生产环节包含利用数字技术、数据要素或借此提升效率和优化结构的生产，还包含信息通信技术设备的生产与服务；分配环节包含劳动、资本、土地、知识、技术、管理、数据等数字经济生产要素的分配；交易环节包含数字平台撮合、数字化订购和数字化交付三种主要交易途径；消费环节不仅包含通过交易环节的三种交易途径购得商品的消费，还包含生产环节产出商品的消费。

上述定义较准确、科学地阐释了数字经济的内涵与本质。第一，该定义揭示了数字经济不同于农业经济、工业经济最突出的特征之一——数据资源成为关键生产要素。在农业经济时代，土地和劳动力是最基本、最重要的生产要素，两种生产要素对农业产出有最直接的影响，对最终的价值创造和财富积累有决

---

① 二十国集团杭州峰会. 二十国集团数字经济发展与合作倡议 [Z/OL]. http：//www. g20chn. org/hywj/dncgwj/201609/t20160920_3474. html.

定性作用。在工业经济时代，资本和技术成为重要的生产要素，而土地的作用有所弱化。原因在于，一方面，足够的原始资本是工厂开始规模化生产的关键条件，资本的积累及重新配置也是日后进行生产扩张至关重要的条件；另一方面，技术的不断演进使得生产动力不断更新换代及生产方式不断优化改进，生产效率得到提高。而在数字经济时代，数据资源成为重要的生产要素，在大数据分析的基础上合理配置生产要素，不断调整生产组织行为成为企业进行生产活动的必然选择。因此，数据掌握的多少以及能否高效利用数据，直接决定了一个企业甚至一个国家能否在竞争中取得优势。

第二，上述定义揭示了数字经济以信息网络和数字平台作为可靠的外部支撑。数字经济是一种全新的经济形态，原因在于，数字技术的广泛应用使得实际的生产、生活趋于数字化和智能化。在此过程中，人们的衣、食、住、行更加便捷，企业设计、生产、销售等各个环节高度整合，呈现出新的经济活动场景。移动互联网的不断革新推动即时通信、电子商务等覆盖更大范围、更多群体，物联网的大范围覆盖可以帮助企业及时完成产品的信息交换与通信，大数据、云计算、人工智能技术的广泛应用有助于为消费者的消费行为和厂商的生产行为提供有效参考。

第三，上述定义揭示了数字经济发展的目标是经济效率提升和经济结构优化。2008 年全球金融危机以后，各国积极寻求绿色、高效的集约型经济增长方式。而谋求数字技术创新，抢占数字经济的制高点，成为各国争相采取的战略。作为农业经济、工业经济之后更高级的经济阶段，数字经济时代，生产活动趋于数字化和智能化，上游产业链、中游产业链、下游产业链集聚发展，个人、企业和政府组成的数字经济生态系统高效运转，经济运行效率不断提升，经济发展结构持续优化，有助于各国充分释放经济发展潜力，重塑经济发展新格局。

结合上述定义可以发现，数字经济时代的生产要素分为三部分：传统生产要素、数据和数字技术。传统生产要素包括土地、劳动力、资本、企业家才能等。经济活动的开展离不开各种要素的投入，工业经济时代的各类生产要素在数字经济时代仍然扮演着重要角色，但生产动能、生产方式的变革导致传统生产要素的使用情况、配置情况与工业经济时代不同。生产的集约化、高效化使得对于生产场地的要求越来越低，土地的作用已不再明显；生产的自动化、智能化使得很多原本属于劳动力的工作由机器代替，对于低技能劳动力的需求越来越小，但对于有数字素养的新型高技能人才的需求进一步扩大；资本、企业家才能在数字经济时代仍然发挥着重要作用，特别是企业家才能，在实际的设计生产、组织管理、市场营销等活动中可能有更大的发挥空间。数据成为新的生产要素，是数字经济相较于以往经济形态最突出的特征。在传统经济时代，信息不对称是影响生产经营的重要因素。在数字经济时代，大规模、高维度、及时的大数据能帮助人们更有效地进行判断和预测，降低信息不对称程度，反映到设计、生产、包装、宣传等各个环节，更好地组织和规划生产经营。数字技术是数字经济最基本的动力来源，突出优势在于，可以与多个行业进行融合，为经济社会发展的各行各业赋能，包括农业、工业、教育、医疗等在内的诸多行业都在数字技术的渗透下转型升级，走向智能化新阶段。在此过程中，全要素生产率进一步提高，经济效率不断提升。

2.2.2.2 数字经济的特征

1. 数据化

数据成为数字经济时代新的关键生产要素，发挥的作用也越来越大。随着物联网、大数据、云计算等数字技术的发展与融合，经济体系中的各种主体相互联通，从设计、生产、营销到交易达成，每个环节都积累了大量数据。在大数据、云计算等数字技术加持下，人类对数据的存储能力和计算处理能力飞速进步，数据的价值创造潜能大幅提升，数据在数字技术与经济社会的交汇融合中彰显广阔的应用前景，数据驱动型创新迅速渗透到人类社会生产、生活的各个领域。在工业经济时代，数据的存储能力、计算能力还不够强，数据只在较小范围内流动，应用场景十分有限。而在数字经济时代，数据实现了快速流动与多方共享，企业边界的限制大大降低，全新的生态网络逐渐出现。从海量数据中提取有用信息，从有用信息中萃取关键知识，以关键知识驱动柔性生产，正在成为企业经营决策的主要方式。更重要的是，数据资源具有可复制、可共享、无限增长的属性，这是与传统要素不同的一点，基于数据的持续增长是可以达成的，这是相对于传统生产要素不可比拟的突出优势。在数字经济时代，数据的开发和应用能够优化传统要素配置效率，不断提高全要素生产率，推动价值创造能力发生新的飞跃，成为数字经济的"新能源"。

2. 网络化

现代信息网络是数字经济的重要载体，网络的快速发展和广泛渗透使得人与人、人与物、物与物的互联互通成为数字经济的基本形态,各经济部门在此基础上共享协作、智能升级。一方面,互联网化促进了经济活动中资源的高度整合与合理配置。互联网基于信息通信技术,连接不同地点、不同领域、不同部门、不同场景的各类终端设备,以达到相关用户共享计算资源、信息资源、存储资源、知识资源、专家资源、数据资源等各类资源的目的。如今,互联网在人们日常生活、企业生产、教育传播、邮电通信、商业往来、政府管理等方面得到了广泛应用,成为经济运行中不可替代的重要角色,是数字经济的基础。另一方面,物联网化有助于提高企业生产服务效率和企业竞争力。物联网利用信息通信技术将机器、人、物和数据紧密相连,是在互联网基础上的延伸和扩展。随着5G、云计算、人工智能等技术的兴起,物联网更加快速、广泛地渗入各个领域,越来越多的终端纳入生态网络,形成万物互联。在此情形下,信息流、资金流、人流、商流、物流等在各个经济领域形成网状结构,相互依存、相互连通、彼此开放的经济状态、不同主体之间的协同性大大增强,资源配置效率大大提升,为市场提供的产品或服务呈现高质量、低成本的趋势。

3. 平台化

依托云计算、移动互联网、智能终端等新一代基础设施,平台的出现颠覆了商业环境,成为数字经济时代汇聚资源、整合资源、配置资源的基本经济组织。数字经济时代,互联网平台新主体的快速涌现推动了社会的数字化,农业、工业、商业、交通业等细分领域的平台企业发展迅猛。2016年,十大平台经济体市值首次超过了十大传统跨国公司市值。[①] 在以平台为核心的商业系统中,信息流不再被市场中的巨头企业垄断或阻隔,企业规模也不再成为资源互通的限制性因素,沟通成本大大降低,不同主体的全方位协作成为可能。各种类型、各个行业的企业,特别是中小企业通过接入平台进行商业合作,开展经营。以阿里巴巴为例,平台联合第三方服务商形成了服务于入驻平台企业的生态体系,致力于为入驻企业提供标准服务以及定制化服务。[②] 目前,以阿里巴巴平台为

---

① 阿里研究院. 数字经济系列报告之一——数字经济 2.0〔R/OL〕. https://i. airesearch. com/file/20170109/20170109174300. pdf.

② 利用平台打造中小企业核心竞争力的延伸阅读,参见:马述忠,潘钢健. 跨境电子商务平台与中小企业核心竞争力——基于阿里巴巴国际站的案例研究〔J〕. 湖北大学学报(哲学社会科学版),2021,48(6):136-148,179.

核心的服务商有数万家，提供了包括店铺装修、商品管理、流量推广、人员外包、图片拍摄、企业内部管理等相关服务与工具。

4. 普惠化

普惠化是数字经济的重要特性，基于数字技术独特优势而生的数字经济突破了时空限制，开放、包容、协作、共享、共赢等特征不断凸显。数字经济为社会带来的财富和福利的增长毋庸置疑，更重要的是，这些财富和福利的增长将惠及更多群体，无数个人、企业在数字化浪潮中获益并实现更好的发展。在科技领域，云计算的发展降低了各类主体获得并使用各种数字化资源的门槛，获取成本、使用成本大大降低；人工智能技术的发展使得个人以较低成本实现了文娱消费多元化和生活方式便捷化，提升了生活品质和生活水平。在金融领域，互联网、云计算等数字技术的应用使得针对各种主体的征信工作更加容易，风险也能得到更好地预测和预防。在教育领域，以远程通信技术、移动互联网、云计算等为代表的数字技术可以实现教育资源的线上化以及教育资源的快速跨区域调配，有效缓解教育发展不均衡的情况，特别是对于偏远落后地区而言无疑更是宝贵的机遇。在贸易领域，跨境电商充分赋能中小企业，与个人消费者共同作为贸易主体参与全球贸易并从中获益，交易信息更加及时，交易流程更加便捷透明，贸易秩序更加公平公正。

5. 生态化

数字经济时代，用户需求越来越个性化、差异化、时尚化，用户对产品和服务的要求越来越高，技术复杂程度也越来越高，依靠一家企业完成所有产品的解决方案是不现实的。政府、平台、企业、用户、社会组织等众多经济活动主体共同参与数字经济，构成了复杂的生态系统，为商业活动提供了巨大载体。无论工业经济时代还是数字经济时代，企业都是价值创造的主体，但在工业经济时代，从原料采购、加工到出售，价值创造模式是线性的，企业之间的关系以竞争为主，企业以获得利益最大化为目标。在数字经济时代，企业之间不再是零和博弈的关系，竞争不再是主旋律，打造互利共赢的生态系统成为首要任务，通过不同企业之间的配合与协作来整合资源、提供服务，共同创造价值。数字经济生态圈既包括以云计算、大数据、物联网等平台型、可共享的技术为主要内容的技术层、信息层，也包括以提供综合服务、技术转移、创业孵化、创新培训等为主要内容的服务层，全面增强企业的吸引力和竞争力。

6. 智能化

智能化是数字经济明显的特征，伴随着感知、传输、处理、计算等技术的持续创新和持续扩散，数字经济已经跨越了数字技术的简单应用、局部融合，迈向全面渗透、深度集成的新阶段。在经济活动中，海量数据与前沿技术充分交互、加速融合，共同推动设计生产、娱乐消费、服务管理的智能化迈向全新阶段。在数字经济运行过程中，"数据＋算法＋产品"的运作方式成为主流。在算法的推动下，移动设备、终端等收集的有关用户行为的数据反馈到数据处理中心，经过优化后，又将优化升级方案反馈到终端改进不足之处，数据、算法和产品在闭环中完成智能商业的三位一体。如今，智能化已经渗入金融、交通、工业、医疗、零售等领域。在金融领域，人工智能被广泛应用于智能客服、风险防控、交易结算等环节。在交通领域，智能交通系统通过采集、分析交通信息，对交通进行监控和实时调度，优化交通出行。在工业领域，智能机器人的应用日趋广泛，自动化流水生产线大幅提高了企业智能制造水平。在医疗领域，在线智能问诊、智能医学影像等技术的开发和应用提高了医疗水平。在零售领域，无人便利店、智能仓、无人车等被广泛应用，助力商品分拣、仓储、运输、销售等环节实现自动化。互联网、大数据、人工智能等数字技术与各经济环节深度融合，提升要素利用和资源配置的智能化水平，促进数字经济健康、可持续发展。

2.2.3 数字经济的表现形式

2.2.3.1 资源型数字经济

数字技术的飞速发展使得数据与煤炭、石油、天然气等同样成为经济发展的关键资源，掌握数据的多少和能否合理利用数据直接决定了数字经济时代的企业甚至国家能否确立竞争优势。资源型数字经济（或称数据经济）主要是指，与数据资源的挖掘、处理和应用直接相关的一系列经济活动，包括数据搜集、数据存储、数据处理、数据交易等。具体而言，数据搜集主要是指，基于互联网平台采集电商数据、社交数据、媒体数据、运营商数据等行业的重要数据；数据存储主要包括存储管理、应用承载、周期管理、容灾备份等；数据处理主要是指，对采集的数据进行清洗、脱敏、分析挖掘、可视化等；数据交易主要包括，算法交易、数据产品交易、数据服务交易等。

贵州省走在大数据产业的前端，以数据经济为引擎驱动区域经济增长。

2014 年成立的贵阳大数据交易所是全球第一家大数据交易所。交易所以"一个交易场所 + 多个服务中心"为服务模式，在我国 11 个省（市）设立服务分中心，提供有关数据确权、数据定价、数据交易、数据防护、数据管理等各类服务。截至 2018 年 3 月，贵阳大数据交易所发展会员数突破 2 000 家，可交易数据产品 4 000 余个，范围涵盖 30 多个领域。[①]

2.2.3.2　技术型数字经济

技术型数字经济主要是指，与数字技术研发、产出与应用相关的经济活动。具体而言，在信息基础设施方面，包括移动通信、固定宽带、移动宽带等传统基础设施建设和云计算平台、工业互联网、大数据中心等新型基础设施建设；在数字终端产品方面，包括电脑、智能手机、智慧家电、可穿戴设备、智能医疗设备、多功能媒体机等众多终端产品的设计、生产和销售；在软件与信息技术服务方面，包括面向农业、制造业、健康产业、旅游产业、餐饮产业、电子商务产业等行业的云平台、数据系统等软件开发与应用，以及面向物联网、移动互联网等信息技术服务的信息系统集成、集成电路设计等；在新兴数字技术方面，包括虚拟现实、增强现实、混合现实、人工智能、区块链数字等新兴数字技术的研发应用及以新兴数字技术为基础的计算机视听觉、自动控制、实时翻译、环境识别、智能客服系统等一系列产品和服务的开发与提供；在数字安全方面，包括与互联网安全、数据安全、云空间安全、芯片安全等产品和服务有关的经济活动。

以云计算行业为例，全球的公共云市场不断整合，各大云计算厂商争相升级产品或服务，提升对行业的掌控力。深圳市腾讯计算机系统有限公司开发的腾讯云，凭借其在技术基础、市场拓展等方面的优势，迅速成为云计算市场的后起之秀，致力于为有需求的用户提供一站式解决方案，提供包括云服务器、云存储、云通信、云安全、云管理等在内的多项云产品和云服务。同时，腾讯云还于 2015 年发布了"云 + 计划"，与业内多个领先企业合作，计划 5 年发展 2 000 余家生态服务商，希望在互联网、传统行业等领域，联合合作伙伴提供有针对性的行业解决方案。[②]

---

① 贵阳大数据交易所简介参见：http：//www.gbdex.com/website/view/aboutGbdex.jsp。
② 搜狐网.腾讯云 5 年内将投 100 亿 合作方最高获 90% 分成 ［EB/OL］. 2015. https：//www.sohu.com/a/37200160_116144.

2.2.3.3 融合型数字经济

融合型数字经济主要是指，数字技术与第一产业、第二产业相互融合产生的一系列经济活动。随着时代的快速发展，传统制造业、农业等实体产业的生产已经不能满足时代需求，长期以来，存在的投入高、污染重、收益低的弊端愈发明显，资源配置效率亟须优化，产出效率亟须提升。数字技术飞速发展与渗透为实体经济转型升级提供了宝贵契机，数字农业、智能制造、智慧能源等新型业态应运而生。具体而言，数字农业是以数据资源为关键生产要素，通过大数据、物联网、云计算、区块链等数字技术的有效使用，实现农业生产、流通、消费等环节的数字化，推动传统农业向现代化农业转型的一系列新型经济活动，是数字经济与现代农业深度融合的产物，相比传统农业具有明显的福利效应（数字农业的福利效应，参见专栏2－2）；智能制造是指，数字技术在制造业中广泛应用使得制造业实现数字化、智能化的过程，包括多主体协同设计、生产决策动态调整、自动化生产、数字实时监测、智能车间、智能组织管理等；智慧能源是指，通过数字技术在能源开发、生产、利用等环节的应用提升传统能源和新生能源的集约化效率，包括分布式能源网络、分布式智能微电网、智能化能源监测和能源共享服务、能源大数据分析、能源交易服务等。

▶专栏2－2

数字农业的福利效应

在数字经济成为中国重要经济形态的背景下，全面推进数字农业发展，既是实现中国农业现代化、高质量发展的必由之路，也是全面提升社会福利的有效途径。数字农业的价值再创造过程和价值再分配过程与传统农业存在明显不同，以阿玛蒂亚·森（Amartya Sen）的可行能力理论为基础对数字农业的价值再创造过程和价值再分配过程产生的福利效应进行系统分析，可以发现以下两点。

第一，在数字农业价值的再创造过程中，生产环节数字化能提高农产品产量，流通环节数字化能提升农产品销量并压低流通成本，销售环节数字化能提高农产品溢价，三个环节相互促进，从而实现数字农业经济价值再创造。此外，数字农业还实现了生态价值再创造和文化价值再创造。基于阿玛蒂亚·森的可行能力福利理论，数字农业价值再创造在功能维度上实现了农业经营者收入、社会机会、农业文化功能和农业生态功能的提升，在能力维度上增强了农业生产经营者在不同农业生产方式中自由选择的能力、转移就业的能力、农业的文化教育能力和农业的可持续发展能力，最终实现农业生产经营者乃至社会福利的提升。

第二，在数字农业价值的再分配过程中，对农户而言，数字农业实现了"农户—市场中介"环节的转变，极大地提高了农户的市场议价能力和收入水平。对消费者而言，数字农业又促进了"市场中介—消费者"环节的转变，使消费者更容易以较低价格购买商品并提升其市场话语权。此外，"生产性服务商—农户"环节的转变使得小农户不再依附于大企业，提升了小农户的产业竞争力，有利于小农户在农业生产活动中获得价值。因此，数字农业的价值再分配过程，在功能维度上提高了农户参与决策的自由度和经济收益，使消费者能购买更多、更优质的绿色农产品，缓解了城乡收入差距问题；在能力维度上，加强了农户的议价能力和将农业资源转化为产品与收入的能力，提高了消费者的信息获取能力、议价能力以及社会减贫能力。最终，实现了农户、消费者及社会福利水平的提升。

资料来源：马述忠，贺歌，郭继文. 数字农业的福利效应——基于价值再创造与再分配视角的解构［J］. 农业经济问题，2022（5）：10 – 26.

以智能制造为例，随着市场竞争日趋激烈，制造业企业纷纷探索设计、生产过程的智能化转型，以巩固和强化竞争优势。位于中国山东省青岛市的红领集团早在 2003 年，就借助互联网向产品定制化方向转型，经过十余年的努力，企业建立了个性化、差异化、国际化、数字化的服装定制方式、生产方式，并借助智能控制、人工智能技术在生产线上进行柔性生产。生产制造过程的智能化、自动化，以及最终产品的个性化、差异化使得红领集团能够充分迎合市场需求，掌握市场主动权，成为中国智能制造领域的标杆型企业。[①]

---

① 网经社. 红领集团：互联网 + 浪潮下的智能制造工业模式［EB/OL］. 2015. http：//www. 100ec. cn/detail – 6263000. html.

2.2.3.4　服务型数字经济

服务型数字经济主要是指，数字技术与服务业相互融合产生的一系列经济活动。人们收入水平的提高促使消费需求越来越高，基于数字技术的智能化现代服务有助于提高服务质量和服务水平，再造数字消费"新蓝海"。服务型数字经济包含的经济活动类型多样，如平台经济、数字金融、智慧旅游、智慧医疗、智慧物流、分享经济等。具体而言，平台经济是指，通过互联网平台完成实体货物或服务交易的经济活动，包括电子商务，通过餐饮、娱乐、家政、交通等生活服务平台进行的服务交易等；数字金融是指，数字技术对金融服务的互联网化创新，包括移动支付、数字借贷、数字信用、数字理财等金融新业态；智慧旅游是指，数字技术应用于提供旅游信息服务、旅游体验、产业规划等方面；智慧医疗是指，数字技术应用于医疗机构、医疗设备、医疗诊断服务等方面以提高医疗水平，包括医疗健康终端产品研发应用、在线医疗健康服务、智慧医疗云应用等；智慧物流是指，互联网、物联网、数字监控等数字技术应用于运输、仓储、搬运、配送等物流环节以促进物流环节的低成本、高效化运行，包括智能仓储、冷链物流、物流追踪、智能调度、无人搬运等；分享经济主要是指，将社会上海量、闲置、分散的资源借助数字化平台统一汇聚、重复利用的经济活动，如个人闲置资源分享、共享单车、新能源汽车分时租赁、在线教育开放平台等。

以电子商务为例，随着互联网技术的不断普及，从电商平台购买商品或服务成为消费者最流行的购买方式。成立于 1999 年的阿里巴巴集团是全球领先的电商企业，2018 年，阿里巴巴集团的平台成交额突破 4 万亿元，月活跃用户达到 6.17 亿人，成为全球最大的移动经济实体。[①] 长期以来，阿里巴巴一直追求组织运营的智能化，不断优化组织和业务体制，实现了对人员、技术、流程的高度整合。如今，在阿里巴巴平台上入驻的商家已逾千万，商品、服务多种多样，自组织化程度高，业务范围涉及零售、制造、金融、物流、技术、文娱等多个领域，已经成为数字经济时代电商企业的典范。

---

① 搜狐网 . 新纪录！阿里发布 2018 年报！［EB/OL］. 2018. https：//www. sohu. com/a/230489745_167028.

2.2.4 数字经济的运行机制

2.2.4.1 数字化的动力来源

随着移动互联网、云计算、人工智能等新一代信息通信技术向各行业、各领域深度渗透，传统生产要素（土地、资本等）的资源配置效率大幅提升，催生了数据这一新的生产要素，经济发展的动力来源得到转换升级。移动互联网将移动通信和互联网紧密结合，从根本上摆脱了空间限制和空间束缚，基于智能手机、笔记本电脑等移动设备的高便携性、隐私性、应用简便等特点，移动互联网大大拓展了互联网的应用场景，促进了移动应用的快速创新。现代信息网络的发展拓宽了数据来源和数据渠道，大数据技术对蕴含在医疗、交通、金融、网络消费、生产制造等领域的大量数据进行采集、汇聚、加工，分析结果被广泛应用于生产、生活的方方面面，提升了生产制造的智能化水平，人们个性化、多样化的生活需求也得以满足。云计算技术在计算、存储、游戏、物联网、网络安全等方面发挥了重要作用，提升了应用行业的产出水平与服务水平。人工智能技术的快速发展加速了人类进入数字时代的步伐，以深度学习、跨界融合、人机协同、自主操控等为典型特征的人工智能技术被广泛应用于城市运转、经济管理、普惠医疗、交通驾驶等领域。类似的数字技术还有很多，在这些技术的广泛应用下，从数据到信息、从信息到知识、从知识到决策，传统生产要素不断耦合优化，全要素生产率全面提升，经济创新活力、发展潜力和转型动力竞相迸发。①

2.2.4.2 智能化的生产方式

随着存储、处理、传感、传输等前沿技术的持续变革和持续创新，数字经济已经跨越了信息通信技术的简单应用、局部融合阶段，正在迈向全面渗透、加速融合、深度集成的新阶段。无所不在的数据、计算、感知、连接使得智能化随处可见，传统生产方式被全面颠覆，设计、生产、服务、管理迎来智能化的全新时代。一方面，智能化的生产方式体现在满足消费者个性化的消费需求。

---

① 有关技术进步与生产率提升的延伸阅读参见：Zhang H.，Wei Y.，Ma S. Overcoming the "Solow paradox"：Tariff Reduction and Productivity Growth of Chinese ICT Firms［J］. Journal of Asian Economics，2021，74：101316.

随着消费者的消费理念和消费偏好的改变，追求个性化已经成为必然趋势，传统生产方式生产的标准化产品已经不能满足消费者的消费偏好。数字经济时代智能化的生产方式则迎合了个性化的市场需求，通过数字技术广泛收集市场需求的海量数据，准确把握市场需求的动态变化，根据不同需求信息提供个性化、差异化的产品或服务，实现柔性化生产。另一方面，智能化的生产方式体现在，基于先进的数字技术对生产制造过程、组织管理过程进行智能化改造。云计算、物联网、人工智能等技术的广泛应用实现了数据的跨系统流动、采集、分析与优化，产品设计、生产制造、设备维护、仓储物流管理、质量追溯等各个环节趋于自动化、数字化，生产经营各个环节的信息通道被打通，人机交互水平大大提高，全过程智能化、精细化的特征不断凸显。

2.2.4.3 线上化的交易流程

传统的线下交易模式存在成本高、效率低、受时空限制多等弊端，越来越难以适应时代发展的要求。在数字经济时代，电子商务的快速发展颠覆了传统的线下交易模式，基于互联网平台的线上消费突破空间限制的同时，弱化了地理距离的限制（跨境电商突破地理距离限制，参见专栏 2 - 3），大幅节约了消费者的搜索时间,[①] 且平台上众多商家为消费者提供了更大选择空间，消费者越来越倾向于选择线上购物。因此，无论是国内商务，还是国际贸易，在数字技术的驱动下都在向线上转型。从交易主体来看，企业对消费者的线上交易模式（business-to-customer，B2C）减少了许多中间环节，消费者的需求可以最直接、快捷地被生产厂商掌握，实现生产端与需求端直接、有效地对接；企业对企业的线上交易模式（business-to-business，B2B）节省了传统贸易方式企业线下面对面沟通与磋商需要的大量人力支出、物力支出，交易对象范围扩大的同时交易效率显著提升；消费者线上交易模式（customer-to-customer，C2C）使得每个人既可以作为买家，又可以作为卖家，交易标的更加多样化，既可以通过互通有无的方式处置闲置资源，又可以通过开设店铺的方式专门从事网络销售赚取利润。从电子商务类型来看，普通电商已经发展成人们购物的重要渠道；跨境电商打通了国内外供需市场，多批次、小批量的交易方式颠覆了传统的国

---

① 延伸阅读参见：Ma S., Fang C. The Effect of Online Search on International Trade ［J］. Applied Economics，2021，53（46）：5369 - 5384.

际贸易模式；农村电商使得偏远落后地区的消费者同样可以享受电商消费带来的福利，提升了偏远落后地区人们的生活水平；社区电商能够以低成本方式在最靠近消费市场的地方进行资源匹配。数字经济下，询盘、发盘、沟通、议价、订立合同、履行合同、违约处理等交易环节的线上化转型降低了交易成本，交易效率显著提升。

▶专栏2-3

跨境电商突破地理距离限制

跨境电商与传统国际贸易模式最大的不同在于，其能够依托互联网，突破空间地理距离限制，实现买方与卖方零距离沟通与交易（金姆等，2017）。国外已经有大量研究聚焦于跨境电商与地理距离之间的关系。伦德勒等（Lendle et al.，2016）基于易贝（eBay）平台的交易数据和传统贸易数据的实证对比分析认为，易贝平台贸易受到的地理距离限制作用仅为传统贸易的35%。戈麦斯-埃雷拉等（Gomez-Herrera et al.，2014）基于欧盟27国的线上消费者调查数据研究发现，与线下交易相比，线上交易中距离成本大大减少了，但语言沟通、包裹寄送、线上支付系统等相关贸易成本有所增加。

基于扩展的引力模型，对来自国内领先的跨境物流企业的跨境电商出口数据进行实证分析显示：第一，与传统贸易出口相比，跨境电商出口受地理距离的负面影响较小；第二，贸易伙伴国的互联网发展能够在一定程度上弱化地理距离的负面影响，促进中国跨境电商出口增长；第三，从个体层面看，地理距离会对跨境电商出口的扩展边际与集约边际产生负面影响，但贸易伙伴国的互联网发展能够弱化这一负面影响。对于大中型规模的跨境电商而言，其受地理距离的负面影响大，互联网的弱化作用也更明显。

资料来源：马述忠，房超，张洪胜. 跨境电商能否突破地理距离的限制 [J]. 财贸经济. 2019（8）：116-131.

2.2.4.4 扁平化的组织模式

随着人类逐步迈入以万物互联、数据驱动、智能主导为典型特征的数字经济时代，资源配置方式、信息流通方式、市场交易方式等也在发生根本性变革，企业内外部环境的变化推动了企业组织模式的深刻变革。在工业经济时代，专业化分工越来越精细，市场交易越来越频繁，企业组织模式经历了由简单到复杂的过程，逐渐形成金字塔式的科层组织结构。进入数字经济时代后，信息通信技术的广泛应用极大地变革了交易模式，企业内外部的交易成本大幅降低，企业组织模式迎来新一轮变革，逐渐趋于扁平化。一方面，在企业内部，互联网等信息通信技术加强了信息交流和信息沟通，企业自上而下的线性结构逐渐被打破，管理层级减少，管理链条缩短，扁平化组织结构逐渐建立。这种组织结构扩大了企业领导层直接管理的范围，精简了管理流程，加快了企业内部信息的传递速度，促进了各部门之间的充分互联沟通与有机结合，同时，赋予企业成员足够的自主权进行自我创造和自我管理，有效地降低了企业运营成本，提高了企业运行效率。另一方面，在企业之间，通过互联网平台的连接，组织壁垒、企业边界逐渐被打破，由各方主体组成的网络化生态结构逐步形成，市场垄断程度有所降低，竞争程度有所提升。在数字经济时代，"大平台＋小前端"成为更加普遍的组织方式，大规模的互联网支撑平台使得技术、信息、产品等要素汇聚更加迅速和快捷，数量众多且规模较小的前端企业在以平台为核心的生态体系内互相影响，彼此合作，共同创造价值。

2.2.4.5 多元化的治理结构

数字经济是一个复杂的经济系统，企业、消费者、组织、政府共同参与经济活动，地域间、行业间、企业间的壁垒和边界越来越模糊，市场竞争日益激烈，新老问题交织汇聚，对治理方式、治理手段提出新的要求，仅仅依靠政府的力量已难以妥善应对，社会治理模式需要深刻变革。数字技术，特别是互联网的发展，推动政府、平台企业、消费者、第三方组织等多元主体共同参与管理决策，充分发挥各方在不同方面的治理优势，实现以开放式治理代替封闭式治理的转变。政府仍然是市场经济活动的主管部门，主要作用在于制定相关法律法规，依法打击数字经济中的违法犯罪行为，通过行政条例、规定、指导意见等行政手段引导市场健康发展，为营造公平竞争的环境保驾护航。从事数字经济平台运营和网络交易的平台企业是数字经济平台治理最直接的执行者，通过制定合理的线上交易规则、协调不同利益主体的行为、保护消费者的隐私信息等方式参与市场治理，履行企业的社会责任。消费者是数字经济中各类产品或服务最终的接受者和体验者，通过对消费、购买的产品或服务进行信用点评、作为大众评审员积极参与协调交易纠纷、对商业欺诈行为及时监督举报等方式为净化交易环境贡献力量。第三方组织也是数字经济治理主体中的重要组成部分，各类行业组织通过建立行业标准规范、明确行业发展的底线与共识、建立第三方协商机制为疏解交易中各方矛盾搭建有效的协商平台，充分发挥协同共治的作用。在数字经济时代，要充分调动不同参与主体的治理能动性和治理积极性，协同共治数字经济中各类复杂问题。

2.2.4.6　自主化的劳动分工

在数字经济时代，市场需求趋于个性化、多样化、时尚化，同时，信息通信技术的普及应用使得时空距离极大压缩、交易成本极大降低，在此基础上，超级细化的劳动分工成为现实。这种分工模式导致组织去中心化，也更充分地发挥了劳动者的自主性。在工业经济时代，工作、生活、学习分属不同的场景，个体自由选择工作时间、工作地点的可能性较小。在数字经济时代，越来越多的个体成为知识工作者，人人都可以成为某个领域的专家，个体潜能得到极大释放，人的天赋得到充分发挥，每个人的特长都有机会在市场上找到用武之地。在这种趋势下，个体可以依托互联网平台成为提供产品和服务的市场主体，个体的工作与生活更加柔性化，低门槛、灵活自主的弹性工作形态更为普遍，自我管理和自我提升成为个体核心竞争力的来源。比如，电子商务平台上产品、服务的个体经营者不受雇于特定企业，也不受地域限制；共享经济就业者只需要通过互联网平台就可以与就业市场相连接，闲置劳动力可以在零碎时间进一步发挥价值。数字经济时代，自主化的劳动分工促进了数字经济的组织和形态进一步变化，有助于持续提升经济效率。

2.2.5　数字经济的发展趋势

2.2.5.1　经济活动更加多元

数字经济是一种完全区别于农业经济、工业经济的新型经济形态，数字技术的飞速发展和广泛渗透对经济活动的各个环节产生了深刻影响，新要素、新模式、新业态的不断产生，使得数字经济下经济活动类型比以往的经济形态更加多样化。数据作为新型生产要素，在实际生产中扮演着越来越重要的角色，与数据采集、数据处理、数据应用等有关的数字经济迅速崛起；人们收入水平的提高带来了消费需求变化，以电子商务为代表的平台经济将更加繁荣；共享理念的普及将极大地推动共享经济发展。此外，服务经济、物联经济、产消者经济、长尾经济等经济形式在数字经济时代也将大放异彩。可以预见，随着数字技术的不断演进，数字经济时代将不断衍生新的经济形式，经济活动将更加多元。

2.2.5.2 技术创新更加活跃

技术创新是一个随着经济发展到不同阶段而不断演进的动态过程，数字经济的出现和发展得益于信息通信技术的快速进步，数字经济的持续繁荣也为技术创新提供了更为开放、包容、有活力的市场。5G 的研发和应用将显著提升移动通信速度、降低功耗、降低响应时延，网络性能将实现新的跃升，互联网普及范围进一步拓展，移动通信的崭新时代正加速到来。如今，云计算在弹性计算、存储服务、数据库搭建、云通信等领域已经取得了一定进步，未来，云计算将继续创新，应用领域将进一步拓展，逐渐形成为不同行业提供网站设计、网络安全、大数据处理等一站式解决方案的服务体系。作为引领未来的战略性技术，人工智能技术的开发和应用已经取得了很大进展，未来，人工智能技术将在跨媒体智能、群体智能、增强智能等领域持续创新，引领各领域智能化变革。各种数字技术更快速、活跃地创新，将为数字经济更快、更好地发展提供更坚实的基础支撑。

2.2.5.3 产业融合更加紧密

在数字技术推动下，相互融合、协同共进已经成为数字经济时代产业发展的常态。数字经济的突出特征之一，是信息通信产业与农业、制造业、服务业等产业的相互渗透与相互融合，衍生出数字农业、智能制造、平台经济、分享经济等一系列新兴经济业态。未来，这些新兴经济业态将进一步发展壮大，在新旧动能接续转换过程中，持续优化经济结构，经济布局将更加合理，全要素生产率进一步提升。此外，除了与信息通信产业的融合外，未来，第一产业、第二产业和第三产业中的其他产业彼此交叉、相互融合的趋势日趋明显，如制造业服务化①、服务业制造化的发展趋势成为新的产业特征。在产业融合日趋紧密的背景下，生产模式、交易模式、服务模式、管理模式持续改进，网络化、集群化协同分工格局逐渐形成，数字经济产业体系更加成熟。

---

① 有关制造业服务化的延伸阅读，参见：（1）马述忠，许光建 . 出口制造业服务化与实际工资水平［J］. 浙江大学学报（人文社会科学版），2019，49（1）：93 - 108；（2）许光建，马述忠 ."服务化悖论"还是问题吗？——2008 年以来中国互联网经济爆发式发展的新证据［J］. 浙江大学学报（人文社会科学版），2022，52（2）：44 - 56.

2.2.5.4 生产生活更加智能

数字经济发展如此快速的原因在于，数字经济时代企业生产和人民生活更加智能、简单、快捷。21世纪后，人类社会先后经历了互联网时代、移动互联网时代的演变，生产、生活的智能化初现端倪，在数字技术推动下，人类社会逐渐步入智能时代。数字经济带来新的文化习惯和消费习惯，以智能化为典型特征的新零售业的出现不断提升消费者的消费体验。而在从万物互联到万物智能的趋势下，智能化由消费端过渡到产业端，工业互联网的出现将网络、人、机器、数据连接起来，提升了企业制造的智能化水平。未来，随着网络、虚拟现实、数字孪生等新一轮创新技术的发展，在生产方面，企业边界、产业边界愈发模糊，人机协同成为主要的生产方式和服务方式，智能化程度进一步提高；在生活方面，居住、出行、穿戴、社交等智能化程度持续加深，人们的生活水平将不断提高。

2.2.5.5 受惠群体更加普遍

传统经济时代，部分群体参与和分享经济社会发展成果的机会有限，特别是弱势群体（如小微企业、残疾人等）往往处于不利地位。数字经济时代，这种情况发生了质的改变，共建、共享是数字经济的独特优势，数字技术应用使得各类型经济活动的参与门槛大大降低，除普通企业和个人外，传统经济时代的弱势群体广泛参与了经济活动。随着数字基础设施的完善，弱势群体进入市场的门槛进一步降低，技术、金融、政策等方面的普惠使运营成本大大降低；数字技术的发展和扩散使得偏远贫困地区的人们借助互联网创新创业成为可能，在当地利用电商、物流、金融等商业基础设施就可以实现梦想。未来，随着数字经济不断发展，越来越多的群体将共享数字经济带来的福利。

2.3 数字经济对全球经济治理机制变革的影响：基于数字技术视角

2.3.1 数字技术的内涵与外延

2.3.1.1 数字技术的内涵

1946年，埃尼阿克（electronic numerical integrator and computer，ENIAC）

的诞生，标志着人类步入了信息时代。此后，随着晶体管技术、集成电路技术、微处理器技术、通信技术等信息技术的发展，世界迎来了信息技术发展的辉煌时期，生产活动、制造活动也进入了工业 3.0 阶段。

人们对信息技术的定义，在不同使用情景或不同使用范围内有不同的表述。一般而言，与信息的获取、加工、表达、交流、管理和评价等有关的技术都可以被称为信息技术，包括通信技术、传感技术、计算机技术、控制技术等。随着信息技术的快速发展以及与不同技术之间的交叉运用，其应用和渗透的范围越来越广泛，数字技术的说法逐渐产生。数字化的概念诞生于 1996 年，尼葛洛庞帝（Negroponte）的《数字化生存》（*Being Digital*）中认为，数字化即"物质原子"转换为"数字化比特"。托马斯等（Thomas et al.，1996）在《走向融合：媒体、信息和交流的整合》（*Convergence：Integrating Media Information and communication*）中进一步对数字化及数字化技术进行阐述，将数字化描述为无线技术、有线技术以及广播、电视等各种终端的融合，传输系统趋于交互。[①]随着数字化概念的不断普及，数字技术越来越多地被提及。

从狭义上看，数字技术是指，以计算机和通信设备为主体，将图、文、声、像等各种信息转化为电子计算机能识别的二进制数字"0"和"1"后，进行运算、加工、存储、传送、传播、还原的技术，包括数字化描述、数字化加工、数字化传输、数字化存储等。事实上，数字技术和信息技术并没有特别明确的界限区分，但总体而言，相较于信息技术，数字技术更强调对信息（特别是数据）的加工、处理和运用，是一种以比特数字信号为基本单位和媒介形式的信息表达、信息传播、信息控制与信息反馈的技术，更加注重不同使用主体（人、企业等）之间的交互，能够大幅降低运作成本，提高处理效率。

目前，数字技术的内涵和外延有所扩展，是一个更加宽泛的概念，是应用在生产、生活中的 5G、大数据、云计算、物联网、人工智能等一系列前沿技术的总称。从消费生活到工业生产，数字技术已经渗透到社会经济的方方面面，从家用电器（音响、电视机等）、通信设备（电话、手机等）、信用卡、个人计算机、数字仪表到工业机床、运载火箭等均离不开数字技术的支撑，并且，数

---

① Baldwin Thomas F. D. Stevens McVoy and Charles Steinfeld［J］. Convergence：Integrating Media Information and Communication. Thousand Oaks Culif：Sage，1996.

字技术越来越呈现网络化、智能化的趋势。

2.3.1.2 数字技术的特征

1. 低成本性

计算机处理成本的指数级下降大大降低了数字技术普及的门槛，人们可以即时共享大量数字化信息。移动设备的数量远超计算机数量，并在扩大互联网覆盖范围的过程中发挥了重要作用。2018 年，全球互联网的活跃用户超过 40 亿人，即使在低收入国家，也有 60% 以上的人用上了手机。复制和使用数字化信息的成本，几乎可以忽略不计。①

2. 非竞争性

与实物商品不同，数字技术存在非竞争性，即某个人的使用并不会妨碍其他人的使用。这意味着，经济发展水平不再是各国能否接触和使用数字技术的门槛因素。2016 年，世界银行"数字普及应用指数"的评估结果显示，虽然许多发展中国家的人均 GDP 远不如发达国家，但是，数字技术普及率却与发达国家大致相同。

2.3.1.3 数字技术的表现形式

1. 5G

移动通信自 20 世纪 80 年代诞生以来，经历了从 1G、2G、3G、4G 到目前已逐步开始大范围商用的 5G 的快速变革。5G 是指，第五代移动通信技术，是在 4G 基础上的技术延伸和技术迭代。5G 没有统一的定义。但目前达成的共识是，5G 是各种技术、场景和使用的融合，并不仅限于无线接入，而是多种接入技术融合交叉、演进升级的结果。从理论上来看，5G 能以超大宽带、超低时延、超高可靠性、超多连接、超高业务扩展性和超强连接能力使全行业数字化，成为社会基础的生产力。上一代移动通信技术 4G 承载的是移动互联网，而对 5G 的定位是为用户提供更好体验和更多服务网络。未来的数字化业务，如增强现实（augmented reality，AR）、虚拟现实（virtual reality，VR）、自动驾驶、智慧家庭、智能医疗、远程教育、新社交网络、工业互联网和物联网等领域，都会得到 5G 的支持。当前，信息通信技术已经渗透到各行各业，依托新一代移动

---

① 阿里巴巴罗汉堂. 数字技术与普惠性增长（罗汉堂报告 2019）［R/OL］. http：//www. xinhua-net. com/fortune/2019 – 01/25/c_1124042167. htm.

通信技术加快数字化转型，成为大多数国家共同的战略选择。5G 作为通用基础技术，在打造新型基础设施方面将发挥重要作用，全面助力数字经济发展，对于全球经济治理也会产生一定影响。

2. 大数据

随着互联网覆盖范围的不断扩大以及平台商业模式的广泛渗透，全球各行各业积累的数据量迎来井喷式增长。与数据量的高速增长相匹配的是大数据技术的快速发展。麦肯锡从多个方面总结了大数据的特征，认为大数据规模巨大，以至于传统技术和传统工具并不能实现有效地收集、贮存、处理、管理，且流转速度快，类型丰富多样。大数据技术是指，涵盖各类大数据平台、大数据指数体系，通过大规模并行处理数据库、分布式数据库、数据挖掘网络、数字存储系统等完成对数据各类操作的技术。近年来，大数据技术的发展呈现逐步成熟的态势，技术趋于多样化、产品日益丰富。与此同时，融合成为大数据技术发展的重要特征，具体包括算力融合、批流融合、模块融合、云数融合等多个方面，推动大数据技术及其应用不断朝着全局化、智能化方向迈进。

3. 云计算

作为与信息技术、软件、互联网相关的技术，云计算是全新的网络应用概念，其核心是以互联网为中心，通过提供云计算服务、数据存储服务、数据分析服务、网站管理服务等，让有需求的个人或企业能够获得足够的数据计算能力和资源管理能力。在这种情况下，计算能力如同水、煤气一样，可以被方便地取用且价格较为低廉。从大的分类上看，云计算可以分为基础设施及服务（infrastructure as a service，IaaS）、平台及服务（platform as a service，PaaS）和软件及服务（software as a service，SaaS）三类。IaaS 为个人或企业提供基础的虚拟设施服务，如虚拟机、存储、网络和操作系统；PaaS 为研究人员、开发人员、测试人员提供构建程序或服务的平台；SaaS 通过互联网提供按需软件付费应用程序，并允许用户连接应用程序通过全球互联网访问。基于广阔的应用前景，云计算受到各国政府的广泛重视。加拿大、智利、美国、阿根廷、新西兰、菲律宾等国家，纷纷发布了相关政策。

4. 物联网

物联网是世界信息产业第三次发展浪潮的典型产物。区别于互联网的虚拟属性，物联网是将物体借助信息技术连接起来的物理的、真实的网络，强调万物互联。物联网的概念于 1999 年由美国麻省理工学院自动识别中心（MIT Auto ID Center）率先提出，提出了基于互联网利用无线通信等技术，实现物品之间相互关联、彼此联通的概念和构想。《欧洲物联网项目战略研究议程》显示，物联网具备基于一定标准和互用通信协议的自组织能力，是一个动态的全球网络架构。各个国家都很重视在物联网领域的研发，美国、中国、日本等国家（地区）都投入了大量人力、物力、财力研究物联网，进行相关方面的科研攻关或产业转换。如美国的"智慧地球"计划（Smart Earth，2009），欧盟的《欧盟物联网行动计划》（Internet of Things-An Action Plan for Europe，2009）等。从兴起、发展到现在，物联网受到基础设施建设、基础性行业转型和消费升级三大周期性发展动能的驱动。全球制造业面临严峻的形势，物联网有望成为重塑行业竞争力的关键突破口，推动传统产品、设备、服务走向数字化、网络化、智能化。

5. 人工智能

人工智能（artificial intelligence，AI）是数字经济时代以计算机科学为基础，将数学、运筹学、控制学、信息管理学等糅合在一起相互交叉、相互渗透、相互提升，用机器模拟人类的思维以提升问题解决效率的一门前沿学科，1956 年由麦卡锡在达特莱斯（Dartmouth）学会上正式提出。人工智能是用机器不断感知、模拟人类的思维过程，使机器达到甚至超过人类的智能。目前，有关人工智能的认识和定义并不统一，美国斯坦福大学的尼尔逊将人工智能描述为一门获得知识并使用知识的学科，归根到底是关于知识的学科。人工智能经历了三次发展高潮：1956～1970 年、1980～1990 年和 2000 年至今。第一次发展高潮主要针对通用问题的求解程序，第二次发展高潮以推理技术、机器视觉研究为主。目前，处于人工智能的第三个发展高潮时期，主要目标是算法、算力的提升，以提高数据挖掘能力、数据应用能力。随着互联网经济和数字经济的发展，海量数据为人工智能发展提供了基础，基于数据的机器学习经过算法上的不断优化和改进，人工智能已经被广泛应用于电子商务商品展示，搜索引擎智能推荐，电脑、手机智能助手，农业工业生产规划等各个方面。

2.3.2　数字技术对全球经济治理机制变革的有利影响

2.3.2.1　有利于通过线上沟通形式为相关磋商谈判创造便利条件

从国家领导人层面的二十国集团峰会、七国集团（Group of 7，G7）会议、亚太经合组织领导人非正式会议、上合组织峰会、金砖国家峰会等，到世贸组织部长级会议、G20 财长会议、亚太经合组织（Asia-Pacific Economic Coopera-tion，APEC）财长会议、亚欧财长会议等，再到企业家层面的"一带一路"共建国家企业高峰论坛、中欧企业家峰会、中非企业家大会等，众多国际会议的召开与举办为解决全球经济治理中不同领域的诸多问题提供了必要的渠道。但不可否认，频繁的线下会晤有很高的时间成本和组织成本，而数字技术的发展使得线上双边沟通、线上会议成为可能，突破了时空限制，降低了成本且大大提高了磋商谈判效率。

2020 年 3 月，G20 领导人以视频方式召开了应对新冠疫情的线上特别峰会。这场峰会在新冠疫情全球蔓延的特殊背景下，也在全球亟待合作抗疫的现实需求下释放出特别信号。自 2019 年末新冠疫情暴发以来，国际组织的成员国展现出较强的应变能力，此前，已经成功召开了数次线上峰会，3 月 26 日的 G20 领导人特别峰会，是已知的第三次通过线上召开的顶级国际峰会，就新冠疫情防控、贸易往来、金融合作等问题展开了广泛讨论、寻求应对策略。数字技术在新冠疫情期间各国合作开展全球经济治理过程中发挥了重要作用，这次 G20 "线上峰会"也成为科学技术全球化协作的一次重要体现。

2.3.2.2　有利于促进相关新业态的产生，为全球经济治理提供新思路

随着数字技术的发展和应用，从微观层面的企业生产制造、磋商交易到宏观层面的产业结构、产业布局都在进行数字化转型。而作为资源配置的关键环节，贸易、金融等也经历着数字化的深刻变革，数字贸易、数字金融等新型业态随之产生。这些新型业态的出现带来与以往业态大相径庭的组织模式与运作模式，对于解决全球经济治理中的相关问题提供了新的思路。

以数字贸易为例，数字贸易是以数字化平台为载体，通过人工智能、大数据和云计算等数字技术的有效运用，实现实体货物、数字产品与数字服务、数字化知识与数字化信息的精准交换，推动消费互联网向产业互联网转型并最终实现制造业智能化的新型贸易活动。数字贸易与传统贸易在多个方面存在差异。① 第一，数字贸易可以借助互联网技术突破时空限制，交易不再局限于固

---

① 有关传统贸易和数字贸易的延伸阅读，参见：马述忠，郭继文. 选择传统贸易还是跨境电商——销售渠道视角下消费者与生产者的决策分析［J］. 浙江社会科学，2019（5）：13，23 – 32，155 – 156.

定场所和固定时间，交易灵活性大大提升，因此，协调场地、协调时间的成本较之传统贸易大幅降低；第二，在数字贸易模式下，生产厂家可以直接面对目标市场的企业或者消费者，中间环节大幅减少，贸易链条大大缩短，显著降低了信息不对称程度；第三，数字贸易模式中的交易标的有所拓展，除了传统贸易下的实体货物，还包括数字化产品和数字化服务、数字化知识和数字化信息等；第四，数字贸易的交易主体范围大大拓展，消费者、中小企业都可借助互联网平台参与国际贸易，数字贸易的普惠性较之传统贸易大大提升。总体来看，从传统贸易走向数字贸易过程中，企业生产模式、交易及获利模式均发生了显著变化（传统贸易向数字贸易演变的逻辑，参见专栏2-4）。

▶ **专栏2-4**

传统贸易向数字贸易演变的逻辑

从偏好视角下的贸易动因看，传统贸易所依据的基础性条件是消费者的多样性偏好，即更丰富的产品种类会为消费者提供更高的效用，而数字贸易更多考虑消费者的差异化偏好，即消费者倾向于追求与众不同的产品或服务。偏好出发点的差异性，引致传统贸易和数字贸易在生产方式、交易方式和获利方式上均存在显著不同。在生产方式上，传统贸易主要是规模化、专业化的生产，产出的贸易标的多为便于大规模跨国交换的一般性产品、标准化产品；数字贸易主要是多元化、定制化的生产，产出的贸易标的多为特色性、个性化的产品或者根据市场需求直接定制。在交易方式上，传统贸易主要借助多个贸易中介通过线下的磋商、谈判完成合同订立、支付结算等，然后，借助集装箱运输或者航空运输完成大批量、集中化交付，交易环节较为冗长；数字贸易则是在线上完成询盘问价、交易磋商、合同订立、支付结算等流程，通过国际小包、国际快递等进行小批次、碎片化交付，拥有海外仓的卖家也可以先通过国际陆运、国际海运或国际空运运抵国外仓库，然后，再分散配送至消费者手中，中间环节大幅缩短。生产方式、交易方式迥异，导致二者在获利方式上存在很大差别，传统贸易的营利逻辑在于规模经济，即双边国家在交换各自具有生产优势的产品来满足各自国内消费者多样性需求的同时，通过扩大生产规模及出口规模降低单位产品成本，提升利润水平；数字贸易的营利逻辑在于提升溢价，即借助数字化的工具或手段高度细分市场，专注于满足消费者的个性化需求、差异化需求，通过在产品设计、产品生产中纳入更多个性化因素、特色化因素来提升单位产品价格，扩大利润空间。

从传统贸易向数字贸易演变的逻辑在于，技术条件的变化推动了贸易形式和贸易功能的变化。5G、大数据、云计算、人工智能等数字技术的飞速发展和快速应用，为大幅降低供需信息不对称、高效开启贸易沟通磋商创造了便利条件，地理距离、时区差异等不再成为国际贸易的重要限制因素，进而逐步催生了传统贸易向数字贸易演变。不难发现，数字经济时代贸易演变的整体逻辑在于，跨境交易活动的展开逐渐由以企业为中心转移到以消费者为中心，由成本驱动转变为需求驱动，数字化平台成为资源协调、价值共创的核心。以满足消费者的个性化需求、差异化需求及提升消费体验为目标，通过数字技术不断简化交易流程、丰富贸易标的、构建生态网络，在细分市场实现企业利润和消费者效用的双向共赢是数字经济时代贸易发展的必然趋势。

资料来源：郭继文，马述忠. 目的国进口偏好差异化与中国跨境电子商务出口——兼论贸易演变的逻辑 [J]. 经济研究，2022（3）：151-172.

基于上述不同，传统贸易面临的诸多贸易摩擦或贸易壁垒在数字贸易中可能被规避。如未来的全球数字贸易平台是多边平台，通过匹配更多数字化工具和数字化手段，助力"全球买、全球卖"。在这种情境下，平台上有来自世界各国的采购商，也有来自世界各国的供应商，所有商家成为一个利益共同体，国别属性进一步弱化，且贸易订单趋于碎片化、分散化。如此一来，传统贸易模式下针对特定国家设置特殊贸易壁垒的难度将大幅提升，由此引起的贸易摩擦也将大幅减少。而数字贸易、数字金融等新业态的出现离不开数字技术支撑，可以说，是数字技术的不断发展与快速变革为通过新业态处理全球经济治理中相关领域的问题提供了可能。

2.3.2.3　有利于借助大数据分析，清晰掌握全球经济治理的焦点问题

随着时代发展，全球经济治理中面临的问题越来越多样化，贫困、环境、能源、金融、贸易、投资、文化等各方面的问题都需要国际社会关注，离不开

国际组织的协调和各国的通力合作，但限于各国精力有限且组织成本较高，需要对不同领域问题的严重程度及发展现状做出准确评估、合理排序，以确定项目解决的先后次序，确保将人力、财力、物力花在亟须解决的问题上，以提升合作效率。

2013 年，时任国际货币基金组织副总裁奈梅特·M. 沙菲克（Nemat M. Shafik）在牛津大学演讲时，谈及全球经济治理，提出了"智能治理"的观点，认为全球经济治理受两种元素——"硬"元素和"软"元素共同影响，在其作用下，治理结构趋于生态化。在这种结构下，对于全球经济治理中遇到的各类问题，根据问题的性质、背景等不同可以采取"硬"治理方式或者"软"治理方式，结合实际情况选择最优化、最便捷、最实用的方案。要达到这一效果，综合利用宏观、微观各方面的信息和数据，针对特定领域的特定问题的大数据分析能够更准确、清晰、合理地把握问题走向，会为政策制定者提供更全面的信息和参考，进而合理运用"硬"治理和"软"治理，有效地提升实施方案的科学性和可行性。

2.3.3 数字技术对全球经济治理机制变革的不利影响

2.3.3.1 数字技术种类日渐繁多，加大了国际通用认证标准的复杂度

数字技术不断创新对于技术标准认证提出了新的挑战，许多规则亟须淘汰或更新。技术标准一般是针对某一领域重复出现的工艺流程、技术事项等，结合实际情况和历史经验，本着科学、可行的原则，提出一套具有普遍性的原则或者方案，并在大范围内进行推广。统一技术标准对于保障全球范围内商品或服务的流动是至关重要的，能有效地降低交易成本，标准的应用范围越广，标准产生的网络外部性越强，市场越统一，各方主体所获益处越大。

在数字经济时代，技术的更新迭代更加迅速，与之相关的基础标准、产品标准、工艺标准、方法标准和安全、卫生、环境保护标准等亟须配套更新，而且周期更短，从国际范围来看，这加大了通用性认证标准的复杂度，对于标准形成、标准认证、标准推广、标准共享等各个环节提出了更高要求。

以人工智能技术为例，随着新的技术、产品和应用的不断涌现，人工智能对原有的社会结构和治理方式提出新的挑战。如何提高人工智能技术的安全性、如何防止利用人工智能技术侵犯隐私权行为等议题，开始频繁进入官方视野和

公众视野。但目前，国际上对合成技术应用的规定较笼统，缺乏分类指导。在市场参与者众多且技术高速更迭的情况下，亟须建立新的、有效的、反映行业发展现状的通用规范和通用标准。

2.3.3.2　数字技术原有基础不同，可能拉大国家（地区）之间的数字鸿沟

数字技术因其对生产力的大幅提升作用而被世界各国所重视。而出于经济发展水平、信息基础设施完善程度不同等原因，不同地区能够享受到的数字技术红利程度不同，便产生了数字鸿沟。数字鸿沟是全球经济治理的重要议题，具体指国家、企业、个人等主体在接触数字技术方面缺乏足够的机会和途径，而不能充分享受数字技术带来的红利。2019 年，全球互联网普及率仅超过50%，未普及的部分主要集中在发展中国家。

在欧美地区，基础设施完善，且一直处于数字技术的领先地位，而亚非地区的发展中国家数字技术发展水平低，加之发达国家在前沿技术（特别是在人工智能、云计算等影响生产效率的关键技术）上的垄断（如通过跨国公司控制网络空间的功能和范围），与发达国家的技术水平差距在不断加大。长此以往，发达地区和欠发达地区之间的经济发展差距会因数字鸿沟的逐步扩大而被进一步拉大。

在快速变革的数字技术推动下，数字鸿沟又呈现出新的方式，主要表现在：第一，在数量鸿沟之外，质量鸿沟愈加明显。数字技术的发展有两个方向：一个是范围扩散；另一个是技术深化，但目前后者主要发生在经济较发达地区。这些地区的互联网普及率比较高，因而在范围扩大上并无太明显的改变，但在数字功能方面的能力有了远超发展中国家的进展，已进入数字化发展的更高阶段。尽管发展中国家互联网普及率有所上升，但在技术深化方面还远远落后于发达国家。在这种情况下，数字鸿沟有了新的表现形式，即数字质量方面的差距。第二，不同发展中国家之间的数字鸿沟也在拉大。以中国为首的部分新兴经济体，在数字技术的研发与应用方面走在世界前列，在进入国际市场、参与国际分工等方面具有一定优势，与此同时，很多欠发达国家不仅远远落后于数字技术第一阵营的发达国家，而且，与部分发展中国家也有较大差距。

2.4 数字经济对全球经济治理机制变革的影响：
基于数字贸易视角

2.4.1 数字贸易的内涵与外延

2.4.1.1 数字贸易的内涵

通过梳理美国多个机构发布的数字贸易定义以及相关文献，根据交易标的物的不同，可以将数字贸易概念的演进历程划分为以下两个主要阶段。

第一阶段（2010~2013 年）：将数字贸易视为数字产品与服务贸易的阶段。在此阶段，数字贸易的标的物仅包括数字产品与数字服务。[①] 韦伯（Weber，2010）研究数字经济时代的国际贸易规则时提出，一般意义上，数字贸易是指，通过互联网等电子化的方式传输有价值产品或服务的商业活动，数字产品与数字服务的内容是数字贸易的核心。[②] 熊励等（2011）将全球范围内的数字贸易概括为以互联网为基础，以数字交换技术为手段，为供求双方提供互动所需的数字化电子信息，实现以数字化信息为贸易标的物的商业模式。[③] 这是截至目前本书发现的国内外最早的关于数字贸易概念的论述。2013 年 7 月，美国国际贸易委员会（United States International Trade Commission，USITC）在《美国与全球经济中的数字贸易 I》（*Digital trade in the U. S. and global economies，part I*）中正式提出数字贸易的定义，即通过互联网传输产品和服务的国内商务活动和国际贸易活动。[④] 李忠民等（2014）在研究中国数字贸易的发展态势与影

---

① 1999 年，WTO 在《电子商务工作方案》中将数字产品定义为通过网络进行传输和交付的内容产品。这些产品是由传统版权产业或核心版权产业创造，通过数字编码并在互联网上进行电子传输，且独立于物理载体，分类如下：电影和图片；声音和音乐；软件；视频、电脑和娱乐游戏。2014 年 6 月，欧盟委员会发布的《什么是数字服务》报告认为，数字服务包括：信号、文字、图像等信息的传输服务；视听内容的广播服务；电子化网络实现的服务。

② Weber R. H. Digital Trade in WTO-law-taking Stock and Looking Ahead [J]. Ssrn Electronic Journal, 2010, 5 (1)：1–24.

③ 熊励，刘慧，刘华玲. 数字与商务——2010 年全球数字贸易与移动商务研讨会论文集 [C]. 上海：上海社会科学出版社，2011.

④ United States International Trade Commission. Digital Trade in the U. S. and Global Economies, Part 1 [R/OL]. 2013. https：//www. usitc. gov/publications/332/pub4415. pdf.

响时就采纳了这一定义。① 无论是韦伯（2010）、熊励等（2011），还是美国国际贸易委员会的定义，都将数字贸易的标的物限定在数字产品与数字服务范围内。这一阶段的数字贸易标的范围相当狭窄，与经济现实脱节较为严重，因而很快被全新的概念所替代。

第二阶段（2014～2017 年）：将其视为实体货物、数字产品与服务贸易的阶段。在这一阶段，实体货物被纳入数字贸易的交易标的物中，强调数字贸易是由数字技术实现的贸易。2014 年 8 月，美国国际贸易委员会在《美国与全球经济中的数字贸易Ⅱ》（*Digital trade in the U. S. and global economies，part Ⅱ*）中指出，数字贸易的标的物除数字化的产品或服务外，也包括使用数字技术订购的产品与服务。② 2017 年，美国贸易代表办公室（United States Trade Representative，USTR）发布的《数字贸易的主要障碍》（Key Barriers to Digital Trade）报告认为，数字贸易范围包括在互联网上销售个人消费品以及提供在线服务。③

随着跨境电子商务在中国的蓬勃发展，业界对数字贸易形成了更具中国实践特色的见解。2017 年 12 月 4 日，敦煌网创始人兼首席执行官王树彤在第四届乌镇世界互联网大会上提出，"随着中国从消费互联网向产业互联网迈进，以敦煌网为代表的中国互联网企业开创了全新的'数字贸易中国样板'。中国样板具备三大特点：独创的商业模式、可推广的行业标准以及可复制的创新实践，为更多国家带来新的发展机会，赋能更多中小企业通过数字贸易走向全球市场"。④

在全球制造业智能化转型背景下，基于中国电子商务特别是跨境电子商务在世界范围内率先实践的有益尝试，马述忠等（2018）从 G20 杭州峰会关于数字经济的权威解读出发，提出数字贸易是以现代信息网络为载体，通过信息通

---

① 李忠民，周维颖，田仲池. 数字贸易：发展态势影响及对策［J］. 国际经济评论，2014（6）：B1 - 144，8.

② United States International Trade Commission. Digital Trade in the U. S. and Global Economies，part 2 ［R/OL］. 2014. https：//www. usitc. gov/publications/332/pub4415. pdf.

③ The Office of the U. S. Trade Representative. Key Barriers to Digital Trade ［Z/OL］. https：//ustr. gov/about-us/policy-offices/press-office/fact-sheets/2017/march/key-barriers-digital-trade#.

④ 王静，杜燕飞. 王树彤. 乌镇发布"数字贸易中国样板" ［EB/OL］. http：//ydyl. people. com. cn/n1/2017/1204/c412093 - 29684677. html.

信技术的有效使用，实现实体货物、数字产品与数字服务、数字化知识与数字信息的高效交换，推动消费互联网向产业互联网转型并最终实现制造业智能化的新型贸易活动，是传统贸易在数字经济时代的拓展与延伸。

随着国际社会数字化转型的持续推进，对数字贸易的审视日趋深入，不同学者在对数字贸易的理解口径上存在分歧，但笔者认为从宽口径理解数字贸易更具优势（宽口径理解数字贸易优势，参见专栏2-5）。在数字经济深度发展的背景下，本书认为数字贸易是以信息网络和数字平台为载体，通过数字技术的有效使用，实现货物（实体货物、数字内容、数据）和服务交换的新型贸易活动。数字贸易包括贸易数字化和数字化贸易，与智能制造密切相关，在消费互联网向产业互联网转型过程中逐渐被广泛关注。

▶专栏2-5

宽口径理解数字贸易优势

从宽口径理解数字贸易的优势之一，是符合数字贸易融合发展的潮流。贸易数字化与数字化贸易不可割裂，其融合发展是历史趋势。数字贸易时代，数字化产品与数字化服务逐渐成为重要消费品，但传统实体货物仍是数字贸易的核心标的物。一方面，贸易数字化可以为数字化贸易提供更多服务对象，同时，提供更多应用场景。考虑到数字化平台中传统实体货物贸易成本大幅度降低，越来越多的中小制造业企业和个人买家、个人卖家在未来会成为数字化贸易的服务对象。在电子商务向数字贸易蜕变、跨境电子商务向全球数字贸易蜕变的过程中，数字化贸易的应用场景越来越多。另一方面，数字化贸易可以显著提升贸易数字化的精准程度。电子商务平台和电子商务企业可以基于消费端累积的大数据，利用云计算技术对消费者需求进行分析和预测，实现数字贸易买卖双方需求的精准匹配。

从宽口径理解数字贸易的优势之二，是便于参与全球数字贸易规则构建，有三点好处。第一，契合中国"共商共建共享"的全球经济治理理念，能够反映发展中国家的利益诉求。第二，推动"一带一路"倡议贸易畅通目标的实现，保持中国对外贸易政策的连续性。"数字丝绸之路"为货物贸易提供了更宽广的平台，铁路等基础设施为货物贸易提供了更便利的条件，将二者紧密结合的关键，是将依托数字化平台进行的货物贸易纳入数字贸易统计范畴。第三，有利于推广电子商务治理的中国经验，形成中国方案，贡献中国智慧。随着电子商务、跨境电子商务的快速发展，中国出台了大量关于电子商务和跨境电子商务治理的政策文件，具有较丰富的电子商务治理经验。而从窄口径切入全球数字贸易规则谈判，忽视了南北之间客观存在的数字鸿沟，会将广大发展中国家边缘化，造成更大程度的南北失衡。

从宽口径理解数字贸易的优势之三，是提升制造业智能化转型的国际竞争力。世界范围内特别是美国、欧盟和中国都在推动制造业智能化转型。2009 年，美国发布《重振美国制造业框架》，德国、日本紧随其后，分别在2013 年推出"工业4.0 战略"，2015 年提出"机器人新战略"。中国的"制造强国战略"明确了"以加快新一代信息技术与制造业深度融合为主线，以推进智能制造为主攻方向"。从宽口径理解数字贸易，可以将电子商务和跨境电子商务累积的大数据应用和服务于中国制造业的智能化转型，提高中国制造业的国际竞争力。数字贸易能够利用数字技术降低企业获取消费端数据的成本，使更多企业能够通过数字化平台累积消费端大数据，并将其与制造业生产端的设计、研发、制造、管理等环节结合，实现生产端的精准分析和快速响应。

资料来源：马述忠，沈雨婷，耿学用. 宽口径理解数字贸易的优势. 中国社会科学报 [N]. 2020 – 11 – 25 (4).

电子商务和数字贸易的区别在于：第一，电子商务以现代信息网络为载体，而数字贸易以数字化平台为载体；第二，跨境电子商务平台是双边平台，助力"买全球、卖全球"：全球数字贸易平台是多边平台，通过匹配更多数字化工具和数字化手段，助力"全球买、全球卖"；第三，电子商务倚重信息通信技术，而数字贸易倚重人工智能、大数据和云计算技术；第四，相较于电子商务，数字贸易的贸易标的物还包括日益丰富的数字产品与数字服务、数字化知识与数字信息；第五，电子商务对应消费互联网的普及与应用，数字贸易对应产业互联网或工业互联网的普及与应用，其中，产业互联网反映平台数字化的商业路径，工业互联网反映平台数字化的技术路径；第六，相较于电子商务，数字贸易更重视消费者行为，服务于传统制造业智能化和数字化转型，通过消费端大数据的累积与应用，积极地反映消费者偏好。

2.4.1.2 数字贸易的特征

1. 内在属性

第一，虚拟化。数字贸易的虚拟化属性具体表现在三个方面：生产过程中使用数字化知识与数字化信息，即要素虚拟化；交易在虚拟化的互联网平台上进行，使用虚拟化的电子支付方式，即交易虚拟化；数字产品与数字服务的传输通过虚拟化的方式，即传输虚拟化。交易虚拟化在中国已经非常普遍，2019年全国网上零售额已突破10万亿元。[①]

第二，平台化。在数字贸易中，互联网企业成为协调资源、配置资源的基本经济组织，不仅是汇聚各方数据信息的中枢，更是实现价值创造的核心。平台化运营已经成为互联网企业的主要商业模式，通过这些电子商务平台出口具有典型的溢出效应（电子商务平台出口的溢出效应，参见专栏2-6）。三一重工打造根云平台，平台接入能源设备、纺织设备、专用车辆、港口机械、农业机械及工程机械等各类高价值设备近30万台，实时采集近万个参数，服务工业领域的各个行业。根云平台给制造业企业提供了低门槛、即插即用的工业互联网，打通了企业与工业互联网应用之间的"最后一公里"。[②]

▶ 专栏2-6

电子商务平台出口的溢出效应

跨境电子商务可以突破时空限制、满足消费者多样化需求，快速推动中国对外贸易的转型升级。跨境电子商务平台作为双边市场，能够快速匹配企业商品需求和消费者需求，是中国中小企业的重要出口渠道之一。而在跨境电商平台上，以关键词体现的细分市场中存在明显的销售溢出效应，这是线上市场相对于线下市场的不同之处。

利用中国企业在亚马逊的出口销售数据和关键词广告数据为基础数据库，

---

① 国家统计局. 2019 年社会消费品零售总额增长 8.0% [EB/OL]. http：//www. stats. gov. cn/tjsj/zxfb/202001/t20200117_1723391. html.

② 何珺. 树根互联："机器专家"与"互联网专家"的跨界融合 [N]. 机电商报，2017-02-27 (A02).

使用 2015 年 7 月 29 日至 2016 年 9 月 29 日，共计 534014 个观测值为分析样本，实证检验了跨境电商平台的出口影响因素。结果显示，商品的排名提升、价格下降和评分提高不仅能增加其细分市场出口量，还能增加企业其他商品的出口量；其中，商品排名提升的影响，通过增加商品点击量和提高消费者购买意愿实现；在消费者有品牌偏好或明确购买目标的细分市场中，商品排名作用有不同程度的减弱；商品和消费者需求越匹配，商品排名提升对出口的促进作用越大。这说明，在跨境电商平台上的交叉销售行为中，上述影响因素对企业其他商品出口具有明显的溢出效应。这些结论显示，对于跨境电商平台上的企业而言，线上市场"酒香也怕巷子深"，反映了广告对提升商品知名度和品牌知名度的重要性，在营销成本水涨船高的线上市场竞争中，企业要在合理定价和提高质量的基础上注重提高排名和知名度，并善于利用、引导流量，实现多商品的利润最大化。

资料来源：马述忠，濮方清. 电子商务平台出口影响因素及其溢出效应——基于消费者关键词搜索视角的研究［J］. 国际贸易问题，2022（1）：37－54.

第三，集约化。数字贸易能够依托数字技术实现劳动力、资本、技术、管理等生产要素的集约化投入，促进研发设计、材料采购、产品生产、市场营销、物流运输等产业链各环节的集约化管理。在数字贸易背景下，企业越来越多地采用线上销售方式，直接将产品与服务提供给最终消费者，绕过了经销商、零售商等中间环节。与此同时，信息搜寻成本、合同成本、沟通成本等传统的贸易成本大大降低，贸易效率大幅提高。刘易斯（2011）针对易贝二手车拍卖市场的研究发现，卖家在线上交易中更愿意将照片、文字等私人信息发布在网站上，有效地减少了交易中的信息不对称，使合同的订立更加准确，交易效率得到提升。

第四，普惠化。在传统贸易中处于弱势地位的群体，在数字贸易中能够积极、有效地参与贸易并从中获利。数字技术的广泛应用大大降低了贸易门槛，中小微企业、个体工商户和自然人都可以通过互联网平台面向全国乃至全世界的消费者。

第五，个性化。随着个人消费者越来越多地参与数字贸易，其个性化需求越来越受到重视。商家很难再靠标准化产品与标准化服务获利，根据消费者的个性化需求提供定制化产品与定制化服务成为提升竞争力的关键。亚马逊海外购的分析报告发现，面对海量选品，消费者的选择非常多样化，长尾选品（原来不受到重视的销量小但种类多的产品或服务）的销量增长明显。2017 年，亚马逊海外购中园艺类商品的销量增长了近 3 倍。与单一色系的商品相比，色彩丰富的商品更受消费者青睐，拥有七种色彩的珐琅铸铁锅成为消费者的新宠。①

第六，生态化。在数字贸易背景下，平台、商家、支付、物流、政府部门等各方遵循共同的契约精神，在产品开发、市场推广、客户服务等事务中平等协商、沟通合作，共享数据资源，共同实现价值创造，形成了一个互利共赢的生态体系。中国（杭州）跨境电子商务综合试验区创建了整合货物流、信息流、资金流的综合性信息化管理服务平台即"单一窗口"，为各类商品提供海关、出入境检验检疫、物流、金融、咨询等一站式信息资源和信息服务，先后出台了两批 86 条制度创新清单，使贸易活动融入以跨境一体化为特征的电子商务数据服务合作新生态。②

2. 外部特征

第一，数字贸易以数字技术为技术支撑。20 世纪 40 年代以来，信息通信领域取得重大突破，电子计算机、大规模集成电路以及互联网的发明和普及为数字贸易的产生提供了必要的技术条件。近几年，云计算、大数据、移动互联网等数字技术的发展进一步推动了数字贸易的发展，不仅拓展了数字贸易的标的物范围，而且提升了数字贸易的交易效率。

第二，数字贸易以制造业智能化转型为历史使命。在传统产业数字化转型的背景下，数字贸易的目标不再仅仅是实现货物要素、服务要素与生产要素的高效交换，数字贸易更应当承担推动制造业实现智能化的历史责任。通过数字贸易的联结，来自世界各地的多样化、个性化的需求被反映到产品研发、设计与生产过程中。制造业企业在努力满足消费者需求的过程中，不断推动生产过程的柔性化改造，最终实现制造业数字化、智能化升级。

---

① 2017 年中国跨境网购呈现三大特征 [N]. 中国服饰报，2018 - 02 - 16（001）.
② 刘伟. 拥抱"网上丝路"新经济 [N]. 杭州日报，2016 - 07 - 25（001）.

2.4.2 数字贸易对全球经济治理机制变革的有利影响

2.4.2.1 数字贸易普惠化有利于解决全球贫困问题

降低全球贫困发生率和贫困脆弱性，是全球经济治理的重要议题。各国在降低贫困率及消除贫困的路上一直不懈努力，开拓了各种路径以提升国民收入水平。数字技术催生下的数字贸易具有数字化、普惠化的特征，对于内生地解决全球贫困问题可能是一个新的路径。一方面，数字贸易颠覆了传统贸易模式，在传统贸易下限制贸易往来的各种因素在数字贸易中将大大弱化甚至不复存在，贸易流程大大简化，贸易成本大大降低，会进一步带来贸易规模扩张和贸易结构优化，贸易福利将更加明显，贸易驱动地区经济增长的作用更加显著，进而对降低地区贫困产生正面作用。另一方面，数字贸易大大降低了企业参与国际贸易的门槛，在传统贸易下被排除在外的中小企业借助数字贸易平台能够低成本地参与国际分工，进而为贫困地区带来更多经济动能。世界各国应该携手，本着求同存异、互利共赢的原则，妥善解决和处理数字贸易分歧，加大基础设施建设支持力度，在鼓励中小企业借助数字贸易平台参与全球分工合作、共享数字经济红利的同时，促进世界经济的普惠性增长，解决全球贫困问题。

2.4.2.2 数字贸易生态化有利于解决跨国贸易分歧

数字贸易的典型特征之一是生态化，即以数字贸易平台为运作核心，紧密联系政府、企业、消费者、第三方服务商，遵循契约精神，进行信息共享与信息交换，在交易过程中实现价值创造。平台中的买卖双方以及服务企业已经弱化了国别属性，特别是进驻平台的企业来自不同国家（地区），所有商家连同平台、消费者构成一个利益共同体，在产品开发、市场推广、客户服务等事务中会尽量协商与合作，从微观层面大大降低贸易摩擦发生的可能性。此外，平台汇聚的商家来自世界各国，各国政府在制定针对数字贸易的政策时会充分考虑本国企业利益而尽量不采取特殊的贸易管制措施。此外，出于紧抓数字贸易契机、提升本国贸易福利的动机，各国政府可能会对平台主导的数字贸易在通关、检疫、物流、金融等方面给予一定便利，支持数字贸易发展。在数字贸易模式下，订单趋于碎片化、分散化，通过提高关税等设置贸易壁垒有一定的难度，且作用较之传统经济时代大打折扣。在这种情况下，传统经济下跨国贸易分歧在数字经济时代发生的可能性大大降低，这与数字贸易的生态化属性是密不可分的。

2.4.3　数字贸易对全球经济治理机制变革的不利影响

2.4.3.1　数据开发与数据保护之间的平衡成为全球难题

在数字贸易时代，交易呈现碎片化、小额化、多批次的趋势，交易订单数较传统贸易大幅上升，每时每刻都有海量数据产生，数据资源呈现几何级数式增长。数据是数字经济时代的核心要素，是驱动技术创新和模式创新的关键力量，对数据的分析、挖掘和利用可以释放巨大价值。但对数据资源进行开发利用时，会不可避免地引发一系列难题。一方面，随着数据价值的增长，保护国家重要数据资源安全，平衡数据本地化与企业发展需要之间的联系，保护政府部门、企业、个人数据免遭窃取和滥用成为监管难题。在数字贸易模式下，不同交易主体来自不同国家（地区），需要分别适应有关数据流动的不同法律法规，特别是当这些国家（地区）有关数据的管理规定相差较大时更提升了监管难度，除了协调成本上升，还可能引发贸易摩擦。另一方面，从微观层面看，只有数据流动才能充分带动数据分析、数据挖掘和数据利用，最大化释放数据价值，充分发挥数据要素驱动生产的作用，因此，数据确权、非个人信息自由流动、数据开放制度亟待构建。

目前，美国对数据的跨境流动持积极态度，主张弱化国境限制，允许数据跨区域自由流动；欧盟、澳大利亚等采取有条件的数据跨境流动管制措施。但总体而言，出于保护个人隐私、国家安全等原因，世界上大多数国家对数据的跨境流动持保守态度。据不完全统计，目前，已经有超过60个国家采取数据本地化的做法，要求数据存储在境内未经允许不得流出国境。各国如何根据规则的最大公约数制定相关规则，在数据利用和安全保障之间寻求平衡，是数字经济时代全球经济治理面临的重要挑战。

2.4.3.2　平台型市场结构可能带来新的反垄断难题

数字贸易的典型特征之一是平台化。互联网平台是一个居中撮合的市场组织，通过连接两个群体或多个群体协调、配置资源，促进不同群体之间的交互与匹配，进而实现价值创造。平台化运营已经成为互联网企业的主要商业模式。网络外部性是平台的重要特征，平台对于单个用户的价值取决于其总体用户基础规模，总体用户基础规模越大，平台对于单个用户越有价值。网络外部性带来一种正反馈机制，平台用户越多，越能吸引用户，反之，则可能因无法建立稳固的用户基础而退出市场。因此，在网络外部性作用下，数字贸易领域很容易形成赢者通吃或者赢者最多的市场格局，这将成为数字经济时代重要的现象和规律。截至2019年底，全球市值前10名的企业中，有8家为数字平台企业，市值占比达到88.4%，市值规模达到6.23万亿美元。① 平台在降低交易成本、提升资源配置效率的同时，带来了资源重组和权力重构，模糊了政府和市场的边界，对传统的政府与市场的关系、政府与企业的关系造成巨大冲击。

如何定位平台的经济社会角色，如何客观、理性地看待数字贸易中平台网络外部性造成的寡头垄断市场格局，如何看待赢者通吃现象或者赢者最多现象，是数字经济时代亟须思考的问题，也是带给全球经济治理的新难题。

2.5 数字经济对全球经济治理机制变革的影响：基于数字金融视角

2.5.1 数字金融的内涵与外延

2.5.1.1 数字金融的内涵

金融是一国经济运行过程中，资源实现优化配置的关键环节。随着数字技术的发展和应用，金融业也经历着数字化变革。传统的线下交易服务已经越来越不能满足社会需求，数字金融悄然兴起、快速发展。

与数字金融相近的概念是普惠金融，最早于2005年由联合国提出，指能够方便、有效、全方位地为各个群体提供金融服务。2013年，《中共中央关于全面深化改革若干重大问题的决定》中提出，要通过发展包括普惠金融在内的11个战略部署进行金融领域的改革。② 2015年底，国务院发布《推进普惠金融发展规划（2016～2020年)》。③ 相比传统金融服务体系而言，普惠金融更强调服

---

① 中国信息通信研究院. 数字经济治理白皮书（2019）［R/OL］. http：//www. caict. ac. cn/kxyj/qwfb/bps/201912/P020191226515354707683. pdf.
② 中国共产党第十八届中央委员会第三次全体会议. 中共中央关于全面深化改革若干重大问题的决定［EB/OL］. https：//www. gov. cn/zhengce/2013 – 11/15/content_5407874. htm.
③ 国务院关于印发推进普惠金融发展规划（2016—2020 年）的通知［Z/OL］. http：//www. gov. cn/zhengce/content/2016 – 01/15/content_10602. htm.

务对象的广泛化、服务门槛的低级化、服务产品的多元化、服务途径的多样化、服务领域的全面化等。

在正式提出数字金融之前，另一个与数字金融相近的概念是互联网金融，最早于 2012 年在"金融四十人年会"上被提出，成为金融领域最火热的新名词。2013 年，余额宝的推出、2014 年 P2P 的爆发使互联网金融的概念进入人们的日常生活中，各类互联网融资平台、互联网征信服务大规模发展。在政府层面，互联网金融一词首次出现于 2014 年的政府工作报告中[①]。随后，中国人民银行发布的《中国金融稳定报告 2014》根据业务范围和业务层面的不同，将互联网金融概括为广义互联网金融和狭义互联网金融两种，除了包括作为非金融机构的互联网企业开展的金融业务外，还包括传统金融机构通过互联网开展的金融业务，狭义互联网金融仅指互联网企业开展的金融业务[②]。

随着互联网、云计算等数字技术与金融业的不断融合，金融科技的概念开始出现。国际金融组织金融稳定理事会（Financial Stability Board，FSB）对金融科技的定义是"由大数据、区块链、云计算、人工智能等新兴前沿技术带动，对金融市场以及金融服务业务供给产生重大影响的新兴业务模式、新技术应用、新产品服务"。美国国家经济委员会列举了依托于技术创新的金融科技能够涵盖的金融活动，包括存贷款、支付结算、融资募集、保险、投资、监管合规等[③]。

近几年，随着数字技术在金融服务中的深入应用，金融服务数字化、金融服务智能化、金融服务普惠化的趋势进一步加强。在 2016 年的 G20 杭州峰会上，数字普惠金融的概念首次被提出。峰会发布的《G20 数字普惠金融高级原则》梳理了数字普惠金融囊括的类别，包括通过数字化技术或数字化手段实现的储蓄、支付、信贷、证券、保险、理财等各类金融产品或金融服务[④]。G20 普惠金融全球合作伙伴的定义显示，一切通过数字服务促进普惠金融的行动皆属

---

① 中国政府网. 政府工作报告（全文）［EB/OL］. https：//www. gov. cn/guowuyuan/2014 - 03/14/content_ 2638989. htm.

② 中国人民银行. 中国金融稳定报告（2014）［R/OL］. 2014. http：//www. pbc. gov. cn/jinrong-wendingju/146766/146772/146776/2806414/index. html.

③ 中国信息通信研究院. 中国金融科技生态白皮书（2019）［R/OL］. http：//www. caict. ac. cn/kxyj/qwfb/bps/201907/P020190710343477298824. pdf.

④ 二十国集团杭州峰会. G20 数字普惠金融高级原则［Z/OL］. http：//www. pbc. gov. cn/goutongjiaoliu/113456/113469/3142307/2016091419074418496. pdf.

于数字普惠金融范畴。

黄益平和黄卓（2018）认为，数字金融泛指传统金融机构与互联网公司利用数字技术实现融资、支付、投资和其他新型金融业务。这个定义与上文互联网金融、金融科技等概念相差不大，只是内涵或外延上稍有差别。总体而言，数字金融更加中性，兼顾了自身性质和技术特性，覆盖范围更加广泛。

2.5.1.2 数字金融的特征

1. 覆盖区域广

传统的金融服务要向基层延伸，需要开设营业性网点和分支机构。出于成本与收益的考虑，传统金融活动主要集中于人口较为密集、金融需求较为强烈的地区，对较为偏远、人口较少的地区则有所忽略。数字金融兼顾商业原则和普惠原则，依托互联网、移动通信等技术，有效地突破了金融机构设立的地域限制，保障了偏远地区金融服务的可及性，覆盖省、市、县、乡、村多个层级，为更多用户提供无差别的金融服务，缩小数字鸿沟。

2. 服务成本低

数字金融结合数字技术的网络化、数字化等特性，大大降低了金融服务的门槛和金融机构的经营支出。数字金融相比传统金融服务成本更低，这主要有两方面原因：一方面，数字金融通过数字技术可以取代相当比例的网点与人工，同时，使服务新增客户的边际成本大大降低，从而在整体上为金融机构节约开支；另一方面，市场信息不对称、金融行业风控要求高等，使得传统金融产品与金融服务存在宣传推广效率低、交易流程复杂、烦琐等问题，但在数字金融模式下，以大数据技术为支撑，可以从多维度分析用户信息与用户数据，识别用户需求，提升金融服务效率。

3. 普惠对象多

2017 年，世界银行开展的全球普惠金融调查报告显示，全球范围内尚未拥有金融账户的成年人高达 17 亿人，这些人的主要特征为：几乎全部来自收入较低的发展中国家，接近 2/3 的人受教育程度在小学及以下，接近 1/2 的人是失业人口。① 虽然各国积极开展普惠金融，但金融机构仅仅依靠传统服务方式或运营模式很难改变现状，也很难将潜在用户纳入其中。数字金融不仅有普惠金

---

① 世界银行. 全球普惠金融报告［R/OL］. https：//www.useit.com.cn/thread－19731－1－1.html.

融在服务对象大众化上的目标，也有相应的技术作为支撑和保障，被服务对象享受金融服务付出的成本在可接受的阈值范围内。例如，在传统金融模式下，小微企业、低收入群体等往往难以达到金融服务的信用评估门槛；但在数字金融模式下，大数据技术能够有效地解决这一问题。另外，新技术催生出全新业务形态。例如，网络贷款平台、众筹平台等，也增加了金融资本与普通用户参与金融活动的途径和机会。

2.5.1.3 数字金融的表现形式

1. 数字支付

数字支付是数字金融很重要的一环，具体是指，通过数字化手段完成交易中的支付环节。数字支付主要包括两大类：近场通信（near field communication，NFC）支付和二维码支付。从技术发展历史来看，NFC 支付的诞生时间早于二维码支付，且理论上 NFC 支付的安全性也高于二维码支付。但涉及支付标准时，NFC 支付涉及的各链条协调困难，在便利性和低成本上显著弱于二维码支付，因此，市场上的数字支付以二维码支付为主。中国的数字支付水平处于世界领先，两大巨头分别是支付宝支付和微信支付。2019 年第四季度，支付宝和微信合计占市场份额的 94%。①

2. 数字信用

数字技术在信用领域的广泛应用，推动了现代信用服务体系的建立。该体系以互信为前提，以信用为支撑，将信用作为资源配置的基础。现代信用服务的实现离不开数字技术创新，在数字技术加持下，现代信用服务平台成为现代信用服务体系的载体。目前，数字信用服务已在极速退款、服务优先权、免押金消费等多方面发挥了巨大作用。

3. 数字借贷

数字技术向借贷领域的扩展催生了数字借贷，通过互联网进行融资变得越来越普遍。典型代表如互联网消费金融，是指互联网化的、有场景的、向个人贷款的金融服务产品类型，这一类型的行业参与者主要分为三类：以电商平台为核心的互联网消费金融平台、以自有产业为核心的互联网消费金融平台、第

---

① 中国普惠金融研究院. 在曲折中前进——中国数字普惠金融发展报告 ［R/OL］. http://www.cafi.org.cn/upload/file/20190114/1547432791605605.pdf.

三方场景的互联网消费金融平台。除此之外，以数字技术为依托的网络小额贷款公司，面向当前征信体系未覆盖群体的现金贷等，均属于数字借贷的范畴。

4. 数字理财

数字技术使得金融理财的服务范围大大拓宽，理财覆盖的主体范围大大扩展。以余额宝为例，超过 90% 的投资主体都是个人投资者。[①] 数字理财产品改变了传统理财业务的经营方式，突破了传统理财产品交易的时空限制，投资标的物更加分散，保证合理收益的同时提供了较高的流动性。从客户群体角度看，数字理财实现了理财客户群体的年轻化趋势，使得农村地区人口充分享受到数字普惠金融带来的福利。

5. 数字保险

数字保险是数字金融领域的新突破。在数字技术支持下，数据在现代保险服务业中的作用越来越大，通过对保险服务的有效规划大大提升了保险体验感，提高了保险普惠水平，拓展了保险的广度和深度。依托互联网平台运行的数字保险突破了时间和地点的限制，降低了保险服务的门槛和成本。丰富的数字保险产品使得贫困群体、残障人士、老年群体以及小微企业可以获得风险保障，进一步彰显保险的普惠价值。

2.5.2 数字金融对全球经济治理机制变革的有利影响

2.5.2.1 为推动全球经济发展提供新动力

数字金融的快速发展，有助于更好地发挥金融在经济运行中合理配置资本要素的作用，有助于促进各国转变经济动力，调整经济结构。一方面，数字金融有助于促进全球金融业的转型升级。回顾金融发展历史，金融体系升级和科技发展相伴相随。造纸技术、印刷技术的发展，加速了纸质货币代替金属货币、实物货币的进程；电报、电话等通信技术的发展，提高了金融流动性，提升了资本要素跨区域配置的效率；互联网的发展，为金融服务的流程、模式带来颠覆性的变化。当前，人工智能、大数据、区块链等数字技术飞速变革，为金融

---

① 搜狐网. 天弘余额宝发布 2018 年报：规模为 1. 13 万亿 ［EB/OL］. https：//www. sohu. com/a/304031353_114837.

体系的变革提供了更加优异的技术条件，对金融服务方向、金融服务模式、金融服务群体、金融服务领域有全面影响，有助于更好地发挥金融业资金筹集、风险管理等功能，实现金融业的转型升级。另一方面，数字金融的发展也会对其他领域产生一定的外溢效应，与其他产业实现协同发展，有助于进一步激发经济活力、转变经济动力。数字金融不同于传统金融，其技术特性更加丰富和突出，对金融体系的结构安排与就业类型也产生了重要影响，同时，对科技发展也起到了重要支撑作用，有助于推动全球经济可持续增长。美国咨询公司麦肯锡在2016年发布的《数字普惠金融：推动新兴经济体包容性增长》报告中计算推测，到2025年，数字普惠金融的广泛使用能够使新兴市场国家的国内生产总值增长约6%（大约3.7万亿美元)。①

2.5.2.2　为解决全球贫困问题提供新思路

普惠性是数字金融的重要特征，数字金融的发展能够使更多群体特别是在传统经济下易被排斥在外的贫困群体享受到金融服务。塔尼特（2016）在研究肯尼亚的数字普惠金融后估计，移动货币的使用提高了消费分配效率，提高了肯尼亚的人均消费水平，使得2%的家庭摆脱了贫困。奥利弗（2017）研究发现，数字金融对于缩小普惠金融差距有巨大作用，可以满足社会底层人群和小微企业大约40%的支付需求及20%的信贷需求。黄益平等（2018）研究指出，传统普惠金融发展要兼顾普惠性但缺乏足够的商业可持续性，而数字技术的线上化、网络化手段为解决这一问题提供了方案，指出数字金融展示的最大优势是支持普惠金融发展。龚沁宜等（2018）利用中国西部地区12个省（区、市）的面板数据研究数字普惠金融的减贫效应，发现数字普惠金融对农村地区的贫困情况有十分明显的减缓作用。此外，数字金融在提供就业机会和预期收入方面也会产生作用，从而吸引劳动力要素跨区域流动（数字金融与劳动力流动，参见专栏2-7）。因此，在全球贫困治理中数字金融对贫困的削减作用可以被充分发挥，各国也应在这方面加大跨国合作，共同为全球消除贫困作出贡献。

---

① 中国社会科学报.美国布鲁金斯学会学者建议：以客户为中心发展金融数字化服务［EB/OL］. http：//sscp. cssn. cn/xkpd/xszx/gj/201611/t20161111_3272529. html.

▶专栏2-7

数字金融与劳动力流动

劳动力流动已经被证实对中国的经济增长和生产率提升有重要的贡献，会改善农村居民的贫困状况。十八届三中全会明确了新型城镇化的核心内容，即实现以人为核心的城镇化，更加注重公平和包容性。很多研究发现，在城镇化过程中，劳动力流动起着主要的推动作用。然而，以中国户籍管理制度为主的各项制度固化了城乡二元经济结构，使得中国劳动力无法实现最优化流动，对中国城镇化进程造成了阻碍。

数字金融作为数字经济一个重中之重的领域，展现了数字经济的特质，对区域经济增长、居民消费、企业融资缓解、金融资源的合理配置、创新创业活动以及电子商务的发展等有很大推动作用，但其对人口流动的作用还不清晰。利用北京大学数字普惠金融指数与2012~2017年全国流动人口动态监测调查中流动人口A卷数据，基于条件Logit模型的实证分析发现，一个城市数字金融发展水平的提高会吸引劳动力流入。在影响机制方面，数字金融通过提供就业机会和提高预期收入促进劳动力流动。此外，通过城乡异质性和农村劳动力、女性劳动力的异质性回归，证实了数字金融的包容性特征。

资料来源：马述忠，胡增玺. 数字金融是否影响劳动力流动？——基于中国流动人口的微观视角 [J]. 经济学（季刊）. 2022，22（1）：303-322.

2.5.3 数字金融对全球经济治理机制变革的不利影响

2.5.3.1 给跨国权益维护带来严峻挑战

数字技术的快速传播性和数字信息的隐秘性，使得数字金融的消费者进行跨国权益维护时面临重重困难。第一，金融科技企业信息安全管理能力参差不齐，部分机构信息安全保护意识薄弱，信息安全保护机制不健全，安全措施不到位造成用户信息数据泄露、篡改、丢失，数据产权纠纷等事件时有发生。第二，各国适用的金融法律法规不同，对待数字金融的态度也有差异，导致面对金融消费跨国纠纷时，往往要依赖第三方解决机制。但从目前而言，这种有效的第三方平台在世界范围内缺位，相关国际组织还不能有效地发挥作用，企业层面的平台又缺乏足够的跨国执行力，导致消费者的跨国权益维护面临很大困难。第三，目前个人数据的定义模糊不清，给数字金融领域的隐私侵权行为留下了灰色空间。个人数据的定义要综合考虑不同情形下各类数据产生的背景和途径，保证个人对自身数据享有充分的自主决策权，在消费过程中能够决定个人数据的去留和保护程度，享有充分知情权。明确个人数据的定义和范围是制定相关法律法规的基础，也能够为跨国权益保护提供依据。

2.5.3.2 给跨国金融监管带来严峻挑战

数字金融作为数字经济时代新的金融运作模式，出现时间短、成长速度快，且发展形式多样，这给政府监管及世界范围内的跨国监管合作带来新的挑战，也是全球金融治理体系建设亟须解决的问题。第一，在传统经济时代，金融监管机构往往能提出明确的监管目标与监管要求，但对于数字金融，并没有可借鉴的监管经验，各项市场准入制度和市场监管制度、新技术应用标准、行业自律规则尚不够完善，给行业监管带来挑战。第二，数字金融的混业经营创新趋势增强，模糊了监管边界。在数字技术加持下，数字金融提供商往往可以集网贷、投资、保险等多种业务于同一平台，这给分业监管带来了挑战。例如，很多跨领域经营的互联网企业，往往持有网络支付、保险、基金销售等多种重要的金融领域牌照，单个监管单位往往很难准确监管全部金融活动，导致监管成本高、不够直接有效等问题。这些问题在国内尚且棘手，在国际范围内，面对各国国情、相关法律规制以及对待数字金融态度的不同，有关数字金融的跨国监管合作更是难上加难。第三，要构建一个全球普适的数字金融监管框架，需要在维持数字金融发展和满足各国诉求之间进行平衡。一方面，各国有关市场准入、消费者权益保护、投融资市场规范等规章制度要尽量和国际上大多数国家相近，以促进数字金融在全球范围内的合作与发展；另一方面，也要考虑不同国家的发展现状和发展基础，尊重各国对待数字金融异质性的态度，寻求各国在监管规则上的最大公约数，充分发挥国际组织的协调作用，形成公平、开放、平衡的全球数字金融治理框架。

2.5.3.3 消除金融排斥带来严峻挑战

缓解甚至消除金融排斥是世界各国在金融改革中不断努力的方向，也是全球金融治理中长期关注的重要议题。随着数字技术在金融中的应用，数字庞氏骗局开始出现并泛滥，数字庞氏骗局是一种典型的依靠数字手段进行的金融欺诈，通过互联网等数字化手段吸引投资者，凭借支付高额利息为噱头制造挣钱的假象，从而骗取更多投资。在数字技术的加持下，数字庞氏骗局更加隐蔽、更加高效，还可能突破国界限制进行跨国传播，消费者很难通过表象了解潜在的诈骗性质，这使得欺诈的波及范围和造成的影响更大。2018 年，国际电信联盟（International Telecommunication Union，ITU）发布的《无牌照数字投资计划》（*Unlicensed Digital Investment Schemes*）报告指出，目前，数字庞氏骗局形式的互联网欺诈达到了历史最高峰。数字庞氏骗局带来的危害主要有三方面。其一，数字庞氏骗局可能造成系统性金融风险，破坏一个国家的政治稳定，甚至对世界金融体系造成冲击；其二，数字庞氏骗局给单个家庭带来的伤害和打击往往是无法弥补的，从这种损失中恢复过来可能需要很多年，甚至会影响几代人的生活；其三，数字庞氏骗局还容易造成信任危机，使受害者不再相信金融部门与金融监管机构，这种不信任又会传递给他们的孩子和家庭。[①] 数字金融欺诈所带来的一系列影响容易造成数字普惠金融目标用户的金融排斥，阻碍数字金融深入发展。

2.6 数字经济对全球经济治理机制变革的影响：基于数字文化视角

2.6.1 数字文化的内涵与外延

2.6.1.1 数字文化内涵

文化是在一定时点和背景下人们生产生活过程中积累起来的知识或经验的潜意识化的、外在化的客观表现。随着经济社会的发展，文化产业的概念逐渐产生。联合国教科文组织认为，文化产业是以艺术创造表达形式、遗产古迹为基础的各种活动和产出，包括文化遗产、音乐、体育和游戏等。2009 年，国务

---

① International Telecommunication Union. Unlicensed Digital Investment Schemes：The Orphan Financial Crime？［R/OL］. https：//www.itu.int/en/ITU－T/webinars/20200630/Documents/Jami％20Solli.pdf.

院发布《文化产业振兴规划》，支持影视创作、出版等文化产业发展。[①] 数字技术的出现为文化产业发展提供了新的路径，包括文学、影视、音乐、文化遗产等在内的文化产业与数字技术的融合越来越深入，数字文化产业在数字经济中越能发挥日益重要的牵引作用。

与数字文化产业概念相近的是数字内容产业。数字内容产业概念最早于1995 年在 G7 信息会议上被提出。在国内，数字内容产业最早出现于 2003 年上海市的政府工作报告中。在 2006 年的《国民经济和社会发展第十一个五年规划纲要》《国家"十一五"时期文化发展规划纲要》中正式出现。[②]《2008～2009 上海数字内容产业白皮书》则建议，把数字内容产业细分为网络游戏、数字动漫、数字出版、数字学习、移动内容、数字视听、其他网络服务和内容软件八大类。[③]

事实上，有关数字文化的各个概念并不是泾渭分明的，在不同情景下的内涵和范围有所交叉，且随着数字技术和文化融合程度的不断加深，新的产业模式和产业业态不断出现，数字文化的内涵和外延也在不断扩展。总体来看，数字文化主要指，数字技术和各类文化表现形态在融合过程中产生的新文化形态，以及与新文化形态相关的各类政治、经济关联现象。

2.6.1.2　数字文化特征

1. 技术更迭快

数字文化是数字技术在文化领域的延伸，兼有文化属性和技术属性。5G、大数据、云计算、区块链等数字技术都会影响数字文化产业发展，包括数字文化产业的文化类型、变革方向、产品质量、产业结构等各个方面。从小范围看，一方面，数字文化依赖于计算机、数字摄影摄像、智能手机等数字媒介保存、处理；另一方面，数字文化需要借助数字媒介来表现和传播。当下，数字技术发展速度快、更迭周期短，数字文化随之不断变化，数字文化的产品品质随之

---

① 国务院. 文化产业振兴规划［Z/OL］. http：//www. china. com. cn/finance/txt/2009 – 09/27/content_18609477. htm.

② 第十届全国人民代表大会第四次会议. 中华人民共和国国民经济和社会发展第十一个五年规划纲要［Z/OL］. https：//www. gov. cn/gongbao/content/2006/content_268766. htm；国务院. 国家"十一五"时期文化发展规划纲要［Z/OL］. https：//www. gov. cn/gongbao/content/2006/content_431834. htm.

③ 高诚. 数字内容产业内涵界定［R/OL］. https：//www. sinoss. net/show. php？contentid = 85511.

提高，表现形式日趋丰富。

2. 传播网络化

基于数字文化的数字属性，其传播主要通过网络形式完成。在网络化趋势下，数字文化参与主体更加广泛，参与形式更加多样，多维互动更加普遍。一方面，不同参与主体之间的差异隔阂被弱化，时间、距离等也不再成为重要的限制因素，数字文化内容的丰富化、多样化使得来自不同背景下的参与者更容易找到共同语言，然后，借助网络形式得以沟通和表达；另一方面，网络化特征使得数字文化更具开放性和包容性，社会不同方面的文化内容均可以平等交流并得到呼应，大大提高了数字文化大众化的特征。

3. 内容多样化

在数字经济时代，人们的消费偏好越来越呈现个性化趋势，多样化、独特化的数字文化内容产品才能得到消费者的广泛青睐。在这种情况下，内容原创能力成为数字文化市场竞争能力的核心，全民创意、创作联动等方式成为数字文化领域的典型创作方式，借助数字技术进行个性化推送、精准化营销，在更大范围内实现共创和共享成为数字文化内容生产传播的主线。对于数字文化企业而言，只有从消费者需求出发，紧抓消费心理，在内容创作、服务模式等方面不断创新，才能建立稳固的竞争优势。

4. 分享非理性

在传统文化环境下，信息来源渠道、传播分享技术等限制，使知识流动性有限。数字经济时代的到来改变了这一现象，每个人作为独立的主体都可以创作并分享知识、信息、观点，在此过程中，会显示人性很多内在的东西。人们有着凸显自我的情结，在开放的数字经济环境下，特别是在网络平台上，更希望彰显独特性，而网络环境又会包容各种观点，每种观点都会有市场。这会导致在分享过程中经常陷入非此即彼的群体极化效应，放大个体行为的影响，呈现出明显的非理性特征。

2.6.2 数字文化对全球经济治理机制变革的有利影响

2.6.2.1 有利于提升世界文化体系的多样性

数字技术的发展大大扩展了人们认识文化、接触文化、创造文化的可能性，相比传统经济时代，数字技术的发展拉近了人们与文化的距离，草根文化、自媒体文化等借助网络快速兴起，并通过新闻媒体、社交软件、网络社区等大范围传播，形成新的文化现象、文化结构、文化生态和文化理念，对数字经济时代人们价值观的形成产生显著影响。数字文化在互联网推动下实现了全球范围内的交互与传播，世界各国、各地区的人们可以借助数字技术了解和掌握其他国家（地区）的文化。与此同时，数字文化的出现契合了消费群体的代际转换、需求个性化趋势，提升了人们文化型消费的比例。在文化产业中，近年来，与数字技术相关的部分产业增速远超文化产业的整体增速，带动文化产业高速发展。在高速发展的数字文化产业中，游戏、电影、直播、动漫、音乐等是人们重要的消费产品。在数字技术加持下，人们接触人类文化成果的时间、地点已不成为限制因素，人们甚至可以成为文化创造的直接参与者，在大众高昂的表达意愿和创作激情下，"人人都是艺术家"不再是一个不可实现的愿景。创作群体丰富、原创内容增多、内容形态多样、网络传播快速等变化大大促进了不同文化的交流、互通与融合，提升了世界文化体系的多样性。

2.6.2.2　有利于为全球经济提供新增长点

数字文化产业是数字经济时代的新兴产业，有助于促进传统产业结构优化升级，成为经济增长的新动力。数字文化产业涉及设计、创作、生产、传播等多个链条环节，在数据技术渗透下，覆盖范围不断扩大，在文学、教育、演艺等传统领域数字化改革趋势明显，数字游戏、数字音乐等新兴领域数字化改革发展迅猛、不断壮大。国家统计局数据显示，2022 年新闻信息服务、内容创作生产和创意设计服务 3 个行业增长迅猛，且在文化及相关产业增加值中占比均超过 10%，这离不开数字技术推动。① 《2019 中国战略性新兴产业发展报告》显示，中国数字创意产业的飞速发展得益于数字技术的强力推动，数字音乐、动漫、游戏、影视等新兴产业的飞速发展成为产业增长的新突破点，在 2012 ~ 2017 年，年均增速超过 20%。② 国务院发展研究中心发布的《中国数字文化产业发展趋势研究报告》显示，2004 ~ 2017 年中国文化产业的增速是国内生产总值增速的两倍，2017 年，数字文化产业总产值约为 3 万亿元，这代表数字文化

---

① 国家统计局. 2022 年全国规模以上文化及相关产业企业营业收入增长 0.9%［EB/OL］. http：//www. stats. gov. cn/sj/zxfb/202302/t20230203_1901733. html.

② 中国工程科技发展战略研究院. 中国战略性新兴产业发展报告 2019［R/OL］. https：//www. sohu. com/a/284856205_410558.

产业已成为新常态下中国经济增长的重要支点和支柱产业。① 在世界范围内，数字文化有了更广泛的流动性和互动性，相关的产业链条将更加丰富，有望成为世界经济增长的新引擎。

2.6.3　数字文化对全球经济治理机制变革的不利影响

2.6.3.1　拉大发达国家与发展中国家之间的数字鸿沟

数字文化产业的兴起与发展无疑为各国的经济增长提供了新的增长点，但带来的一个问题是，发展中国家在数字基础设施、数字技术研发水平等方面显著落后于发达国家，导致其数字文化产业基础比发达国家薄弱，且在之后的国际扩张中明显不占据优势，要实现赶超难上加难，差距可能越拉越大。一方面，发展中国家的企业在参与数字文化产业国际分工中处于弱势。成功的国际扩张需要综合利用国内外市场和国内外资源，需要企业具有整合全球供应链的能力，以实现产业链优化整合并针对重点国家（地区）确定不同的推进方式和实施路径，而在这方面的能力，发展中国家企业明显弱于发达国家企业。另一方面，在兼顾传统和新潮的文化审美下，商业模式创新是数字文化产业保持长久活力的重要因素。随着代际消费群体的成长，数字文化内容多元化和模式创新性是必然走向和发展趋势，且随着数字技术的不断提升和进步，人们对于数字文化的需求也在不断变化，保持内容创新或模式创新以激发消费者的参与热情或消费热情，是数字文化产业可持续发展的重要一步。但在商业模式以及内容原创性上，发展中国家的能力又明显弱于发达国家。不少发展中国家有悠久的文化历史、深厚的文化积淀和丰富的文化资源，但在技术条件、开发环境等方面的限制，导致其难以将上述优势转化为产品或服务，从而加大了与发达国家之间的数字鸿沟。

2.6.3.2　弱化发展中国家在世界文化格局中的地位

文化是最能展现民族凝聚力和民族创造力的表现形态，在一定程度上也是一国综合国力的象征。在数字技术加速发展的情况下，文化的产生、传播、分享也趋于国际化，不同国家、不同民族之间的文化互动和文化碰撞更加频繁。

---

① 国务院发展研究中心东方文化与城市发展研究所．中国数字文化产业发展趋势研究报告［R/OL］．https：//new. qq. com/omn/20190805/20190805A0BVQ900. html.

在这种形式下，数字文化成为承载全球知识、信息、经验和规则的重要载体。数字文化具有开放性的特征，在网络空间内，不同国家和不同民族的时空限制大大降低，借助网络人们可以实现生产、生活的实时互动交流，在此过程中，相似的表达习惯、生活方式等逐步出现，不同背景下的文化差异逐步缩小，民族的特点被淡化，这使得不同背景下人们的意识和形态逐渐趋同。与此同时，数字文化凭借其接触门槛低、进入成本小、获得范围广等特点，已成为大众文化消费的主要形态，也是各国在维护意识形态安全中特别关注的领域。但发达国家在数字技术研发与应用、数字经济发展方面处于世界领先地位，发达国家的数字文化产业发展也远远领先于发展中国家，在数字文化的国际交流和国际传播中，发展中国家和发达国家的地位不对等，发展中国家在世界文化格局中的地位有可能遭到更强烈的冲击。

2.6.3.3 加大各国数字内容生产与传播的监管难度

数字文化具有个性化、自由化的特征，如何适应自媒体、网络平台等传播形式与传播机理的变化，发挥多元主体力量以监管数字文化生态，对各国政府而言是一大考验。互联网平台连接了海量主体，并为这些主体提供了开展经济活动的网络空间。根据《2019 年第四季度全球数字简报》显示，截至 2019 年 10 月，全球社交媒体平台活跃用户数达 37.2 亿。[①] 在传统的信息发布机制下，监管部门扮演了"把关人"角色，过滤了大量虚假信息、恐怖信息。但是，在自媒体时代，信息发布主题海量、分散，信息传播高速、便捷，监管部门的传统"把关人"角色被极大地弱化，海量危害信息出现在网络上，对社会稳定造成严重威胁。根据脸书（Facebook）发布的社群守则执行情况报告显示，2019 年第一季度，该平台处理的仇恨言论达 400 万条、宣扬恐怖主义内容达 640 万条、暴力和血腥内容达 3360 万条。[②] 在数字技术环境下，文化安全问题进一步凸显，不确定性增加已经超越了文化融汇的合理范围。数字技术的发展使得文化的传播与共享更加容易，但也对政府监管带来了严峻挑战，监管部门需要转变思维、重新审视，集合政府部门、组织、个人等多方力量建立数字文化协同监管模式。

---

① We Are Social & Hootsuite. 2019 年第四季度全球数字简报 ［R/OL］. https：//wearesocial. cn/blog/2019/10/25/the-global-state-of-digital-in-october‒2019/.

② 中国信息通信研究院. 数字经济治理白皮书（2019）［R/OL］. http：//www. caict. ac. cn/kxyj/qwfb/bps/201912/P020191226515354707683. pdf.

2.7　数字经济对全球经济治理机制变革的影响：基于数字政务视角

2.7.1　数字政务的内涵与外延

2.7.1.1　数字政务的内涵

数字技术的飞速发展和广泛渗透，对政府职能转变和服务方式转变产生了深刻影响，推动政府治理的数字化成为各国政府改革的主流趋势，数字政务应运而生。在这方面，英国政府走在世界前列，于 2012 年颁布《政府数字化战略》，2015 年开始实施"数字政府即平台"计划，2017 年颁布《政府转型战略（2017～2020）》，集中力量在政务平台化、部门协同化、民众参与化等方面作出努力，一系列举措大大提升了英国政府数字化治理水平及治理效能。在 2018 年联合国电子政务调查评估中，英国排名第四，成为数字政务方面的范本之一。① 此外，美国、新加坡、日本、韩国等国家均通过系统的数字化路线设计推动政府转型，以抢占数字经济先机，确立竞争优势。

中国于 2016 年发布《国务院关于加快推进"互联网 + 政务服务"工作的指导意见》，第一次对政府如何借助互联网技术进行政务服务的数字化改革给出了总体框架描述和指导意见，也激发了地方政府数字化改革、提升服务水平的步伐。② 截至 2020 年 3 月，中国在线政务服务用户规模达到 6.94 亿，比 2018 年底增长 76.3%，占网民总数的 76.8%。③ 数字政府是中国实现数字经济高质量发展的重要支撑，更是推动政府治理现代化的重要动能。

从各国经验看，数字政府是数字经济背景下政府层面的适应性变革，借助数字技术实现管理服务模式的革新和提升，主要从改善政府与政府、政府与企业、政府与民众之间的关系着手，整合多方面信息，加强公共服务创新，着力

---

① 经济日报. 联合国发布 2018 年电子政务调查报告呼吁：各国应继续努力提升在线公共服务水平 [EB/OL]. http：//m. ce. cn/gj/gd/201808/03/t20180803_29928984. shtml.

② 国务院. 国务院关于加快推进"互联网 + 政务服务"工作的指导意见 [Z/OL]. https：// www. gov. cn/zhengce/zhengceku/2016 - 09/29/content_5113369. htm.

③ 中国互联网信息中心（CNNIC）. 第 45 次《中国互联网络发展状况统计报告》 [R/OL]. ht-tp：//www. cnnic. net. cn/hlwfzyj/hlwxzbg/hlwtjbg/202004/P020200428596599037028. pdf.

提升政府治理效能。《广东省"数字政府"建设总体规划（2018～2020年)》中指出，数字政府是对传统政务信息化模式的改革，包括对政务信息化管理架构、业务架构、技术架构的重塑，通过构建大数据驱动的政务新机制、新平台、新渠道，全面提升政府在经济调节、市场监管、社会治理、公共服务、环境保护等领域的履职能力，构建服务型政府。①

根据上述定义可以发现，数字政务以新一代信息科技为支撑点，通过对传统管理架构的数字化改造，打造政务服务的新机制，优化服务结构，简化服务流程，提升服务质量，可以产生高效、可持续的智能化治理效果。从内容上看，数字政务包括办公、信息发布、数据开放、经济运行监测、突发事件紧急处理等多个环节的数字化转型；从定位上看，数字政府是在决策、治理等方面不断优化职能的精准化政府、科学化政府；从能力上看，数字政府是可以借助网络技术预见社会需求，能够灵活地、互动性地、多部门协同地提供订单化服务的高效化政府，大大提升了群众的服务体验。

2.7.1.2 数字政务的特征

1. 系统性

数字政务基于系统工程思维，全面统筹协调政务业务跨地区、跨层次、跨部门、跨主体联动，以简化服务流程、提升服务质量为目标，同步技术变革、数据治理、部门改革等多个环节，进行全方位、系统性的改革。从内部来看，数字政务是政府对治理思路、治理方法、治理理念的重新审视，在此基础上进行的有关治理架构、流程设置、服务安排等一系列的颠覆性变革；从外部看，数字政务是数字经济时代背景下的适应性变革，紧抓数字技术机遇，应对数字经济挑战，通过推进各领域、多部门的联动改革，以合理的方式回应民众的切实需要，不断提升政府治理效能。

2. 协同性

数字技术的广泛应用使政府治理更加扁平化，从部分走向整体，从破碎走向整合，依托统一的"数字政府"平台，联结多方主体共同参与，培育众智共

---

① 广东省人民政府. 广东省人民政府关于印发广东省"数字政府"建设总体规划（2018～2020年）的通知［Z/OL］. http：//www. gd. gov. cn/gkmlpt/content/0/162/mpost_162020. html? from = sin-glemessage#7.

创的协同体系成为必然趋势。数字政务的协同，一方面，体现在政府内部部门之间的协同，以服务公众为导向，统一规划部署，协同安排行动，借助数字化平台突破层级之间、部门之间的限制，实现服务高效化；另一方面，体现在政府与市场多元主体的协同，数字经济时代，企业、公众、社会组织等各方力量参与治理变得更加重要，政府要坚持发展与监管并重，包容新业态、新模式发展，激发市场活力，吸引多元主体参与，实现对数字经济和社会发展的协同治理和精准管理。

3. 开放性

数据是数字政务的核心资源，数据只有流动才能产生价值，数据开放成为数字政务的典型特征。一方面，要做好信息公开工作，借助数字技术多渠道开展信息发布工作，建立公平、公开的透明信息机制，允许公众通过网络等方式进行监督，提升公众的参与热情；另一方面，要做好数据开放工作，对于可以公开的数据，要开拓数据开放渠道，扩大数据共享范围和数据共享深度，提高公众对于数据的可获得性，充分发挥数据的要素作用，提高资源优化配置水平，增进公众利益。

2.7.1.3 数字政务的表现形式

（1）数字政务在协同办公中的应用。数字政务采取统一设计建设、部门一体化使用的方式，通过建设办公自动化系统、决策支持系统、电子督查系统、协同办公的应用支撑层等，推动政府业务流程整体实现扁平高效。

（2）数字政务在经济调节中的应用。数字政务能够创新经济调节方式，借助大数据、云计算等技术加强对经济数据的应用和分析，通过建设经济运行主题数据库、宏观调控数据体系等，提高经济预测、经济规划的准确性和科学性，辅助实现经济调节科学化。

（3）数字政务在市场监管中的应用。数字政务通过形成市场监管部门，跨层级、跨部门、跨区域联合数字化监管机制，以及建设市场监管大数据库、综合监管平台、移动监管系统、地区监管事项目录等方式，构建良好的营商环境。

（4）数字政务在社会治理中的应用。数字政务通过政企合作、公共服务领域数据的集中和共享，深化数据资源应用，促进社会协同治理，通过移动终端应用、网格化综合治理平台、社会治理大数据库等方式，构建社会治理新格局。

（5）数字政务在公共服务中的应用。数字政务能够借助数字技术合理协调多方资源，优化配置水平，通过智慧健康养老、智慧社区等多种数字化方式，促进公共服务线上线下协同化、服务对象精准化、服务模式人性化。

（6）数字政务在环境保护中的应用。以技术监测、数据感知推动生态环境管理体系创新，同时，借助数字技术创新环境监测、能源利用、环境保护的方式方法，需要政府、企业、科研机构等多个主体共同参与、协同行动。

2.7.2　数字政务对全球经济治理机制变革的有利影响

2.7.2.1　有利于跨国合作，实现协同治理

目前，世界上很多国家积极建设数字政府，通过治理方式变革提高治理服务效率。在面对世界共同的经济、政治、文化等挑战或者突发性重大事件时，各国借助数字政务及时进行数据交流和数据共享，在一定程度上能够有效地消除世界不同国家的政府在能力、知识、信息等方面的差异，以协同应对的生态状态代替传统时代各自为政的闭塞状态，构建无缝隙、动态化的跨国业务协同体系。一方面，数字政务有助于在世界范围内建立跨区域、跨领域、跨层级的协同管理机制和跨部门的工作平台，针对世界各国共同关注的普遍性问题或者突发性问题（如新冠疫情），能够迅速反应、及时处理，保持各国的信息交流与信息互通，充分把握世界某一具体事件的整体发展趋势，提升政府间的沟通协作效率，最大限度地优化政府行政效能；另一方面，数字政务有助于在世界范围内构筑开放平台，更大地提升数据共享范围，最大限度地释放政府数据红利，带动全球数字经济发展。在这种情况下，数字经济时代的世界性公共事务由各国政府、企业、公众等不同主体共同参与、共同决策，不同主体的优势将得到充分发挥，实现全球治理的开放化、协同化转变和升级。

2.7.2.2　有利于数据分析利用，实现智慧治理

数字技术的创新发展以及各种场景中数据的广泛积累，为数字政务智慧治理的实现提供了可能。数字经济时代全球经济治理中的问题繁多冗杂、形式多样，对各国提出了严峻挑战，亟须采取智慧治理方式，确定优先次序、合理分配资源，提高解决问题的效率。数字政务的出现，通过对数据的分析和利用，满足了全球经济治理过程中对智慧治理的需求。具体来看：第一，在数字政务建设和实施过程中，可由各国政府主导建设信息共享平台、数据管理平台等，

集成宏观调控、动态监测、风险预警、执行监督等功能，通过各类平台将全球范围内不同地区、不同层级的政府相联结，实现云端化处理、协同化办公；第二，利用大数据、云计算等技术，各国政府可以全面、准确、及时地掌握各种信息，实现"用数据说话、靠数据决策、依数据行动"，建立数据驱动的科学决策机制，提升各国政府决策的预测研判能力，在全球经济治理的跨国合作过程中，尽可能保障决策的科学性，掌握实践措施的发力点和落脚点；第三，通过建立数据开放的国际标准，制定信息资源通用管理办法，扩大数据资源的共享范围和共享深度，营造良好的数据共用国际氛围，进一步发挥数据在科学决策中的辅助作用。

2.7.2.3　有利于降低组织成本，实现集约治理

集约化是数字政务区别于传统政务的又一典型特征。在传统经济时代，组织成本高、执行效率低成为制约全球经济治理有效开展的重要因素，许多重要问题因各国政府间难以及时、高效地交流与合作而搁置。以集约化为重要特征的数字政务，能促进信息资源的跨国实时流动和交换，优化资源配置。一方面，数字政务能够通过数字技术为不同层级、不同部门的政府间搭建统一平台以协调各方行动、提升资源整合能力，降低组织成本和交易成本，通过在技术上的融合和共享，实现各国政府在不同事件、不同业务、不同系统层面上的流程再造、统一行动；另一方面，数字政务能够降低应急管理成本，提升应急管理能力。在全球经济治理中，应对国际突发的事件（如新冠疫情），亟须提高应急管理的科学化水平、专业化水平、智能化水平、精细化水平。数字政务作为新兴技术特别是数字技术与政府治理相结合的产物，将有效地降低应急管理成本，提高政府应急管理能力与跨国协作水平。通过在数字政务上的联合，不同国家可以在减灾救灾、医疗教育、劳动就业、环境保护等领域全面推广大数据应用，提升国际社会福利水平。

2.7.3　数字政务对全球经济治理机制变革的不利影响

2.7.3.1　对政府信息安全防护带来挑战

数据开放是数字政务的重要表现之一。在全球经济治理过程中，各国政府之间建立即时、有效的信息交换机制与信息共享机制，保持数据合理、适时地向国际社会开放，是各国携手实现协同治理、智慧治理、集约治理的重

要保障。但在实际运行中，需要特别注重数据开放过程中政府信息安全问题，不触碰安全底线。在数字政务模式下，政府层面的数据，特别是涉及政府内部或政府间流通但并未向外界公布的数据，也变得更重要且具有更高的商业价值，因此，世界各地政府机构也已经成为网络爬虫、拖库、网站克隆等攻击的重点目标。政务服务广泛分布在公共安全、公共交通等多个领域，数据数量大、机密性强、附加价值高，且大多和国计民生紧密关联，政府信息安全防护的难度大幅增加，一旦遭到攻击，后果不堪设想。在这种情况下，政府要在数据开放和数据安全之间做好平衡，制定合理的数据流动规则，同时，通过数字技术提升数据安全防护等级，加强隐私脱敏防护，在不涉及信息安全的基础上充分发挥数据作为新型要素的经济驱动作用。同时，在信息安全防护中加强跨国合作，最大限度地做好数据开放，特别是在数据跨国流动过程中，要为数据的安全流动保驾护航。

2.7.3.2　对政府信息识别处理带来挑战

协同治理是数字政务的重要特征。数字政务应用在全球经济治理过程中，使各国政府、企业、公众等多元主体能够共同参与决策，为全球性问题出谋划策、贡献力量。"共商共建共治"的协同治理方式，在一定程度上能缓解决策偏颇的问题，但与此同时，也使得政府在信息识别处理过程中面临更大难度。在数字政务模式下，信息来自企业、个人、团体、部门、组织、政府等各种主体，来源渠道大大扩展且信息形式繁杂多样，需要政府及国际组织能够准确地识别、处理各类信息，确定符合事实的信息并进行及时处理，这对各国政府的内部工作及跨国协调提出了更高要求。准确的信息识别对于全球经济治理中保障决策和保障措施的科学性和有效性至关重要，如果信息识别错误或识别结果有较大偏差，那么，在全球化趋势下，数字政务不但起不到解决问题的作用，而且可能缩短危机发生时间，扩大危机的负面影响。在金融市场上，政府释放的信息极具价值，是影响市场波动十分重要的信号，政府信息的传递可能对金融市场带来直接、快速的影响，这就更要求政府信息的谨慎性和准确性，以避免不必要的问题或尽量缩小问题范围，降低全球经济治理难度。

2.8 数字经济对全球经济治理机制变革的影响: 基于数字安全视角

2.8.1 数字安全的内涵与外延

2.8.1.1 数字安全内涵

在数字经济时代,随着数字技术的大规模发展,数字安全风险融合叠加并快速演变。数字技术应用使物理世界和虚拟世界的界限不断模糊,对经济社会发展的驱动作用日益明显,随着数字技术的渗透、融合,各行各业也变得更开放、更多元,但这也导致威胁和风险日益增多。因此,数字安全问题越来越得到各国政府的普遍重视,也成为全球经济治理中亟须关注的新议题。

在数字安全概念出现之前,与之相近的概念是信息安全。信息安全一词是20世纪50年代在文献中出现的,但直到20世纪90年代,才大量出现在各国(地区)的政策文本中,成为学术研究的热点。国际信息系统安全认证组织将信息安全划分为物理安全、通信和网络安全、应用和系统开发、商务连续和灾害重建计划、密码学领域、安全管理实践、安全结构和安全模式、操作安全、访问控制领域、法律侦察和道德规划十大领域。

随着互联网的普及,网络安全问题成为信息安全领域的热点问题,信息安全已不能准确聚焦这类安全问题的新特征和新趋势,"网络安全""网络空间安全""国际联网安全""互联网安全"等词逐渐出现并普及。2002年,经济合作与发展组织首次通过了有关网络安全的官方文件,2003年,美国发布了网络空间战略,网络安全逐渐受到学界、业界的广泛关注。在一般认识中,网络安全通常是指,通过确保可用性、完整性、可验证性、机密性和不可抵赖性来保护信息和信息系统,包括利用综合保护、监测能力和反应能力来使信息得以恢复,保障网络安全。

随着大数据、云计算、物联网、人工智能等数字技术的发展,"信息安全""网络安全"范围进一步扩展,更具延展性的"数字安全"概念开始出现。法国是较早对数字安全作出全面部署的国家之一,2015年10月,法国发布《法国国家数字安全战略》，指出了法国维护国家数字安全的总体框架和主要安排。[①] 2017 年 3 月，英国政府发布《英国数字战略》，详细阐述了英国脱欧后打造数字经济强国的全面部署，其中，维护国家数字安全、增强网络安全能力是重要的环节。[②] 数字安全作为国家安全的重要组成部分，在数字经济时代日益展现出重要性。目前，学界还没有关于数字安全公认的准确定义，但综合各国政策文件与类似研究发现，数字安全是指，与数字技术有关的一系列安全问题，包括在计算机网络环境下，信息不被篡改或窃取、网络和网站不被攻击或破坏、计算机软硬件系统不受损害等。

2.8.1.2　数字安全特征

1. 保密性

保密性是数字安全的首要特征，指信息不被未经授权的人获得或使用。保密性强调信息的专有特征，在网络世界，用户在通信、消费、新闻浏览等活动中都会产生并留存个人信息，相关软件也会有保密性设定。在实际操作中，保密性实现的具体途径有四种：第一，物理保密：利用限制、控制、掩蔽、隔离等物理方法，保证信息不被他人窃取或掠夺；第二，防窃听：通过数字技术防止非公开信息被窃听；第三，防辐射：通过技术防止各个主体的信息以不同途径散发、辐射；第四，信息加密：通过算法与技术的配合，对信息加密处理，保证只有获得密钥的人才能获得信息。

2. 完整性

完整性是指，保证全部信息传递过程中的准确性，通过阻止威胁或探测威胁，保障可能被破坏的信息或数据不被以任何方式改变。许多系统、应用的正常运行都依赖数据的完整性，具体是指在数据的产生、存储、传输过程中不被篡改。数据完整性服务主要包括用于其他安全服务（如认证、访问控制、机密性等）中的数据完整性保护，使数据免受未授权的创建、修改和删除。完成数据完整性服务有三种方式：第一，屏蔽，在数据生成阶段，实施数据完整性保护；第二，证实，对数据实时监测、检查以避免故障发生；第三，去屏蔽，从

---

① French Prime Minister Manuel Valls. The French National Digital Security Strategy［Z/OL］. https：//www. ssi. gouv. fr/uploads/2015/10/strategie_nationale_securite_numerique_en. pdf.

② Department for Digital， Culture， Media and Sport. UK Digital Strategy 2017［Z/OL］. https：//www. gov. uk/government/publications/uk-digital-strategy/uk-digital-strategy.

已有完整数据中重新生成完整性数据。

3. 可用性

可用性是指，拥有所有权的主体对所拥有的信息能够进行随时、安全的低门槛访问。可用性通常表现在两方面，一方面，让产品设计能符合使用者的习惯与需求，以网站设计为例，网站设计希望用户在使用过程中有较好的体验，付出较小的成本或努力就可获得。基于此原因，世界上很多国家，都有关于信息可用性的详细规定。例如，重大新闻发生时的微博、"双十一"零点的淘宝网等可用性都可能受到极大冲击，解决短时间内的大量用户涌入是保障可用性的关键。另一方面，可用性，表现在"我给你的你才能要，我不给的你不能抢"。一般来说，通过访问控制策略实现。例如，首先，要验证用户名、用户密码是否正确；其次，查询访问控制列表中该用户是否具有相应的权限，只有全部满足才可放行。

2.8.1.3 数字安全的表现形式

1. 信息安全

信息安全具体分为政府信息安全、组织信息安全和个人信息安全。政府信息安全关乎国计民生，这对于国家的政治决策、经济运行安排等有显著影响，其重要地位不容忽视。与政府信息安全相比，组织信息安全和个人信息安全更聚焦于微观层面，通过关注微观个体的利益充分发挥数字技术的有益性。注重组织隐私保护和个人隐私保护，防止数据泄露，在数字经济时代信息安全变得越来越重要。

2. 网络安全

从本质上说，互联网是一个开放式的分布系统，不属于任何国家或受其完全管辖，中心化的管理则无从谈起。在数字经济时代，每个个体都是信息发布中心和信息接收中心，将网络的无中心化特征体现得更加明显。这使得网络在网页安全、交易安全、系统安全、密码安全等方面面临严重的威胁。网络安全，一言以蔽之，就是网络不受破坏威胁。

3. 软硬件系统安全

软件系统安全是指，操作系统、应用软件等不受到攻击或损害；硬件系统安全是指，信息基础设施、电脑、手机以及其他设备保持良好运行状态以保证软件、网络等可靠地运行、不受危害。

2.8.2   数字安全对全球经济治理机制变革的有利影响

2.8.2.1   有利于各国协同共建网络安全空间

在全球经济治理中，网络安全空间治理是重要的一环。数字技术及其应用场景具有广泛性、开放性、挑战性和多元性的特点，在数字安全建设过程中，既需要明确网络运营商、设备供应商、行业应用服务提供商等产业链各环节不同主体的责任和义务，不过分关注或放大单一环节责任，又需要加强各主体之间的协同合作，充分发挥政府部门、标准化组织、企业、研究机构和用户等各方的能动性，特别是在全球化大趋势下，打造多国参与的网络空间安全治理体系成为必然趋势。随着数字技术的进步和演变，数字安全不断升级，有利于各国共建网络安全空间。一方面，在数字安全模式下，产业生态各方的责任得到明确，与信息保护相关的法律法规不断完善，网络运营商、设备供应商、行业服务提供商等主体各司其职、各负其责，这使得各国有条件建立健全网络与垂直行业安全服务保障准则和信用体系，共同应对网络垂直领域的应用安全问题；另一方面，在数字安全模式下，有助于各国合作解决网络安全空间构建中重要基础网络安全威胁信息共享和应急处置联动问题。目前，一些重大网络工程、科技项目建设往往由不同主体承担，需要跨国合作，充分发挥不同国家优势，弥合不同国家在系统架构、实施路径上的差距。在这一过程中，各国携手合作，促进数字技术、数据资源的互联互通，共同制定标准、规则，在更大范围内整合资源，践行协同共治的理念，维护全球网络空间稳定。

2.8.2.2   有利于提高不同主体信息防护等级

政府、组织、企业、个人等不同主体的信息防护一直是全球经济治理中的重要命题，提高防护等级，保障各主体权益不被侵犯一直是各国不断努力解决的关键问题。随着数字技术的飞速发展和广泛应用，数字安全体系不断加强，政府信息保护、企业数据安全、个人隐私保障等多个方面的安全防护等级不断提高。第一，利用大数据、人工智能等技术能够强化威胁预测能力、威胁感知能力。一方面，通过开展网络安全未知威胁检测技术研究，能够提升高级威胁线索发现水平，实现网络攻击事件的快速发现与场景还原；另一方面，通过态势感知预测技术能够强化威胁感知，并基于大数据分析与宏观微观态势研判，实现对重大网络攻击事件的提前预警，及时做好防范与有效应对，强化威胁防御，构建网络攻击实时防御技术，实现监测体系与处理体系的实时联动，确保受到网络攻击时在第一时间高效处理。第二，数字安全能够强化数据保护与数据管理。借助数字技术建立有关数据的防护体系，从数据的产生、存储、处理到管理实施全方位维护，确保数据的安全性和可靠性；同时，着力推进防泄露、防窃取、匿名化等大数据保护技术的研发和应用，做好信息安全漏洞和威胁收集工作，建立多维协调、不断升级的网络安全管理体系。第三，数字安全有利于加强信用体系应用。近年来，整合信用资源、建立信用体系，加强互联网企业信用体系建设，成为各国在数字经济时代的必然选择。随着国际联系日益密切，各国政府间有关的企业信息库在一定程度上互通，有助于探索建立全球范围内的不良名单和失信名单，从而在更大范围内明确对失信主体的重点监管和惩戒措施。

2.8.2.3 有利于借助安全合作密切国际联系

在全球经济治理中，数字安全问题是全球性挑战，没有人可以独善其身。面对愈加严峻的数字安全形势，各国需加强数据情报互通、监测手段互补等方面的能力建设，构建网络安全一体化防护机制，共同应对新的高级网络攻击威胁。虽然世界各国在国情、技术基础等方面的诸多差异，但推动数字经济发展的愿景相同、应对安全风险挑战的立场相同、加强网络安全的诉求相同，国际社会日益成为联系密切的命运共同体。维护数字安全是各国的共同目标和切实需求，是顺应时代发展的必然选择。各国在巩固深化网络安全国内合作的同时，应进一步扩大并深化网络安全国际合作，充分发挥科研院所、企业等各方的作用，建立跨国网络安全应急协作体系，面向行业建立网络安全漏洞、网络病毒、网络攻击活动等情报共享机制和应急处理机制，形成国家、区域、行业有机联合的纵深防御体系，以提供有价值的情报和畅通的治理通道。同时，强化在网络安全技术、经验、标准等方面的国际合作，推动构建开放、合作的网络安全应急国际合作模式，保持国家间在网络安全领域的交流合作。通过数字安全方面的合作，有助于各国加强与彼此的联系，秉持开放、包容、共赢的理念和原则，推动建立增强互信的双边框架或多边框架，为解决全球经济治理中的诸多问题提供更多机会。

2.8.3 数字安全对全球经济治理机制变革的不利影响

2.8.3.1 各国在数字安全理念与政策上的分歧为全球经济治理带来新问题

目前，世界上不同国家有关数字安全的理念和政策不尽相同，如何尽量寻求安全治理的最大公约数以实现协同共建全球数字安全体系，是全球经济治理中摆在各国面前的重要问题。

分歧之一表现在，各国在数据方面的认识和监管政策不同。数据在发挥重要作用的同时伴随出现的"数据洪灾泛滥"现象，也给全球经济治理带来严峻挑战。例如，在数据产权方面，数据该由谁所有？由谁管？怎么管？怎么用？不同主体之间的责权利如何分配和确定？又如，在知识产权方面，一些国家认为要强化知识产权保护，但不少国家认为数字技术发展已经突破了知识产权的界限，原来的保护制度会阻碍创新，不利于充分发挥数字技术的驱动作用。再如，在隐私保护、"被遗忘权"等方面，各国也缺乏共识，政策差异巨大。

分歧之二表现在，各国对网络安全的理解以及在网络安全事件的应对策略等方面存在诸多不同。各国对于网络安全的范围认定、网络安全的管理强度、管理方式等方面的主张不尽相同，例如，何种行为算侵犯国家主权？如何预防侵犯行为？侵犯之后如何处理与惩治？此外，对于由网络安全引起的人权问题、经济文化冲突、公权部门和私人部门、数据保护和信息共享、网络自由和政治稳定的关系等问题等，因意识形态、文化差异以及政治制度不同，各国对上述问题的看法莫衷一是。

分歧之三表现在，各国战略利益存在矛盾和竞争。与经济安全、军事安全领域如出一辙，在数字安全领域，各国同样存在不同利益甚至排他性利益。事实上，网络空间事关国家安全，诸如，网络开发、网络控制、网络治理、网络利用等国际规则，与各国利益息息相关。因此，任何国家都不会轻易放弃网络自主权。各国在网络空间的合作与竞争本质上是国际政治的反映，是地缘政治逻辑在国家安全"第五疆域"上的延伸。因此，国际关系领域的"囚徒博弈"必然反映到网络空间，使得各国为争夺权力或者维护自身安全陷入"安全困境"，这也是导致全球经济治理中网络安全合作困境的根本原因。

2.8.3.2 以安全为外衣的数字技术可能会为全球经济治理带来新挑战

每个硬币都有两面。数字技术在一定程度上能提升信息安全、网络安全防护等级的同时，也可能引发新的网络安全风险，为全球经济治理增加潜在挑战。例如，5G、区块链技术快速发展并广泛应用，引发智能制造、智慧能源、远程协作、个人 AI 辅助等新技术、新应用、新业态不断涌现的同时，在一定程度上提高了很多应用领域的保密性程度，然而，对于给网络带来何种新威胁和新风险，产生何种新攻击类型，采用何种防御应对手段等尚未可知。以区块链技术为例，区域链技术在提高保密性、维护系统安全方面具有先天优势，但近年来，区块链相关系统安全问题频繁暴露，引起的安全事故损失高达上百亿美元，又因区块链技术的匿名性和节点全球分布特征，使用区块链做资金转移隐蔽性高，难以追溯和识别身份，为犯罪分子利用勒索病毒收取勒索资金等犯罪行为提供了便利。因此，各国亟须深入研究区块链的安全风险，健全区块链系统级安全防护技术和安全评估手段，共建分布式新安全体系。

此外，数字安全为全球经济治理带来的新挑战，还体现在算法方面。打开算法黑箱、赋予算法价值观，成为全新的治理议题。数字安全的实现在很大程度上依赖于算法，算法是计算机程序运行的一系列规则。作为构建平台的底层技术要素，定价算法、推荐算法等被广泛运用于新闻媒体、交通、医疗、电子商务等各领域。随着算法的日益普及，算法引发的经济社会问题引起了广泛关注，例如，推荐算法相关的"信息茧房"问题、定价算法相关的"大数据杀熟"问题等。在安全领域也是如此，实际上，不少披着"安全"外衣的算法，很可能并非只为用户安全考虑。用户只能被动接受而不能清楚掌握内部的运行机理，因此，打开"算法黑箱"，促进算法公开透明，提高算法可解释性，成为各国共同努力的方向。算法透明是指，机构公开使用算法的源代码和数据，接受政府监督、行业监督和群众监督，作为事先监管的手段；算法的可解释性是指，算法的设计者能向用户解释算法如何用作决策，是事后问责的重要工具。比如，如何在保护平台企业商业秘密的前提下，打开"算法黑箱"？算法是中立还是应该被赋予价值观？科技既可以向善，也可以作恶，而且，技术可能降低作恶成本，放大作恶后果。如何更好地制约技术恶的力量，让其"不作恶",抑或更进一步,让"科技向善"？这些都是算法治理中亟须回答的重大问题,也是影响全球经济治理中数字安全进程的关键方面,离不开国际社会的共同努力。

2.9 数字经济时代与传统经济时代全球经济治理机制的比较

2.9.1 数字经济时代全球经济治理的新诉求

2.9.1.1 诉求一：转变治理方式,提升治理效率

数字经济时代全球经济治理的内涵和外延比传统经济时代更广,除了传统的全球经济治理涵盖的关键内容外,在数字技术、数字金融、数字贸易、数字文化、数字政务、数字安全等因素的影响下,数字经济时代全球经济治理的议题更加庞杂繁复,且问题涌现时间快、周期短、形式多样,这对于降低治理成本有了更高要求,呼吁各国以及国际组织适时转变参与全球经济治理的方式方法,以提升治理效率。一方面,呼吁治理结构转变。鉴于数字经济时代的治理对象更加复杂多样,全球经济治理结构需要从"纵向"治理结构向"横向"治理结构转变,实现分布式共同治理。该治理思路是指,将治理对象按照不同类别以及各组织的比较优势分配给不同的组织进行分块治理,让各领域的专家充分发挥作用,但还应形成一个不受组织约束的治理整合中心,从整体上对议题的讨论进行指导和协调,使出台的政策有连续性,避免各治理机构"自说自话""各自为战"甚至"以邻为壑",从高效完成最终目标的角度出发来设计方案、分配治理任务,更有助于达成相关共识,以最终实现效率最大化。另一方面,呼吁治理方法转变。在全球经济治理形势越来越复杂的背景下,需要根据大数据、云计算等技术对全球经济治理的不同领域进行精准分析和预判,确定合理、急需解决的议题,实现国际货币基金组织前副总裁奈梅特·M. 沙菲克(Nemat M. Shafik)所说的"智能治理"。及时、准确地掌握数字经济的发展进程以及存在的各类问题,通过大数据分析、人工智能预测、互联网监测等数字化技术或数字化手段,为国际组织和各国政府提供更具可靠性的决策依据,有助于进一步降低全球经济治理成本,提高治理效率。

2.9.1.2 诉求二：保持求同存异，加强国际合作

数字经济时代的全球经济治理的一大挑战在于，如何处理并调和国家（地区）之间在规则制定、政策实施、标准设立等多方面的分歧和矛盾。不同文化背景、不同治理体制、不同数字经济发展阶段的国家，有着不同的价值偏好与治理策略，在全球经济治理过程中必然产生博弈与冲突。比如，因在数据跨境流动的立场上存在分歧，印度等国拒绝在 G20 大阪峰会上对《数字经济大阪宣言》签字。① 再如，2021 年 3 月，美国宣布根据《1974 年贸易法》第 301 条款，对奥地利、印度、意大利、西班牙、土耳其和英国六国的"数字服务税"发起调查，以报复这些国家对美国施加的数字服务税。② 这些正是各国对数字经济治理议题存在争议与冲突的典型体现，而且，随着全球范围内数字经济进一步发展，这种分歧会不断增加。从全局来看，目前缺乏全球性经济治理议程。2018 年，联合国秘书长首次提到有关数字经济全球治理的话题③，但针对全球高速运行的数字经济，目前对数字经济治理的讨论仍很不充分，也没有形成一致性的治理框架。从局部来看，大量地区性规则互相交织、差异显著，各国参与全球数字经济治理的切入点不明确也不统一。在纷繁复杂的各种竞争机制中，在数据跨境流动、跨国知识产权保护、数字产品与数字服务的税收监管、市场准入等方面难免有冲突或分歧，如何减少分歧、凝聚共识是重大挑战。这要求各国在参与全球经济治理过程中，要本着求同存异的原则，追求共赢，搁置意识形态、政治经济制度等方面的分歧，在有共同需求且可能合作的领域寻求"最大公约数"，以合作促发展，以互助迎挑战，共同建设开放、包容、普惠、平衡、共赢的全球经济治理体系。

2.9.1.3 诉求三：倡导多方共建，实现协同治理

数字经济时代的全球经济治理问题往往不是单一、独立的问题，在实际经济运行中涉及多个领域、多个层面、多个角度，仅靠单个国家或者单个组织的

---

① 中国服务贸易指南网. 数字贸易全球化至少还要过三关［EB/OL］. http：//tradeinservices. mofcom. gov. cn/article/gjszck/zjpl/202012/111832. html.

② 央视新闻. "数字税"或成贸易战引爆器 美国贸易代表办公室再对六国发威胁［EB/OL］. htps：//baijiahao. baidu. com/s? id =1695389501276846606&wfr = spider&for = pc.

③ 经济参考报. 加强跨国合作 实现全球数字经济治理［EB/OL］. http：//www. jjckb. cn/2019 – 07/31/c_138271240. htm? from = groupmessage.

力量很难推动问题的有效解决，这呼吁国际社会在面对复杂棘手的问题时要本着"共商共建共享"的原则，密切联系与配合，协同治理，满足数字经济时代降低治理成本、提升治理效率的诉求。一方面，国家（地区）之间要实现协同治理。全球经济治理中重大问题的解决离不开世界上不同国家（地区）的共同努力，特别是面对网络空间安全、全球气候变暖等全球性议题以及国际性突发事件（如新冠疫情）等情形时，在国际组织协调下，国与国之间的协同将变得尤为重要。没有一个国家能够独善其身，唯有共同携手，践行"人类命运共同体"的理念，方能有效地推动全球经济治理进程。另一方面，政府、平台、行业组织、平台用户等要实现协同治理，数字经济具有高度不确定性与复杂性，面临数据治理、算法治理、数字市场竞争治理、网络生态治理等多方面的挑战，单靠政府或者参与主体中的某一方力量难以有效应对。事实上，就数字经济治理的理论内涵而言，从管理到治理的转变，正是政府、平台、行业协会、平台用户等多元主体在治理中作用的发挥。政府着力于负外部性、平台垄断等市场失灵问题的解决，为数字经济发展提供公平竞争的市场环境；互联网平台，尤其是数字平台应约束自身竞争行为，并充分发挥算法、数据、贴近用户等治理优势，打造清朗的网络空间；行业协会积极做好中间组织协调，为不同主体的沟通或磋商提供平台，加强行业自律。不难发现，打造责权利清晰、激励相容的协同治理格局，形成治理合力，是全球数字经济治理的必然选择。

2.9.1.4 诉求四：坚持稳中求变，做到与时俱进

数字技术的飞速发展和广泛渗透使得人类社会经历着前所未有的数字化变革，例如，数字贸易逐渐成为国际贸易的主流形态，互联网与实体经济深度融合，制造业智能化趋势日益明显，数字经济快速崛起，在国民经济运行中发挥着越来越重要的作用等。在一系列新变化下，原本全球经济治理中的很多规则、标准已不适用或者亟须完善，需要在多方主体探讨和协调下，对其进行变革以适应时代发展。第一，贸易规则亟须修改与完善。数字经济时代的贸易呈现出高度数字化的特征，一是贸易方式数字化，商品展示、搜索询盘、磋商交流、支付结算、售后回访等环节均通过线上完成；二是贸易对象数字化，数字化服务和数字化产品、数字化知识和数字化信息等成为重要的贸易商品。传统经济下以线下实物商品交割为主要内容的国际贸易规则亟须转变，以适应数字经济时代的新要求。第二，国际标准亟须制定与完善。数字技术飞速发展、日新月

异，相关的国际技术标准需要更新与完善，尽快形成具备普适性的国际技术标准体系，构建适应数字经济时代的技术合作新秩序。第三，有关新型业态的法规亟须建立与完善。数字技术发展带来了一系列新兴业态，如比特币已经成为各国消费者争夺的数字虚拟物品，但相关的法律法规建设落后于实践；还有些新兴业态是数字技术与传统业态融合而生的，比如，自动驾驶、智慧医疗等，这些领域的法律法规也亟须完善，以促进新兴业态更好地发展。当然，数字经济时代的经济规则、标准等需要完善之处还有很多，这些都需要各国共同努力，推动全球经济治理的健康发展。

2.9.1.5　诉求五：扩大治理范围，努力多措并举

数字经济在经济业态、参与主体、运行模式等多方面与传统经济有很大差异，全球经济治理也需要扩大治理范围，兼顾各个方面，各国需要携手共建、多措并举，更好地推动世界经济体系运行。第一，数字经济时代的全球经济治理要涵盖更多主体。一方面，要努力缩小数字鸿沟，尽可能使更多人享受数字经济的红利。目前，全球仍有大约 40 亿人没有机会接触互联网，除了数量鸿沟之外，质量鸿沟也越加明显。世界经济论坛建议建立"全民享有的互联网"，很多国家提出改革提升计划，但短期内还不能彻底缩小数字鸿沟。此外，数字素养和数字技能不足，是大多数发展中国家面临的新问题。另一方面，要将中小企业等传统贸易中的弱势群体纳入全球经济治理范畴。数字贸易使得进入国际市场参与国际分工的门槛大大降低，对于中小企业而言是宝贵的机遇，国际市场供给潜力和需求潜力进一步得到释放，全球化分工进入高水平阶段，全球经济治理中要照顾到弱势群体的感受。第二，数字经济时代的全球经济治理要涵盖更多业态。传统经济时代全球经济治理的很多问题在数字经济时代会继续存在并可能衍生新的现象，这些问题仍需重视。除此之外，数字经济会带来许多新兴业态，分属于数字技术、数字贸易、数字金融、数字文化、数字政务、数字安全等各个领域，如比特币、跨境电商、互联网金融、智能制造等。在全球经济治理过程中，要将这些新兴业态纳入治理范围内。第三，数字经济时代的全球经济治理要涵盖更多领域。数字经济时代全球政治、经济联系更加紧密，且在数字技术推动下，数字经济与实体经济融合程度不断加深，产业边界越加模糊，这要求全球经济治理关注的领域更加广泛，特别是在网络、太空等新兴领域，要探索国际合作新机制，使更多国家搭上数字经济快车。

2.9.2　数字经济时代与传统经济时代全球经济治理机制的相同点

2.9.2.1　治理议题相同

虽然与传统经济时代相比，数字经济时代社会经济的诸多方面都经历着数字化变革，展现出不同以往的时代特征，全球经济治理的内涵和外延有所拓展。但是，总体而言，数字经济时代和传统经济时代下全球化进程和社会多样化的发展趋势相同，全球经济治理的核心议题并未发生实质性改变，涉及以经济为中心的诸多领域，主要集中于贸易、金融、投资、发展和能源环境五大方面。在贸易方面，如何降低关税等贸易壁垒，如何减少在贸易规则上的分歧，如何提高贸易标准的通用性，如何更好地进行贸易监管合作等，仍是数字经济时代全球贸易治理重点关注的内容。在金融方面，如何推动国际货币体系改革以规避货币权力竞争和冲突，如何使金融支持覆盖到贸易投资、创新、能源环境等更多领域，如何敦促国际金融机构改革，如何有效地加强国际金融监管合作等，均是数字经济时代全球金融治理重点关注的内容。在投资方面，如何构建国际投资合规体系，如何推动各国国内规则和国际规则接轨，如何进行合理的外资审查以降低外资进入壁垒等，均是数字经济时代全球投资治理重点关注的内容。在发展方面，如何调整新兴经济体定位以促进伙伴关系更加平等和包容，如何更大范围地减缓贫困并缩小发展中国家与发达国家的差距，如何在国际组织的协调和努力下更新发展机制等，仍是数字经济时代全球发展治理重点关注的内容。在能源环境方面，如何有效地应对全球变暖问题，如何促进煤炭、石油等高碳能源向低碳能源转型，如何保障能源安全，如何降低环境污染、能源消耗的负外部性等，也是全球能源环境治理重点关注的内容。

2.9.2.2　治理主体相同

数字经济时代全球经济治理的参与主体与传统经济时代并无显著不同，既需要国际组织居中协调，也离不开世界各国广泛参与。数字经济时代的全球性问题更加多样，涉及领域众多，缺少任何一方的力量，全球经济治理结果都不会达到最优状态。在经济领域，世界贸易组织、世界银行和国际货币基金组织共同构成了全球经济治理的三大支柱，在制定国际规则、监督立法、提供资金支持等方面发挥着重要作用，也为各国争端解决和谈判提供了场所。同时，经济合作与发展组织、联合国经济及社会理事会、联合国贸易和发展会议、国际清算银行等机构也承担了部分职能。此外，非洲联盟、亚太经合组织、西方七国首脑会议、金砖国家、上海合作组织、二十国集团等国际组织在全球经济治理中的作用越来越重要。这些不同领域、不同层次的机构及其机制，共同组成了现有的全球经济治理基本架构。在这些区域组织或者国际组织之外，国与国之间达成了双边协定、建立伙伴关系等也是全球经济治理的重要方式，与区域组织或国际组织一起引领全球经济发展方向。

2.9.2.3　治理目的相同

数字经济时代全球经济治理的本质，与传统经济时代并无太大差异，都是通过国家之间的联系、合作、共治等寻求超越国家主权的能够促进世界经济平稳、健康、可持续发展的方法或机制。在贸易方面，通过各国在贸易方式、贸易规则、贸易标准、贸易监管等方面的互通和合作，打造开放、透明、包容的多边贸易体系。在金融方面，各国致力于在货币互换、金融监管、普惠金融等方面沟通与合作，打造多方参与、共同决策、辐射广泛的全球金融体系。在投资方面，各国通过订立双边协定或者多边协定、积极参与区域组织谈判、加强市场准入方面的合作等方式，努力打破国与国之间的资金流动壁垒，打造健康、有序、运行规范的国际投资市场。在发展方面，通过发达国家对发展中国家给予一定资金扶持或技术援助、国家之间扶贫经验共享等方式，努力缩小发展中国家与发达国家之间的数字鸿沟和贫富差距，提高经济不发达国家的人民生活水平，促进世界经济的包容性增长。在能源环境方面，各国通过治理全球变暖、解决能源危机、防治各类污染、开发新型能源等方面的沟通和合作，建立可持续、安全、平衡的全球能源体系和绿色、稳定的全球环境。

2.9.2.4　治理逻辑相同

数字经济时代的全球经济治理和传统经济时代的全球经济治理在治理逻辑上一致，都是通过一定的机制设计或条件约束打破集体行动困境。集体行动困境是全球经济治理取得有效进展的重要阻碍。在全球经济治理过程中，各国（地区）针对某一领域问题达成共识的前提是个体理性和集体理性趋于一致，但当参与主体数目太多或者集团内部缺乏有效监督机制时，集团的组织成本会大大增加，各参与主体的主观行动意愿会降低而偏离集体行动的轨迹，于是，产生了集体行动困境。事实上，集团内部成员能否从全局出发，在集体利益面前对个体利益作出一定让步，能否与集体共识保持一致并付诸行动是全球经济治理能否取得有效进展的关键因素，这需要克服很可能出现的全球治理目标和国内治理逻辑并不能完全吻合的问题。建构具有"共同的人类身份"的治理主体，从战略高度和长远角度看待全球经济治理是解决上述困境的根本途径。数字经济时代各国面临的问题和挑战更加庞杂、牵涉众多，没有国家可以仅凭一国之力解决所有问题，以人类命运共同体作为全球治理的价值取向，体现了人类道德与国家道德的平衡、个体理性和集体理性的一致。人类命运共同体以整体利益最大化为出发点，通过整体福利的提升辐射个体利益的扩大，本着求同存异的原则促进全球合作的达成。在人类命运共同体思想的指引下，通过构建"共商共建共享"的治理格局，广泛联结各方主体，充分调动各国（地区）的参与积极性，促进全球经济治理合作领域的不断扩展，能够有效地缓解集体行动困境，增进全球层面的治理有效性。

2.9.3 数字经济时代与传统经济时代全球经济治理机制的不同点

2.9.3.1 影响因素不同

除了传统的政治、经济、文化、社会，以及由此产生的国际地位、国际话语权等影响因素外，数字经济时代全球经济治理的影响因素还有由数字技术引起的数字经济。全球数字经济发展，在为经济社会注入新活力的同时，也催生了一系列革命性变革、系统性变革和全局性变革，数字技术、数字贸易、数字金融、数字文化、数字政务、数字安全等为数字经济时代的全球经济治理产生了不同于传统经济时代的影响。数字技术在创造线上谈判磋商条件、促进新业态产生等方面对全球经济治理产生正面影响，但也会产生加大国际技术认证标准的复杂度、拉大数字鸿沟等方面的负面影响；数字贸易的出现为治理全球贫困问题、深化国际合作等提供了新思路，但也带来了数据开发与数据保护、平台型市场结构治理等方面的挑战；数字金融在丰富经济增长动力、跨国权益维护、跨国金融监管、消除金融排斥等方面，对全球经济治理产生了深远影响；数字文化在发挥文化产业作用、重塑世界文化格局、加大数字内容监管难度等方面，影响全球经济治理；数字政务的出现有利于跨国协作，在全球经济治理中实现协同治理、智慧治理和集约治理，但也加大了政府信息安全防护、政府信息识别处理的难度；数字安全在协同共建网络安全空间、密切国际安全合作等方面有利于全球经济治理，但也需要各国处理好在安全理念和安全政策上的矛盾与分歧，并努力规避数字安全技术引发的新风险。

2.9.3.2　国际格局不同

技术的重大革命往往会带来世界经济格局与世界政治格局的调整，当前的科技革命与产业变革是驱动世界经济格局、世界政治格局重构的核心力量。数字经济的发展正在重构世界经济发展格局，全球经济治理体系的变革是大势所趋，也是国际社会的迫切需求。相比传统经济时代，在数字经济时代，新兴市场国家和发展中国家在全球中的经济地位不断提升。据国际货币基金组织（IMF）统计，2008 年新兴市场国家和发展中国家国内生产总值的总和首次超过发达国家，是金融危机之后全球经济复苏的主力军。经济地位提升的直接结果，是发展中国家在全球经济体系中话语权和决策权提升。发展中国家认为，当前全球经济治理体系下的规则更多地体现了发达国家的利益诉求，对于发展中国家而言有失公平。比如，在乌拉圭回合谈判中制定的《与贸易相关的投资协定》《服务贸易总协定》等均是利于发达国家发挥竞争优势的领域，发展中国家的利益在规则框架下并不能得到有效保障。因此，全球经济治理体系应该向更加公平、合理的方向演进，这一点在国际环境日趋复杂的数字经济时代将更为重要。

2.9.3.3　治理路径不同

传统经济时代的全球经济治理是"中心化"的、纵向的、较为单一的治理体系，该体系由发达国家主导，各国更多是从自身利益出发考虑问题，难以在一些领域快速达成共识，其结果是在全球范围内既定治理目标并不能得到有效分解，解决途径只能由全球层面转向区域层面，先寻求区域内共识再进一步扩大共识范围。区域层面的治理目标也会先分配至国家层面，然后，到国内层面，层层分解和传递增加了全球经济治理的难度和复杂度。在数字经济时代，全球经济治理应该以更智能、更合理的方式分解全球经济治理目标，逐步实现横向治理、多样化治理。从具体分解路径来看，数字经济时代应该建立以下三种全球经济治理模式。

第一，建立多元化的全球经济治理模式。

在数字经济时代，应当建立以各国政府为核心，行业组织、平台和民众广泛参与的立体化治理体系。强化各类平台的治理责任，利用平台的信息汇聚功能和中介协调功能，促进不同层级的不同主体间的信息互通和信息共享，统一治理理念、协调治理任务、防止治理冲突，充分发挥平台的监督治理职能。

第二，建立协同化的全球经济治理模式。

各国应积极践行人类命运共同体理念，不仅要加强国家间、国际组织间宏观层面的合作协同，而且，要将合作扩展到企业、行业组织、研究机构等微观层面，通过微观层面的合作推动宏观层面的协作，集合不同层面、不同领域的力量共建协同化全球经济治理体系。在合作过程中，不搞排他性和数字歧视，杜绝以邻为壑、相互掣肘的政策，充分尊重每个国家主体的权利，保证平等互利，以独立自主的身份参与全球经济治理。

第三，建立法治化的全球经济治理模式。

在数字经济时代，各国要本着前瞻性、动态性和交互性的原则，密切法规建设方面的合作，努力从网络空间法治化、数字技术法治化、网络信息法治化、市场体系法治化等着手净化国际网络空间环境，明确数字经济产权、物权，各国要在协作打击市场不正当竞争行为的同时，依法保障跨国消费者的权益，共建法治化的市场体系。

2.9.3.4 侧重领域不同

虽然从大的议题范围看，数字经济时代全球经济治理和传统经济时代并无太大不同，但是，从治理的细分角度看，治理的侧重点会有所不同，特别是在数字技术对经济社会的全面影响下，关于数字领域的治理将成为全球经济治理新的重要组成部分。

第一，关于数据的治理不容忽视。

在数字经济时代，全球数据爆发式增长，数据流的增长速度远超全球商品流、贸易流和资金流的增长速度，数据治理渗透至经济发展、社会治理、国家管理、人民生活的各个场景。目前，数据领域的规则标准建设滞后于实践，数据产权由谁所有、由谁管、怎么管等问题，国内外没有统一的制度标准。随着近十余年相对稳定的国际规则制度被不断推倒重建，进入新的变革期，对数据的治理变得越发重要。

第二，关于平台的治理不容忽视。

平台是数字经济时代出现的最典型的组织模式，深刻影响了生产、消费、政府管理等各个方面。以平台企业为例，平台的出现重塑了跨国公司进军国际市场的方式，对跨境贸易、跨国投资等产生了颠覆性影响。从事跨境业务的平台企业往往能够连接多个国家，这对各国合作监管平台提出了更高要求。

第三，关于数字鸿沟的治理不容忽视。

数字经济驱动各国经济转型升级的同时带来了新的挑战，数字鸿沟问题成为拉大世界贫富差距、造成两极分化的重要因素。这既包括数量层面的鸿沟，也包括质量层面的鸿沟。目前，发展中国家还有较大比例的人口不能上网，此外，发展中国家人口的数字能力也与发达国家有较大差距。

第四，关于数字安全的治理不容忽视。

随着数字经济发展，各类安全威胁日益增多。数字技术的发展提升了各类网络犯罪、黑客攻击的复杂性，大大增加了预防难度以及解决难度，由此造成的经济损失不容忽视。① 在数字经济时代，各国联手加强在算法治理、网络空间安全等方面的合作，将是全球经济治理的重要一环。

2.10 本章小结

随着数字技术的快速发展和广泛渗透，数字经济快速崛起、高速创新，社会经济的各个领域都经历着数字化变革，这也为全球经济治理机制变革带来了不同于传统经济时代的深远影响。在系统梳理了有关数字经济的演进过程、内涵外延、表现形式、运行机制、发展趋势等之后，本章分别基于数字技术、数字贸易、数字金融、数字文化、数字政务、数字安全六个视角全面剖析了数字经济各重要组成部分对全球经济治理机制变革的有利影响和不利影响，客观上呈现了数字经济时代全球经济治理机制变革的新机遇和新挑战。在此基础上，本章提炼了数字经济时代全球经济治理的新诉求，并从治理议题、治理主体、治理目的、治理逻辑等方面归纳了数字经济时代与传统经济时代全球经济治理机制的相同点，从影响因素、国际格局、治理路径、侧重领域等方面总结了不同点，为数字经济时代全球经济治理机制的变革方向和实施路径提供了基础性的参考。

---

① 中国新闻网. 网络犯罪每年对全球经济造成损失超 4000 亿美元［EB/OL］. http：//www. chinanews. com/gj/2014/08 - 19/6508699. shtml.

3

数字经济时代中国在全球经济治理
机制变革中的角色定位

3.1 问题的提出

2008 年全球金融危机后，全球经济发展疲软，经济格局亟须变革，全球经济治理机制已经不适应全球发展。在一段时间内，全球经济治理体制变革取得了阶段性成绩，但也面临着一些突出问题，逆全球化、贸易保护主义等不利因素深刻地影响全球经济治理机制的发展和变革，给中国参与全球经济治理带来了重重困境。目前，以发达国家为中心、以资本为核心驱动力和配置模式的全球经济体系正在加速重构。同时，数字经济正深刻影响着全球经济发展，对全球经济治理机制变革产生深远影响。

数字经济的发展重构了全球经济发展格局。从历史视角来看，技术革命往往伴随着全球经济体制的深度调整，当前的数字经济革命和数字技术革命正是推动全球经济治理机制变革的核心力量。无论是互联网平台的跨境运营还是数据跨境流动，这些数字经济天然的全球性特征是各国必须要协调和共同处理的事项。美国和欧盟各自提出数字经济发展模板，体现其理念和定位；印度等新兴市场国家也试图推动全球经济治理体系变革。中国作为世界第二大经济体和数字经济第二大国，有着最广阔的贸易发展潜力，同时，中国也是坚定奉行对外开放政策的发展中大国，与广大发展中国家的利益取向一致。因此，在数字经济时代，朝着更加合理公正有效的目标推动全球经济治理机制变革，是中国创新发展形势的需要。

在数字经济时代背景下，中国以什么角色推动全球经济治理机制变革，不仅是全球高度瞩目的问题，而且是中国当前参与和引领全球经济治理面临的一项重要任务。

3.2 数字经济时代中国参与全球经济治理的现实条件

随着人工智能、大数据、云计算等数字化技术的发展和广泛渗透，数字经济快速成为世界经济增长的新引擎，有助于各国转变经济发展方式，重塑经济发展格局，提高经济发展效益。数字化技术正广泛而深刻地影响社会经济各个领域，未来数字经济将成为世界经济增长的新引擎。本节将从数字技术、数字贸易、数字金融、数字文化、数字政务和数字安全六个视角，研判数字经济时代中国参与全球经济治理的现实条件。

3.2.1 基于数字技术视角的研判

数字经济涵盖经济、政治、文化、社会、生态等诸多领域，其中，数字技术是推动各行业数字化转型、发展数字经济的关键支撑。因此，本书将从5G、大数据、云计算以及工业互联网等方面阐述基于数字技术视角研判数字经济时代中国参与全球经济治理机制的现实条件。

3.2.1.1 5G

2019年，工业和信息化部宣布中国正式进入5G元年。移动通信自20世纪80年代诞生以来，短短几十年间，经历了1G、2G、3G、4G，目前已逐步开始大范围商用5G的快速变革。5G指第五代移动通信技术，是在4G基础上的技术延伸和技术迭代。关于5G没有统一的定义，目前形成的共识是，5G是各种技术、场景和使用的融合，并非仅限于无线接入，而是多种接入技术融合交叉、演进升级的结果。从理论上看，5G能以超大带宽、超低时延、超高可靠性、超多连接、超高业务扩展性和超强连接能力，使全行业数字化，成为社会基础的生产力。4G承载的是"移动互联网"，而对5G的定位是为用户提供更好的体验和更多服务网络。未来的数字化业务，如增强现实（AR）、虚拟现实（VR）、自动驾驶、智慧家庭、智能医疗、远程教育、新社交网络、个人AI 辅助、工业互联网和物联网等领域都会得到 5G 的支撑。当前，信息通信技术已经渗透到各行各业，依托新一代信息通信技术加快数字化转型，成为主要经济体的共同战略选择。5G 作为通用基础技术，在打造新型基础设施方面将发挥重要作用，全面助力数字经济发展，对于数字经济时代下的全球经济治理也会造成一定影响。

数据统计显示，当前，中国移动互联网规模已成为全球第一，2022 年移动电话用户总数达 16.83 亿户，普及率为 119.2 部/百人，比 2021 年末提高 2.9部/百人。其中，5G 移动电话用户达到 5.61 亿户，占移动电话用户总数的33.3%，比 2021 年末提高 11.7%。[1] 与此同时，巨大的市场使得中国与 5G 相关的行业迅速发展和创新，发展出如电子商务、共享单车、在线支付等新兴业态。5G 激发的巨大市场潜力，是中国参与全球经济治理的现实条件的重要体现。

中国企业在 5G 标准、5G 技术以及全球产业发展等方面取得了相当大的成就。作为 5G 的重要推动方，中国 2013 年成立了"IMT – 2020 推进组"[2]，5G在此背景下飞速发展。2017 年 3 月，全球最大的 5G 试验网已经在北京市怀柔区建成。[3] 华为的多项关键技术已经被采纳为 5G 的国际核心技术标准。[4] 中国企业提出的技术，如极化码和网络架构等已成为全球 5G 标准的重要基准。在全球 5G 标准声明中，中国企业所注册的专利已经占据 1/3，居全球首位。[5] 由此可见，中国的 5G 研发和应用以及相关标准是中国参与全球经济治理现实条件的重要体现。

3.2.1.2　大数据

随着互联网覆盖范围的不断扩大以及平台商业模式的广泛渗透，全球各行各业累计的数据量井喷式增长。与数据量高速增长相匹配的，是大数据技术的

---

① 中华人民共和国工业和信息化部 . 2022 年通信业统计公报［R/OL］. https：//wap. miit. gov. cn/gxsj/tjfx/txy/art/2023/art_77b586a554e64763ab2c2888dcf0b9e3. html.

② 搜狐网 . 我国 5G 发展大事记［EB/OL］. 2019. https：//www. sohu. com/a/318976294_354877.

③④ 搜狐网 . 中华人民共和国工业和信息化部：北京怀柔已建成全球最大 5G 试验网［EB/OL］. https：//www. sohu. com/a/127955066_407492.

⑤ 新浪财经 . 中企已拿下全球三分之一的 5G 专利［EB/OL］. https：//t. cj. sina. com. cn/articles/view/3057540037/b63e5bc50200127tx.

快速发展。大数据不仅是推动中国经济高质量发展的重要动力，还是中国参与全球经济治理的重要战略依托。

2019年以来，各国纷纷对大数据的发展推出相应计划，美国自2016年起相继发布了《联邦大数据研发战略计划》和《联邦数据战略第一年度行动计划》；英国也发布了《工业战略：建设适应未来的英国》《工业战略：人工智能》等发展人工智能和大数据领域；韩国、日本以及加拿大等国家也不断采取新的措施，为快速发展的大数据时代做好准备。

中国大数据产业的发展，呈现出繁荣的态势。第一，从政策维度来看，2016～2018年中央政府和各级地方政府相继出台了一大批大数据相关政策。截至2018年底，中央政府累计发布43条相关政策，我国的31个省（区、市）累计发布347条相关政策。① 第二，从产业维度来看，中国涌现了一批优秀的大数据互联网企业，如阿里巴巴、字节跳动等。字节跳动作为市场估值超千亿美元的巨头公司，在海内外运营了数十个互联网产品，是全球知名的科技巨头。第三，从人才维度和资源维度来看，中国大数据资源非常丰富。在人才培养上，国家加快设立数据科学与大数据技术等一批相关专业。教育部的统计数据显示，2017～2019年高校数据科学与大数据技术专业新增备案数量依次为32所、250所和196所。② 第四，从创新维度来看，数据是数字经济时代的核心要素，是驱动技术创新和模式创新的关键力量，对数据的分析、挖掘和利用可以释放巨大价值。由此可见，大数据的发展是中国参与全球经济治理的重要现实条件。

3.2.1.3　云计算

作为与信息技术、软件、互联网相关的一种服务，云计算是全新的网络应用概念，其核心是以互联网为中心，通过提供云计算、数据存储、数据分析、网站管理等服务，让有需求的每个人或每家企业能够获得足够的数据计算能力和资源管理能力。在这种情况下，计算能力如同水、煤气一样，可以被方便地取用且价格较为低廉。云计算可以分为软件即服务（SaaS）、基础设施即服务（IaaS）和平台即服务（PaaS）。据中国信息通信研究院测算，2022年，中国云

---

①②　大数据产业生态联盟，赛迪顾问. 2019中国大数据产业发展白皮书［R/OL］. https：//baijia-hao. baidu. com/s？id = 1644516863136813940&wfr = spider&for = pc.

计算市场规模达 4 550 亿元，较 2021 年增长 40.91% 。相比于全球 19.00% 的增速，中国云计算市场仍处于快速发展期，预计 2025 年中国云计算市场整体规模将超万亿元。①

与传统的 IT 部署结构相比，云计算的广阔应用前景引起了中国政府的高度重视，为数字经济时代下中国参与全球经济治理提供了重要的现实条件。因此，尽管中国的云计算并不处于落后地位，中国仍出台一系列政策支持并扶持相关云计算领域，如政务云和工业云等。2017 年 4 月，中国陆续出台如《云计算发展三年行动计划》《政务信息系统整合共享实施方案》《推动企业上云实施指南（2018～2020 年）》等一系列政策文件，以期推动政务云应用及发展工业云服务，由此带动云计算发展，显著提高企业上云比例和应用深度。由此可见，中国的云计算发展势头迅猛，有望成为数字经济时代中国推动全球经济治理机制变革的重要技术基础。

3.2.1.4　工业互联网

互联网与新工业革命处于历史交汇时期，互联网从消费领域走向生产领域、从虚拟经济向实体经济快速延伸，工业经济由数字化向网络化、智能化发展，工业互联网正在成为推动大数据、互联网和实体经济融合发展的突破口。

世界工业互联网高速发展，呈现两极多元的总体格局。一方面，美国主导的国际工业互联网联盟（IIC）已经成长为全球重要的工业互联网推广组织；另一方面，德国将工业互联网作为工业 4.0 的重要依托，是除了美国之外的重要推手。日本、印度、法国、韩国等国家也陆续加入这一队伍。2008 年金融危机后，各个国家纷纷开始布局工业互联网。美国政府推动了"先进制造业伙伴计划"，不少龙头企业引领美国工业互联网发展；2014 年 3 月，通用电气公司（GE）、美国电话电报公司（AT&T）、思科公司（Cisco）和国际商业机器公司（IBM）等企业成立工业互联网联盟，促进工业互联网标准的形成。其他发达国家纷纷布局工业互联网产业，法国政府先后推出"新工业法国"和"新工业法国Ⅱ"，布局数字制造、智能制造，带动商业模式变革；德国政府基于机械、电

---

① 中国信息通信研究院．云计算白皮书［R/OL］．http：//www.caict.ac.cn/kxyj/qwfb/bps/202307/t20230725_458185.htm.

子、自动控制和工业管理软件等方面的优势，推出"工业4.0"国家计划。此外，还有日本政府提出的"日本：制造白皮书"和英国政府提出的"英国工业2050"等。2016年，为了加快工业互联网布局，中国成立了工业互联网产业联盟，重点发展工业互联网。

全球工业互联网高速发展，产业生态日趋成熟，基础支撑日益完善，展现出重要的战略机遇。中国作为互联网大国，在制造业领域领先全球，在此基础上发展工业互联网，具有得天独厚的资源基础、产业基础和市场基础。在中国政府引导下，在产业各方的积极推进下，中国工业互联网发展日趋成熟，政策体系日趋完善，新的产业生态逐步形成。根据中国信息通信研究院发布的《工业互联网产业经济发展报告（2020年）》测算的数据显示，2019年，中国工业互联网的总产值达到2.13万亿元，相比2018年提高47.3%，展现出极大的发展潜力、活力，占数字经济的比重为15.6%，达到了前所未有的高度。同时，工业互联网占GDP的比重也提高到2.2%，成为经济中不可分割的部分，工业互联网将成为国民经济中增长最活跃的领域之一。[①] 由此可见，工业互联网对中国经济各领域的驱动作用已经初步显现。

3.2.2 基于数字贸易视角的研判

数字经济拓展了国际贸易的内涵，作为国际贸易新模式，数字贸易已经逐渐成为各国发展争夺的核心领域。作为数字贸易发展的前沿国家，数字贸易也是数字经济时代下中国推动全球经济治理机制变革的现实条件的重要体现。因此，从中国数字贸易潜力、数字贸易政策和数字贸易环境等方面来剖析基于数字贸易视角的中国推动全球经济治理机制变革的现实条件是十分必要的。

3.2.2.1 数字贸易潜力

从传统贸易视角来看，中国是货物贸易进口第一大国和服务贸易进口第二大国，这为中国的数字贸易发展潜力奠定了重要的市场基础。实现从贸易大国向数字贸易强国的转变，有利于提高中国在全球价值链中的地位，有利于培育国际经贸合作竞争新优势，有利于制定更高水平的贸易和投资自由便利化政策，

---

① 中国信息通信研究院. 工业互联网产业经济发展报告（2020年）[R/OL]. http://www.caict. ac. cn/kxyj/qwfb/bps/202003/t20200324_277721. htm.

有利于中国推动全球数字贸易规则变革。近年来，中国跨境电子商务产业迅速发展，现已跃居世界第一（吴伟华，2019），成为中国出口增长动力的新来源（跨境电商与中国出口新增长，参见专栏 3 - 1）。2017 年，中国的跨境虚拟货物贸易总额和服务贸易总额达到 1.6 万亿元，全球化智库（Center for China and Globalization，CCG）与韩礼士基金会预计，中国的数字贸易出口规模将于 2030 年达到 5 万亿元，[①] 呈现出巨大的市场潜力。此外，商务部的统计数据与《中国数字贸易和软件出口报告 2017》显示，2017 年中国的软件出口贸易达到 375.56 亿美元，比 2016 年增长 9.72%，同时，信息行业的总出口额达到 5.5 万亿元，相比 2016 年增长超过 10%。总体而言，以跨境电商为代表的数字贸易，已经成为中国外贸发展的核心推动力。[②]

▶专栏 3 - 1

跨境电商与中国出口新增长

20 世纪 90 年代以来，以互联网为代表的第三次工业革命席卷全球，正在广泛而深刻地影响社会经济各个领域。人们不仅能够以更低的成本开展原有的商业活动，而且，可以凭借这些技术颠覆原有的商业活动，创造出崭新的商业模式（鲍仁斯坦和萨洛纳，2001）。在传统外贸增速放缓、贸易摩擦日渐增多的背景下，作为互联网技术在国际贸易领域深度应用的跨境电商，已经日渐成为中国外贸新旧动能转换的重要推动力量（裴长洪和刘斌，2019）和外贸增长的"新引擎"（郭四维等，2018）。

跨境电商作为一种贸易新业态，正广泛而深刻地影响全球贸易格局，中国跨境电商产业的发展在世界范围内处于领先地位。基于 2009 ~ 2016 年的 HS6 层面出口数据，采用双重差分法定量分析中国跨境电商产业政策对出口的总体性影响和结构性影响，结果显示，2012 年后，各项跨境电商产业政策的实施使得中国相关类别出口增长 4% ~ 9%。通过对贸易流的结构性分解，

---

① 全球化智库（CCG）与韩礼士基金会. 数字革命：中国如何在国内外吸引数字贸易机会［EB/OL］. https：//www. useit. com. cn/forum. php？mod = viewthread&tid = 22789&from = album.

② 延伸阅读见：Ma S.，Guo X.，Zhang H. New Driving Force for China's Import Growth：Assessing the Role of Cross-border Ecommerce ［J］. The World Economy，2021，44（12）：3674 - 3706.

发现跨境电商产业政策能够促进出口沿着扩展边际和集约边际增长，对扩展边际的作用更加显著，对集约边际的作用略显滞后。进一步的作用机制分析发现，跨境电商的发展，一方面，降低信息成本，促进出口在扩展边际上的增长；另一方面，强化规模经济，促进出口在集约边际上的增长。这些结论启示，在对外贸易不确定性加剧的背景下，中国政府应当紧抓跨境电商发展的历史机遇，继续出台各类跨境电商产业政策，促进贸易新业态、新模式创新发展。同时，政策实施重点应当从吸引更多企业进入跨境电商领域逐渐转向支持跨境电商企业做大做强，为跨境电商中小企业提供针对性的金融、技术等支持，更多地发挥跨境电商在促进外贸增长中的作用。

资料来源：马述忠，房超. 跨境电商与中国出口新增长——基于信息成本和规模经济的双重视角［J］. 经济研究，2021（6）：159 – 176.

此外，中国平台商务用户人数于 2018 年超过 6 亿人次，移动端（手机等）电子商务用户接近 6 亿人次，占据全部移动设备使用人数的 72.5%，网上支付业务金额达 2126.30 万亿元，同比增长 2.47%。[①] 根据笔者测算，中国的数字贸易潜力仅次于美国，位居全球第二；此外，从笔者测算的贸易潜力来看，排名前三十的国家中发展中国家达 17 个，超过发达国家数量，主要集中于亚洲和非洲的部分地区。整体来看，这些国家的经济体量较大，国内贸易和国际贸易较发达，这使得数字贸易发展拥有强大的市场基础，未来的成长空间广阔。值得关注的一点是，美国和中国位列市场潜力排行榜的前两位，且得分远高于其他国家，表明两国数字贸易发展潜力巨大。

由此可见，无论是从供给端还是需求端，中国的数字贸易都呈现出巨大潜力，因此，数字贸易潜力将为中国参与全球经济治理机制变革提供重要基础。

3.2.2.2 数字贸易政策

近年来，中国数字经济特别是数字贸易快速增长，这与各级政府部门颁布

① 中商产业研究院. 2019 年中国电子商务行业发展现状及市场前景研究报告［EB/OL］. https://www.askci.com/news/chanye/20190722/1129101150117.shtml.

相关战略规划与政策措施密不可分，积极的数字贸易政策会对中国乃至世界数字贸易的发展起到重要作用，推动中国参与数字经济时代下的全球经济治理机制变革。

2016 年以来相继出台的《国家信息化发展战略纲要》《"十四五"国家信息化规划》《"十四五"数字经济发展规划》等相关的重要文件，给出中国数字经济发展的路径指导规划，开启中国信息化发展新征程，从多个角度对中国数字贸易发展进行了合理规划，奠定了基础。①

从数字贸易的相关合作倡议来看，由中国提倡和发起的如《"一带一路"数字经济国际合作倡议》和《二十国集团数字经济发展与合作倡议》各自发挥着重要作用，为全球数字经济发展和全球经济治理机制变革提供了中国经验与中国方案。从数字贸易的相关政策措施来看，2012 年以来，国务院、商务部、财政部、海关总署等部门相继出台了 30 余份跨境电子商务相关的政策文件：2012 年 3 月，商务部提出《关于利用电子商务平台开展对外贸易的若干意见》，2013 年 8 月，商务部等九部委发布国务院办公厅转发《关于实施支持跨境电子商务零售出口有关政策的意见》。2014 年 7 月，中华人民共和国海关总署发布《关于跨境贸易电子商务进出境货物、物品有关监管事宜的公告》。这些政策文件通过规范跨境电子商务主体行为、提供通关便利化措施、降低进出口税率等措施，保障中国数字贸易健康、持续发展。从数字贸易与实体经济融合的相关政策措施来看，陆续出台《关于积极推进"互联网 +"行动的指导意见》《关于深化制造业与互联网融合发展的指导意见》等政策文件，是推动中国经济发展质量、发展效率以及发展动力变革的重要引擎。

3.2.2.3 数字贸易环境

数字贸易现实条件的提高，离不开数字贸易的发展环境。从政策环境来看，截至 2022 年 11 月，全国跨境电商综合试验区已达 165 个。② 这些政策大力支持跨境电商综合试验区建设，逐步完善税收、监管方面的制度，为数字贸易条件的提高奠定了政策基础。从经济环境来看，《2018 年度中国跨境电商市场

---

① 《"十三五"国家信息化规划》. https：//www.gov.cn/xinwen/2016 – 12/27/content_5153558.htm.
② 数据统计来自历次国务院公布的跨境电商综试区名单。

数据监测报告》提到，中国跨境电子商务高速发展，近五年复合增长率为23.36%；同时，2018 年中国货物贸易进出口总额 4.62 万亿美元，同比增长12.6%，位居全球第一。[①] 跨境电商和出口的高速增长为数字贸易现实条件提供了经济基础。从社会环境来看，近年来，海外新兴经济体，如金砖国家等的电子商务发展迅速，滋生了相应需求。"中国制造"在海外市场的消费者中有口皆碑，这一社会环境对中国数字贸易发展起到了推动作用。从技术环境来看，互联网的发展加速了数字贸易的崛起，中国数字贸易的发展与当前中小型企业信息化普及程度密切关联，而以 5G、大数据和工业互联网为重点的技术在中国蓬勃发展，为数字贸易的现实条件提供了技术基础。

从笔者测算的发展环境得分排行榜[②]来看，位于前 30 名的国家中属于发展中国家的只有爱沙尼亚、立陶宛、阿拉伯联合酋长国、拉脱维亚、斯洛伐克和马来西亚 6 国，其余均属于发达国家。发展环境表现良好的国家主要集中于欧洲国家，其中，瑞士、卢森堡和瑞典位列前三。这些国家信息技术较为先进，制度环境较为完善，电子商务发展较为繁荣。另外，中国并未进入前 30 名榜单，位于榜单第 87 位。联合国贸易和发展会议利用相似指标测算的结果同样显示中国处于比较靠后的位置，位于第 65 位。[③] 事实上，中国在使用互联网的人数比例、拥有信用卡的人数比例、法律监管的完善程度等方面还与发达国家有一定差距，在数字贸易发展环境方面还有很大提升空间。近年来，中国在大数据、云计算、物联网等科学技术领域走在世界前列，为数字贸易的发展提供了强有力的技术支撑。此外，国内阿里巴巴、京东、敦煌网、网易考拉等电商平台的经营模式日趋成熟，物流基础设施建设相对完善，使得中国的电子商务产业在世界范围内具有一定的先行优势。当然，中国的数字贸易发展也有不尽如人意的地方，尤其是在数字贸易发展环境方面还与欧洲的发达国家有一定差距，在继续提高互联网普及水平、完善相关法律监管体系等方面任重而道远。

---

① 有关中国跨境电商兴起的延伸阅读，参见：Ma S., Chai Y., Zhang H. Rise of Cross-border E-commerce Exports in China [J]. China & World Economy, 2018, 26 (3)：63 - 87.

② 详见浙江大学中国数字贸易研究院发布的《世界与中国数字贸易发展蓝皮书 2018》。

③ UNCTAD. UNCTAD B2C E-commerce Index 2017 [R/OL]. 2017. http：//unctad. org/en/PublicationsLibrary/tn_unctad_ict4d09_en. pdf.

3.2.3　基于数字金融视角的研判

金融是现代经济发展的血脉，支持经济高质量发展。中国传统金融的发展相对薄弱，严重制约了经济高质量发展。数字金融因结合了数字技术的网络化、数字化等特性，使得金融服务门槛大大降低，金融机构的经营支出也大大降低，数字金融服务相比传统金融服务而言成本更低，覆盖区域更广，普惠对象更多。中国作为数字金融发展的前沿国家，数字金融也是数字经济时代下中国推动全球经济治理机制变革现实条件的体现。因此，本小节从金融科技、5G和移动金融应用以及数字普惠金融等方面来剖析基于数字金融视角的中国推动全球经济治理机制变革的现实条件。

3.2.3.1　金融科技

经历了金融电子化阶段、互联网金融阶段以及目前的金融科技阶段，金融科技生态获得了长足发展。从全球视角来看，各国十分重视金融科技应用，纷纷推出鼓励金融科技发展的相关政策。英国发布了"金融科技振兴"战略，美国发布了《金融科技监管框架》白皮书，提出为金融科技竞争优势的提高保驾护航。新加坡也在2015年、2016年成立了金融科技和创新专家组、金融科技署。从规模上看，2013~2017年，全球金融科技的投融资增长约五倍，2018年的投融资额达到1 118亿美元。[①] 从地区来看，北美地区金融科技的发展在全球处于领先地位，而亚洲地区则是新的增长点。

中国与其他国家一样，高度重视金融科技领域的发展。2017年5月，中国人民银行成立了相关的金融科技委员会，指导金融科技发展并制定相关战略。2017年6月，《中国金融业信息技术"十三五"发展规划》由中国人民银行提出，由此提高金融科技的研究水平。同时，国务院也发布了《新一代人工智能发展规划》，中华人民共和国工业和信息化部发布《大数据产业发展规划（2016~2020年)》和《促进新一代人工智能产业发展三年行动计划（2018~2020年)》等支持金融科技发展。从金融科技规模来看，中国的金融科技产业发展迅速，2018年的金融科技投融资达205亿美元，远高于2017年的规模，是

---

① 毕马威.金融科技脉搏［EB/OL］. https：//www. financialnews. com. cn/kj/jrcx/201902/t20190214_154578. html.

2013～2017 年的总和。① 中国的金融科技发展在科技企业和用户规模方面的优势同样明显，2018 年，毕马威发布的《全球金融科技 100 强》报告中，蚂蚁金服、京东金融和百度分别位列第一名、第二名和第四名。② 从金融科技发展环境来看，中国的监管政策不断完善，持续鼓励金融科技创新应用；同时，一系列新兴技术蓬勃发展，为金融科技奠定了基础；此外，金融与科技具有天然的融合性以及民众日益增长的需求，都为金融科技发展营造了良好土壤。

3.2.3.2　5G 和移动金融应用

传统金融行业作为与信息技术结合最紧密的行业之一，受到众多因素的限制，导致其无法进一步扩大覆盖范围。随着数字技术的兴起，各种新技术也逐渐向金融业渗透，尤其是移动端的 5G 催生了一大批不同行业的金融应用。数字支付是 5G 和移动金融应用很重要的一环。在现实中，数字支付主要包括两大类：NFC 支付和二维码支付。从技术发展历史来看，NFC 支付的诞生早于二维码支付，且理论上 NFC 支付的安全性也高于二维码支付。但涉及支付标准时，NFC 支付模式涉及的各链条协调困难，在便利性和低成本上显著弱于二维码支付，因此，市场上的数字支付以二维码支付为主。5G 技术的深度融合催生了移动金融应用的发展，中国的数字支付水平处于世界领先地位，两大巨头分别是支付宝支付和微信支付。数字技术在信用领域的广泛应用，推动了现代信用服务体系的快速建立。该体系以互信为前提，以信用为支撑，将信用作为资源配置的基础。此外，数字保险和数字理财，是数字金融领域的新突破。在数字技术支持下，数据在现代保险业和理财服务业的作用越来越大，通过对保险服务、理财服务的有效规划，大大提升了保险服务、理财服务体验，提高金融普惠水平，拓展保险的广度和深度。依托于互联网平台运行的数字保险，突破了时间和地点的限制。

金融竞争力是国家金融体系、效率、成本与活动的综合竞争能力，是国际竞争力的重要组成部分（胡滨和程雪军，2020）。数字金融的快速发展有助于更好地发挥金融在经济运行中合理配置资本要素的作用，有助于促进各国转变

---

① 同花顺财经．2018 年中国金融科技行业市场现状与发展前景分析［EB/OL］．https：//baijiahao．baidu．com/s？id＝1639930526149027035&wfr＝spider&for＝pc．

② 搜狐网．2018 全球金融科技 100 强：中国四家公司位列前十，蚂蚁金服第一［EB/OL］．https：//www．sohu．com/a/271010680_100277467．

经济动力、调整经济结构。一方面，数字金融有助于促进全球金融业的转型升级；另一方面，数字金融的发展也会对其他领域产生一定外溢效应，与其他产业实现协同发展，有助于进一步激发经济活力、转变经济动力。

3.2.3.3 数字普惠金融

2017年，世界银行的调查报告显示，目前，全球范围内尚未拥有金融账户的成年人数高达17亿，这些人的主要特征包括：几乎全部来自收入较低的发展中国家，接近2/3受教育程度在小学及以下，接近1/2是失业人口。① 可以看出，虽然各国积极开展普惠金融业务，但金融机构仅仅依靠传统服务方式或传统运营模式很难改变现状，也很难将潜在用户纳入其中。数字金融，不仅有普惠金融在服务对象大众化上的目标，也有相应的技术作为支撑和保障，被服务对象享受金融服务付出的成本在可接受的阈值范围内。例如，在传统金融模式下，小微企业、低收入群体等往往难以达到金融服务的信用评估门槛，但在数字金融模式下，大数据技术能够有效地解决这一问题。

数字普惠金融的出现有效地弥合了数字鸿沟，降低了金融行业的进入门槛。数字金融的出现降低了金融机构提供金融服务的成本，提高了经济落后地区人民对金融的可获得性。较多数字金融企业都具有普惠金融的特征。2005年以来，中国政府致力于推动普惠金融发展，倡导商业银行向中小企业提供更优惠的贷款，但收效甚微。当数字经济开始显现，数字金融企业如雨后春笋般涌出，其愿意向大量中小微企业和个人用户提供金融服务。对于全球经济欠发达和金融落后的国家（地区），数字普惠金融提高了金融服务覆盖深度和覆盖广度，可以基于现代移动通信技术为落后地区的人们普及基础的金融支持，大大降低了消费者的出行成本和时间成本，也大大降低了金融机构的运营成本。

随着金融与科技的融合发展，越来越多的国家（地区）开始在金融科技发展等领域发力，在数字普惠金融领域加大筹码，以此在国际上实现金融地位提升。中国在数字金融领域具有先发优势，是数字金融领域的全球领导者。中国可凭借在数字金融方面的发展优势发展普惠金融，提高中国金融业市场体系的国际地位。在这些方面，中国进行不懈努力：中国于2015年颁布《推进普惠金融发展规划（2016～2020年）》，提供了数字普惠金融发展的基础路线，2016

---

① 世界银行的《全球普惠金融指数数据库2017》（*The Global Findex Database* 2017）报告。

年在杭州召开的 20 国集团峰会上，中国与各国一起发布《G20 数字普惠金融高级原则》。此外，在货币政策方面，中国人民银行通过差别存款准备金率、再贷款、再贴现等政策支持普惠金融；在财税政策方面，国家专项资金与税收政策鼓励普惠金融发展；在产业政策方面，对信息技术发展的重视为数字普惠金融提供了坚强后盾；在跨领域监管政策方面，多部门协同推动数字普惠金融健康发展。

3.2.4 基于数字文化视角的研判

数字经济迅速发展，推动文化产业进入转型发展的新阶段，数字文化产业不断发展壮大。数字文化产业是文化产业发展中最具活力的部分，成为中国经济发展的动力源泉，并将在推动中国全面迈向数字经济时代的转变中与中国不断推动全球经济治理机制变革的过程中提供重要动力。因此，本小节从中国数字文化产业的发展和新媒体的作用等方面，剖析基于数字文化视角的中国推动全球经济治理机制变革的现实条件。

3.2.4.1 数字文化产业

数字文化是数字技术在文化方面的延伸，兼有文化属性和技术属性。从大范围看，5G、大数据、云计算、区块链等数字技术都会影响数字文化产业发展，包括数字文化产业的文化类型、变革方向、产品质量、产业结构等各个方面。从小范围看，一方面，数字文化依赖于计算机、数字摄影摄像、智能手机等来保存、处理；另一方面，数字文化需要借助数字媒介表现。从数字文化产业领域的发展来看，中国以数字出版行业、数字影音行业、游戏动漫行业和智慧旅游行业等行业在内的各领域发展如火如荼。从数字出版行业来看，数字技术及相关政策的不断出台，深化了中国数字出版行业的数字化改革，推动了国内数字出版行业多领域的发展。

在数字出版行业，数字文化大大改变了消费者的消费方式和获取途径。出版社搭乘"互联网＋"的春风取得了可喜的成绩，数字出版行业各项指标数据年年递增。截至 2016 年，中国国内数字出版行业用户累计达 16.73 亿人。在数字影音行业，数字技术改变了人们对音频、视频等文化娱乐产品的需求方式和获取方式，中国在数字影音行业具有庞大的市场规模和用户规模，仅 2015 年中国网络市场规模达 243.1 亿元，相比 2019 年增长 43.0%。① 此外，从中国的数字文化产业政策来看，2017 年，文化和旅游部出台首个针对数字文化产业发展的宏观性、指导性政策文件《关于推动数字文化产业创新发展的指导意见》，指出要实施数字内容创新发展工程、网络内容建设工程；超前布局前沿领域；扶持重心应向国际竞争中的战略性技术研发应用倾斜及大部分数字化业态主要应由市场机制配置资源等方面，为中国数字文化产业的发展奠定政策基础。②

从数字文化的国际发展视角来看，各国早早布局了数字文化发展战略。1998 年，法国政府出台《文化精品数字化》政策，2010 年又部署了《投资未来》文化数字投资项目，此后启动的《艺术作品数字化框架协议》为数字文化保驾护航，为了参与数字文化的国际竞争又于 2013 年颁布了《文化产业创业指南》。美国政府更是因其文化产业得天独厚的发展优势，早在 1990 年便启动了"美国记忆"计划，2013 年又上线了"美国数字公共图书馆项目"，用于支持数字文化的收集和整理，之后，颁布了"下一代互联网（NGI）计划"，为数字文化教育奠定基础。1999 年，韩国通过了《文化产业振兴基本法》，同时，为了符合数字时代的发展规律，对原有的文化法律，如《影像振兴基本法》等针对数字时代的要求进行了特定修改；2009 年，成立由广播影像产业振兴院等合并而成的韩国文化产业振兴院，为数字文化发展助力，此外，颁布《2015 年内容产业振兴实施计划》，重点投资数字文化产业，提高数字文化产业的国际竞争力。

由此可见，虽然中国的数字文化产业发展与发达国家仍有差距，但是，中国数字文化产业的发展，同样为中国乃至世界的数字文化发展起到了积极推动作用，奠定了数字经济时代中国参与全球经济治理机制变革的数字文化产业基础。

3.2.4.2　新媒体

随着国民经济的发展和人民生活水平的提高，新媒体行业发展迅猛。全

---

① 数据来源于中国新闻出版研究院 2017 年发布的《2016~2017 中国数字出版产业年度报告》。

② 文化部. 关于推动数字文化产业创新发展的指导意见 [Z/OL]. https：//www. mct. gov. cn/whzx/whyw/201704/t20170426_826553. htm.

球信息网络以及通信技术的迅猛发展，将传媒行业带入一个崭新的时代。作为数字文化的重要媒介，新媒体具有的独特属性推动着中国数字文化的全球发展。数据显示，2011～2017 年，媒体行业发展迅猛，年复合增长率为14.2%，产业体量已经达到 1.9 万亿元。其中，广播电视等传统媒体在媒体总产业体量中的占比从 2011 年起逐年下降，目前已低至 13.0%。新媒体（互联网及移动互联网）在媒体总产业体量中的占比从 39.0% 提升至 66.0%。自2011 年起，中国便成为世界新媒体用户第一大国，其国际分量可见一斑。①《中国新媒体发展报告（2018）》指出，数字经济引领"数字中国"建设走上新征程。数据显示，2017 年，中国信息通信技术发展指数分值为 5.60，高于全球平均水平，同时，"一带一路"倡议等中国智慧持续推动中国国际传播能力提升。② 由此可见，新媒体的发展，同样对中国乃至世界数字文化发展起到积极的推动作用，奠定了数字经济时代中国参与全球经济治理机制变革的数字文化的媒体基础。

3.2.5　基于数字政务视角的研判

数字技术飞速发展和广泛渗透，对政府职能转变及服务方式也产生了深刻的影响，推动政府治理数字化成为各国政府改革的主流趋势，因此，数字政务应运而生。同时，数字政务与营商环境质量、地方经济发展呈现强关联特征，推动中国经济高质量发展，并将在推动中国全面迈向数字经济时代的转变中、中国不断推动全球经济治理机制变革的过程中提供动力。因此，需要从中国智慧城市的发展和数字化政府等方面，剖析基于数字政务视角的中国推动全球经济治理机制变革的现实条件。

3.2.5.1　智慧城市

新型智慧城市，作为数字中国、智慧社会的核心载体，贯彻着新发展理念，引领着城市创新发展的新路径，推动新一代信息通信技术与城市发展的深度融合。新型智慧城市作为数字政务的重要领域之一，推动着数字政务不断向前迈

---

① IMT－2020（5G）推进组 . 5G 新媒体行业白皮书［R/OL］. https：//www. elecfans. com/d/997213. html.

② 中国新媒体发展报告（2018）［R/OL］. https：//www. sohu. com/a/238474503_99957768.

进。从政策层面上看，"十三五"规划提出了重大的智慧城市建设项目，《"十三五"国家信息化规划》将其作为优先行动，为智慧城市建设提供了路径和方向。根据中国信息通信研究院的划分，中国智慧城市的发展历程分为三个阶段：第一阶段是分散建设阶段（2008～2012 年）；第二阶段是规范发展阶段（2012～2015 年）；第三阶段为新型智慧城市发展阶段（2016 年启动至今）。①

同时，智慧城市中数字政务离不开大数据的支撑，数据是数字政务的核心资源，数据流动才能产生价值，数据开放成为数字政务的典型特征。一方面，做好信息公开，要借助数字技术多渠道开展信息发布，建立公平、公开的信息透明机制，允许公众通过网络等方式进行监督，提升公众参与热情；另一方面，做好数据开放，对于可以公开的数据，要开拓数据开放渠道，扩大数据共享范围和数据共享深度，提高公众对于数据的可获得性，以充分发挥数据的要素作用，提高资源优化配置水平，加大公众利益。

3.2.5.2　数字化政府

历经了"互联网＋政务服务"的高速发展历程，数字化政府建设取得快速发展，正在向更广、更深、更高的方向发展。由中国软件评测中心发布的《政务数据质量管理调查白皮书》②和《2019 年中国数字政府服务能力评估总报告》③可以看出，中国的各地方、各部门积极探索政府数字化转型，在提升行政管理和服务效率，创新政府治理模式和政府服务模式，提高政府公信力和政府执行力等方面不断进取，推动政府改革发展。同样，从城市数据平台与城市政务发展情况来看，中国各个城市大数据平台与城市政务建设如火如荼，然而，仅有少数城市，如北京、上海、杭州等初步建成了城市级平台，其他城市仍集中于政府数据交换的"政务平台"，转型和发展潜力巨大。

从国际比较视角来看，根据日本东京早稻田大学数字政府研究所与国际CIO 学会（International Academy of CIO，IAC）联合发布的《第 14 届（2018）

---

① 文件具体内容请参考国务院印发的《"十三五"国家信息化规划》以及中共中央办公厅、国务院办公厅 2016 年印发的《国家信息化发展战略纲要》。

② 中国软件评测中心，北京赛迪工业和信息化系统评估中心有限公司. 政务数据质量管理调查白皮书（2019）［R/OL］. 2019. http：//www. cstc. org. cn/__local/2/54/88/CCDFBF0B24F722A66A72F4D86BF_8803AD0C_19817B. pdf？e＝. pdf.

③ 中国软件评测中心. 2019 年中国数字政府服务能力评估总报告［R/OL］. http：//media. people. com. cn/n1/2019/1206/c14677－31494036. html.

国际数字政府排名评价报告》① 显示，在数字政务方面，中国排名第 32 位，相较于 2017 年第 44 名上升 12 个名次。该结果显示，丹麦已取代新加坡成为第一位，主要归功于丹麦最新推行的数字计划，覆盖了中央政府和地方政府 2 020 个部门及机构，为丹麦成为信息技术应用方面的领先国家奠定了基础。丹麦在连续九年排名第一之后，2018 年的排名标志着新加坡首次在数字政府活动中排名第二。新加坡是智慧国家发展大国。通过设立"以数字化为核心，全心全意服务"的发展目标，新加坡公民和企业可以与政府进行网上交易。因此，数字化将成为新加坡公共服务转型努力的关键支柱，其将使公共服务更精简、更强大，使技术熟练、适应能力强的官员处于服务提供和服务创新的前沿。此外，英国位居第三。与 2017 年排名相比，英国跃升六位。2017 年，英国政府推出了"2017～2020 年政府转型战略"，为各级政府提供了良好的发展平台，帮助各级政府更好地开展工作。

尽管与发达国家相比，中国在数字政府的建设水平上还有待提升，但近年来已经取得明显进步，尤其是在政府数据开放方面的表现可圈可点。如北京、上海、贵州等省（市）都建立了专门的数据开放网站。地方政府可以联合资源丰富、技术先进的大型数据公司，为客户提供数据资源、海量数据处理工具、技术培训，并培养大批大型数据企业。2016 年中国发布了《国家信息化发展战略纲要》，预计 2025 年信息消费总量和电子商务交易规模将达到 12 万亿元和 67 万亿元，并诞生一批大型网络技术跨国公司。21 世纪中叶，中国将在全球信息化发展中发挥更加重要的作用。②

3.2.6　基于数字安全视角的研判

在当今的数字经济时代，数字安全是经济高质量发展和中国推动全球经济治理机制变革的重中之重。需要从中国网络安全及其产业、网络诈骗、人工智能数据安全以及互联网法律等方面，剖析基于数字安全视角的中国推动全球经济治理机制变革的现实条件。

---

① 报告详细内容见：https：//idg-waseda. jp/pdf/The_2018_Waseda-IAC_Digital_Government_Rankings_Report. pdf。

② 中共中央办公厅，国务院办公厅. 国家信息化发展战略纲要［Z/OL］. https：//www. gov. cn/zhengce/2016－07/27/content_5095336. htm.

3.2.6.1　网络安全及其产业

在全球经济治理中，网络安全空间的治理是重要的一环。数字技术及其应用场景具有广泛性、开放性、挑战性和多元性的特点，在数字安全建设过程中，既需要明确网络运营商、设备供应商、行业应用服务提供商等产业链各环节不同主体的责任和义务，又需要加强各主体之间的协同合作，充分发挥政府部门、标准化组织、企业、研究机构和用户等各方的能动性，特别是在全球化大趋势下，打造多国参与的网络空间安全治理体系成为必然趋势。

从全球视角来看，全球网络安全及其产业发展有以下三个特征。

第一，各国和组织不断出台网络安全措施。在当前网络安全环境严峻的背景下，各国出台了一系列政策，以期推动网络安全产业发展。为了加强联邦网络和相关设施的安全，美国出台了一系列政策，如 2019 年出台的《管道和液化天然气设施网络安全预备法案》以及《物联网设备安全改进法案》等。欧盟加速网络安全整合，2019 年，启动网络安全能力建设计划，开展了相应的网络安全架构构建和预演。

第二，世界网络安全产业规模不断扩大。研究报告显示，2021 年全球网络安全市场主要分为北美地区、西欧地区和亚太地区三大板块，全球网络安全市场规模分别为 1 687.7 亿美元、1 577.5 亿美元、1 554.0 亿美元。2021 年，三大板块占全球市场份额的 93.5%，其中，北美地区占全球比重接近一半，西欧地区与亚太地区的体量大体相当，而拉丁美洲地区、中东地区、北非地区所占比例极少。①

第三，网络安全人才短缺。2020 年，中国信息通信研究院发布的《中国网络安全产业白皮书》显示，网络安全人才缺口仍在扩大，全球网络安全劳动力缺口 127 万人，需在现有 280 万人的基础上增加 45%，才能满足日益增长的网络安全专业人员需求。②

从中国网络安全及其产业发展视角来看，有以下三个特征。

第一，中国网络安全及其产业领域的立法稳步推进。自 2019 年起，《中华人民共和国数据安全管理办法》《网络产品安全漏洞管理规定》《关键信息基础

---

① 前瞻产业研究院 . 2023 年全球网络安全行业市场现状及发展趋势分析［EB/OL］. https：//baijiahao. baidu. com/s？id = 1766836533503769909&wfr = spider&for = pc.

② 中国信息通信研究院 . 中国网络安全产业白皮书（2020 年）［EB/OL］. http：//www. caict. ac. cn/kxyj/qwfb/bps/202009/P020200916482039993423. pdf.

设施安全保护条例》《网络安全审查办法》等管理条例陆续出台。2021 年 9 月，《中华人民共和国数据安全法》开始实施。法律法规的完善，极大地推动了中国网络安全及其产业的发展。

第二，相关行业规则与法律逐渐细化。一方面，针对现有的工业互联网等重点领域，国家能源局以及工业和信息化部分别于 2018 年 9 月、2018 年 12 月以及 2019 年 9 月发布《关于加强电力行业网络安全工作的指导意见》《车联网（智能网联汽车）产业发展行动计划》和《加强工业互联网安全工作的指导意见》；另一方面，针对金融科技、区块链及 IPv6 等新兴产业，国家互联网信息办公室、工业和信息化部等部委发布了《关于开展 2019 年 IPv6 网络就绪专项行动的通知》以及《区块链信息服务管理规定》等相关文件，不断细化管理体系和管理条例。

第三，中国网络安全产业规模呈现高速发展趋势。根据 2020 年中国信息通信研究院统计测算，2019 年，中国网络安全产业规模达到 1 563.59 亿元，较 2018 年增长 17.10%，估测 2020 年产业规模约为 1 702 亿元，增速约为 8.85%。[①] 中国网络安全发展前景，在政策红利的刺激下、市场需求的助力下、产业技术变革的创新下不断明朗和广阔，将助力中国推动网络安全层面全球经济治理机制变革。

3.2.6.2 网络诈骗

随着数字技术发展，在数字经济时代，世界各国网络诈骗频发，已严重危害全球及中国数字经济的健康发展。

各国纷纷深化个人信息保护，强化法律体系，提高技术防范并通过推进防范治理工作来治理以网络诈骗为代表的数字安全问题。首先，世界各国不断规范和完善相关法律，以美国为例，美国国会于 2019 年 6 月分别发布《深度伪造责任法》和《2019 年深度伪造报告法案》来规范技术滥用；其次，各国处罚力度不断加大，仍以美国为例，美国联邦议员提出《2018 年恶意伪造禁令法案》，用以加大处罚伪造内容犯罪的行为；此外，各国不断强化技术手段，美国国防部于 2018 年开展新型防诈骗技术，且美国的企业如脸书（Facebook）等与各个大学合作不断提高防诈骗技术水平。

---

① 中国信息通信研究院. 中国网络安全产业白皮书（2020 年）［EB/OL］. http：//www. caict. ac. cn/kxyj/qwfb/bps/202009/P020200916482039993423. pdf.

从国内相关的治理方式和治理成果来看，相关通信行业积极参与源头治理，工业和信息化部加强指导，多管齐下，加强网络诈骗的数字安全治理。首先，中国不断加强相关部署。工业和信息化部依托防范打击通信信息诈骗工作领导小组，重视相关治理工作，统筹推进相关治理举措和治理任务。同时，相关部门不断出台相关措施，如工业和信息化部出台的《电信和互联网用户个人信息保护规定》《关于纵深推进防范打击通信信息诈骗工作的通知》等。同时，中国还不断建立健全相关技术手段，如中国信息通信研究院、国家互联网应急中心以及地方通信管理局等部门联合建立了全国诈骗电话防范系统，用来打击诈骗等危害数字安全的行为。

3.2.6.3　人工智能数据安全

作为一种战略性技术，人工智能已经成为变革产业和引领新一轮科技革命的关键技术，是世界主要国家角逐科技领导权和话语权的关键领域。数据作为驱动人工智能引领新一轮产业革命和科技革命的关键要素，其安全也成为制约发展的关键。全球各主要经济体在人工智能数据安全领域，主要着眼于伦理规范、人工智能发展战略等方面的安全规则和安全原则。然而，安全技术初露头角，相关规制尚不完全，人工智能数据安全治理尚处于探索阶段，任重而道远。

从国内外人工智能数据安全伦理原则来看，世界各国（地区）也不断推出相关规制，2018 年 4 月英国发布《英国人工智能发展计划、能力与志向》，2019 年 4 月欧盟发布《可信赖人工智能伦理指南》，这些规制、指南的出台完善了相关规制。近年来，中国加强了人工智能数据安全伦理规则的研究与制定。2018 年 9 月发布的《人工智能安全发展上海倡议》、2019 年 5 月发布的《人工智能北京共识》以及 2019 年 6 月发布的《新一代人工智能治理原则——发展负责任的人工智能》，均重点提到了人工智能数据的伦理安全。随着中国的不断重视，相应水平的人工智能数据安全伦理规制已经日渐成熟。

从国内外人工智能数据安全战略来看，美国不断推动训练数据集建设，加强数据安全风险应对，于 2016 年发布《国家人工智能研究和发展战略规划》，于 2019 年 2 月、6 月分别发布《人工智能倡议》和《国家人工智能研发与发展战略计划》。而欧盟着眼于个人数据的保护，发布了《人工智能时代：确立以人为本的欧洲战略》《欧盟人工智能战略》。其他国家，如英国也在强化数据安全监管，规范数据资源开发利用。相比其他国家，中国则不断推进人工智能安全应用，重视数据建设防范风险。2016 年，国家发展和改革委员会发布《互联网 + 人工智能三年行动实施方案》，同时，国务院等机构也相继发布《新一代人工智能发展规划》《促进新一代人工智能产业发展三年行动计划（2018 ~ 2020 年）》等。综合来看，人工智能数据安全在中国的人工智能发展战略中得到了相应规划，但是，中国在战略落地进程中仍存在技术手段相对滞后且开放力度不足的相关问题。

从国内外人工智能数据安全技术来看，世界各主要国家都在积极推动人工智能数据安全技术的研究。以美国为例，美国国防高级研究计划局启动下一代人工智能（AI Next）项目，致力于开发第三代人工智能技术。[①] 中国研究机构和企业同步开展人工智能数据安全技术研究，在部分领域取得较好的进展。2018 年 7 月，清华大学创业公司瑞莱智慧成立，研究实现减少标注数据数量、决策可解释、模型安全可靠的相关技术，近年来，团队开发了"珠算（ZhuSuan）"概率编程库。[②] 2019 年 6 月，微众银行人工智能团队开创全球首个工业级的联邦学习框架（FATE），加强了中国在人工智能数据安全领域的行业地位。[③] 由此可见，针对人工智能数据安全风险，相关技术研究正处于起步阶段。美国等西方国家凭借先发技术优势，加大研发投入，提升了人工智能安全能力。中国作为数字经济大国和人工智能先行国家，需从国家层面加强规划引领和资金投入，不断提升相关技术水平，保障数据的安全流动，促进人工智能数据安全技术研究与应用。

3.2.6.4 互联网法律

近年来，随着数字经济高速发展，互联网产业规模持续扩大，传统法律体系逐渐向线上延伸，网络专门立法活动日益丰富，网络空间法治体系初步形成，并成为全面依法治国的重要组成部分。特别是近年来，适应互联网发展规律和发展特点，坚持依法治网、依法办网、依法上网，掀开了网络空间法治建设的新篇章。中国互联网法治建设稳步推进、成果丰硕，网络信息服务和网络安全

---

① 澎湃新闻. 中科院院士张钹：发展第三代 AI 技术，中美处在同一起跑线上 ［EB/OL］. https：//baijiahao. baidu. com/s? id = 1686913385134997808&wfr = spider&for = pc.

②③ 搜狐网. 微众银行主导的顶级项目 Apache Linkis 顺利毕业，推动国产软件走向世界 ［EB/OL］. 2023. https：//it. sohu. com/a/676225513_ 121687414.

法律体系更加完善，网络社会管理相关立法进一步丰富、细化并加强落实，网络执法、网络司法以及网络法治研究等法治机制建设成果显著。

从互联网立法的国际视角来看，近年来，国际社会网络安全事故频发、恐怖主义肆虐、虚假新闻和网络暴力屡禁不止、个人信息保护和数据治理问题凸显、新技术和新业务发展亟待规范，逐步成为各国的共同议题。各国互联网产业发展阶段及安全管理诉求不同，国际互联网立法呈现三个趋势。第一，网络安全相关立法与数据管辖相关立法不断提升，根据国际电信联盟（ITU）统计，截至 2018 年底，全球 58% 的国家发布了网络安全立法或网络安全战略。① 在网络安全方面，美国于 2018 年 11 月颁布《网络安全与基础设施安全局法》，成立网络和基础设施安全局负责网络安全和关键基础设施项目的安全管理；欧盟于 2019 年 6 月颁布《欧盟网络安全法案》。在数据管辖方面，2018 年 12 月澳大利亚发布《电信和其他法律修订（协助和访问）法案》；2019 年 2 月英国通过的《犯罪（境外提交令）法案》皆规定了各自的数据管辖问题。第二，各国聚焦于网络内容治理，尤其是对违法有害信息、虚假新闻及网络暴力等行为施以重罚。2019 年 4 月，欧盟通过了《防止恐怖主义在线内容传播监管条例》，新加坡《防止网络虚假信息和网络操纵法案》于 2019 年 10 月生效，以上法案皆对违法信息尤其是恐怖主义等网络内容进行了明确规定、处罚。第三，世界各国全面增强执法能力，完善个人信息保护。2018 年，全球共发生数据泄露事件 6 500 余起，泄露数据约 20 亿条；仅 2019 年上半年，数据泄露事件多达 400 多起，泄露数据的数量比 2018 年增长了一倍多，② 个人信息保护形势比较严峻。欧盟《通用数据保护条例》（*General Data Protection Regulation*，*GDPR*）作为一部内容全面、体例完整的个人数据保护立法典范，对全球数据保护和数字经济发展产生了深刻影响。例如，芬兰、泰国以及埃及等，皆参照该框架完善本国相关法律。

从中国互联网法治开展视角来看，过去几年，互联网法治在网络空间治理中的基础作用越来越明显，以《中华人民共和国网络安全法》为代表的网络安

---

① 中国信息通信研究院. 互联网法律白皮书（2019 年）［R/OL］. http：//www. caict. ac. cn/kxyj/qwfb/bps/201912/t20191219_272126. htm.

② 国际互联网协会. 2018 年网络安全事件和数据泄露趋势报告［R/OL］. https：//www. internetsociety. org/wp-content/uploads/2019/07/OTA-Incident-Breach-Trends-Report_2019. pdf.

全立法顶层设计基本完成，相关配套法律法规不断完善，《中华人民共和国电子商务法》开始实施，中国互联网法律逐步完善。2019 年以来，中国不断完善网络立法，推动网络安全制度的建立，国家互联网信息办公室发布的《网络安全审查办法》于 2022 年正式实施，推动了中国互联网法律法规的建设。同时，中国也在持续加强数据安全管理，2021 年 6 月、8 月，第十三届全国人民代表大会常委会分别通过《中华人民共和国数据安全法》和《中华人民共和国个人信息保护法》，明确数据流通的相关举措。此外，中国也在不断规范互联网信息服务活动，丰富相关治理架构。2018 年 11 月和 2019 年 1 月国家互联网信息办公室先后发布《具有舆论属性或社会动员能力的互联网信息服务安全评估规定》和《区块链信息服务管理规定》，明确相关互联网内容治理。此外，中国还不断推进网络社会管理立法，修改完善电子商务相关法律法规，加强未成年人权益保护，构建网络信用管理体系并引导新技术、新业务发展。

3.3　角色一：全球发展治理机制变革的推动者

3.3.1　定位

3.3.1.1　数字经济发展的驱动者

世界经济面临"百年未有之大变局"，数字经济方兴未艾，正在成为全球经济结构和分工格局深化调整，实现全球价值链协调发展的重要突破口。中国应当以数字经济发展的驱动者身份融入全球数字经济发展，以数字经济发展的经验驱动全球数字经济发展，从而推动全球经济治理机制变革。在当前信息技术推动全球产业布局和产业结构变革的背景下，中国应该抓住机遇，不断推进数字软硬件产业生态建设，为数字经济的发展奠定软硬件生态基础；同时，也要加速信息领域和数字领域前沿技术研发，依托中国数字经济发展的良好基础，形成推动数字经济发展的良性循环动力；此外，中国也应协调推动产业链、供应链等各环节发展，在最大程度上释放数字经济发展红利，驱动数字经济不断前进。

3.3.1.2　南北数字鸿沟的弥合者

发展中国家和不发达国家仍有大量人口没有接入互联网，与发达国家有较大差距。互联网是人类共有的文明成果，互联网发展的成果应该由全人类共享。中国与世界各国深化合作、扩大共赢，推动互联网更加普惠、更加包容、更加均衡地发展，让各国人民共同搭乘互联网发展的快车，共同享有互联网发展成果。第一，中国可以大力推动各国在信息通信领域的互利合作，特别是基础设施的互联互通，并在消除"硬鸿沟"基础上，填平互联网欠发达地区"数字素养"上的"软鸿沟"，打破因隔绝互联网造成的"恶性循环"，防止"南北差距"在新一轮技术变革中再度扩大，共享"数字红利"；第二，中国可以加快推进"数字丝绸之路"建设，加大"一带一路"共建国家的数字基础设施，依托"数字丝绸之路"建设，使越来越多的国家和企业能在中国的数字化国际平台上获利，进一步缩小"数字鸿沟"；第三，中国可以促进数字技术普惠发展，采取多种措施和技术手段，实施有效的人才培养计划，缩小数字鸿沟，特别是重点提升发展中国家的数字技能。

3.3.1.3　数字经济共同体的建设者

党的十九大报告明确提出："坚持和平发展道路，推动构建人类命运共同体"。[①] 无论是国际层面还是国内层面，无论是政府还是民间，无论是大企业还是小企业，无论是社会还是个体，数字经济可以实现不同个体的相互合作，而且，通过此数字经济模式，有利于实现经济性、环境性、社会性和可持续性，从而形成数字经济共同体。中国应不断制定政策，建立数字经济政策共同体，建立数字经济产业、数字技术标准和数字技术规则，提供数字人才交流环境及协同合作攻关机制。同时，中国也应该协调全球数字经济发展，建设数字经济协调发展共同体，针对数字经济发展不平衡的问题予以积极协助，建立数字鸿沟弥合机制，在数字基础设施建设方面提供帮助。党的十九届四中全会指出，要高举构建人类命运共同体旗帜，推动全球治理体系朝着更加公正合理的方向发展。[②] 因此，中国应该加强数字内容和网络空间的治理，建立健全监管体系，统筹数字空间治理，为数字经济共同体的建

---

① 新华社．习近平．决胜全面建成小康社会　夺取新时代中国特色社会主义伟大胜利——在中国共产党第十九次全国代表大会上的报告［Z/OL］．https：//www. gov. cn/zhuanti/2017 – 10/27/content_5234876. htm.

② 新华社．中国共产党第十九届中央委员会第四次全体会议公报［Z/OL］．https：//www. gov. cn/xinwen/2019 – 10/31/content_5447245. htm？ allContent.

立贡献中国智慧。

3.3.1.4　全球数字公共品的提供者

数字经济时代，跨国人口流动进一步加大，以及国际贸易和国际投资不断增长，将加大对国际数字贸易规则、国际公共基础设施、国际数字公共安全等全球公共物品的需求。当前，全球公共物品供给难以满足持续增长的全球公共物品需求，全球公共物品供给面临着供应量不足、供需结构失衡和区域分布不均等问题，尤其体现在发展中国家的全球公共物品供应能力仍显不足。

改革开放40余年来，快速增长的经济总量成为中国提供全球数字公共物品的经济实力，同时，中国作为世界最大贸易国、最大国际储备国和第二大经济体，也更有底气向世界供给全球公共物品。尤其是近十年来，随着数字技术的快速发展和渗透，公共服务领域也逐渐进行了数字化变革，催生了中国公共服务领域合作、补充、外包等多种模式，推动了中国公共服务能力的提升。中国通过"南南合作援助基金"等合作组织，免除对最不发达国家、内陆发展中国家、小岛屿发展中国家的无息贷款债务，增加对发展中国家投资，体现了中国作为全球数字公共品提供者的责任。中国作为世界上最大的发展中国家，是连接发展中国家与发达国家的重要桥梁，有责任也有义务推动并参与构建网络空间命运共同体，不仅要贡献数字产品、数字技术与数字市场，而且，要贡献数字文化、数字制度和数字思想，使得数字技术的发展为全球各国（地区）带来福利。

3.3.2　必要性

3.3.2.1　数字鸿沟客观存在且不断扩大

数字技术因其对生产力的大幅提升而被世界各国所重视。而出于经济发展水平、信息基础设施完善程度不同等原因，不同地区能够享受到的数字技术红利程度是不同的，由此产生了"数字鸿沟"问题。"数字鸿沟"是全球经济治理的重要议题，具体指一些主体（国家、企业、个人等）在接触数字技术方面缺乏足够的机会和途径，而不能充分享受数字技术带来的红利。在欧美等发达国家（地区），基础设施完善，且一直处于数字技术的领先阵营，而亚非地区的发展中国家数字技术发展水平低，加之发达国家在前沿技术（特别是在人工智能、云计算等影响生产效率的关键技术）上的垄断（如通过跨国公司控制网络空间的功能和范围），与发达国家的技术水平差距会不断加大。长此以往，发达地区和欠发达地区之间的经济发展差距，会因数字鸿沟的逐步扩大而被进一步拉大。

全球发展治理机制变革的核心是发展，中国凭借新一代数字技术领域的优势，向仍处于数字技术起步阶段的发展中国家推广数字技术积累的经验。通过国家之间扶贫经验共享等方式，努力缩小发展中国家与发达国家之间的"数字鸿沟"和贫富差距，提高落后国家人民的生活水平，有利于弥合数字鸿沟，促进世界经济的包容性增长，推动全球数字技术发展水平，进而缓解全球数字技术地区发展不平衡的问题，尽可能使更多国家（地区）的群体享受数字经济红利。

3.3.2.2 新兴市场经济体的重要性不断提高

在数字经济时代，新兴市场国家和发展中国家在全球的经济地位不断提升，据国际货币基金组织（IMF）统计，按购买力平价计算，新兴市场国家和发展中国家的国内生产总值的加总在 2008 年首次超过发达国家，且是金融危机之后全球经济复苏的主力军。[①] 经济地位提升的直接结果，是发展中国家在全球经济体系中的话语权和决策权的提升。发展中国家总体上认为，当前的全球经济治理体系下的规则更多地体现了发达国家的利益诉求，这对于发展中国家而言有失公平。全球生产力和财富的再分配，必然带来权力结构以及意识形态领域格局的变化。随着发展中国家技术的快速进步，新兴市场国家和发展中国家试图打破以西方发达国家为主导的数字技术标准，推动全球经济治理更加包容地发展。

此外，随着新兴市场国家和发展中国家整体实力的提高，其在全球公共物品供给上发挥着越发重要的作用。同时，随着数字经济时代的到来，基于市场规律的数字准全球公共物品出现，成为全球公共物品中高效的组成部分。在发达国家经济低迷和全球公共物品紧缺的国际背景下，实力不断增强的新兴市场国家展现了极大优势，它们有意愿也有能力参与全球经济治理机制变革，改革

---

① IMF. World Economic Outlook ［R/OL］. https：//www.imf.org/zh/Publications/WEO/Issues/2019/03/28/world-economic-outlook-april－2019.

现有国际机制弊端，扩大新兴市场国家和发展中国家的代表性和发言权。

3.3.3 可能性

3.3.3.1 "数字丝绸之路"的良性驱动

作为数字经济发展和"一带一路"倡议的结合，"数字丝绸之路"以跨境电商为基础，依托中国的数字通信技术，不断促进物流体系领域、支付体系领域以及数字基础设施等领域的发展，成为"一带一路"国际合作的新引擎。其一，"数字丝绸之路"不断加强互联互通，建设数字基础设施。以 2018 年的《中国—东盟战略伙伴关系 2030 年愿景》为例，其指出要实现"一带一路"基础设施的战略合作，根据此愿景，中国已经建设了 6 个大数据中心、3 条国际通信海缆、1 个国际海缆登陆站、4 个重要通信节点、10 条国际陆路光缆。[①] 其二，中国不断建设"数字丝绸之路"的数字生态体系，发展跨境电商。截至 2023 年，中国与"一带一路"共建国家中的东盟各国已经举办了十届中国—东盟丝路电子商务论坛，与"一带一路"共建国家中的东盟各国签署了众多合作协议，推动跨境电商合作，提高跨境电商便利化，完善数字产业生态，天猫国际站"一带一路"共建国家的销量年年增势迅猛。[②] 其三，中国不断通过"数字丝绸之路"促进数字人才交流，开展相关技术合作，促进包容性发展。许多企业在"一带一路"共建国家乃至全球推出了数字人才联合培养项目。由此可见，"数字丝绸之路"为数字经济时代下中国推动全球发展治理机制变革提供了良性驱动。

3.3.3.2 G20 合作提供的历史契机

G20 杭州峰会及 G20 平台为中国推动全球发展治理机制变革提供了历史契机，从经济到发展、从合作到治理、从论坛到机制等方面为中国提供了现实机遇。中国作为世界上最大的新兴市场国家，不断推动全球发展治理迈上新台阶。2016 年 G20 杭州峰会上的《杭州共识》，宣布"我们将确保经济增长的成果普

---

① 新华网. 中国—东盟战略伙伴关系 2030 年愿景 ［Z/OL］. https：//baijiahao. baidu. com/s？id = 1617255050147024705&wfr = spider&for = pc.

② 有关跨境电商的宏观影响的延伸阅读，参见：Ma S., Lin Y., Pan G. Does Cross-Border E-Commerce Contribute to the Growth Convergence？：An Analysis Based on Chinese Provincial Panel Data ［J］. Journal of Global Information Management（JGIM），2021，29（5）：86 – 111.

惠共享，满足各国和全体人民尤其是妇女、青年和弱势群体的需要，创造更多高质量就业，消除贫困，解决经济发展中的不平等现象，不让任何国家、任何人掉队。"① 这体现了中国对发展治理的决心和信心。G20 杭州峰会首次把发展问题作为议题的核心问题，首次就支持非洲国家工业化和最不发达国家工业化开展合作，首次就落实 2030 年可持续发展议程制定行动计划，为全球发展治理树立了新的旗帜。《二十国集团领导人杭州峰会公报》也提到，要最大限度地释放发展中国家和低收入国家的增长潜力，确保经济增长的益处惠及所有人。② 在中国的努力推动下，G20 杭州峰会取得了《二十国集团落实 2030 年可持续发展议程行动计划》《二十国集团创新增长蓝图》《二十国集团支持非洲和最不发达国家工业化倡议》等在内的 30 多项成就，积极推动全球发展治理机制变革。

3.4　角色二：全球贸易治理机制变革的贡献者

3.4.1　定位

3.4.1.1　多边贸易体系的拥护者

多边贸易体系在促进贸易发展、制定贸易规则等方面发挥了重大作用。世界贸易组织（WTO）作为多边贸易体制的核心，其重要作用不言而喻，而中国自 2001 年加入 WTO 以来，对外开放稳定推进，严格遵守并维护 WTO 规则。WTO 也不断更新其内容，自 20 世纪 90 年代开始，WTO 便开始研制数字贸易相关规则，作为迄今全球最具效率的多边贸易治理机构，WTO 在数字贸易治理上无疑也将发挥不容替代的主导作用（周念利和李玉昊，2018）。其一，中国应该积极参与多边贸易治理机制，尤其是数字贸易治理机制的谈判和协商，争取在贸易体系中的主动权；其二，中国应该积极构建全球贸易治理机制，尤其是数字贸易治理机制的多边新框架，避免数字贸易碎片化，尽快构建大多数国家

---

① 新华社. 二十国集团领导人杭州峰会公报 [EB/OL]. https：//www. gov. cn/xinwen/2016 – 09/06/content_5105602. htm.

② 人民政协网. 二十国集团领导人杭州峰会公报（全）[Z/OL]. http：//www. rmzxb. com. cn/c/2016 – 09 – 06/1018943_3. shtml.

（地区）统一、公平的治理机制，与"一带一路"相关国家进行贸易和服务，创造多边贸易体系的新思路；其三，中国应该加快数字贸易战略部署，建设有利于贸易发展的多边国际制度环境，紧抓数字贸易发展机遇，提高数字贸易战略地位，完善国内数字贸易体系，以开放的态度助力多边贸易体系的发展。

3.4.1.2 数字贸易规则的建设者

数字贸易规则制定进程和电子商务谈判进程举步维艰，一方面，电子商务具有虚拟化、平台化的特点，传统贸易时代下货物贸易和服务贸易泾渭分明的边界已不复存在，货物贸易和服务贸易趋于无界化，电子商务适用于关税及贸易总协定（general agreement on tariffs and trade，GATT）还是服务贸易总协定（general agreement on trade in services，GATS）、电子商务属于跨境提供服务还是境外消费服务等一系列基础问题悬而未决，从而难以探讨和解决更深层次的争议问题，也就难以形成标准规范的贸易规则框架；另一方面，各成员方利益诉求和贸易主张不一致，存在立场分歧，不同国家（地区）为了争取数字贸易规则的话语权和领导力，采取各项措施以推动数字贸易规则制定，各方分歧难以弥合，立场尖锐对立。美国、欧盟和日本等发达国家（地区）凭借其雄厚的经济实力优势和全球价值链优势，掌握着全球数字贸易规则构建的话语权和制定权，特别是以美国为首的西方发达国家为了促进数字价值输出与数字产业发展，主导着跨太平洋伙伴关系协定（trans-pacific partnership agreement，TPP）、跨大西洋贸易与投资伙伴协定（transatlantic trade and investment partnership，TTIP）、国际服务贸易协定（trade in service agreement，TISA）等众多谈判。数字贸易规则的"美式模板"（李杨等，2016）、"欧式模板"（周念利和陈寰琦，2018），给中国等发展中国家和新兴经济体带来巨大的压力和挑战。

第一，中国应该协调多边数字贸易规则与区域立法，区域贸易协定能够为WTO多边贸易体制下的全球数字贸易规则提供参考和借鉴；第二，中国应该促进数字贸易国际规则与国家立法的良性互动，国家立法是全球数字贸易规则的重要基石和组成部分，为数字贸易国际规则制定提供借鉴和参考，同时，国家是数字贸易国际规则的参与者和践行者，数字贸易国际规则需要在各国实践中不断完善和优化；第三，积极完善全球数字贸易规则的模糊条款，对于数字贸易定义不清、统计困难的问题，以及跨境数据自由流动、数据隐私保护、知识产权保护、源代码非强制本地化和数字基础设施非强制本地化、文化例外与视听例外等一系列争议条款，应当广泛地参考、借鉴其他国家和组织的有益做法，积极尝试和推广行之有效的解决方案。

3.4.1.3 数字贸易新业态的贡献者

近年来，随着数字技术在传统经济领域的广泛应用，中国数字经济特别是数字贸易蓬勃发展，在世界范围内居于领先地位，可以预见数字贸易将在贸易领域扮演越来越重要的角色，为中国引领数字经济发展提供历史契机。中国可以加大政策创新力度，及时调整和更新数字贸易领域的行政许可制度、商事登记制度，简化数字贸易运作流程，减少不必要的操作程序；优化跨境电商综合试验区的各项政策改革，以小及大，推广跨境电商发展的成功经验。此外，加强数字贸易监管机制，探索形成多方协同共建、相互制约、相互监督的监管机制，营造公平、公正的数字贸易市场环境。最后，推动数据隐私保护立法，为消费者隐私和消费者权益提供有力的保障，增强消费者信心，为数字贸易发展提供新动力。

3.4.2 必要性

3.4.2.1 贸易机制的缺陷对全球贸易治理机制带来不利

从多边贸易机制视角来看，目前，全球贸易治理机制有三点缺陷。第一，多边贸易机制缺乏公平属性。对于发达国家而言，其凭借着自身从贸易体系建立起来的贸易优势和核心地位，在多边贸易机制中占据霸权地位，无论是GATT还是WTO，都体现着发达国家的利益诉求。同时，贸易全球化推进较快的领域，如服务贸易等，也都是发达国家具有竞争力的领域，而发展中国家具有比较优势的领域，如纺织品和农产品等在发达国家市场中却频频受阻，体现了不平等。第二，多边贸易机制的谈判协商体系缺乏公正。在以协商一致作为达成决策的前提时，WTO在此过程中会忽视部分成员的意见和发言权，在面对经济实力较强的成员时，经济实力弱的成员只能被迫接受，这会导致在实际操作中产生较大分歧，忽视协商的公正性。第三，争端解决机制存在缺陷。因争端解决机制的程序负担重、耗时长以及易受政治影响等特点，发展中国家往往不能通过争端解决机制来解决贸易摩擦获取正当权益。

从区域贸易治理机制视角或双边贸易治理机制视角来看，目前，区域贸易治理机制或双边贸易治理机制有两点缺陷。第一，区域性贸易协定与全球性贸易协定冲突，以原产地规则为例，WTO 历时多年完善了各国之间的原产地规则，而一些区域贸易协定却未使用这一规则，使得国民待遇原则和最惠国待遇原则无法落实，且在实际操作过程中，不同的规则会导致商品认证出现大偏差；第二，区域贸易协定中出现大量 WTO 原产地规则之外的新规定，如 WTO 现有条款没有涉及劳工标准、环境保护及竞争政策，以及比 WTO 现行标准更高的知识产权保护条款等，这些规则"碎片化"的出现，导致不同的规则交叉辨识出现问题，严重影响了统一规则的完整性。

3.4.2.2 逆全球化的兴起对全球贸易治理机制迎来挑战

在经济全球化背景下，要素资源在全球范围内配置和流通，促进了全球财富的增加以及经济发展。但是，经济全球化在很大程度上是市场经济在全球的扩展，并且由发达国家主导。这一结果也导致了发达国家在全球化过程中不公平的优势地位。近年来，世界经济复苏乏力，许多发达国家的贸易保护主义抬头、极端政治倾向加重、民族主义抬头。这些以贸易保护主义加重、极端政治倾向加重以及民族主义抬头为主的逆全球化思潮，不断破坏目前经济全球化的累累硕果，阻碍经济全球化发展，已经被认为是影响全球经济最重要的因素之一（盛斌和王璐瑶，2017；朱旭，2018；卢静，2019）。在此背景下，数字贸易治理机制存在极大的不确定性，各国无法在电子合同、认证标准等方面的法律规定上达成一致，各国的企业知识产权跨国流动、消费者权益跨国保护规定的差异也会引起纠纷，此外，跨境数据流动冲突因各国数据本地化的不同要求而不可避免。

3.4.2.3 数字贸易发展对全球贸易治理机制带来变革

随着信息通信技术的创新发展和产业转型升级，贸易经历着"数字化"的深刻变革，以跨境电子商务为代表的数字贸易蓬勃发展。数字贸易是顺应国际贸易发展趋势的新模式和新业态，也是创新发展数字经济的重要组成部分。根据电子营销者公司（eMarketer）发布的《全球电子商务平台 2017》（*Global eCommerce Platforms* 2017），2017 年全球零售电子商务销售总额达 2.29 万亿美元，同比增长 24.8%，占全球零售总额的比重由 2016 年的 8.6% 上升至 10.2%。[①]

---

① 搜狐网. 今日纺织看点 [EB/OL]. https：//www.sohu.com/a/240066263_100022990.

数字贸易为全球经济带来了重大发展机遇，同时，对传统贸易方式与法律规则、规章制度和监管执法等带来有力冲击和严峻挑战，全球贸易治理机制的变革成为国际新一轮贸易谈判和规则竞争的焦点。合理规范的数字贸易体制是保障贸易尤其是数字贸易高效顺利发展的有力基础和关键支撑，能够促进各国贸易的合作往来和互利共赢，能够借助数字化、网络化、智能化的信息通信技术改变全球国际贸易格局。虽然数字经济兴起之后，与贸易相关的电子商务机制受到 WTO、APEC、OECD、G20 等多边经济组织及区域经济组织的广泛关注，TPP、TTIP、TISA 等超大型自由贸易协定也对数字经济时代下全球贸易治理机制展开多次讨论，但是，始终未能形成规范有效的全球贸易机制模板。

3.4.3　可能性

3.4.3.1　为数字技术发展提供基础保障

随着人工智能、大数据、云计算等数字化技术的逐步成熟与应用，以数据的深度挖掘和融合应用为主要特征的智慧化，将成为未来数字化技术的主要标志。数字化技术正广泛而深入地影响着社会经济的各个领域，未来经济发展的技术延展性将不断增强，商业、产业、企业活动的边界将不断拓展，数字经济将成为世界经济增长的新引擎。中国的数字经济建设将进入高峰期，在技术变革与需求变革的共同驱动下，数字化将成为中国经济转型升级、提质增效的新动能，为中国数字经济发展、产业转型升级和各行业融合发展奠定基础。数字技术的迅速发展，对产业发展起到了关键性的驱动作用。尤其是 2019 年末新冠疫情暴发以来，数字技术为全球性的贸易磋商以及其他磋商提供了重要的基础保障。2020 年 3 月 26 日的 G20 领导人特别峰会，是已知的第三次线上召开的顶级国际峰会，这次峰会就疫情防控、贸易往来、金融合作等问题广泛讨论、寻求应对策略。

3.4.3.2　为数字贸易发展提供重要基础

数字贸易越来越成为数字经济时代的主流形态（数字贸易与传统贸易的不同，参见专栏 3 - 2）。中国的数字贸易交易规模高速增长，2023 年，中国跨境电商进出口达 2.38 万亿元，增长 15.6%。其中，出口 1.83 万亿元，增长

19.6%；进口 5 483 亿元，增长 3.9%。^① 同时，数字贸易国际合作日益密切，中国已成为全球数字经济革命的中心地带，在重塑全球贸易格局中扮演着重要角色；数字贸易产业加速推动融合，数字技术逐渐渗透到上游行业，大数据等数字技术也被更加广泛地应用于研发、生产等环节，数字贸易与实体产业进一步融合。数字贸易对全面扩大开放、深化国际分工、推动产业智能化转型升级等具有重要意义，能够为全球贸易格局带来新的变化，将世界各国、各地区的经济紧密相连，广泛而深刻地影响社会经济领域。由此可见，在数字经济时代，凭借电子商务以及跨境电子商务的高速发展，必将为中国担当全球贸易治理机制变革的贡献者提供可能。

▶ 专栏 3-2

数字贸易与传统贸易的不同

第一，贸易的时代背景不同。数字贸易是在第三次工业革命、第四次工业革命背景下诞生的一种新型贸易活动。数字技术使得原有的通信方式、传输方式发生了重大变革，数据成为关键性的生产资料，生产组织网络加速重构，传统产业正经历着数字化、智能化升级。数字贸易在数字经济时代，将逐渐成为贸易活动的主流。

第二，贸易的时空属性不同。传统贸易从交易开始到交易完成的周期长，受商品价格变化、货币汇率波动等因素的影响大，期货、期权等金融衍生品被广泛应用，以减少贸易活动的时间风险。而在数字贸易的交易过程中，信息通信技术大幅提高了交易效率，贸易的时间不确定性大大降低。数字贸易依托现代信息网络、信息通信技术，在很大程度上突破了时间、空间的限制。

第三，贸易的行为主体不同。传统贸易的交易过程存在代理商、批发商、零售商等诸多中间环节，供给方和需求方并不直接进行交易磋商，而是委托给各自的代理人决策。但在数字贸易中，现代信息网络与信息通信技术使得供求双方之间的直接交易成为可能，中间环节大幅压缩。

---

① 国务院新闻办就 2023 年全年进出口情况举行发布会，https://www.gov.ch/lianbo/fabu/202401/content_6925700.htm。

第四，贸易的交易标的不同。传统贸易的交易标的主要是货物、服务以及生产要素，数字贸易的交易标的相对复杂。数字贸易强调数字技术在订购、生产或递送等环节发挥关键性的作用，因而其交易标的包括：在电子商务平台上交易的传统实体货物、通过互联网等数字化手段传输的数字产品与数字服务、作为重要生产要素的数字化知识与数字化信息。数字贸易的交易标的范围与传统贸易的交易标的范围存在较大差异，两者互不包含，但有部分重合。

第五，贸易的运作方式不同。在传统贸易中，货物规模大、价值高，主要采取海运、火车等运输方式。而数字贸易则存在诸多不同：个人在电子商务平台上订购的商品主要通过邮政、快递等方式寄送；部分跨境电商企业采取海外仓模式，先通过海运、空运等方式将大批货物运输到目的国海外仓，再通过邮政、快递方式寄给消费者；数字产品与数字服务的贸易则采取数字化的递送方式，无须实体货物的交付。

第六，贸易的监管体系不同。在传统贸易中，各国商务、海关、税务等监管部门，WTO 等国际组织是贸易的主要监管机构；各国国内的贸易制度，双边、多边的国际贸易协定是约束贸易行为的主要法律规范。而数字贸易的监管体系，不仅涉及前述监管机构与法律规范，还强调对数字贸易中的关键要素——数据进行监管。

资料来源：马述忠，房超，梁银锋. 数字贸易及其时代价值与研究展望 [J]. 国际贸易问题，2018（10）：16 - 30.

3.4.3.3 "一带一路"提供实践方案

"一带一路"既体现合作的开放，也体现区域和制度的开放，其包容性体现在参与方式的多样化、参与主体的多元化和参与内容的多维化，由此可见，包容性和开放性有助于整合碎片化的国际治理机制困局。以开放、包容、共赢的原则共建"一带一路"，引领新的经济全球化是中国推动全球经济治理机制变革的重要方式，必将推进全球经济优化升级，引领多元化浪潮，反对民粹主义和逆全球化。

截至 2023 年 8 月，中国已经与 152 个国家、32 个国际组织签署 200 余份共建"一带一路"合作文件。① 从 2013 年到 2022 年，中国与"一带一路"共建国家的货物贸易体量从 1.04 万亿美元增加到 2.07 万亿美元，翻了一番，年均增长 8%，年平均贸易增长率相较于中国对外贸易总增长率更快。② 由此可见，在数字经济时代，中国凭借与"一带一路"共建国家的对接，将为中国担当全球贸易治理机制变革的贡献者创造条件。

3.5　角色三：全球投资治理机制变革的践行者

3.5.1　定位

3.5.1.1　现有投资规则的践行者

作为世界上重要的投资国与被投资国，中国以身作则不断践行现有的全球投资规则。2016 年 G20 杭州峰会，作为轮值主席国的中国专门成立了贸易和投资工作组，不断开展相关工作。此后，在上海市举办的 G20 贸易部长会议不断推动投资合作。《G20 全球投资指导原则》发布后，中国率先落实指导原则中的基本原则和承诺，不断优化吸引外资。2017 年，《国务院关于扩大对外开放积极利用外资若干措施的通知》，从扩大对外资的开放、吸引外资以及营造良好的投资环境三个方面落实到具体部门实施，对 G20 指导原则的回应，彰显了中国推动全球投资治理机制变革的决心和行动。③ 由此可见，中国不断践行全球投资规则，能在其中起到一定的主导作用甚至领导作用。此外，积极引进外资也被列入"十四五"规划之中，进一步彰显了中国践行规则的行动和决心。④

3.5.1.2　投资治理机制的变革者

一方面，中国不断推动全球投资治理机制变革中以发达国家为主的投资机

---

① 新华社. 我国已与 152 个国家、32 个国际组织签署共建"一带一路"合作文件 ［EB/OL］. https：//www. gov. cn/lianbo/bumen/202308/content_6899977. htm.

② 中国日报网. 商务部：我国与"一带一路"沿线国家货物贸易额年均增长 8% ［EB/OL］. https：//baijiahao. baidu. com/s? id = 1759260111942475116&wfr = spider&for = pc.

③ 国务院. 国务院关于扩大对外开放积极利用外资若干措施的通知 ［Z/OL］. https：//www. gov. cn/zhengce/zhengceku/2017 - 01/17/cotent_ 5160624. htm.

④ 新华社. 中华人民共和国国民经济和社会发展第十四个五年规划和二〇三五年远景目标纲要 ［EB/OL］. https：//www. gov. cn/xinwen/2021 - 03/13/content_5592681. htm? gov&wd = &eqid = be982f1000 02e53d000000036461fd4c.

制变革，提高中国在全球投资治理机制中的地位和话语权。同时，中国代表广大发展中国家和新兴经济体的共同利益，积极推动全球投资治理机制变革，使其不断体现发展中国家的利益，展现中国"负责任大国"的形象。中国可以代表发展中国家和新兴市场经济体，推动当前不合理的全球投资秩序变革，从而建立数字经济时代新的公平合理的全球投资秩序，才能促进全球投资向更正确的方向发展。另一方面，中国不断推进全球投资治理机制的完善，作为全球投资大国与被投资大国，在投资体系上具有完备的规则和制度，基于此，中国不断推动全球投资指导原则的建立，建设良好开放的全球投资环境，不断推动世界高质量发展，通过建立亚洲基础设施投资银行、举办"一带一路"国际高峰论坛、设立丝路基金、举办金砖国家领导人厦门会晤等，使中国成为数字经济时代下全球投资治理机制的重要变革者。

3.5.1.3　全球投资活力的拉动者

虽然全球外商直接投资大幅下降，国际上投资保护主义不断兴起，但是，中国对外直接投资稳步增长，不断拉动全球投资活力。商务部数据显示，2021年，中国对外全行业直接投资 9 366.9 亿元人民币，同比增长 2.2%（折合 1 451.9 亿美元，同比增长 9.2%）。其中，中国境内投资者共对全球 166 个国家（地区）的 6 349 家境外企业进行了非金融类直接投资，累计投资 7 331.5 亿元人民币。[①] 在当今全球经济发展疲软，逆全球化愈演愈烈，全球投资活力不足的情况下，数字经济的兴起为中国和世界注入了活力，中国在支撑全球投资发展的大趋势、激活全球投资活力方面作出了重要贡献。

3.5.2　必要性

3.5.2.1　逆全球化与全球化并存

全球经济充满不确定性，全球化与逆全球化潮流并存，大国间的贸易争端不断冲击着全球经济，全球投资规则受到挑战。一方面，逆全球化来势汹汹，浪潮此起彼伏，不断扩散至多个领域，尽管距离 2008 年的金融危机已经过去十余年，但全球经济仍显疲态，全球投资的跨境流动不断减少，体现着全球化不

---

① 中国新闻网. 商务部：2021 年全行业对外直接投资 9 366.9 亿元人民币 ［EB/OL］. https：// baijiahao. baidu. com/s？id = 1722464178859572150&wfr = spider&for = pc.

断退化；另一方面，全球投资自由化趋势明显。通过跨大西洋贸易与投资伙伴协议（TTIP）和跨太平洋伙伴关系协定（TPP），美国不断尝试掌握经济全球化进程中的投资主导权，同时，以欧盟和日本为代表的发达经济体不断加强区域经济合作，互相签订双边投资规则，以期主导全球投资规则安排，体现了投资全球化特征。在逆全球化与全球化交叠的矛盾时期，投资全球化低迷不前，为世界投资格局的变动蒙上了阴霾（戴双兴和冀晓琦，2019）。联合国发布的《世界投资报告2018》表明，全球跨国投资发展趋势十分严峻，2017年，世界各国对外直接投资总体下降23%，其中，流向发达国家的对外直接投资下降最明显，达到37%，流向新兴市场经济体的对外直接投资下降27%。①

3.5.2.2　数字经济变革投资模式

一方面，数字技术重塑全球价值链，可以促进生产活动的多元化发展及外包，也可以促进产业回流；另一方面，信息产业和通信技术产业在国际生产中的重要性不断提升。从全球范围来看，信息产业和通信技术产业的跨国公司，在2010年后数量大幅增长，在国际投资领域的重要性不断提高。此外，数字化跨国企业多为"轻资产"类型，相比于传统的跨国公司，数字化跨国公司海外资产比例大大降低，通过"重销售"的模式促进自身发展，这也为东道国提供了相应的就业岗位，推动了东道国经济发展，有助于快速提高东道国竞争力。联合国贸发会议（UNCTAD）发布的《世界投资报告2017》说明，数字经济正成为全球经济中越来越重要的组成部分，其指出，数字经济将对跨国公司的海外业务模式、全球供应链的治理模式和海外子公司与东道国产生影响，进而影响公司的海外扩张和跨国投资的规模和方向。② 各国的数字化发展，尤其是发展中国家的数字化发展都需要有针对性的投资政策支持，以建立基础连接设施并支持经济数字化。在制定数字化发展战略时，投资政策的制定者不仅需要准备好应对来自本领域的挑战，还需要在设计、实施数字行业政策方面做出决策。数字化发展应该嵌入投资政策，而投资政策应该嵌入数字化发展战略。在支持数字化发展投资的同时，政策制定者还需要处理公众对数字化发展的担忧。

---

①② 联合国贸发会议发布的《世界投资报告2018》，详见 https：//unctad.org/system/files/official-document/wir2018_en.pdf。

3.5.3　可能性

3.5.3.1　中国数字经济实力提供基础

《"十四五"数字经济发展规划》显示，2020年，中国数字经济核心产业增加值占国内生产总值（GDP）的比重达到7.8%。[①] 5G网络覆盖面扩大，5G技术持续进步，光纤宽带用户剧增，IPv6加速规模部署，实体经济不断实现数字化转型。工业互联网推动企业数字化转型，工业App和工业设备联网、注册用户增加，加速推进大数据发展和应用。基于此，中国不断深化相关领域的投资，以数字经济发展促进投资发展。中国作为G20成员中规模最大的新兴市场经济体，凭借经济规模尤其是数字经济的发展对全球投资治理格局产生了较积极的影响，正在逐渐成为全球投资治理体制的领导者。数字经济发展以及中国数字经济实力，为中国在数字经济时代推动全球投资治理机制变革提供了重要基础。

3.5.3.2　G20提供国际投资实践平台

中国作为2016年G20杭州峰会的轮值主席国，为推动全球投资治理机制变革起到了重大作用。中国还领导成立G20贸易投资工作组，积极协商相关投资工作。2020年，G20第二次贸易部长特别会议专门就加强国际投资提出了七条具体举措，同时重申《G20全球投资指导原则》，加强有关国际投资行动。此外，G20各国还强调，采取共同行动，鼓励向发展中国家和最不发达国家提供技术援助和能力建设、支持中小微企业更好地参与国际贸易投资、分享关于促进受疫情影响领域投资的最佳实践、鼓励政府与投资者合作，以及对医疗用品新产能的投资等。[②] 中国将与G20各成员一起落实G20集体行动文件，继续加强国际投资，G20为中国推动全球投资治理机制变革提供了重要的国际投资实践平台。

《G20全球投资指导原则》的根本出发点是发展，尤其重视新兴市场经济体的可持续发展，将包容性发展作为全球投资的目标，并强调在对外投资过程中

---

① 国务院.国务院关于印发"十四五"数字经济发展规划的通知［Z/OL］. https：//www.gov.cn/zhengce/zhengceku/2022 - 01/12/content_5667817. htm.

② 央视网.G20第二次贸易部长特别会议：加强有关国际投资行动［EB/OL］. https：//news.cctv.com/2020/05/16/ARTIRm66xBfmOgPPlQj0hR6m200516. shtml.

需要特别重视和支持欠发达地区的基础设施建设、技术合作、能力建设、贸易融资等，进而与联合国贸易和发展会议构建的"可持续发展的投资政策框架"实现对接。在 2019 年的 G20 峰会上，中国进一步降低了外商投资的门槛，并为外资企业营造了良好的经营氛围。2012 年以来，中国实施了大量降低外商投资门槛的政策措施，重建了负面清单管理制度，并对负面清单进行了更新。2020 年起，《中华人民共和国中外合资经营企业法》《中华人民共和国外资企业法》和《中华人民共和国中外合作经营企业法》合并修订为《中华人民共和国外商投资法》，此部法律也成为中国在管理外商投资时遵照的基础性法律。

3.5.3.3 为"一带一路"倡议提供重要助力

"一带一路"倡议为中国推动全球投资治理机制变革提供了重要的实践平台，双向投资深入发展。2013 ~ 2018 年，中国从"一带一路"共建国家承包了超过 4 000 亿美元的工程，其中，2018 年完成的对外承包工程就达到 893 亿美元，占同期全部对外承包工程的 53%。中国对"一带一路"共建国家的直接投资达 900 亿美元，在非金融类直接投资上，仅在 2018 年，中国便投入 156 亿美元，比 2017 年提高 8.9%，在同期，企业在对外非金融类直接投资总额中占比为 13%。[①] 世界银行研究表明，"一带一路"倡议将增加"一带一路"共建国家 4.97% 的外国直接投资，从来源来看，来自"一带一路"共建国家内部之间的外国直接投资将增加 4.36%，来自非"一带一路"共建国家的外国直接投资将增加 5.75%，来自经合组织成员国的外国直接投资将增加 4.63%。[②] 由此可见，"一带一路"倡议为中国推动全球投资治理机制变革提供了重要助力。

3.6 角色四：全球金融治理机制变革的探索者

3.6.1 定位

3.6.1.1 包容普惠金融体系的建设者

对于全球经济欠发达、金融落后的国家（地区），数字普惠金融提高了金

---

① 央广网. "一带一路"经贸合作取得重大进展 中国与沿线国家货物贸易进出口总额超 6 万亿美元 [EB/OL]. https：//baijiahao. baidu. com/s？id = 1631517599502048833&wfr = spider&for = pc.

② 中国政府网. 共建"一带一路"倡议：进展、贡献与展望 [EB/OL]. https：//www. gov. cn/ xinwen/2019 - 04/22/content_5385144. htm.

融服务的覆盖深度和覆盖广度，可以基于现代移动通信技术为落后地区的人民普及基础性的金融支持，同时，也大大降低了金融机构的运营成本。在数字经济时代，金融科技不断发展，助推中国数字普惠金融加速转型，中国在数字金融领域具有先发优势，是数字金融领域的全球领导者。在当前契机下，中国应该把握机遇，借助金融科技和数字普惠金融发展的良好势头，建设包容普惠的全球金融治理体系。中国应该不断从政策上加大力度，积极制定相关产业规划和发展政策，提高中国数字普惠金融的国际影响力，推动中国数字普惠金融企业"走出去"，从而在国际上形成示范效应，展现和巩固中国包容普惠金融体系的国际领先地位。同时，中国应积极参与相关国际体系建设，提高中国的话语权，《G20 数字普惠金融高级原则》是中国话语权不断提高的力证，在此基础上，中国应把握金融发展机遇，提出相关议题、发起标准和规则的制定，引导金融治理体系发展。

3.6.1.2　全球金融风险治理的合作者

受全球经济增长的影响，许多国家财政支出不断提高，财政赤字不容乐观甚至债台高筑。此外，全球也有数个国家不断降低利率，使得利率处于负水平状态，无法有效地实施货币政策。种种因素的叠加，导致目前全球金融风险不确定性大大提高，全球金融风险治理任重而道远。而中国在制定宏观金融政策、人民币汇率波动政策、金融风险政策时，一直表现出大国担当。以中国人民银行数字货币研究所开展的基于区块链技术的数字票据交易平台测试为例，中国推行的法定数字货币具备安全、集约、汇率规避的优势，符合国际金融发展和国际货币体系改革的方向，将有利于增加全球数字货币的公共物品供给，维护国际金融市场稳定，降低国际金融不确定性风险。在数字经济时代，面对如此复杂的金融体系的挑战，中国更应该顺应时代潮流，以合作者的姿态治理全球金融风险，不断加强国际合作，结合中国金融体系尤其是数字金融发展的经验，在全球范围内推广金融风险治理措施，提高宏观经济协调性，进一步深化国际合作，在跨境风险处置机制等方面发挥更大作用，维护全球金融体系稳定。此外，中国也可与多国合作探索建立多种形式的风险补偿机制，覆盖不同类型的业务风险，如建立"一带一路"主权合作基金、多边组织下的协调机制和资产管理机构等。

3.6.2 必要性

3.6.2.1 金融危机的余波冲击治理体系

2008 年，金融危机极大地冲击了现有的金融治理机制，虽然世界经济逐步进入复苏轨道，但风险和不确定性仍然存在。第一，在规模上，2008 年金融危机前金融机构发展过快，由此产生的巨大金融资产规模将在金融危机后大幅缩水；第二，金融结构出现调整和变化，银行国际业务下降，金融交易需求下降；第三，在监管框架建设上，将更加注重微观和宏观两方面的监管，金融机构将增强资本充足率，体现更大的透明度；第四，金融行业的商业模式，将可能出现变化；第五，金融行业的治理框架将重建。在金融危机之后，全球都致力于巩固金融体系，增加弹性和灵活性，抵御风险。随着全球经济进入全面复苏阶段，全球金融治理体系建设取得了很大成绩。就目前而言，全球各国要加强金融互助，完善治理体系。特别是在"一揽子"货币建设中，新兴经济体要更多地增加份额，国际货币基金组织（IMF）一定要打破美国的一票否决权。此外，金融体系中过多的顺周期因素，容易使系统大起大落。"大而不能倒"的问题试图解决但没有解决，衍生品发展过度、对于危机和不平衡问题的认识不彻底等不断困扰着全球金融治理。就中国而言，防范化解重大风险是三大攻坚战之一，在金融危机过后的数字经济时代，金融治理机制的不确定性使中国推动全球金融治理机制变革成为必然。

3.6.2.2 为数字金融的发展提供变革动力

数字金融的快速发展有助于更好地发挥金融在经济运行中合理配置资本要素的作用，有助于促进各国转变经济发展动力，调整经济结构。一方面，数字金融有助于促进全球金融业的转型升级。回顾金融发展历史不难发现，金融体系的升级与科技发展相伴随，电报、电话等通信技术的发展，大大提高了金融体系的流动性，提升了资本要素跨区域配置的效率；互联网的发展，则对金融服务的流程、模式带来颠覆性变化。当前，人工智能、大数据、区块链等数字技术飞速变革，为金融体系的变革提供了更优异的技术条件，对金融服务方向、服务模式、服务群体、服务领域有全面影响，有助于更好地发挥金融业资金筹集、风险管理等功能，实现金融业转型升级。另一方面，数字金融的发展也会对其他领域产生一定外溢效应，与其他产业实现协同发展，有助于进一步激发经济活力、转变经济动力。数字金融不同于传统金融，其技术特性更加丰富和突出，对于金融体系的结构安排与就业类型也产生了重要影响，同时，对科技发展也起到了重要的支撑作用，从而有助于推动全球经济的可持续发展。

3.6.3 可能性

3.6.3.1 金砖国家新开发银行和亚洲基础设施投资银行提供保障

金砖国家新开发银行和亚洲基础设施投资银行的成立意义非凡，其不仅标志着新兴市场国家和发展中国家积极主动地参与全球金融治理改革迈出了实质性步伐，也开辟了"南南合作"的新阶段和新模式，意味着新兴市场国家和发展中国家在未来全球金融治理中将拥有更多话语权与决定权，并对以发达国家为主导的传统全球金融组织和金融秩序形成巨大冲击（盛斌和马斌，2018）。在全球金融机构主要以发达国家为主导的背景下，体现了新兴市场国家和发展中国家意志的金砖国家新开发银行和亚洲基础设施投资银行是一种新型合作形式。

金砖国家新开发银行和亚洲基础设施投资银行的商业运作十分规范、透明和高效，其为"一带一路"共建国家和其他亚太地区欠发达国家提供了有效的基础设施建设投融资，是亚太地区互联互通的实质性制度保障，也是落实上海合作组织等国际经济合作组织或机构所提议案的平台。金砖国家新开发银行和亚洲基础设施投资银行的出现，打破了由世界银行（IBRD）、国际货币基金组织（IMF）、亚洲开发银行等由发达国家主导的国际制度下的全球经济治理体系，反映了发展中国家在国际金融体系和国际货币体系中的新诉求。从成立到2018年，金砖国家新开发银行已经对发展中国家提供了总计超过67亿美元的融资，用以支持其基础设施建设、信息通信、交通运输、环境保护、农业生产等领域的项目。2015年12月，由中国牵头的亚洲基础设施投资银行成立。截至2021年12月，亚洲基础设施投资银行共吸收了47个新成员，成员总数达到104个，包括87个正式成员和17个尚未核准《亚洲基础设施投资银行协定》意向的新成员，成员国总数不断增加，这些国家既包括英国、法国、德国等西方发达国家，也包括老挝、印度尼西亚等发展中国家。由此可见，金砖国家新开发银行和亚洲基础设施投资银行，为中国推动全球金融治理机制变革提供了重要保障。

3.6.3.2 为数字金融高速发展提供引领

数字金融是建设现代金融体系的题中应有之义。《"十三五"现代金融体系规划》强调顺应科技与金融融合的趋势,实现金融科技研究的领先发展和广泛应用,并全面提高金融机构、金融市场、金融治理的效率和水平。[1]《中国金融科技与数字普惠金融发展报告(2019)》显示,全球金融科技行业在近两年来发展势头良好,金融科技企业数量、融资规模和交易量都有所提升。[2] 2019 年,毕马威《全球金融科技 100 强》报告显示,中国金融科技公司占据了前十名中的四席。无论从宏观层面还是微观层面看,数字金融发展将为数字经济时代下中国推动全球金融治理机制变革提供引领。[3]

3.6.3.3 为金融体系不断开放提供动力

从历史视角来看,中国金融体制的前身是计划经济中的行政体制。历史遗留问题使得中国金融体系市场化程度有限,金融法律和监管体系尚需完善,金融市场中的利率和汇率等相关制度尚需改进,但是,中国仍不断推进金融体系开放,彰显了中国推动全球金融治理机制变革的决心和信心。人民币汇率机制改革深入推进,人民币兑美元双边汇率弹性不断增强,双向浮动特征更加显著;金融市场对外开放步伐加快,债券等金融市场进一步与国际接轨,债券通和沪港通等相继开通、开放,取得了亮眼的成绩。资本账户和金融账户开放有序实施,在 IMF 规定的资本账户和金融账户分类中,中国已经可以兑换 40 个项目中的 37 个项目。同时,人民币国际化稳步推进,人民币在 2016 年 10 月正式加入特别提款权(Special Drawing Right,SDR)。此外,利率市场化改革取得突破,中央银行利率调控体系逐步完善。以上中国金融领域的种种开放,在数字经济时代的大背景下将为中国推动全球金融治理机制变革提供源源不断的动力支持。

---

① 深圳市地方金融监督管理局. 国家"十三五"现代金融体系规划正式印发[EB/OL]. http://www. jr. sz. gov. cn/sjrb/xxgk/ghjh/fzgh/content/post_3174784. html.

② 中关村互联网金融研究院. 中国金融科技与数字普惠金融发展报告(2019)[R/OL]. http://www. cbdio. com/image/site2/20191223/f42853157e261f6ab49f10. pdf.

③ 澎湃新闻. 毕马威发布 2019 全球金融科技百强榜,10 家中国企业上榜[EB/OL]. https://m. thepaper. cn/baijiahao_4891094.

3.7　角色五：全球能源治理机制变革的倡议者

3.7.1　定位

3.7.1.1　能源供需变革的倡导者

数字技术的不断发展将推动能源生产领域、能源互联网的构建，一方面，推动能源互联网构建，可以有效地帮助可再生能源发展，实现能源可持续发展。除此之外，还将引发能源金融、能源服务等以灵活的方式进入市场，激活能源市场环境；另一方面，能源的生产模式和供应模式将发生显著变化，供应主体、产品以及业务会更多元化，同时，数字经济会不断催生新的生产主体，从而变革能源生产格局。中国也应该不断开展能源试点，如城市能源互联网、园区能源互联网、跨地域协同综合性项目、跨地域多能源协同示范性项目等，鼓励具备条件的地区和企业因地制宜、因地施策，开展能源互联网的试点、示范。此外，中国也应该构建标准体系，启动包括能源互联网准则、术语、能源路由器在内的重点技术标准的研制工作，为推动能源生产变革提供基础。

3.7.1.2　能源体制变革的参与者

中国作为世界能源使用大国，有责任也有义务引领数字经济时代的全球能源体制变革。首先，中国可以展现大国担当，主要表现在，深化与各国之间的能源政策沟通，和平协商合作事项，合作制定相关措施、方案和规划；其次，中国可以促进能源贸易的高效开展，降低交易成本，提高能源资源贸易便利化程度，促进能源供需抗风险能力的提高；再次，中国可以建设全球能源互联网，落实气候变化《巴黎协定》以及 2030 年可持续发展议程；最后，中国可以完善能源治理体系，优化全球能源治理结构，整合各种碎片化能源组织，发挥 G20、国际能源署和国际能源宪章组织的作用，凝聚各国力量，共同构建数字经济时代能源命运共同体，引领全球能源体制变革。

3.7.1.3　能源技术革命的驱动者

中国不断坚持以科技创新为第一动力，在数字经济时代驱动能源领域的技术革命。特高压技术作为能源安全的"主动脉"，能够推动电子设备、新材料等高端装备制造的发展，符合中国产业转型升级的趋势，近年来，中国加大输电网络建设，运用先进的特高压技术，形成庞大的特高压输电网络。截至 2019 年底，中国在运特高压累计线路长度达 4.8 万千米，累计输送电量 16 000 亿千瓦时。[①] 这一举措，实现了"中国创造"和"中国引领"，改变了中国在电气制造领域长期从发达国家"引进技术、消化吸收"的发展模式。但是，从目前来看，长期以来中国的粗放发展方式亟待转变，以数字技术为代表的科技创新促进能源发展的基本引擎效应尚未展现，能源市场体系深层次问题和结构性矛盾仍较为明显。在数字经济时代，中国要坚定实施创新驱动发展战略，推动能源领域科技创新，坚决破除不合时宜的思想观念和体制机制弊端，加快转换动力引擎，以科技创新驱动能源事业高质量发展，担当能源技术革命的驱动者。

3.7.2 必要性

3.7.2.1 全球现有能源治理机制失效

现有的能源治理机制在维护市场公平、稳定供需等方面无法满足时代要求。第一，当前能源治理机制无法很好地协调能源生产和能源消费变化，不能代表全体能源生产国和能源消费国的共同利益，缺乏对话协调机制，以石油输出国组织（OPEC）为代表的能源出口国和以 IEA 为代表的能源消费国站在各自立场上，相互对立。2020 年，新冠疫情暴发以来，多国相继封锁交通，对石油需求造成巨大冲击，在供过于求的背景下，俄罗斯和 OPEC 在石油减产方面无法达成一致，国际油价跌至三年来最低。随后，沙特阿拉伯和俄罗斯打响新一轮石油价格战。由此可见，当前的能源治理机制无法很好地协调生产和消费之间的关系，导致各国独立行动，造成石油价格波动剧烈，严重影响全球经济发展。第二，目前，尚未有专门的全球能源治理机制。以联合国为例，联合国框架下有 WTO、联合国安全理事会（United Nations Security Council，UNSC）以及 IMF 等全球组织，但是，没有专门的全球能源治理组织。第三，现有全球能源治理机制不能适应可持续发展以及数字经济时代能源互联网的新格局。当前，国际能源治理机制不重视环境保护，无法实现可持续发展，同时，因过分重视安全

---

① 全国能源信息平台. 国网下半年将要完成全年其余 63.4% 的投资 特高压成 2020 年投资重地 [EB/OL]. https：//baijiahao. baidu. com/s？id = 1673527509118144530&wfr = spider&for = pc.

问题，也无法适应数字经济时代能源互联网带来的能源形式、存储方式、生产模式和分享机制的变革。

3.7.2.2　数字技术推动能源使用变化

以互联网为主的数字技术在传统能源领域应用，推动能源产业与数字技术不断融合，驱动能源产业的数字化转型，为全球能源体制变革提供了可能。随着 IoT 技术、5G 技术、大数据科学等通用技术的蓬勃发展，限制能源互联网的瓶颈正在被逐一打破。在智能家居、智能电网等领域的标准和规范促进前沿技术广泛应用于能源互联网。随着数字化浪潮，能源和资源得以智能化分配，效率得到空前提升，能耗成本大幅下降。这催生了智慧能源的诞生，智慧能源是指，数字技术在能源开发、能源生产等各环节的应用提升了传统能源和新生能源的集约化效率，包括分布式能源网络、分布式智能微电网、智能化能源监测和共享服务、能源大数据分析、能源交易服务等。

3.7.3　可能性

3.7.3.1　"一带一路"倡议为全球能源治理提供重要机遇

能源合作是"一带一路"倡议取得成果最显著的领域，油气合作的上中下游全产业链呈现同步发展的良好态势，清洁能源和新能源开发方兴未艾，初步形成"一带一路"共建国家能源产业布局。2017 年 5 月中国发布《推动"一带一路"能源合作愿景与行动》后，合作机制签署能源合作文件百余份，与十多个国家（地区）对接能源合作规划，中国—阿盟、中国—非盟和中国—中东欧三大能源合作中心稳步发展。在 2018 年 10 月举办的"一带一路"能源部长会议和国际能源变革论坛期间，中国、土耳其、阿尔及利亚、阿塞拜疆、马耳他、老挝、缅甸、巴基斯坦等 18 个国家共同发布《共建"一带一路"能源合作伙伴关系部长联合宣言》，2019 年 4 月，"一带一路"能源合作伙伴关系正式成立。在此背景下，"一带一路"能源合作不断加深，为数字经济时代中国推动全球能源治理机制变革提供了可能。

3.7.3.2　中国能源话语权的提高为全球能源治理提供基础和条件

中国积极构建多边能源合作机制，变革能源消费、能源生产等领域的格局，不断提升能源技术，提高在全球能源领域的话语权，为中国推动数字经济时代全球能源治理机制变革打下基础。中国不断与各国加强油气合作，提高了全球油气安全保障能力。例如，通过投资中巴经济走廊能源电力项目，加强多个"一带一路"共建国家的能源电力合作，拓展了合作广度和合作深度。同时，中国核电项目被各国接纳，成为中国新能源发展方面的亮丽名片。此外，通过与国际组织的合作和"一带一路"倡议提升了中国在能源领域的话语权，目前，中国已经成功举办了包括 G20 能源部长会议、金砖国家能源部长会议以及 APEC 能源部长会议等多个部长级会议和部长级论坛在内的全球能源治理会议，同时，中国通过"一带一路"倡议，不断倡导建立能源合作伙伴关系，提升了中国在国际能源舞台的影响力。由此可见，在全球能源领域话语权的迅速崛起，为中国推动数字经济时代全球能源治理机制变革提供了基础和条件。

3.8　数字经济时代与传统经济时代中国参与全球经济治理角色定位的比较

3.8.1　从全球经济治理机制的参与者到变革者

中国加入 WTO 后，积极履行入世谈判中的承诺，逐步开放国内货物贸易市场和服务贸易市场，顺应经济全球化趋势，积极推动贸易便利化，坚持平等互惠、共同发展的对外政策。根据国际经贸活动往来的需求，中国不断研究和修订相应的国内管理体制和法律法规，逐步形成满足市场经济体制要求和 WTO 原则的国内法律规则体系，为接轨高标准国际经贸规则和全面参与全球经济治理做了充分准备。在联合国、国际货币基金组织等国际机构的重要会议上，中国踊跃表明观点和立场，并代表发展中国家和不发达国家发声；在参与 WTO 争端过程中，中国灵活运用在上一阶段积累的国际法律知识储备，切实维护自身利益，是全球经济治理机制的参与者。

在数字经济蓬勃发展的同时，社会多样化的不断发展以及全球性议题的不断出现使得全球经济治理问题变得越来越重要，引起世界各国以及国际组织的广泛关注。单边主义、贸易保护主义重新抬头，地缘政治分歧严重，气候治理和能源治理难以达成共识，金融体制、投资体制亟须完善等问题使得全球经济治理面临严峻挑战。数字经济时代会带来新模式、新业态、新场景和新体制，对生产方式、生活方式的变革产生重大影响。在这种背景下，原有的在金融、贸易、投资、能源等方面的冲突将继续存在，且数字经济新元素的注入可能导致旧矛盾升级，同时，还会在数据流动、网络安全、贸易规则等多方面衍生新的矛盾。

数字经济时代，中国逐渐崛起，成为全球第一大新兴经济体、世界第二经济大国、数字经济第二大国和数字贸易第一大国，中国国际地位显著提升。在此过程中，中国肩负起推动世界经济尤其是数字经济发展的重任。

中国作为全球经济治理机制的变革者，一方面，要肯定当前全球治理机制对全球经济的贡献；另一方面，在当前全球治理机制与全球发展不匹配时，要循序渐进地修改体系中不公平、不合理的部分，最终达到推动全球经济治理机制变革的目的。

数字经济时代为中国推动全球经济治理机制变革提供了历史契机，作为全球经济治理机制的变革者，中国可以在三方面付出努力：第一，引领经济开放与全球化。党的十九大报告指出，推动形成全面开放新格局。[1] 中国开放的大门不会关闭，只会越开越大。要以"一带一路"建设为重点，坚持"引进来"和"走出去"并重，遵循"共商共建共享"原则，加强创新能力开放合作，形成陆海内外联动、东西双向互济的开放格局。[2] 第二，进一步维护本国以及发展中国家利益。在数字经济时代，中国要帮助发展中国家保持经济增长尤其是数字经济增长，保持和增大对发展中国家的援助，提高发展中国家在国际金融组织中的代表性和发言权。第三，推动建设公平、合理的国际体制。在全球新旧秩序、新旧格局转换之际，中国要在全球经济治理舞台上重新确立历史方向，重新寻找历史契机和发展动力。中国不断为全球经济治理贡献中国智慧和中国方案，推动建立崭新的公平、合理的全球经济治理机制，"一带一路"倡议、金砖国家新开发银行、亚洲基础设施投资银行等都是中国主动承担国际责任、构建人类命运共同体的生动实践。

3.8.2 从全球经济治理理念的融入者到引领者

全球经济治理体系变革，离不开价值理念的引领。20 世纪，由西方发达国

---

[1][2] 新华社．习近平：决胜全面建成小康社会 夺取新时代中国特色社会主义伟大胜利——在中国共产党第十九次全国代表大会上的报告［EB/OL］．https：//www.gov.cn/zhuanti/2017 – 10/27/content_5234876.htm。

家主导的 G8、IBRD、IMF 等组织在进行全球经济治理过程中都以发达国家的利益为基本理念，少数大国拥有更多话语权，更有利于发达国家的垄断资本在全球的配置，忽视发展中国家和新兴市场经济体的利益诉求。如今，中国不断传递平等互利和开放包容的理念，在这种经济治理理念下，发展中国家和发达国家有平等的参与机会。这是中国在全球经济制度重建中的重要尝试，为世界提供了新型全球经济治理机制。

"共商共建共享"以中国的发展实践和世界经济全球化发展趋势为依据，以国际上一切主张经济全球化的国家、社会力量和人民群众的内心期盼为回应，清晰地勾勒了其时代特征、价值目标和实现路径。中国应该不断践行全球经济治理新理念，以结构改革和结构创新为导向，强化世界经济增长的内生动力，推动多边经济一体化和区域经济一体化合作，积极推动全方位互联互通合作，实现联动发展。同时，中国应立足数字经济时代，以中国数字经济发展和数字经济治理为经验，不断提出并丰富中国全球经济治理理念，成为全球经济治理机制变革的理念引领者。

3.8.3 从全球经济治理体系的学习者到贡献者

数字经济时代，中国作为负责任的大国，不断为全球经济治理体系注入新活力，贡献新方案。在 2016 年召开的 G20 杭州峰会上，中国首次在 G20 议程中引入贸易与投资议题，旨在为全球贸易和投资创造一个更开放的环境，并为此制定了《全球投资指导原则》，这些原则为成员国之间的投资合作提供了指导。此外，为了逆转全球金融危机带来的全球贸易预势，G20 杭州峰会还发布了《G20 全球贸易增长战略》。在运行机制创新方面，G20 杭州峰会出台了《G20 落实 2030 可持续发展议程行动计划》，这一计划对基础设施、农业、人力资源、金融等领域的可持续发展作出了宏观安排，进一步发挥了 G20 在全球经济治理中的实质性作用，体现了中国在全球经济治理体系中的贡献者角色。

有效的全球经济治理，需要切实可行的方案推进其实施。中国在参与全球经济治理改革进程中，不断为国际社会贡献中国方案，展现出中国的大国担当，获得国际社会的一致认可。首先，中国可以通过金砖机制，不断贡献中国方案。中国推进金砖机制合作模式的制度创新，通过"机制+跨区域成员国"的实践路径，密切新兴市场国家与发展中国家的合作，夯实金砖国家作为新兴市场国家的集体身份认同，使金砖国家合作机制真正成为具有全球影响力的国际机制。在数字经济时代，中国可以不断发扬金砖合作机制中开放包容的金砖精神，努力做大世界经济的蛋糕，确保权利共享、责任共担。其次，中国可以通过亚洲基础设施投资银行不断贡献中国方案。2016 年 1 月 16 日，亚洲基础设施投资银行正式开业，这是全球首个由中国倡议设立的多边金融机构。在数字经济时代，中国应该谨慎、乐观地应对全球经济形势变化对亚洲基础设施投资银行带来的严峻挑战，不断推动亚洲基础设施投资银行与各国、国际组织在各领域的深度合作，贡献中国方案。最后，中国可以为"一带一路"倡议贡献中国方案。"一带一路"建设坚持"共商共建共享"原则，采取多边主义路径，体现了新兴经济体和发展中国家维护经济全球化发展趋势的努力，打造了开放共赢的合作模式、公正平等的治理模式、平衡普惠的发展模式、多轮驱动的增长模式。"一带一路"倡议为包括中国在内的发展中国家参与全球经济治理和推动国际经济体系变革提供了重要平台。数字经济时代下，中国可以不断为构建开放型世界经济，维护经济全球化，加强政策沟通、道路联通、贸易畅通、货币流通、民心相通，秉持"共商共建共享"原则，参与全球开放合作，改善全球经济治理体系，促进全球共同繁荣，推动构建人类命运共同体贡献中国方案。

3.9　本章小结

数字经济时代，中国在推动全球经济治理机制变革进程中扮演什么角色，不仅是世界高度关注的问题，而且，是中国深刻参与和引领全球经济治理面临的一项重要任务。本章从中国参与全球经济治理的现实条件以及中国在贸易、投资、金融、能源和发展五方面的角色要求和角色比较，深度解析了数字经济时代中国在全球经济治理机制变革中的角色定位。

3.2 节从数字技术、数字贸易、数字金融、数字文化、数字政务和数字安全六个视角，研判数字经济时代中国参与全球经济治理的现实条件。3.3 ~ 3.7 节探讨了数字经济时代中国在全球经济治理变革中的五个角色，即全球发展治理机制变革的推动者、全球贸易治理机制变革的贡献者、全球投资治理机制变革的践行者、全球金融治理机制变革的探索者和全球能源治理机制变革的倡议者。

3.8 节比较了数字经济时代与传统经济时代中国参与全球经济治理的角色定位，即从全球经济治理机制的参与者到变革者，从学习者到引领者，从融入者到贡献者。在机制变革者方面，中国可以引领经济开放与全球化，维护本国以及发展中国家利益，建设并推动公平的国际体制变革；在理念引领者方面，中国可以不断践行全球经济治理的新理念，不断提出和丰富中国全球经济治理的理念，担当全球经济治理机制变革的理念引领者；在体系贡献者方面，中国可以通过金砖机制不断贡献中国方案，通过亚洲基础设施投资银行不断贡献中国方案，助力普惠共赢的全球经济治理体系的构建。

4

数字经济时代中国推动全球经济治理机制变革的机遇与挑战

4.1 问题的提出

  数字经济时代全球经济治理机制变革，是对全球范围内数字技术、数字贸易、数字金融、数字文化、数字政务、数字安全等机制的变革，也是对世界经济格局重构的需要。数字经济时代，在全球经济治理机制变革中，中国不再是被动的接受者和追随者，而是以更加主动的姿态参与全球经济治理，成为变革的推动者、贡献者、践行者、探索者和倡议者。改革开放 40 余年来，中国综合实力显著提高，表现在经济基础不断夯实、开放型新体制优势愈发凸显、中华文化的国际影响日益深远、新一代数字化技术持续领先、公共物品供给能力不断提升等方面。与此同时，外部环境也发生了巨大变化，体现在世界经济秩序发生重大转变、新兴国家国际地位逐步提升、全球价值观多元化趋势加强、数字技术水平革新日益加快、全球公共物品需求持续增长等方面。

  步入数字经济时代，应重新审视中国参与全球经济治理的外部环境。西方发达国家为了维持主导地位，对全球经济治理机制变革会设置重重阻碍。西方发达国家并不是简单的守成者，它们试图构建符合自身利益的新的全球经济治理机制，层层渗透自身的市场利益和价值观念。广大发展中国家和新兴市场国家出于稳定国内经济以及和平发展的考虑，希望能够保持全球经济治理机制的相对稳定性。保守主义与变革主义并存的两重性，使全球经济治理机制变革的外部环境呈现多样性、复杂性和长期性。全球经济治理正面临新旧动能转换以及规则竞争加剧等严峻局面，需要确立新的方向，凝聚新的动力。作为全球经济治理变革的重要参与主体，中国需要在全球经济治理舞台上确立新的方向，寻找新的机遇，凝聚新的动力。

数字经济时代对以中国为代表的广大发展中国家来说，是机遇与挑战并存的时代。发展中国家想要转变在全球经济治理机制变革中的角色和定位，就要高瞻远瞩，谨慎思考如何应对机遇和挑战，使参与全球经济治理机制变革的路途更加顺畅，应正确看待中国参与全球经济治理机制变革的机遇和挑战，两者相互区别，但又相互联系。机遇中包含着挑战，挑战中隐藏着机遇。

厘清机遇和挑战后，中国需要把握在全球经济治理体系中的战略定位，应持有大局观，不能片面部署战略重点和战略目标。作为发展中国家的代表，中国应妥善处理全球经济治理机制变革中的诸多事宜，为其他发展中国家作出表率。中国应对机遇和挑战的路径和举措，也将为广大发展中国家指明发展和改革的正确方向，为其提供重要的经验参考。①

4.2 数字经济时代中国推动全球经济治理机制变革的外部环境

4.2.1 经济环境：世界经济秩序发生重大转变

2008 年，全球金融危机揭露了世界经济存在的诸多问题和挑战，同时，暗示了开展全球经济治理机制变革面临的严峻挑战。受多重因素的影响，世界经济秩序正在发生重大转变。过去，世界经济增长主要由北美、西欧和东亚三大地区贡献，而其他地区对世界经济增长的贡献较为有限。北美、西欧和东亚之间存在巨大的空白市场，地区之间的经济联系较少且联系方式单一，地区之间的经济发展差异较大。自"一带一路"倡议提出以后，世界经济秩序发生了转变，但是，旧的不平衡的世界经济秩序尚未得到根本性改变。西方大国主导的

---

① 本章精炼后的主要观点参见：马述忠，郭雪瑶. 数字经济时代中国推动全球经济治理机制变革的机遇与挑战 [J]. 东南大学学报（哲学社会科学版），2021，23（1）：77 – 89，147.

全球经济治理机制仍然存在，全球南北发展失衡问题尚未解决，公正、合理的国际经济新秩序亟待建立。数字经济时代将加速世界经济秩序调整重塑，也将改变全球经济治理的现有格局，发达国家和发展中国家合作共同参与世界经济的新态势正在形成。

4.2.1.1　世界主要经济体力量对比发生变化

2010 年，中国 GDP 总量超越日本成为世界第二大经济体，与世界第一大经济体美国的差距也在逐渐缩小，这标志着全球主要经济体力量对比发生了巨大变化。世界银行、国际货币基金组织（IMF）等国际组织对全球经济变化趋势进行了预测，形成的初步共识是，中国将在 2030 年超越美国成为世界第一大经济体；印度将在 2050 年超过美国，成为世界第二大经济体。虽然学界对购买力平价指数的经济学意义存在争议，但其对分析世界经济局势仍有参考意义。多个世界机构和国际组织的报告中指出，早在 2014 年，中国以购买力平价指数计算的经济规模已经超过美国。此外，欧盟的未来经济走向将存在较大不确定性。21 世纪初，欧盟作为区域经济一体化的代表，展现了共同市场组织在经济总量、贸易总量、市场规模等方面的优势，经济实力大大提升。但 2008 年金融危机、难民问题、英国脱欧、新冠疫情等问题和事件阻碍了欧盟内部的一体化进程。未来，欧盟能否成为与中国、美国和印度并驾齐驱的世界前四大经济体，仍是未知数。

4.2.1.2　新兴经济体势力相继崛起

除了主要经济体之间经济实力的变化外，新兴市场经济体的经济增长也是不容忽视的。数字经济时代，世界经济利益攸关方数量将大大增加，新兴经济体对世界 GDP 的贡献将持续加大。伴随新兴经济体势力的增长，全球经济治理体系的格局也将重塑。2019 年世界银行报告指出，到 2030 年，中国、美国、印度、日本、德国将成为世界前五大经济体。[①] 俄罗斯、巴西、土耳其、印度尼西亚、墨西哥、巴基斯坦等新兴市场经济体的排名将显著提升。届时，在全球前十大经济体中，新兴市场经济体将占据较大比重。对全球经济格局的影响不容忽视，这将改变传统的欧美发达国家主导的世界经济秩序。

新兴市场经济体经济实力的上升对世界经济秩序是可喜的变化，但也应该

---

① 世界银行发布的《全球经济展望 2019》。

认清当前新兴经济体还存在较多问题，如内部经济增速放缓、内部存在分化。数字经济时代，新兴市场经济体参与全球经济治理机制变革面临优势与劣势并存的局面。新兴市场经济体发展面临的不确定性，具体表现在以下两方面。

一是新兴经济体内改革受阻。例如，2018 年，越南经济增速远低于预期，国内经济改革陷入困境；自 2014 年大宗商品超级周期结束以来，巴西经济持续低迷，加上国内政局动荡，逆工业化趋势显现。

二是新兴经济体工业化进程受阻。数字经济时代，数字技术层出不穷，5G、人工智能、工业互联网、VR、物联网等新兴技术发展迅猛，催生了新兴产品、新兴业态和新兴产业，并不断加速传统产业的革命性变化。但新一代科技革命对各国掌握新型数字技术和适应新型产业模式提出了更高要求，为工业化进程尚未结束的发展中国家增添了难度。数字经济时代，以集约化、信息化、智能化、精确化、个性化、生态化为特征的生产组织方式将取代现有的以劳动密集、资本集约、生产标准化为特征的生产组织方式，对新兴市场国家参与国际分工提出新的挑战。对于工业化尚未成熟的新兴经济体，开展新一代科技革命蕴含着巨大的不确定性。数字经济时代对新兴经济体是一次巨大的考验，新兴经济体能否弥合数字鸿沟，抓住数字经济的翅膀，实现经济腾飞，目前尚无定数。

4.2.2　政治环境：新兴市场国家地位逐步提升

数字经济时代，随着新兴市场国家的迅速崛起，其国际影响力不断增强，国际话语权和国际地位随之提升，这深刻改变了国际政治力量对比。新兴市场国家国际地位的提升，主要体现在以下两个方面。

4.2.2.1　新兴市场国家在国家竞争力和发展环境等方面全方位提升

在世界政治舞台上，新兴市场国家已经是一支不容忽视的重要力量。新兴市场国家国际政治地位提升的底气，来自其在国家竞争力、数字经济、发展环境等方面整体实力的提升。第一，国家竞争力提升。由瑞士达沃斯世界经济论坛定期发布的用于衡量一国中长期经济增长能力的综合评价指标，即全球竞争力指数（GCI）可以看出，新兴市场国家的国家竞争力在不断提升。《2011 ~ 2012 年全球竞争力报告》指出，在新兴市场国家中，马来西亚、韩国、中国、智利以及捷克名列前茅，除中国外，其他金砖国家的排名位于 50 ~ 94 位（在

142 个参评国家中）。① 与 2010 年相比，新兴市场国家的整体竞争力排名有所上升，其中，墨西哥、巴西和中国上升速度较快。第二，数字经济发展潜力大。浙江大学发布的《世界与中国数字贸易发展蓝皮书（2018）》中对全球主要国家的数字贸易发展水平进行了测算，发现新兴市场国家经济体量较大，未来发展数字经济的前景广阔。② 在经济实力上升的同时，新兴市场国家的政治影响力也在逐步上升。第三，国内发展环境不断完善。吸取发达国家先污染、后治理的教训，改善国内发展环境，走上绿色发展道路，对新兴市场国家尤为关键。近年来，新兴市场国家开始意识到发展经济和保护环境并非水火不容，相反，两者可以兼得。新兴市场国家在不断改善国内的经济发展环境，力图实现经济发展与环境保护双赢，走上数字绿色发展道路。

4.2.2.2 新兴市场国家在全球经济治理机制变革中发挥着重要作用

新兴市场国家既是全球化进程的重要参与者，又在国际体系权力转移中扮演着重要角色，在发达国家经济低迷和全球公共物品紧缺的国际背景下，实力不断增强的新兴市场国家展现了巨大优势，有意愿也有能力参与全球经济治理机制变革，改革现有国际机制弊端，提升新兴市场国家的代表性和发言权。在全球经济治理领域，新兴市场国家与发达国家在国际地位和全球经济治理能力上的差距正在缩小。这种变化有利于加大更多新兴市场国家参与全球经济治理机制变革的意愿，有利于降低融入全球经济的成本和风险，从而推动全球经济治理机制变革。

作为国际政治的重要参与者，金砖国家将在全球经济治理机制变革中发挥重要作用。金砖国家是在金融危机后形成的多边组织，包括巴西（Brazil）、俄罗斯（Russia）、印度（India）、中国（China）和南非（South Africa）。预计到 2030 年，金砖国家在全球经济治理机制变革中的地位将与西方大国达到相对均衡。当前，全球经济治理机制变革进入转型重塑的关键时期，新的全球经济治理机制正由旧的西方国家治理机制向新的新兴市场国家与西方国家共同治理机制转变，这对金砖国家来说是重要的历史契机，有助于使金砖五国成为助推全

---

① 世界经济论坛发布的《2011~2012 年全球竞争力报告》。

② 马述忠，房超，郭继文. 世界与中国数字贸易发展蓝皮书（2018）［R/OL］. http：//www. zjskw. gov. cn/u/cms/www/201809/29142313hdlq. pdf.

球经济治理机制变革的主力。应当注意的是，全球经济治理机制推陈出新的过程困难而艰巨，必将面临不同维度的困难和挑战。

4.2.3 文化环境：全球价值观多元化趋势加强

在推进全球化进程中，各国之间的经济联系不断紧密，不同国家（地区）间的文化交流随之加深，不同文化之间的相互交融、相互影响和相互渗透也在加深。在数字经济时代，多元文化搭载数字传媒的火箭，将在交流和互动中进一步产生碰撞、冲突和融合，作为文化核心内容的全球价值观的多元化趋势将进一步加强。数字经济时代，全球价值观多元化趋势加强主要有以下两方面原因。

4.2.3.1 价值主体更加多元

全球价值主体多元化，决定了全球价值观念的多元化。在数字经济时代，更多国家有机会向世界展示独特的民族文化，全球文化主体不断增多，多元文化主体的价值观念随之多元化。全球价值观存在于全球文化主体之中，一个国家的价值观会附着于经济交流活动、文化产品等传递出去，使全球文化环境呈现出百花齐放的姿态，推动社会进步。

随着全球多元价值观的发展，全球经济治理理念将呈现出多元化趋势。传统以发达国家为主导的自由主义治理理念，将受到新的价值观和治理理念的挑战和冲击。虽然以新兴市场国家为代表的多元治理理念尚未成为国际价值观念的主流文化，但其多元治理理念日益受到国际社会关注，引起广泛而激烈的讨论。

4.2.3.2 文化传播更加多样

数字经济时代，在数字技术的运用下文化传播将呈现出新模式、新载体，全球文化和价值观将以前所未有的速度和态势传播至全球各个角落，各国也必须摒弃文化闭塞的心态，以包容的心态迎接多元的文化和价值观。

文化传播呈现新模式和新载体体现在以下三个方面。

一是新一代数字技术有助于更好地提炼文化精神。蕴藏于各国、各民族价值观中的文化精神具有巨大的能量和潜力，是取之不尽、用之不竭的宝藏。数字技术能够帮助深入挖掘文化精神，使民族精神与时代精神相融合，并将多元文化精神附加在全球文化消费品和国际旅游市场中，使之呈现出独特的具有代表性的文化。

二是新一代数字技术能推动价值观融合发展。数字经济将催生无穷的文化产品，为价值观多元化发展提供广泛的市场需求。此外，智能图像识别、3D 扫描以及网络爬虫等数字技术能够从特定区域、特定时点中识别和提炼代表性价值观，进而推动价值观融合发展，使之具有时代性、独特性的双重属性，为全球文化市场创造符合数字时代特色的文化产品供给。

三是数字经济时代多元价值观文化产品的附加值得到开发和拓展。数字经济时代，以数字技术为支撑，对价值观文化的知识产权进行开发和估值，不断挖掘多元文化背后的价值，提升文化产品附加值。

4.2.4　技术环境：数字技术水平革新日益加快

互联网、云计算、大数据、区块链、虚拟现实等技术，成为数字经济时代的重要因素，数字经济的发展与前沿技术进步紧密相关。数据存储、数据处理和数据传输的容量激增，使用成本大幅降低，进一步使得日益融合的技术飞速发展。当前，数字化技术水平革新速度日益加快，我们以 5G、人工智能、工业互联网和物联网为例加以说明。

4.2.4.1　5G

5G（5th Generation）是指，第五代移动通信标准（或称第五代移动通信技术），是在 4G 基础上的延伸。各个国家都在数字化战略中将 5G 作为优先发展领域以塑造新的竞争优势，代表性国家有美国、俄罗斯、中国、日本等。中国作为 5G 的重要推动方，2013 年成立了"IMT – 2020 推进组"，国内 5G 也在此背景下飞速发展。此后，中国在 5G 应用场景开拓，标准建立、业态覆盖等方面取得了诸多领先。2016 年 7 月，欧盟发布了《欧盟 5G 宣言——促进欧洲及时部署第五代移动通信网络》，将发展 5G 作为构建"单一数字市场"的关键举措，并在此基础上确立了 5G 发展路线图。欧盟电信委员会的成员国代表表示，到 2025 年将在欧洲各城市推出 5G。

4.2.4.2　人工智能

人工智能（artificial intelligence，AI）是计算机学科的一个分支，是在计算机、数学、控制论、信息论、心理学等多种学科相互综合、相互渗透的基础上发展起来的综合性前沿性学科，于 1956 年由麦卡锡在达特茅斯（Dartmouth）

学会上正式提出。人类处于人工智能发展的第三个高潮时期，在此阶段，人工智能算法大幅改进，计算能力和计算条件得到显著跃升。进入 21 世纪后，基于神经网络的深度学习算法取得极大进展。此外，遗传算法、模糊逻辑算法和群体算法开始大规模实践。随着数字经济的发展，海量数据为人工智能发展奠定了基础。目前，人工智能技术已经广泛运用到智能搜索、生活预测、语音识别、图像识别、人机交互等生活的方方面面。

4.2.4.3　工业互联网

互联网与新工业革命处于历史交汇时期，互联网从消费领域走向生产领域、从虚拟经济向实体经济快速延伸，工业经济向数字化、网络化、智能化加速发展，工业互联网正不断推动数字经济与实体经济融合发展，革命性地改变了工业未来的发展方向。全球工业互联网发展，呈现出两极多元的总体格局。一方面，美国主导的国际工业互联网联盟（IIC）已经成长为全球重要的工业互联网组织；另一方面，德国将工业互联网作为工业 4.0 的重要抓手。日本、印度、法国、韩国等国家陆续加入工业互联网的建设队伍。但目前，主要国家的工业互联网技术仍处于起步阶段，未来还有很大的进步空间。

4.2.4.4　物联网

物联网（internet of things，IOT）是指，将信息传感设备与互联网有效结合的网络，旨在实现物物相连。其中，信息传感设备包括，红外线感应器、激光扫描、全球定位系统、射频识别装置等。物联网是继计算机、互联网、移动通信之后世界信息产业发展的第三次浪潮。与互联网连接虚拟网络不同，物联网连接的是物理的、真实的网络，强调万物互联。各国政府都很重视物联网领域的研发，美国、日本等都投入了大量资金研究物联网，中国政府也十分重视物联网建设。全球物联网产业规模持续增长，推动了企业数字化转型，促成了新业务变革，创造了新业务内容。例如，共享单车、共享充电宝、共享按摩椅等。不少互联网企业，纷纷将视角瞄准物联网领域。

4.2.5　资源环境：全球公共物品需求持续增长

数字经济时代，经济全球化展现了其拉动世界经济增长的优势，但也暴露了其加剧国际竞争及加大跨国风险传播的弊端。一旦出现国际危机，全球紧密相连的工业将受到冲击。但目前解决国际危机的全球性机制仍未建立，全球经济治理机制仍需完善。面对日益复杂的全球化问题，解决国际社会问题的成本将大大提高，全球公共物品的需求也将持续增长。全球公共物品供给问题与需求问题是经济全球化的产物，与此相关的问题，如世界和平、全球气候合作、国际金融市场监管，已经成为该领域的热点议题。

全球公共物品是指，具有跨境外部性的商品、资源、服务、规章体制和政策体制。数字经济时代，人口跨境流动进一步推动国际贸易和国际投资不断增长，对国际法律制度、国际公共基础设施、国际公共安全、国际经济秩序和动植物疾病防治等全球公共物品的需求不断上升。但当前全球公共物品供给难以满足持续上升的全球公共物品需求，面临供需结构失衡、区域分布不均匀等问题，尤其体现在发展中国家的全球公共物品供应能力不足。因此，满足持续增长的全球公共物品需求，提升全球公共物品供给能力尤为关键。

数字经济时代，新兴市场国家与发达国家之间的力量对比将影响和改变全球公共物品的供需结构。新兴市场国家在全球公共物品供给中的角色、地位尚未有定论，新旧力量在全球公共物品供给中的博弈和争斗将长期存在，全球公共物品供给不满足需求的问题也将更加突出。

4.3　数字经济时代中国推动全球经济治理机制变革的内在条件

4.3.1　经济条件：经济大国实力基础不断夯实

随着经济实力的提升，中国在世界经济体系中占据重要位置，成为拉动世界经济增长的重要引擎和全球经济治理机制变革的主要推动者。改革开放以来，中国持续40多年实现经济高速增长。根据世界银行的划分标准，中国已成为中高等收入国家，经济发展也进入新阶段。目前，中国已成为世界经济第二大国、外汇储备第一大国、使用外资第二大国、科研人员第一大国、货物贸易第一大国、服务贸易第二大国。经济基础给予了中国实现持续健康发展、应对各种国际风险和挑战、参与全球经济治理机制变革的实力和底气。

中国经济实力基础不断夯实，主要体现在以下三个方面。

4.3.1.1　经济总量不断增长

中国具备经济大国的规模特征。经济规模是衡量经济强国的重要指标之一，根据国家统计局公布的数据，2022 年，中国 GDP 总量超过 120 万亿元①，中国经济保持平稳增长，展现出极大的韧性。中国人均 GDP 与高收入国家的差距在不断缩小，且突破了 1 万美元大关。中华人民共和国成立初期，经济基础薄弱，经济总量较小，1952 年，中国 GDP 总量为 679 亿美元。改革开放后，中国经济发展突飞猛进，1986 年 GDP 总量突破 1 万亿元，并在 21 世纪初突破 10 万亿元。党的十八届三中全会以来，GDP 总量在 5 年内连续突破 70 万亿元、80 万亿元、90 万亿元，2022 年已突破 120 万亿元。②

4.3.1.2　经济结构不断优化

中国具备经济大国的产业特征。以劳动力的农业就业比重衡量的农业现代化水平，是分析、评估一个国家经济结构的重要指标。中国的农业就业者所占比重不断下降，第一产业投资增速明显慢于第二产业、第三产业，第一产业所占比重相较于第二产业、第三产业明显降低。2022 年，第一产业增加值占国内生产总值比重为 7.3%，第二产业增加值占国内生产总值比重为 39.9%，第三产业增加值占国内生产总值比重为 52.8%。③ 这表明，中国经济结构和产业结构正在不断优化，消费对国内经济的贡献程度大幅提升。2022 年，新产业、新业态、新模式较快成长。全年规模以上工业中，高技术制造业增加值比 2021 年增长 7.4%，占规模以上工业增加值的比重为 15.5%；装备制造业增加值增长 5.6%，占规模以上工业增加值的比重为 31.8%。2022 年全年电子商务交易额为 438299 亿元，按可比口径计算，比 2021 年增长 3.5%，全年网上零售额为 137853 亿元，按可比口径计算，比 2021 年增长 4.0%。

中国在经济总量、经济结构上，已经具备一个经济大国的特征，但应当认识到，中国经济目前面临增速换挡、新旧动能转化、产业结构调整等多重机遇和挑战。中国应当在发挥经济大国优势的基础上认清不足。中国虽然是全球制造业中心，但是，在科技创新、科技成果转化率方面与发达国家仍有差距，面临发达国家核心技术封锁和发展中国家低价竞争的挑战，在参与全球经济治理机制变革时，需要不断改善经济条件，保持经济实力与战略意愿的平衡和协调，在坚持国内稳步发展的基础上履行国际义务，防止过度透支资源。

---

① ②　国家统计局官网（https：//www.stats.gov.cn/）。
③　《中华人民共和国 2022 年国民经济和社会发展统计公报》。

4.3.2 政治条件：开放型新体制优势愈发凸显

中国关于建设开放型经济新体制的规划与联合国《2030 年可持续发展议程》一脉相承，体现了中国正主动通过国内政策改革推动形成全球发展共识。

4.3.2.1 中国开放型经济新体制的理解

第一，新内涵。

开放型经济新体制是指，一国（地区）参与国际分工与国际竞争过程中，维护要素、商品与服务在全球范围内有序流动和有序配置的制度性安排。开放型经济新体制的新内涵优势体现于：在提高开放型经济水平过程中，建立与经济全球化和全球经济治理机制变革相配套的法律体制、程序体制、管理体制、组织体制以及其他规章制度；建立能够适应后金融危机时代并能够培育参与和引领国际经济合作的体制机制；建立能够助推对内对外开放包容，促进国内国际要素有序流动，促进国内国际市场深度融合，实现资源高效配置的制度规章。

第二，新目标。

新目标可以概括为两方面：一方面，要构建适应数字经济时代外部环境变化的新体制。该目标优势体现在：其一，有利于构建更好地应对外部风险和外部危机的开放型经济新体制；其二，有利于构建适应中国推动全球经济治理机制变革的开放型经济新体制；其三，有利于构建适应中国参与全球贸易体制谈判的开放型经济新体制。另一方面，要构建适应数字经济时代内部环境变化的新体制。该目标的优势体现在：其一，有利于构建适应经济新常态、深化市场改革的开放型经济新体制；其二，有利于构建适应国际规制的国内改革开放的开放型经济新体制；其三，有利于构建适应对外开放、倒逼国内改革的开放型经济新体制。

第三，新思路。

党的十八届三中全会通过的《中共中央关于全面深化改革若干重大问题的决定》指出，上海自由贸易试验区建设是党中央在新形势下推进改革开放的重大举措，为全面深化改革和扩大开放探索新途径、积累新经验。① 建设上海自

---

① 文件详细内容见：https：//www. gov. cn/zhengce/2013 – 11/15/content_ 5407874. htm。

由贸易试验区是建立开放型经济新体制、新思路的重要体现。建立上海自由贸易试验区有利于创新对外开放的新体制和新规则，有利于以上海为中心辐射全国，形成可复制、可推广的建设经验，为中国新一轮扩大开放，推动全球经济治理机制变革提供经验参考，为中国参与国际贸易规则构建和推动全球经济治理机制变革积累先进经验。

4.3.2.2 中国开放型经济新体制的实践

为加快构建开放型经济新体制，中国在各大城市开展试验，从上海自由贸易试验区开始陆续在多个城市建立了自由贸易试验区，并且，在重点城市开展了服务业试点和服务贸易试点。

第一，建立自由贸易试验区。自 2013 年起，中国多批次建设自由贸易试验区，以构建与国际贸易相关规则匹配的开放型经济新体制。自由贸易试验区以制度创新为目标，基本要求是形成可复制、可推广的经验。上海自由贸易试验区为中国深度融入全球经济治理体系搭建了桥梁，将进一步通过制度创新实现更好的对外开放。天津自由贸易试验区以其临近北京市和河北省的地理位置优势，立足于京津冀协同发展，成为高水平自由贸易制度的创新试验田。广东省凭借其地理位置，与港澳地区有不可分割的联系，将进一步深化粤港澳大湾区经济合作，打造面向 21 世纪的"海上丝绸之路"的枢纽城市，继续释放改革开放的政策红利。

第二，构建开放型经济新体制综合试点。2016 年 5 月，中国在六大城市和六大区域建立了为期两年的开放型经济新体制综合试点，其中，六大城市包括：济南市、防城港市、唐山市、东莞市、南昌市、漳州市；六大区域包括上海浦东新区、大连金普新区、陕西西咸新区、重庆两江新区、苏州工业园区、武汉城市圈。建立开放型经济新体制综合试点，有利于通过试点城市和试点区域，探索和培育经济运行管理新模式、市场资源配置新机制、国际合作竞争新优势，进一步拓展中国对外开放的广度和深度，为开创中国全方位开放新局面打下坚实基础。自 2016 年建立开放型经济新体制试点以来，试点城市和试点区域发挥自身优势勇于探索和创新，在外贸发展、简政放权、协同开放、金融服务、投资合作、全方位开放六个方面实现了模式体系、举措办法和体制机制的创新变革，推动了地区的高质量发展。

4.3.3　文化条件：中华文化国际影响日益深远

中华文化是中华民族集体的智慧结晶，蕴含着中华民族在生产和生活中形成的世界观、人生观和价值观，是汇集中华民族各地域、各民族文化精髓而形成的文化，是中华民族实现民族复兴的重要精神力量。随着中华文化走向世界，中华文化的国际影响日益深远。

中华文化国际影响的提高，来自中华文化深厚的内涵。"礼"是中华文化的精髓，自古以来中国就是礼仪之邦，"礼"文化集聚了中华民族数千年来璀璨的文明，中华民族践行着"礼"的文化，并将"礼"传播至世界各地，深刻地影响了世界。中华民族创造了影响世界的四大发明，展现中华文化的四大雅戏，以及中华武术、民间工艺、世界上使用人数最多的语言——汉语、中医、传统节日、十二生肖等，都是中华民族的瑰宝。

当代中华文化在历史文化基础上更具时代特色，具有跨越时空、跨越国度的永恒魅力。当代中华文化熔铸于党领导人民在革命、建设、改革中所创造的革命文化和社会主义先进文化，集中体现在以马克思主义为指导的红船精神、井冈山精神、长征精神、延安精神、抗战精神、西柏坡精神、雷锋精神、大庆精神、焦裕禄精神、"两弹一星"精神、载人航天精神等。中华文化根植于当代中国特色社会主义建设的伟大实践，具有强大的生命力和影响力。

博大精深的中华优秀传统文化经历了历史的锤炼和洗礼，融合了时代精神，具有永恒的文化魅力，成为中国人在"修齐治平、尊时守位、知常达变、开物成务、建功立业"[①]过程中独特的精神标识。这种文化植根于中国特色社会主义伟大实践的沃土，具有强大的生命力，不断创造中国速度、中国效率、中国奇迹。例如，孔子学院走向世界各地，掀起了一股全球汉语热。

4.3.4　技术条件：新一代数字化技术持续领先

以大数据、云计算、5G、人工智能、物联网等为代表的数字技术的发展，预示着第四次工业革命的兴起。第四次工业革命是由信息技术扩散到三大产业

---

① 人民网. 在推进中国式现代化中建设中华民族现代文明［EB/OL］. 2023. https：//baijiahao. baidu. com/s？id = 1770543772362376739&wfr = spider&for = pc.

的变革。数字经济时代下的第四次工业革命以数字创新为重点，数据和信息成为产业革新的重要生产要素，数字技术改变了已有技术范式，重塑了产业生态体系。第四次工业革命是以产业数字化为特征的新一轮技术革新浪潮。虽然传统要素如初始资源禀赋、人力成本等对国家产业的发展具有重要作用，但数字技术作为一种新的生产要素可以赋能传统要素产业，革新传统产业发展态势，助推产业升级。在前三次工业革命中，中国处于追赶西方的状态，在数字经济时代，中国深刻地认识到把握第四次工业革命时机的重要性。党的十九大报告明确地指出："要建设网络强国、数字中国、智慧社会，推动互联网、大数据、人工智能和实体经济深度融合，发展数字经济、共享经济，培育新增长点、形成新动能。"①

4.3.4.1　中国重视新一代数字技术发展

数字技术是全球企业和各个国家研发投入最集中和应用最广泛的领域，数字技术能激发创新活力，赋能传统产业，在全球第四次工业革命浪潮中凸显巨大优势。新一代数字技术作为制造业和互联网深度融合发展的技术支持，受到中国政府的广泛重视。2015 年 7 月，国务院发布《关于积极推进"互联网＋"行动指导意见》，提及云计算、物联网等新一代数字技术。② 2016 年《国务院关于深化制造业与互联网融合发展的指导意见》中提及智能控制与感知、工业互联网、工业大数据和工业核心软件等新一代数字技术。③ 国务院印发的《"十三五"国家信息化规划》强调了自动控制与感知技术、智能服务平台、工业互联网、核心工业软硬件、工业云等数字技术对中国产业发展的重要性。④

中国在各个行业积极推进产业数字化进程，目前，在数字媒体、数字金融、数字娱乐和数字零售等领域已经实现了快速增长。云计算、物联网、5G 和人工智能技术已经应用在众多生活场景中，这些数字技术深入垂直产业，进入工业、农业、服务业等领域，大大优化了工业生产和农业生产，提高了服务业效率。

---

① 十九大报告全文见：https：//www. gov. cn/zhuanti/2017 – 10/27/content_ 5234876. htm。

② 国务院. 国务院关于积极推进"互联网＋"行动的指导意见［Z/OL］. https：//www. gov. cn/zhengceku/2015 – 07/04/content_ 10002. htm.

③ 国务院. 国务院关于深化制造业与互联网融合发展的指导意见［Z/OL］. https：//www. gov. cn/zhengce/content/2016 – 05/20/content_ 5075099. htm.

④ 国务院. 国务院关于印发"十三五"国家信息化规划的通知［Z/OL］. https：//www. gov. cn/zhengce/content/2016 – 12/27/content_ 5153411. htm.

高铁网络、移动支付、电子商务和共享经济等已经成为中国消费者的主流生活方式，引领世界潮流。数字技术不仅在推动智能产业发展、拓展智能生活方面发挥重要作用，也为中国创造了革新传统产业的新动能。快速崛起的新动能，重塑了中国经济增长格局，改变了中国的生产方式。但数字技术在工业领域和农业领域仍需进一步深化应用。数字经济时代，领先的数字技术将引领中国参与数字技术领域的全球经济治理。

4.3.4.2 中国新一代数字技术走向全球

中国市场涌现出一批优秀的互联网企业，并走在世界前沿。中国互联网企业发展大致分为三个阶段。第一阶段为 1994~2002 年的萌芽期，中国企业开始将互联网技术运用于日常工作，处于模仿和学习的初始阶段。这一阶段，涌现了新浪和搜狐等门户网站、以阿里巴巴为代表的线上交易平台，以百度和腾讯为代表的搜索引擎和社交媒体。该阶段中国的数字产业发展模式较为单一，大多为模仿和学习国外先进企业，较少有自身的技术优势和创新理念。第二阶段为 2003~2012 年的高速增长阶段。该阶段中国企业开始有自主创新意识，并且将数字产品本土化，将中国的本土情境融入数字技术和数字产品。中国互联网市场用户迅猛增长，消费者的消费方式和生活方式被互联网企业改变。以腾讯 QQ 为代表的社交媒体应用，成为互联网用户的主要通信方式。中国的互联网企业逐渐培育了消费者与企业产品深度融合的商业模式。第三阶段为 2013 年至今的成熟阶段，该阶段中国的互联网企业发展模式趋于成熟，不仅具有自主创新意识，而且拥有世界领先的商业模式和数字技术。以阿里巴巴、字节跳动、网易、腾讯为代表的互联网企业开始走向国际市场。以蚂蚁金服为代表的数字金融企业，进一步改变了消费者的金融交易方式。中国出现了以字节跳动为代表的互联网企业，在海内外运营了 20 多个互联网产品，成为全球知名的科技巨头。

中国领先的数字技术和数字经验走向世界，受到众多国家的欢迎。国际研究机构加特纳（Gartner）发布的 2020 年全球云计算（IaaS）市场追踪数据显示，阿里云排名全球第三、亚太第一，市场份额达 9.5%，超过谷歌的 6.1%。[1]

---

[1] 阿里云创新中心. Gartner：阿里云排名全球第三，市场份额五年上涨近三倍 [EB/OL]. 2021. https：//startup. aliyun. com/info/10555. html.

中国的新一代数字技术从消费互联网阶段走向产业互联网阶段，并与实体经济深度融合，在实践层面领跑全球。中国的高速铁路、移动支付、共享单车和网络购物，已经成为"新四大发明"。其中，移动支付、共享单车和网络购物是以云计算为底层技术的应用场景创新。这些云平台助力中国企业进入世界市场，快速实现本地投放和本地运营。在"一带一路"建设和"数字丝绸之路"建设中，中国不再是劳动力输出国，而是向世界输出领先的数字技术。中国数字技术的领先发展，将为中国推动全球经济治理机制变革创造重大的历史契机。

4.3.5　资源条件：公共物品供给能力不断提升

4.3.5.1　中国在全球公共物品市场中的地位发生变化

改革开放之初，中国逐步与国际接轨，国内建设需要国外资源和国外市场，中国对全球公共物品的需求增加，而对国际规则类的全球公共物品需求较少。伴随着对外贸易和对外投资的发展，中国对国际规则类全球公共物品的需求日益增大。与中国需求相对应的是，中国可以发挥大国担当，从国情出发，提供与自身资源和实力相匹配的全球公共物品供给。发达国家在全球经济平衡、知识产权保护、气候变化、市场开发等全球公共物品供给问题上对中国提出了更高要求和期待，但是，中国作为世界上最大发展中国家的国际地位没有变，外部对中国的认知和中国的实力仍然存在落差。全球经济治理作为一种公共物品，中国在全球经济治理机制变革中参与度更高，正在被加速推向国际事务的前台。2008 年全球金融危机爆发以来，全球公共物品的供给发生了巨大变化。一方面，随着新兴市场国家整体实力的提高，其在全球公共物品供给上发挥着重要作用；另一方面，随着数字经济时代的来临，基于市场规律的数字准全球公共物品出现，成为全球公共物品中高效的组成部分。作为崛起的新兴市场国家和发展中国家的代表，中国在数字经济和数字资源发展上具有较大优势，同时表现出更多大国担当，以新思维、新方式、新准则积极推动了全球公共物品供给的增加。

4.3.5.2　中国具备提供全球公共物品的实力

"一带一路"倡议表明，中国从全人类共同利益角度思考全球公共物品供给问题，中国全球公共物品供给实力在实践中得以彰显，主要包括以下三点。

第一，中国积极参与 G20 机制，积极推动建立国际投资新秩序、国际贸易新秩序和国际税收新秩序，支持国际货币基金组织救助遭受危机的国家，建设中国—东盟自由贸易区。中国在开展的全球性治理活动或区域性治理活动中，为世界金融稳定和经济复苏提供了全球公共物品，得到了国际社会的赞誉。

第二，中国创造的经济奇迹，为世界各国提供了新的国家治理模式和发展思路。中国特色模式，正逐渐成为不少发展中国家研究和学习的对象。同时，中国在国内稳定金融、发展经济、开展科技创新等方面的实践，为广大发展中国家提供了经验。

第三，"一带一路"倡议肩负重大的历史使命，助力全球经济高效治理。"一带一路"倡议致力于在四个方面增加全球公共物品供给；一是培育国际合作新理念、创新国际合作新模式；二是实现设施的高效互联互通；三是提供新的国际货币；四是建立新型国际金融组织。

4.4　数字经济时代中国推动全球经济治理机制变革的机遇

4.4.1　数字技术层面

4.4.1.1　数字技术赋予人类命运共同体新内涵

随着信息通信技术的发展，世界各国已经接入全球互联网中。一张无形的网络将各国紧密连接成网络空间命运共同体。在数字经济时代，随着新一代数字技术的发展和应用，将形成一种发展更加包容化、数字治理更平等化、发展机遇更均衡化的数字经济共同体。在数字经济共同体架构下，各个国家都有机会共享数字技术和数字经济的成果和经验。建立数字经济共同体，对于在数字技术领域具有先发优势的中国来说，无疑是巨大的机遇。

2015年8月，来自中国、美国、英国、俄罗斯、法国、巴西、日本、韩国等网络大国的专家就各国在网络空间内应遵守的初步行为规则达成一致，并将达成的报告提交给联合国。[①] 这是全球网络空间治理迈出的重要一步。2015年12月，在中国浙江省乌镇举办的第二届世界互联网大会，以"互联互通、共享

---

① 中国网信网．2015 中国网络安全大事记［EB/OL］．https：//www.cac.gov.cn/2015－12/31/c_1117628815.htm.

共治——构建网络空间命运共同体"为主题，邀请了来自政府、企业、技术社群以及国际组织的嘉宾，重点强调了网络空间命运共同体中"共"的意义。2017 年 12 月，在乌镇举办的第四届世界互联网大会，以"发展数字经济 促进开放共享——携手共建网络空间命运共同体"为主题，围绕前沿的数字技术、数字经济、网络空间治理等方面开展交流和合作。

4.4.1.2 数字技术丰富全球经济治理的内容

随着数字技术在产业中的深度应用，全球产业结构、生产组织方式和产品内容等都发生了深刻变化。数字技术是推动全球经济治理科学化的工具，丰富了全球经济治理内容，有利于提升全球经济治理效率，优化全球公共物品供给。数字技术加速了各行各业的变革，也催生了有关数字技术议题的探讨。

2018 年，在阿根廷召开的 G20 峰会以及在巴布亚新几内亚召开的 APEC 会议，均对数字技术的各项议题展开了激烈探讨。欧美主要国家的官方机构，也公布了区域数字经济规模和社会数字化水平的量化方式。2019 年，迅猛发展的数字技术受到了各国的持续关注。在中美经贸摩擦加剧和全球自由贸易体系不确定性加剧的背景下，数字技术的引领性更为明显。全球主要国家纷纷聚焦于如何利用数字技术聚合资源并推动资源的有效流动。中国推动全球经济治理机制变革，可借助自身在数字技术产业领域的优势，厘清数字技术领域相关议题，推动形成更多区域和组织对数字技术的共识，发起全球经济治理中有关数字技术议题的探讨，促成有关数字技术合作。

4.4.1.3 数字技术助推数字成果的开发和共享

第四次工业革命在加速世界经济发展的同时，也导致工业化尚未完成的发展中国家落后于时代的步伐，南北国家间的发展差距将进一步拉大。这种差距典型的表现就是数字鸿沟，表现为南北国家在数字领域的发展差距。数字鸿沟的出现，会导致西方发达国家主导的全球经济治理机制格局进一步固化。发展中国家参与全球经济治理机制变革的能力仍显不足，原因在于不少发展中国家仍未完成工业化，发展数字技术和数字经济无从谈起。中国可凭借在数字技术领域的优势，向仍处于数字技术起步阶段的发展中国家推广数字技术积累的经验，弥合其数字鸿沟，提高全球数字经济发展水平，缓解数字技术导致的地区发展不平衡问题，助力数字成果的开发和共享。

4.4.2　数字贸易层面

4.4.2.1　数字贸易组织形态多样

数字贸易下多样的组织形态，为中国参与多边探讨和多边治理提供了机遇。面对日趋多元化、个性化的市场需求，数字贸易能够推动线上、线下融合发展，拓宽对外贸易组织形态，展现出多样的组织形态，具体表现在以下三点。

第一，跨境电子商务是数字贸易的重要组成部分。跨境电子商务作为国际贸易和数字技术结合的产物，以一种新业态和新模式满足了外贸订单碎片化和个性化的需求，充分发挥了数字贸易优势。

第二，数字贸易开拓了开放、包容、立体的多边贸易合作模式，大大拓宽了企业进入国际贸易市场的路径，有利于提高企业资源配置效率。

第三，衍生了一大批与数字贸易相关的第三方服务企业，如数字仓储、数字分销、数字物流、数字支付、数字金融等供应链企业，这些企业可以帮助供应链上下游企业实现更好的发展（第三方物流助力跨境电商"走出去"，参见专栏4－1）。在数字经济时代，数字贸易的业态和模式将朝着更开放、更高端、更融合的方向不断发展。中国可以把握数字贸易的多元化组织形态，通过厘清当前国际贸易规制中落后和需要改进的地方，积极推动相关的多边治理。

4.4.2.2　建设数字贸易强国

建设数字贸易强国，为中国推动全球经济治理机制变革提供了动力。[①]　近年来，作为传统贸易大国，中国对外贸易的外部环境发生了巨大改变，对外贸易增速减慢。虽然在对外贸易上中国取得了较多成果，但是，与世界贸易强国相比仍然有较大差距。建设数字贸易强国，为中国提升对外贸易整体实力和创造对外贸易竞争优势提供了契机。在数字经济时代，数字贸易改变了传统对外贸易的全球市场，利用数字技术大幅度减少了交易的中间环节并降低了贸易成本，降低了广大中小企业进入国际市场和开展对外贸易的门槛，大大提升对外贸易效率并扩大对外贸易规模。发展数字贸易，有利于中国实现从贸易大国到数字贸易强国的转变，提升中国在数字贸易治理领域的话语权。

---

① 有关数字贸易强国建设的延伸阅读，参见：马述忠，刘健琦，贺歌. 数字贸易强国：概念理解、指标构建与潜力研判［J］. 国际商务研究，2022，13（1）：1－13.

4.4.2.3 制定弹性的数字贸易政策

制定弹性的数字贸易政策，为中国参与贸易规则谈判提供了经验。传统国际贸易政策倾向于保护本国国内市场、改善本国产业结构、扩大本国出口市场、加强本国对外联系等。国家在制定贸易政策时，往往会考量进出口产品的数量、质量、种类、关税、技术标准等。数字贸易政策不同于传统贸易政策，具有更大的灵活性。目前，世界亟须构建一个全面、规范、统一、透明的全球数字贸易规则体系，以减少数字贸易壁垒，推动开发数字贸易市场。中国在跨境电子商务及数字贸易发展上积累了大量经验，具有先发优势。中国可以通过吸取他国在数字贸易政策方面的教训，增强贸易政策弹性，制定更高水平的贸易自由化政策和贸易便利化政策，维护中国贸易主体的诉求，提升中国在数字贸易规则谈判上的话语权。

▶专栏 4 – 1

第三方物流助力跨境电商"走出去"

本土化物流需要解决两个问题：一是物理上的发货速度问题，即建立海外仓，把产品放在目的国提高发货速度，提高用户体验；二是心理问题，有些客户看到产品是从国内其他城市寄过来的，客户对于产品的印象就会大打折扣。环球易购经过下单经验发现，同样一个东西，一个是在外地发货，一个是在本地发货，消费者基于时间成本考虑，通常都会选择在本地发货。然而，对于大部分出口电商，海外仓的建立是一个很有难度的事情，涉及压货和资金周转问题，设立海外仓的成本过高，那么，又该如何解决物流本土化问题呢？环球易购选择通过第三方物流提高产品利润率，例如，DHL、FedEx 等物流公司，3 天就可以到达海外市场。一些非常便宜的东西，客户对于速度期望不会那么高，完全可以用国际快递公司省去建立海外仓的额外成本。

环球易购的服务理念是"服务只有起点，满意没有终点"。未来环球易购将持续优化供应链，在产品质量、发货速度、客户服务等多方面提升客户满意度、增强客户黏性、提高客户重复购买率和平台品牌溢价，为环球易购长期稳步发展打下坚实的基础。当开发了目标用户市场群体之后，还应该尽量对用户保持足够的吸引力，不断地给用户带来惊喜。例如，在顾客生日当天送上祝福，不断推送新产品；等等。关注细微环节，维护既有客户并不断开发新用户，才能不断赢得市场、保持产品利润率。

　　资料来源：马述忠，梁绮慧，濮方清．跨境电子商务案例［M］．杭州：浙江大学出版社，2017.

4.4.3　数字金融层面

4.4.3.1　数字货币增加全球公共物品供给

　　在二战后的布雷顿森林体系中，美元是全球最主要的国际货币，是国际大宗商品结算和国际金融市场结算和支付的工具，也是各个国家货币资产储备的主要货币。长期以美元为基础的国际货币框架隐藏着巨大危机，美元的货币地位与美国在全球的经济总量份额形成巨大差距。一旦美元脱离了实体经济，将产生巨大危机。在国际金融领域，培育新的国际货币作为美元出现危机时的备选项，显得十分重要。

　　随着数字技术在金融领域的融合发展，金融机构开始关注数字金融的货币产品——数字货币。数字货币的突出优势在于，能够通过技术升级和信用升级解决其他形式的货币在货币本质要求、货币数量限制以及汇率争论中遇到的各种难题，能够满足人们追求货币流通、利于贮藏和方便支付的需求。金融机构纷纷加强与数字技术公司合作，加强大数据、云计算、区块链等技术在数字金融领域的运用，挖掘数字货币的潜力。中国一向重视国际金融的稳定发展，2009 年开始积极推动人民币国际化。数字货币的出现无疑有助于加速人民币国际化进程，通过法定数字货币有助于增加全球公共物品的供给。2016 年 10 月，工业和信息化部发布《中国区块链技术和应用发展白皮书》，强调在全球科技革命和金融领域变革的关键时期，区块链技术对于数字货币发展具有重要的推动作用。① 数字经济时代，中国推行的法定数字货币具备安全、集约等优势，有利于增加全球数字货币的公共物品供给，降低国际金融不确定性风险。

---

　　① 搜狐网．工业和信息化部发布《中国区块链技术和应用发展白皮书》 ［R/OL］. https：//www.sohu.com/a/224324631_711789.

4.4.3.2 数字普惠金融弥合全球数字鸿沟

数字金融的出现为普惠金融插上腾飞的翅膀，降低了金融机构提供金融服务的成本，提高了经济落后地区的人民对金融的可获得性。2005 年以来，中国政府致力于推动普惠金融发展，倡导商业银行向中小企业提供更优惠的贷款，但收效甚微。数字经济出现后，数字金融企业如雨后春笋般涌出，愿意向大量中小微企业和个人用户提供金融服务。对于全球经济欠发达和金融落后的国家（地区），数字普惠金融提高了金融服务覆盖深度和覆盖广度，基于现代移动通信技术为落后地区的人们提供基础的金融支持，使得偏远地区的人们能够足不出户在手机等智能设备上通过金融机构开发的软件开展转账支付和理财等基础性服务，大大降低了消费者的出行成本和时间成本，降低了金融机构的运营成本。

数字普惠金融扩大金融服务覆盖面的典型例子，发生在非洲。肯尼亚的居民大多居住于偏远的农村地区，然而，大部分银行网点等金融机构聚集在城镇。肯尼亚大多数农村居民，难以接触基础金融服务。因此，沃达丰（Vodafone）移动通信网络公司推出了名为 M – 移动钱包（M-pesa）的手机支付产品，使得居民足不出户便能通过发送手机短信实现取款、汇款和其他生活消费支付，帮助肯尼亚居民便捷地享受普惠金融带来的红利。2012 年，巴布亚新几内亚的微型银行 Mi 银行（Mi Bank）推出了 Mi 现金（MiCash）服务。Mi 银行深入巴布亚新几内亚的农村地区开展大规模农村金融普及教育，并且，针对当地接触金融较少的女性开展专门的宣传活动，帮助当地女性开通移动货币账户，推动当地普惠金融的发展。

中国在数字金融领域具有先发优势。据毕马威发布的《2018 年全球金融科技 100 强》报告显示，全球金融科技公司前五名中，中国企业占据三个席位，蚂蚁金服、京东金融和度小满位居全球第一、第二和第四。[①] 中国可凭借在数字金融上的优势，帮助数字金融落后国家（地区）提供包括资金援助、技术援助、支付清算体系等服务，帮助发展中国家获得公平的发展环境和必要的金融支持，努力推动国际数字金融体系构建和改革。

---

① 澎湃新闻. 毕马威发布 2019 全球金融科技百强榜，10 家中国企业上榜［EB/OL］. https：//m. thepaper. cn/baijiahao_4891094.

4.4.4 数字文化层面

4.4.4.1 数字文化资源汗牛充栋

文化资源一直是人类的瑰宝，在数字经济时代，以数字化赋予文化资源新的生命力，文化资源得以长期保存、共享和传承。数字化的文化资源具有海量、多样性、易于提取的优点。虽然丰裕的文化资源以及个人和机器产生了大量数据，但是，目前数据利用率非常低。数字资源中蕴藏的大量文化遗产信息是一个国家重要的战略资源，是一个时代文化的生动呈现，将成为国家软实力的重要特征。

世界各国十分重视挖掘数字资源，无论是大力推动传统文化数字化、促进本民族文化国际化传播的法国，还是确立"文化立国"的韩国，以及高度重视打造全球数字文化制高点的美国，都十分重视文化资源的数字化，通过加大政策扶持和知识产权保护等为数字文化发展打造良好的环境。中国国家图书馆在2011 年 3 月推出了"中国记忆"项目，大力推动数字文化建设。"中国记忆"项目关注中国传统文化遗产、现当代重要人物和重大事件，利用数字技术对传统文献开展口述史料、影音资料等新型数字文化资源建设，并通过举办讲座、展览、发行出版物等向公众推广数字文化资源。

4.4.4.2 数字文化市场需求旺盛

数字文化市场需求旺盛，倒逼中国数字文化软实力提升。在数字经济带动下，中国的数字文化产业发展迅速，展现了前所未有的活力。2018 年，中国的网络新闻用户已达 6.75 亿人（用户使用产品包括头部新闻、网文、网游、影业、视频、短视频、音乐、动漫等数字文化产品），其中，网络视频用户达6.12 亿人，网络音乐用户达 5.76 亿人，网络文学用户达 4.32 亿人，网络视频用户、网络音乐用户和网络文学用户在网络用户中占比过半。[①]

在数字出版行业，智能手机的碎片式阅读和 Kindle 等电子书设备改变了传统消费者的阅读习惯，减少了消费者阅读时携带纸质书的不便。消费者可以通过手机和电脑在应用软件和电脑网页上付费购买并下载感兴趣的读物，消费者阅读的便利性大大增加。各大公立图书馆以及全国高校纷纷建设了电子图书馆，

---

① 腾讯研究院发布的《数字中国指数报告（2019）》，https：//www.sohu.com/a/315731616_163726。

用户可通过扫描二维码等方式轻松登录电子图书馆获取想要的电子资源。数字文化大大改变了消费者的消费方式和获取途径。截至 2016 年，中国国内数字出版产业用户累计达 16.73 亿人，其中，互联网期刊收入达 17.5 亿元，博客类应用收入达 45.3 亿元，在线教育收入达 251 亿元，数字报纸收入达 9 亿元，电子书收入达 52 亿元，互联网广告收入达 2 902.7 亿元。①

在数字影音行业，传统的影音技术存在难以储存、音质和画质较差、缺少互动性和个性化推荐的特点。数字技术改变了人们对音频、视频等文化娱乐产品的需求方式和获取方式，也颠覆了传统的数字影音形式。现在，内容个性多元、传输画面高清、选择范围广泛的数字音频、数字视频受到了广大用户的青睐。中国在数字影音行业具有庞大的市场规模和用户规模，仅 2015 年中国网络市场规模达 243.1 亿元人民币，相比 2014 年增长 43.0%。其中，移动视频广告市场规模达 114.7 亿元，相比 2014 年环比增长 144.5%。截至 2015 年 12 月，中国网络视频用户达到 5.04 亿人；网络视频用户活跃率为 73.2%。其中，手机视频用户规模为 4.05 亿人，同比增长 9 228 万人，增长率为 29.5%。手机网络视频使用率为 65.4%，同比增长 9.2%。中国消费者逐渐养成网络影音付费消费的习惯，付费用户的市场规模也在扩大。②

随着数字技术的发展和智能手机等智能设备的普及，游戏动漫行业发展更成熟。2017 年 4 月，《文化部"十三五"时期文化产业发展规划》提及网络音乐、网络游戏、网络动漫、网络表演等数字文化形式。③ 动漫游戏行业受到了年轻人的喜爱，大批年轻人走上动漫行业的工作岗位，更多年轻人成为动漫行业消费的主力军。中国的游戏动漫行业进入蓬勃发展的黄金时代。

在中国的网络游戏行业，一批手游的"独角兽"企业正在形成，手游甚至成为网易、腾讯等互联网公司的重要收入来源。

在数字动漫行业，近年来，移动互联网技术的发展加速了中国数字动漫产

---

① 中国新闻出版研究院 2017 年发布的《2016～2017 中国数字出版产业年度报告》，https://www.gov.cn/xinwen/2017-07/11/content_5209712.htm。

② 中投顾问 2016 年发布的《2016～2020 年中国网络视频行业投资分析及前景预测报告》，https://www.sohu.com/a/78656810_255580。

③ 文化部. 文化部"十三五"时期文化产业发展规划 [EB/OL]. https://www.mct.gov.cn/whzx/bnsj/whcys/201704/t20170420_760358.html? epid = e5099b50000b962a000000056462e206.

业的发展。根据 2020 年 7 月企查查公布的数据，中国的动画制作企业数量不断增加，目前，中国已有近 27 万家数字动漫公司，其中，北京市的动漫公司最多，达 11.5 万家。① 随着数字动漫行业质量的不断提升，中国数字动漫的消费人群在逐渐扩大。数字动漫产业也在不断丰富，但因动画制作成本较高、动画作品难以实现较多营收等，面临一些瓶颈。数字动漫企业为了支持企业运营，IP 泛娱乐化和用户付费开始出现，数字动漫的周边产品也受到越来越多消费者的喜爱。

在智慧旅游行业，随着数字技术在旅游行业的应用，"互联网 + 旅游" 开始受到消费者青睐。狭义的智慧旅游是指，利用云计算、物联网等数字技术，通过便携无线终端设备，帮助游客实现各类旅游信息自动感知、及时传送和挖掘分析，全面提升游客在旅游活动中的自主性与互动性。广义的智慧旅游是指，旅游资源数字化。例如，一些受到自然因素或人类活动影响较大的风景文物，如敦煌壁画、兵马俑、三峡水库，可以借助 VR 等技术帮助游客突破时空限制，更加自由、便捷地享受到智慧旅游的乐趣。

4.4.5　数字政务层面

4.4.5.1　数字政务提升政府服务质量

随着社会生产力水平的提升，公民文化水平不断提高，公民权利意识不断增强，建立数字政务已经成为多数发达国家和新兴市场国家提高政府社会服务水平的首选。过去，受制于技术水平和经济水平的限制，政府服务水平较低，已经无法满足民众的诉求，能够适应智慧城市和智慧社会发展的数字政务应运而生。数字政务的出现符合信息技术水平发展的时代趋势，是数字经济时代政府职能的新转变，有利于建设具有威信和公信力的政府。数字政务使得政府的办公数据和社会运转数据得以被记录和储存，大大提高了政府处理事务的效率，降低了办公成本。数字政务从创新政务服务方式、打造电子政务平台和优化政府监管模式等方面提升了政府的服务质量。5G、云计算和大数据等数字技术助力建设平台型政府、服务型政府。中国政府紧紧抓住了数字政务的机遇，国家电子政务专家委员会主任王钦敏谈及数字政务，指出创新发展数字政务是国家

---

① 数据来自企查查，https：//www.qcc.com/。

治理能力现代化的重要支撑和保障。中国政府通过打造政务服务一体化平台来推进简政放权、优化政府服务，进一步深入采集政务数据，打破信息孤岛，提升政务数据利用率，以此着力提升政务服务水平。[①]

4.4.5.2　数字政务提升政府服务的广度和深度

安全可信是数字政务服务的基本要求，区块链技术满足了当前数字政务建设中数据可信、共享互换、安全身份认证等要求，提升了服务的广度和深度。例如，北京市经济和信息化局作为全国第一个政务大数据共治模式的试验点，充分利用了区块链技术，将分布式存储、数据安全可信等特征充分应用于数字政务开发。区块链技术赋能数字政务，主要体现在以下三个方面。

第一，区块链技术不断拓宽政务服务领域。例如，区块链技术使得居民可以更便捷地在线查询办理交通缴费罚款，全国多个城市接入了"区块链 + 数字政务"服务。

第二，区块链技术不断加深政务的网络化进程。"区块链 + 数字政务"能够向政府的众多业务领域拓展，加深政务的网络化程度，如居民办理的申请登记、审批受理、颁发执照、资格审核等服务，实现了无纸化、无收费、信息化的政务服务。

第三，区块链技术能够提高政府办公效率。以往政府部门缺少信息互换渠道，居民办理相关证件往往需要去多个政府部门。在区块链技术的框架下，通过电子信息的方式，政府部门能够突破信息孤岛，减少政务手续，提高政府办事效率。传统的由群众"跑腿"变为由政务数据"跑腿"，大大提高了政府的办事效率。在数字化和智能化助推下，全国各地政务服务正开启"秒办"模式。例如，深圳启动了"一网通办"，居民只需要进入政府的网上办事平台，便可以实现政务事务 100% 办理。

4.4.6　数字安全层面

4.4.6.1　全球网络信息安全维护和执法实践经验不断丰富

全球网络信息窃取情况十分严重，全球计算机每年遭遇入侵和破坏累计数

---

① 新京报. 王钦敏：建设智能高效数字政务和普惠便捷数字社会［EB/OL］. https：//baijiahao. baidu. com/s? id = 1770648021659594783&wfr = spider&for = pc.

亿次。数字信息窃取和破坏对各国已经构成了严重威胁。这促使各国开展数字安全维护，相关的执法经验不断积累。国家数字信息安全已经被各国政府高度重视，部分国家的政府也颁布了相关法律、行政法规等防范数字信息威胁事件。如美国颁布了《政府信息公开法》《美国联邦信息资源管理法》《个人隐私权保护法》，俄罗斯颁布了《联邦信息、信息化和信息保护法》，英国颁布了《政府信息公开法》，德国颁布了《信息和通信服务规范法》等。中国也相继颁布了《互联网电子公告服务管理规定》《互联网信息服务管理办法》等法律法规为数字信息安全保驾护航。

法国在数字安全领域的实践值得借鉴，作为欧盟核心成员国的法国，在数字技术领域具有突出优势，对数字经济产业和数字安全较为重视。20 世纪90 年代，法国开展了信息高速公路建设，将数字产业视为重点发展产业。2009 年 7 月，法国成立了国家信息系统安全办公室（FNISA），是法国首个国家级的信息安全机构。2011 年 2 月，法国国家信息系统安全办公室发布了《信息系统防御与安全：法国战略》，这是法国历史上第一份国家数字信息安全战略报告。

4.4.6.2 数字安全生态治理法治化趋势加强

很长时间内，在互联网技术去中心化特征和网络自由主义思潮的影响下，许多国家对数字信息内容的监管主要依靠网络自治和互联网的自律管理。然而，近年来，受网络极端言论增多等事件的影响，关于政府应该加强对信息内容监管的呼声越来越高。一向高举"互联网自由"旗帜的欧美发达国家，也纷纷开始主动加强网络信息的内容治理。

2019 年，澳大利亚紧急通过《分享重大暴力内容》刑法典修正案，要求社交媒体平台和其他网站迅速删除暴力内容。2019 年 5 月，法国、新西兰、澳大利亚、加拿大、英国、日本、印度等 17 个国家在第二届"科技向善"峰会上与8 家互联网平台企业签署《克莱斯特彻奇倡议》，签署国政府承诺将尽一切努力"抵制暴力恐怖主义和极端主义"，遵守在互联网上删除恐怖主义内容的相关法律。

各国也在针对数字虚假信息治理采取行动。法国是欧洲第一个针对选举中的操纵信息进行专门立法的国家，法国宪法委员会于 2018 年 12 月通过了《反假信息操纵法》。根据该法，选举前三个月内，候选人有权就疑似被刻意操纵的网络虚假信息向法院申请禁令，而法官需要在 48 小时内作出裁决。[1]新加坡《防止网络虚假信息和网络操纵法》于 2019 年 10 月正式生效。根据该法案，新加坡的部长都有权下令，对"违反公共利益"的虚假信息作出删除或者更改的指示。2019 年 3 月，俄罗斯颁布的一项新法律，对在网上传播官方认为的虚假信息或者发布对国家"公然不尊重"言论的个人进行罚款。[2]

4.5 数字经济时代中国推动全球经济治理机制变革的挑战

4.5.1 数字技术层面

发展中国家数字技术能力不足，是数字经济时代全球经济治理机制变革面临的重要挑战之一。南北国家间的数字鸿沟，主要由数字技术使用差异和信息获取差异造成。随着数字技术更迭速度加快，新的数字鸿沟主要表现在新一代数字技术与传统产业融合产生的产业变革能力差异，将对各国的产业竞争力和全球价值链分工产生深远的影响。忙于追赶西方大国工业化进程的发展中国家，在第四次科技革命中很可能再次掉队。发展数字技术需要在高速宽带、算法应用、数据存储等领域开展大规模资金投入和基础设施建设，广大发展中国家面临巨大的数字技术缺口和资本缺口。在全球贸易保护主义加剧的背景下，发达国家对发展中国家实行了较高强度的技术封锁，发展中国家期望从发达国家学习和模仿数字技术更加困难，南北国家之间的数字鸿沟将进一步扩大。在发展中国家工业化尚未完成之前，实施国家数字战略也将受到较多阻碍。缺乏实体产业支撑，导致发展中国家的数字技术没有应用前景，可能陷入"过度服务化"的泥淖。发展中国家难以形成数字产业、传统工业的竞争力，而过度的数字服务投资将进一步抑制实体经济发展。

虽然数字经济具有共享和普惠的特点，但当数字经济带来全球经济大发展和大繁荣时，不能自动消除贫困，也不能自动弥合数字鸿沟。一个典型的例证是，互联网的使用并不一定会缩小数字鸿沟，反而可能加大劳动收入分化（互

---

①② 中国信息通信研究院. 数字经济治理白皮书（2019 年）〔R/OL〕. http：//www. d-long. com/eWebEditor/uploadfile/20200105204955573937650. pdf.

· 178 ·

联网使用与劳动收入分化，参见专栏4-2）。可以预见，发达国家将在享受数字技术红利的基础上进一步剥削发展中国家的廉价劳动力资源和自然资源，发达国家帮助发展中国家掌握数字技术拉动经济增长并不现实。总之，发展中国家数字技术起步较晚且不具备先发优势、数字基础设施落后、缺乏发展数字技术的资金支持，发达国家不会主动分享数字技术成果，是发展中国家落后于发达国家的主要原因。

▶专栏4-2

互联网使用与劳动收入分化

收入分配问题是困扰绝大多数国家（地区）的经典议题。随着数字技术扩散，数字鸿沟已经成为当代全球贫富差距现象的一种新的表现形式。既有研究对数字鸿沟的讨论，集中在数字设备的可及性差异（第一阶数字鸿沟）和数字技能与使用性质的差异（第二阶数字鸿沟）。随着学界对数字鸿沟的理解不断深入，相关研究应从第一阶数字鸿沟和第二阶数字鸿沟转变为第三阶数字鸿沟，即考虑数字技术扩散导致的个体收入、教育程度、消费水平、社会地位等结果的差异。

源于数字设备可及性差异以及数字技能与使用性质的差异，不同技术劳动力使用互联网产生的结果和内在机制可能有所不同。其一，互联网作为技能偏向型技术，被认为是高技术劳动力的互补品，互联网的发展会提高对高技术劳动力的需求和相对工资；其二，互联网平台减少了就业市场的信息摩擦，提高了工作匹配效率，而高技术劳动力相对于低技术劳动力更能有效地利用互联网获得工作机会。

使用中国综合社会调查（CGSS）数据实证分析发现，互联网的使用对劳动收入水平的影响满足分层理论的幂次定律，即数字技术扩散具备普惠性，但其对于不同受教育水平群体的作用效果存在差异，受教育程度越高则获益越大。机制分析表明，互联网使用有助于劳动者签订劳动合同和延长工作时间，从而提高劳动收入，并且，该效应在高技术劳动力中更显著。互联网发展催生了各行业变革，高技术劳动力相对于低技术劳动力可能从事复杂度更高的职业，互联网使用对其劳动收入的促进作用更强。互联网发展所带来的生活性服务业的扩张，能促进互联网对低技术劳动力收入提升的正效应。

资料来源：马述忠，吴鹏，潘钢健. 互联网使用、生活性服务业扩张与劳动收入分化——数字鸿沟视角［J］. 经济学动态，2022（2）：68－84.

4.5.2　数字贸易层面

4.5.2.1　全球数字贸易摩擦有所显现

在贸易保护主义和贸易单边主义不断抬头和逆全球化背景下，全球数字贸易摩擦有所显现。数字贸易摩擦体现在：一是数字贸易的交易过程摩擦有所显现，各国在电子合同、认证标准等方面法律规定的差异增加了交易过程的不确定性；二是数字贸易中权益保障摩擦有所显现，各国对于企业知识产权跨国流动、消费者权益跨国保护认识和规定的不同会引发一系列权益纠纷；三是跨境数据流动摩擦有所显现。各国对于数据本地化要求不同，引发的跨境数据流动冲突是全球数字贸易中最常见的摩擦类型。全球数字贸易摩擦形式多样，影响日益广泛，对中国推动全球经济治理机制变革提出了严峻挑战。

4.5.2.2　全球数字贸易规则亟待制订

数字贸易呈现了新业态和新形势，对传统贸易规则和贸易监管执法带来了严峻的冲击。全球数字贸易规则的制订，将成为新一轮国际经贸谈判的焦点。世界各国在数字贸易规则上的分歧，涉及各国文化、价值观、法律法规、政治制度等巨大的差异。因此，建立一个公平、开放、包容的全球数字贸易规则框架，需要很长时间的谈判和磋商。1997 年以来，WTO、APEC 等国际组织就电子商务议题展开了诸多讨论，跨太平洋伙伴关系协议（TPP）、跨大西洋贸易与投资伙伴关系协议（TTIP）、服务贸易协定（TISA）等超大型自由贸易协定，也对全球数字贸易规则展开了多次讨论。世界贸易组织（WTO）在数字贸易规则制订、国际贸易争端有效解决、全球数字贸易发展规范方面具有独特优势，各国一直在积极推动 WTO 框架下全球数字贸易规则谈判。但在全球数字贸易呈爆炸性增长的背景下，WTO 规则已经脱离了数字贸易发展的实际水平，WTO 无法满足全球数字贸易发展带来的规制需求。2019 年 1 月，由美欧日牵头的 70

多个 WTO 成员同意开展电子商务多边谈判，中国也加入该谈判，开始全球范围内的数字贸易规则谈判。各个国家开始寻求在区域贸易协定内达成数字贸易规则谈判，区域间优惠的数字贸易协定也在不断增加。各国在电子商务领域难以达成一致的观点，世界各国的分歧难以弥合，全球数字贸易规则谈判陷入僵局。

4.5.2.3 数字贸易监管体制有待完善

与数字贸易蓬勃发展的经济事实不相称的是，各国配套的监管体制尚未完善。一是监管范围有待拓宽，和数字化产品与数字化服务、数字化知识与数字化信息相关的贸易活动有待被纳入监管范畴；二是监管职责有待厘清，数字贸易监管在产业发展、市场管理和国家安全等多领域交叠，需要相关部门厘清职责，各司其职；三是监管法规有待完善，有关支付、物流、通关和退税等数字贸易各个环节的法律法规尚不够健全，需要补充完善，数字贸易监管体制的健全需要全球各国政府统筹兼顾、相互配合，这是中国推动全球经济治理机制变革面临的又一重大挑战。

4.5.3 数字金融层面

4.5.3.1 数字金融行业相对宽松的监管环境易产生投机行为

中国的金融监管体制是按照行业划分的，侧重于对金融机构的监管。因监管未能跟上数字金融企业的步伐，监管存在一定的缺位问题。这种宽松的监管环境为广大数字金融参与者提供了创新的机会，但也给不正当的金融商业行为提供了可乘之机。数字金融在给用户带来便利的同时，也提供了大量虚假、无用的信息，需要用户筛选有效信息，而大多数选择数字金融的用户缺乏基本的金融知识。不正当的数字金融投机行为在 P2P 领域尤为突出，P2P 领域监管缺失、准入门槛低，一批借着 P2P 名义开展非法集资的数字金融企业涌现，给相当多的中国投资者带来了巨大亏损。而在 2016 年相关监管机构出台监管框架后，非法集资的诈骗公司和非正规的数字金融企业数量逐渐下降。

数字金融的出现，对国际金融监管提出了挑战。当前，国际金融监管主要集中在银行风险、影子银行、主权债务风险、信用评级机构等方面，是西方发达国家主导下的金融监管。随着金融危机爆发、欧元区银行债务风险等出现，很多国际金融监管机制难以落实。而且，美国的金融评级机构滥用特权维护本国金融业和主权基金，受到众多国家的批评。国际金融监管既要考虑数字金融出现的新问题，又要协调各国之间的利益矛盾，这些都是亟待探讨的新课题。数字金融的出现，无疑使得国际金融监管治理的推进陷入步履迟缓的境地。

4.5.3.2　数字货币缺乏有效价值支撑和交叉技术融合

以在区块链技术框架下的比特币为例，比特币以"挖矿"活动为主，但是，"挖矿"并不是有效劳动，耗费了大量机械和电力，但没有创造真实的价值。此外，类似于金本位货币，比特币的总量固定不变但产量逐渐减少，无法满足社会经济的发展需求。此外，对于考虑发行法定数字货币的国家来说，货币的价值尺度设定是一个重大考验，如果需要实行国际统一的数字货币，也将困难重重。国际统一的数字货币需要慎重考虑各国之间的价值标准，各国面临部分国家政府放弃自主发行法定数字货币等敏感问题。此外，当前数字货币设计缺乏交叉技术融合。数字货币需要采用以计算能力为基础的算法共识，需要将区块链技术与传统关键信息安全领域技术相融合，才能保证数字货币的安全性。

4.5.4　数字文化层面

4.5.4.1　数字文化资源开发能力不足

受到多种复杂因素，如人为破坏、文化资源脆弱性及未来价值不确定性等影响，当前文化资源的生命周期大大缩短，大量有价值的文化资源正在迅速消失或失去原有价值。只有数字文化的发展能够跟上文化资源消失的步伐，人类的文化资源才能得以留存，拥有新的生命力。当前，数字文化资源的开发能力主要存在的不足：数字技术的快速更新使得文化资源开发需要较多的时间成本和资金成本、文化资源保护观点落后。数字文化资源的保护和开发引起了不同组织和国家的广泛关注，但还需要进一步努力。联合国教科文组织发布《保存数字化遗产宪章》《数字化遗产保存指导方针》，开展了"世界记忆"项目。美国国会通过立法保障"国家数字信息基础设施及保存计划"的实施，确立了"美国记忆"项目。欧盟制定了《数字保存项目和政策合作的行动方案》。在数字文化环境下，图书馆、档案馆和博物馆等文化服务机构都有必要积极开展数字化建设，提高数字文化服务水平，但要避免存在分散、重复、服务效能低等问题。

4.5.4.2　不同文化形态冲突加剧

数字文化的出现，会加剧全球不同形式的文化形态之间的冲突，这会导致两个问题：一是个体对群体的挑战。数字文化改变了信息的传播方式，时空将不再是限制信息储存、提取、复制的重要因素。每个人都可以成为一个媒介传播平台，个体的传播权大大提升，改变过去以权威媒体传播为主导的局面。个体可以通过数字媒介获得更多信息，组成信息源，摆脱对群体的依附。数字技术帮助个体迅速推广信息，产生个体的数字文化。例如，TikTok 中出现了众多"网红"，能够借助数字媒介平台传播个体的数字文化。与传统的权威文化截然不同，个体数字文化的出现，使得数字文化市场信息纷杂，信息冲突和文化冲突加剧。二是全球话语权竞争加剧。各国都十分重视提高国际话语权，为提高国际话语权借助数字技术挑战主流的话语权，在全球话语权竞争中，不同数字经济发展阶段的国家有着不同的价值选择、利益取向和治理策略，必然会产生冲突。2019 年，在日本大阪召开的 G20 峰会上，印度拒绝在《数字经济大阪宣言》上签字，认为该宣言不符合印度对数据本地化的要求。2018 年 3 月，经合组织（OECD）发布了《数字化带来的税收挑战 2018 中期报告》，110 多个国家进行了话语权争夺，至今未达成一致的解决方案。

4.5.5　数字政务层面

4.5.5.1　数字政务面临信息安全问题和技术风险问题

信息安全和技术风险，是数字政务发展的两大绊脚石。数字技术的发展是一把"双刃剑"，数字技术漏洞给不法分子以可乘之机。基于网络安全漏洞进行保密信息倒卖的现象时有发生。网络系统病毒感染防不胜防，越来越多的人为获利而从事相关非法行业。数字技术，一方面，不断提升政务信息价值；另一方面，也给数字政务的信息安全带来威胁。例如，物联网使政务越来越智慧化，该技术对信息的安全性和可信度有非常高的要求。政府组织结构复杂，对各单位按需灵活、动态配置资源的需求较高，能快速将传统业务迁移到云上，要求满足不同部门个性化的自助式服务管理需求。此外，要求政务网络能够适应不同部门的覆盖范围和受控访问需求，这要求统一的政务网络能够有强大的网络资源服务作为支撑。云计算技术帮助政府降低了获得信息资源的成本，但云计算技术涉及网络、终端、存储各个层面的安全问题。云计算中政务数据的涵盖范围非常广，包括大量企业信息数据、居民信息数据、政府涉密数据等，这些集中存储的数据可能有泄露的风险，将给数字政务时代的信息安全和技术安全带来严峻挑战。

4.5.5.2 政府数字政务治理角色亟须重新定位

随着数字经济的深入发展，大包大揽、政府垄断的供给式政务服务已经不适应时代需求，服务整合和协同治理是政府建设数字政务的方向。政府在转向建设数字政务时，要厘清角色定位。

数字政务建设面临的第一个误区，是政府主导或者垄断公共服务的供给。数字经济使得更多市场主体能够参与公共服务的供给过程，通过更加高效的新模式满足居民日常生活需求，并从中获得相应收益。互联网企业具有更高的市场敏锐度，可以在风险投资支持下在市场上进行广泛试验。以共享单车为例，共享单车以"随处停放、随时取用"的优势受到众多居民欢迎，和政府一直倡导的绿色出行理念相契合。

数字政务建设面临的第二个误区，是只开放一站式的服务窗口，而不接入其他平台。政府建立数字政务不能只按照建立统一政务服务平台的思路走下去，应该考虑与平台企业协同共治，以便捷、省时为基本要求，开放多个政务访问端口。目前，微信和支付宝等手机应用也开始接入更多公共职能。例如，杭州市居民可以通过支付宝完成汽车违章的罚款查询和缴费、门诊挂号、公共交通出行、车牌摇号等公共服务，大大便利了居民生活。

4.5.6 数字安全层面

4.5.6.1 跨境数据流动与数据安全分歧难以调和

在数字经济时代，数据是驱动数字经济创新增长的核心力量，但在数据资源开发过程中，数字安全问题突出，不可避免地出现一些难题。集中体现在数据跨境流动与数据安全分歧的难以调和，政府面临如何平衡数字经济发展与数据隐私保护、网络安全之间关系的挑战。各国政府认识到数据的重要性，十分重视跨境数据流动的安全问题，已经有较多国家出台跨境数据法案，规范跨境数据的获取途径和使用途径，防范跨境数据流动的安全问题。

除了受到不同的价值观、历史文化、法律法规等因素的影响，采取数据保护主义的国家更多出于数据安全考虑。各国在数据跨境流动方面分歧明显：一是国际组织尚未就数据跨境流动做出明确规定。目前，WTO 规则框架下的数字贸易规则构建尚处于酝酿阶段和起步阶段，数据跨境流动方面的规则严重缺失。二是不同国家尚未就数据跨境流动达成共识。美国主张在个人隐私得到保障的前提下数据应该自由跨境流动，而欧盟等则对数据跨境流动进行了不同程度的限制。如何准确认识并妥善应对数据跨境流动分歧，是中国推动全球经济治理机制变革过程中面临的突出难题。

4.5.6.2　国际数字安全监管规范框架仍有争议

数字经济时代，数字安全威胁日益增多，跨国经济活动、跨境政治活动中可能存在损害国家安全、威胁商业信息安全、侵犯消费者隐私、侵犯知识产权、跨境的网络攻击等数字安全隐患问题，这些数字安全隐患问题每年给全球经济造成了高达数千亿美元的损失。

各国政府出于保障主权国家安全、公民隐私权保护、公共利益等目的，对跨国数字安全威胁进行规制监管，但这些监管可能会违背国际条约，损害他国利益，进而引发国际争端甚至可能产生连锁反应，造成巨大损失。目前，国内外没有统一的制度规范，国际数字安全监管中存在较多亟待解决的问题，例如，关于数据产权由谁所有、由谁管理、怎么管理等问题。如果国际数字安全问题协商难以达成一致，那么，国际数字安全稳定也将难以维持，国家之间将产生越来越多的数字冲突。

4.6　数字经济时代中国推动全球经济治理机制变革的战略重点

4.6.1　数字技术层面

4.6.1.1　加强新型基础设施建设

新型基础设施能适应新一轮科技革命需要，以数字化、智能化为支撑，是数字经济时代新的结构性力量。新型基础设施的内涵在于，在智能化、数字化、网络化发展背景下，以适应 5G、人工智能等新一轮数字技术变革需要为导向，以连接为基础，以计算为核心，面向现代化建设和数字经济时代发展，支撑数据的感知、连接、汇聚、融合、分析、决策、执行、安全等各环节的运行，并搭建智能化产品和智能化服务的新一代数字基础设施体系。

新型基础设施基于生产制造的底层技术不断更新和迭代，既有传统基础设施的公共性、基础性等特征，又有融合创新、智能引领、快速迭代、泛在支撑、安全至上等新的内在特点，是促进经济新动能和推动传统实体经济数字化转型的关键条件。加强新型基础设施建设，有助于人工智能、工业互联网、5G、云计算、物联网、区块链等数字技术领域的相互融合，开创新技术、新模式下的系统创新，最终实现社会经济效率提高、生产成本降低和服务能力提升。

4.6.1.2　实施数字中国战略

数字中国与数字经济发展需求一脉相承，是数字经济发展的最新成果和战略目标。

2014 年 2 月 27 日，中国成立了中央网络安全和信息化领导小组，强调要"形成实力雄厚的信息经济""向着网络基础设施基本普及、自主创新能力显著增强、信息经济全面发展、网络安全保障有力的目标不断前进"。① 以此次会议为标志，数字经济开始成为中国政府关注的重点。2015 年 12 月，第二届世界互联网大会提出"推动'数字中国'建设"②，是"数字中国"首次被正式提出，标志着中国开启了数字经济发展的新征程。国家层面不断出台政策文件，如《国家信息化发展战略纲要》《"十三五"国家信息化规划》《"十四五"规划和二〇三五年远景目标纲要》《"十四五"数字经济发展规划》均提及数字中国建设。加快建设数字中国，是国家现代化、信息化建设的新要求，是抢抓数字革命历史机遇推动全球经济治理机制变革的重要举措。

4.6.1.3　构建网络空间命运共同体

数字经济时代，网络空间成为人们日常生活和生产实践的重要空间和场景。2015 年 12 月，第二届世界互联网大会首次提出网络空间命运共同体概念，强调网络空间是人类赖以生活的共同的活动空间，网络空间的前途命运应由世界

---

① 新华社. 中央网络安全和信息化领导小组第一次会议召开 ［EB/OL］. https：//www. gov. cn/ldhd/2014 – 02/27/content_2625036. htm.

② 新华网. 习近平在第二届世界互联网大会开幕式上的讲话（全文）［EB/OL］. http：//www. xinhuanet. com//politics/2015 – 12/16/c_1117481089. htm？ from = timeline.

各国共同掌握。网络空间命运共同体不仅是一种全新的理论框架，而且，是一种多元化的治理机制。

网络空间有着不同于物质空间的特征，但是，同样承载着人类活动，能够延续人类文明，因此，网络空间也面临着资源分配、秩序建立、利益分割、权力博弈等问题。推进网络空间命运共同体，旨在推动互联网空间的共享、共管和共治。

4.6.2 数字贸易层面

4.6.2.1 建设数字贸易强国

自商务部出台的《对外贸易发展"十二五"规划》首次将"巩固贸易大国地位，推进贸易强国进程"[①] 写入政府官方文件，"贸易强国建设"就频繁地被政府相关部门提及。党的十九大报告对中国对外贸易提出了新要求，即"拓展对外贸易，培育贸易新业态新模式，推进贸易强国建设"，[②] 实施贸易强国战略已经成为中国全面进行社会主义现代化建设，实现中华民族伟大复兴中国梦的重要组成部分。数字经济时代，"贸易强国战略"也将向"数字贸易强国"转变。建设数字贸易强国，有助于推动全球数字经济的纵深发展并满足全球经济治理变革的需求，从而创造巨大的社会价值。一是有利于实现中国在全球经济治理机制变革中担当大国责任的目标。积极推动全球经济治理机制朝着更加公正、合理有效的方向变革，不仅是中国营造有利于国际环境的需要，也是自身应承担的一项重要的国际责任。二是有利于弥合"数字鸿沟"，构建"共商共建共享"的"数字命运共同体"。在"一带一路"倡议的基础上，加强"一带一路"共建国家的信息基础设施建设和跨境数字贸易发展，缩小经济发展差距，有效弥合"数字鸿沟"，构建互惠互利的"数字命运共同体"。三是有利于构筑公平开放、互利共赢的全球数字贸易发展环境。在全球经济治理机制重构的背景下，公平和开放的贸易环境有利于企业更好地参与国际数字贸易分工，从而

---

① 商务部对外贸易司. 对外贸易发展"十二五"规划 [Z/OL]. http：//wms. mofcom. gov. cn/article/history/n/201204/20120408091457. shtml.

② 新华社. 中华人民共和国国民经济和社会发展第十四个五年规划和二〇三五年远景目标纲要 [EB/OL]. https：//www. gov. cn/xinwen/2021 - 03/13/content5592681. htm？ dt_dapp = 1&wd = &eqid = d5e52cc 60006d21800000004645a3806.

提高企业国际竞争力。

4.6.2.2 建设"数字丝绸之路"

在数字经济时代,"一带一路"建设必须依靠先进的数字技术和丰富的信息资源,加快并提升跨境合作效率与跨境合作水平,培育区域发展的新经济增长点,支撑区域可持续发展。

"数字丝绸之路"是指,中国与"一带一路"共建国家,通过加强网络互联、信息互通所形成的多领域、多层次基于"互联网+"的信息经济带。"数字丝绸之路"枢纽是指,在"一带一路"建设中的核心节点或对全局有较大影响的"心脏地带",为"一带一路"共建国家甚至世界各国提供数字通关、物流、支付、数据一体化等"一站式"数字服务,制定基于大数据的标准体系、数字规则和质量认证。加强在数字经济、人工智能、纳米技术、量子计算机等前沿领域的合作,因此,推动大数据、云计算、智慧城市建设很有必要。

2017年,《"一带一路"国际合作高峰论坛圆桌峰会联合公报》提出,要"支持电子商务、数字经济、智慧城市、科技园区等领域的创新行动计划,鼓励在尊重知识产权的同时,加强互联网时代创新创业模式交流",要"推动电子商务和数字经济等方式扩大贸易"①。这说明,互联网经济在"一带一路"倡议中的作用,已得到各国的共同关注。近年来,在《二十国集团数字经济发展与合作倡议》《"一带一路"数字经济国际合作倡议》的基础上,中国致力于"数字丝绸之路"、世界电子贸易平台(eWTP)的建设,与其他国家的数字贸易合作日益密切,交流不断加深。

4.6.2.3 搭建全球数字贸易平台

全球数字贸易为国际贸易注入了新动能,也为中国经济发展提供了新动力。在跨境电子商务向全球数字贸易蜕变的背景下,开放型全球数字贸易平台面向全球范围内贸易主体特别是广大中小企业,通过大数据、云计算和人工智能等数字技术精准匹配全球数字贸易买卖双方需求,为其提供数字化营销、交易、金融及供应链服务的一站式数字化外贸解决方案,旨在构建开放型世界经济,

---

① 新华社."一带一路"国际合作高峰论坛圆桌峰会联合公报(全文)[Z/OL]. https://www.gov.cn/xinwen/2017-05/15/content_5194232.htm.

推动全球数字贸易朝着更加开放、包容、普惠、平衡、共赢方向发展的多边贸易平台，具有发展成为世界电子贸易平台（eWTP）的潜力。与跨境电子商务平台类似，开放型全球数字贸易平台是一个虚拟的互联网交易平台，为弱势群体参与国际贸易提供帮助。

开放型全球数字贸易平台，有区别于跨境电子商务平台的以下四个特征。

第一，多边化，面向世界各国的买家和卖家，开放型全球数字贸易平台以"全球买全球卖"为主要愿景，且具有整合和治理全球数字贸易资源的能力；

第二，生态化，开放型全球数字贸易平台提供一揽子数字化外贸解决方案，且方案中的各类服务内生于开放型全球数字贸易平台生态圈；

第三，智能化，基于人工智能、大数据、云计算等数字技术，开放型全球数字贸易平台为买卖双方提供智能化的精准营销、交易履约和信用资产等服务；

第四，数字化，开放型全球数字贸易平台上的交易标的包括大量数字产品、数字服务以及数字化知识与数字化信息，同时，外贸全流程实现了高度数字化。

4.6.3 数字金融层面

4.6.3.1 发行法定数字货币

以比特币为代表的数字货币风靡全球，国内外金融机构、互联网企业等纷纷推动数字货币研究、开发、测试和推广。同时，数字货币的快速发展引起了各国政府部门的高度关注，为适应数字技术发展与满足新的货币市场需求，部分国家中央银行开始研究并尝试发行法定数字货币。

法定数字货币作为具有法定地位的货币，能够有效替代现金，并且，能够代表国家信用，实现安全存储、安全交易、匿名流通等基础目标。法定数字货币由国家主权提供保障，法定数字货币发行当局可以通过国家立法的形式实现国家信用目标。法定数字货币实现安全存储、安全交易、匿名流通等目标，需要具备可离线交易性、可流通性、不可伪造性、不可重复交易性、可存储性、可控匿名性、不可抵赖性七个特征。法定数字货币的优点在于，有利于节省现金流通成本，有利于为数字资产交易提供可靠的支付工具，有利于强化支付系统的公共属性，有利于加强货币政策的传导机制。

具有国家主权背书、具有法定地位、具有发行责任主体的数字货币构成中央银行数字货币，或称法定数字货币。① 中国发行法定数字货币的基本思路是：在央行主导下发行法定数字货币，以安全芯片为载体，通过保护算法运算过程的安全以保障数字货币的安全性，并保持现行实物现金的发行。

4.6.3.2 发展数字普惠金融

发展数字普惠金融，是提升金融服务效率和增大金融服务覆盖面的重要途径之一。数字普惠金融旨在通过大数据、云计算、区块链等一系列数字技术向广大用户提供普惠金融服务。数字技术赋能普惠金融服务，助力普惠金融服务突破时间、空间的限制，扩大普惠金融服务的覆盖范围，降低了普惠金融服务的运营成本，是推动普惠金融发展的强大引擎。

随着数字经济时代的到来，数字技术为普惠金融插上腾飞的翅膀，普惠金融演变为数字普惠金融，普惠金融逐步由最初的公益性小额贷款、发展性微型金融向综合性普惠金融和创新性互联网金融深入转型。在此背景下，中国政府高度重视普惠金融的发展，国务院于 2015 年发布了《推进普惠金融发展规划（2016～2020 年）》②，2016 年 9 月，在杭州举办的 G20 峰会上，数字普惠金融是该次峰会的议题之一，中国向杭州峰会提交了《G20 数字普惠金融高级原则》③，这是在普惠金融领域首次推出的高级别指引性文件。数字普惠金融成为全球经济治理讨论的热点话题之一。2017 年 7 月，在全国金融工作会议上，首次提出建设普惠金融体系④，为普惠金融的改革指明了方向。

在中国移动支付快速发展的时代，中国仍然存在大量"金融弱势群体"。这些群体难以承担金融服务成本，也难以跨过信用审查门槛，尤其是农村中较

---

① 同花顺财经. 李礼辉最新演讲：谈央行数字货币、虚拟货币和 Libra［EB/OL］. https：//baijia-hao. baidu. com/s? id = 1655632282863949510&wfr = spider&for = pc.
② 国务院关于印发推进普惠金融发展规划（2016～2020 年）的通知［Z/OL］. http：//www. gov. cn/zhengce/content/2016 - 01/15/content_10602. htm.
③ 中国向 G20 杭州峰会提交三个文件［EB/OL］. http：//www. xinhuanet. com/world/2016 - 08/29/c_129259609. htm.
④ 解读全国金融工作会议：首次提出"建设普惠金融体系"［EB/OL］. https：//www. sohu. com/a/157717746_162758.

多的留守老人、小孩以及妇女群体。这些留守群体对普惠金融具有很强的需求，但大多不会使用手机等智能设备且缺乏金融基础知识。囿于中国金融体系的二元结构和高额服务成本，农村地区的银行网点难以满足农村人口转账和汇款的金融服务需求。数字普惠金融的出现使得用户不再依赖于传统的线下实体营业网点，普通用户足不出户便能通过智能手机等移动终端获得线上金融服务。数字金融凭借高覆盖面、高可得性和高服务质量等优势，改变了用户接触金融的方式。这说明，农村人口可以从数字普惠金融中获利，能够更便捷地获取金融服务，数字金融服务的覆盖范围正在逐步扩大。

此外，银行和贷款者存在信息不对称问题，是传统金融模式下金融弱势群体被传统金融机构拒之门外的重要原因。而数字普惠金融不仅向金融弱势群体敞开了怀抱，而且，解决了信息不对称问题。用户在数字普惠金融平台上可以留下交易数据，这些数据成为征信机构评判个人信用情况最直接的证据。因此，发展数字普惠金融有利于增加金融产品供给，有利于提高金融服务质量，有利于完善个人征信信息。

4.6.4　数字文化层面

4.6.4.1　挖掘数字文化中的治理之道

数字经济时代是文化空前凸显的时代，数字文化成为影响全球经济治理格局的重要因素，是一个国家、一个民族在数字经济时代不可或缺的软实力。与数字文化相关的战略、资源和视角日益成为提升国家综合实力的重要组成部分，也是影响一国国内政策制定和外交策略选择的重要原因。数字文化不仅能赋予中华传统文化新形式，还能赋予中华传统文化新内容，使中华传统文化传播至全球，提升中华传统文化在全球经济治理机制中的影响力。

数字文化能够帮助中国挖掘和整合中华传统文化和全球经济治理理念的契合点，为中国推动全球经济治理机制变革提供指导。此外，应加快中华文化的数字化步伐，发掘中华文化中蕴含的处世智慧，以中华智慧指导中国推动全球经济治理机制变革的实践。

4.6.4.2　开展数字文化治理

数字经济时代，数字文化领域将会呈现层出不穷的新变化，不仅涉及新式的数字文化，也包含在数字环境下重获新生的传统文化。因此，开展数字文化治理，有利于更好地处理数字文化与实体文化、传统文化与新兴文化之间的关系。数字文化治理主体相应发生变化，与以政府为主导的社会文化管理不同，数字文化治理强调政府和社会公众、社会组织的互动，更加注重多主体之间的参与感，协同治理是数字文化治理的基本内涵。

第一，开展数字文化治理，需要激发社会主体的参与积极性，重新审视不同社会主体在治理体系中的角色，实现多元主体治理手段多样化，实现在数字文化上的创新。在新的数字文化治理模式中，在政府治理数字文化的基础上，引入公众、社会组织等多元主体参与数字文化生态建设，解决数字文化建设中分散化、单一化和碎片化的问题，建立多元主体协同治理新模式。在数字文化治理实践中，政府、公众、社会组织等主体应该找到自身位置，发挥不同主体的独特优势和职能，弥补传统文化治理中单一监管的缺陷，协力推动数字文化的生态治理，建设数字文化治理的良性生态圈和治理体系。政府可以通过与社会主体的沟通与合作，搭建全方位数字文化治理的多元格局，建立数字文化服务的立体网络，提高数字文化公共物品的供给能力，从而满足人民日益增长的数字文化需求。

第二，开展数字文化治理，需要在当前文化治理体制的基础上改革创新。应该认识到数字文化治理区别于传统文化治理，两者涵盖范围和治理对象不同。数字文化治理需要涉及数字文化产业中的微观内容，也涉及数字文化的宏观环境。具体而言，开展数字文化治理需要考虑数字经济时代的社会环境、法律法规等背景因素，需要以全新的眼光审视数字文化治理的重点和关键，注重数字文化治理的战略性和宏观性。要在传统文化治理基础上加大对数字文化发展的保障力度，打破传统的文化治理格局，优化传统的文化服务方式。

第三，开展数字文化治理，需要把握公众喜闻乐见的文化需求偏好。在建设公共数字文化服务体系时，应当坚持资源下沉和人民导向，培养平台化思维和数字化思维，转变文化服务供给方式，满足不同社会群体的数字文化需求，为社会公众提供切合实际的数字文化服务，使公众能够享受到数字文化服务。应该坚持公平公正，对数字文化资源发展的劣势予以帮扶，实现全社会公共服务的均衡和平等。

4.6.5　数字政务层面

4.6.5.1　实施"互联网＋政务服务"战略

在数字技术影响下，政府职能部门开始思考转变政务服务方式，"互联网＋政务服务"成为数字经济时代政府调整工作方式和转变工作职能的重要选择。"要以推进电子政务、建设智慧城市等为抓手""形成覆盖全国、统筹利用、统一接入的数据共享大平台""实现跨层级、跨地域、跨系统、跨部门、跨业务的协同管理和服务"。[1]随后，国务院出台了一系列指导意见，推动全国"互联网＋政务服务"建设，形成覆盖全国的一站式、一体化的数字政务体系。

实施"互联网＋政务服务"战略，应当以百姓利益作为考量标准。在全国开展的数字政务建设中，浙江省交出了满意的答卷。浙江省开展"最多跑一次"的政务服务改革，加强互联网技术在政务服务中的应用，以群众感受为政务服务改革的方向。浙江省政府重点建设了集成式政务服务，大力简化手续繁多的政务服务审批，推动不动产交易登记、商事登记制度、涉政审批中介等服务改革，在全省范围内实现交易和备案、税款征缴、不动产登记等业务"最多跑一次"，完成诸多事项的"多证合一、一照一码"和多个领域的"证照联办"，让群众办事省时、省力、省心。杭州市率先展开了"互联网＋政务服务"的改革，杭州市民可以足不出户在家自助缴纳社保费用，快捷办理不对称登记、刷支付宝和银联卡乘坐公共交通。如今，全国各大城市都以便民利民为导向开展了公共服务创新，这些公共服务改革的实践为全球经济治理机制变革提供了新思路。

4.6.5.2　实施国家大数据战略

大数据是数字经济时代的重要特征，是信息化发展的重要阶段。世界各国都十分重视大数据在国家管理、社会治理、经济发展和人民生活等方面的应用，把推动大数据的建设作为实现社会创新发展的重要战略部署。

第一，实施国家大数据战略，需要坚持以人民为中心，通过大数据实现保

---

[1]　新华社. 习近平主持中共中央政治局第二次集体学习并讲话［EB/OL］. http：//www. gov. cn/xinwen/2017 – 12/09/content_5245520. htm.

障民生和改善民生，加强大数据在教育、医药卫生、交通、就业和住房等领域的应用，基于大数据挖掘在社会民生领域的突出问题，弥补民生领域的短板，开发便民平台及其应用。

第二，实施国家大数据战略，需要提高政务数据利用率和数据筛选能力，加强重点领域数据的采集效率和整合质量，推动政府数据和外源数据的融合利用。政府应该把握数据采集范围和无关信息过滤，使有效数据发挥作用，避免因无效数据导致资源浪费。政府应该做好数据采集和数据应用的顶层设计，通过对数据的有效应用，帮助政府在市场监管、宏观调控、公共服务和社会治理等方面发挥职能，提高数据利用的精确性和有效性。

第三，实施国家大数据战略，需要做好大数据平台的顶层设计，加强与大数据平台相关的基础设施建设，推动政府与高校、平台企业等机构开展合作。政府应该建立统一的数字政务平台，通过制定数据共享清单，推动平台数据在政府各个部门之间的共享和共用。政府应该统筹大数据适用边界，制定相关法律法规，保障政务数据的安全性和合规性，加强大数据平台相关的基础设施建设。

4.6.5.3 推动政府平台共治

推动政府平台共治是数字经济时代全球经济治理机制变革的重要内容，也是推动数字政务治理的必然选择。伴随数字经济发展，平台企业在市场中的作用和地位悄然发生改变，从数字信息的中介者变为数字信息的制造者和传播者。平台企业基于整合优势，能够捕捉留存于平台中的数字信息，掌握高效的数字工具。因此，推动政府和平台共同参与数字政务治理成为大势所趋，平台以独特的数字信息优势在数字政务中成为不可或缺的中心节点。推动政府和平台共治，需要搭建数字经济时代的数字政务监管制度框架，创新政府平台互动模式。政府应该调整在数字政务治理中的角色，用开放包容的心态接纳平台企业，通过协同治理方式推动数字政务治理，由直接监督个体经营者转化为监督平台落实治理责任。平台企业在协同治理中应该保障平台数据公开透明，保证公平正义，承担平台企业的主体责任。

4.6.6 数字安全层面

在数字经济时代，海量数据在政治、经济、社会等领域产生和积累，有关数字安全的讨论成为热点话题。在此背景下，传统的信息安全战略已无法满足国家安全的需求，由信息安全上升为数字安全是大势所趋。实施数字安全战略应坚持总体安全战略观，应当对数字经济时代中国国家安全的新内涵和新外延有深刻的认识，对中国的时空领域和内外因素有深刻的把握。实施数字安全战略应该坚持以人民利益为出发点，以政治经济安全为根本，加强在数字贸易、数字金融、数字技术、数字文化、数字政务等领域的安全保障，以推动国际社会安全为目标，推动全球经济治理机制在数字安全领域的变革。实施数字安全战略还应当认识到，数字经济时代有别于传统信息时代，信息安全已经上升为数字安全，当前，时代的特征已发生变化，数字安全对当前的全球经济治理机制变革提出了新要求和新挑战。因此，应当转变思路、契合需求、积极应对，在全球数字安全治理中贡献中国智慧、提出中国方案、分享中国技术、提供中国经验，走出中国特色的数字安全道路，制定符合中国推动全球经济治理机制变革实际需要的安全战略。

4.7   本章小结

本章立足于数字经济时代的大背景，以中国推动全球经济治理机制变革为出发点，剖析了全球经济治理机制变革的外部环境，具体包括：世界经济秩序发生重大转变，新兴市场国家地位逐步提升，全球价值观多元化趋势加强，数字技术革新日益加快，全球公共物品需求持续增长。在此基础上审视自身，剖析了数字经济时代中国推动全球经济治理机制变革的内在条件，具体包括：经济实力的不断夯实，开放型新体制优势愈发凸显，中华文化的国际影响日益深远，新一代数字化技术持续领先，公共物品供给能力不断提升。本章分别从数字技术、数字贸易、数字金融、数字文化、数字政务和数字安全角度，讨论了中国推动全球经济治理机制变革的机遇与挑战。认清机遇与挑战，有助于进一步确立中国的战略部署，实现全球经济治理机制变革。

随着数字经济时代来临，数字经济正成为全球经济增长日益重要的驱动力，在加速经济发展、培育新市场、实现可持续增长等方面发挥重要作用。在数字经济时代，中国推动全球经济治理机制变革，需要审视新的外部环境，同时，把握内在条件，厘清在数字技术、数字贸易、数字金融、数字文化、数字政务和数字安全等数字经济各方面的条件和需求。全球经济治理机制变革面临着国家利益冲突、文明价值观冲突、逆全球化冲突等多种挑战，面对严峻的世界经济形势和复杂的全球经济治理格局，中国应当厘清数字经济时代全球经济治理机制变革的机遇与挑战，努力做到高瞻远瞩、统筹兼顾，在全球经济治理机制变革中发挥独特作用，为之贡献中国方案和中国力量。

5

数字经济时代中国推动全球经济治理机制变革的实施路径研究

5.1 问题的提出

随着经济社会各领域数字化转型的不断深入，全球经济治理机制面临变革。在本书前述章节中，已经梳理了中国参与全球经济治理的历史进程和数字经济对全球经济治理机制变革的影响，进一步比较了数字经济时代与传统经济时代中国参与全球经济治理的角色定位，指明了数字经济时代中国推动全球经济治理机制变革的前进方向。

可以看到，在世界经济秩序发生重大转变的背景下，新兴市场国家的国际地位逐渐提升，全球价值观多元化趋势加强，数字技术革新日益加快，导致新兴市场国家与发达国家之间的力量对比发生改变，加剧了新旧力量在全球公共物品供给中的博弈，而全球公共物品需求扩大以及供给不足的问题也将更加突出。对中国而言，随着经济实力的提升，国力基础得以不断夯实，中国开放型新体制的优势愈发凸显，中华文化的国际影响日益深远，新一代数字化技术持续领先，这些都为增强中国的公共物品供给能力提供了良好的经济条件、政治条件、文化条件以及技术条件。因此，中国应以一种更加积极主动的姿态参与全球经济治理，成为全球经济治理机制变革中的推动者、引领者、践行者、探索者和倡议者。可以说，在数字经济时代的全球经济治理改革进程中，中国面临前所未有的机遇。从数字技术角度看，数字技术赋予人类命运共同体新的内涵，并进一步丰富了全球经济治理的内容，助推数字成果的开发和共享；从数字贸易角度看，数字贸易下多样的贸易组织形态给中国开展多边探讨和多边治理提供了机遇，而建设数字贸易强国也为中国推动全球经济治理机制变革提供了底气，制定弹性的数字贸易政策则为中国参与贸易规则谈判提供了经验；从数字金融角度看，数字货币的研发与应用无疑为人民币国际化提供了重要依托，而数字普惠金融的发展也能助力弥合全球数字鸿沟，并最终推动中国增加在国际金融领域的全球公共物品供给；从数字文化角度看，文化资源汗牛充栋，同时，数字文化市场需求旺盛也倒逼中国数字文化软实力提升，为中国优秀文化的保存与传播奠定良好的基础；从数字政务角度来说，数字技术不断拓展到政务服务领域，加深了政务网络化进程，使中国成为全球数字政务领域的先行者；从数字安全角度来看，全球网络信息安全维护和执法实践经验不断丰富，数字生态治理法治化趋势不断加强。

同时，数字经济时代中国推动全球经济治理机制变革也面临着严峻挑战，个别西方发达国家依托其技术优势实行数字霸权和网络霸权，全球数字贸易摩擦有所显现，数字鸿沟日益扩大。但从全球的制度建设层面上看，全球数字贸易规则亟待制定，全球数字贸易监管体制尚待完善。此外，数字货币缺乏有效的价值支撑和交叉技术融合，数字文化资源开发能力不足，数字政务可能会面临信息安全风险和信息技术风险，各主要国家（地区）在跨境数据流动安全方面的分歧难以调和等问题日益突出，中国亟须对此作出应对，以推动世界政治经济格局重构。具体而言，在数字技术、数字贸易、数字金融、数字文化、数字政务、数字安全六个层面上，中国都应当有所作为，以更好地实践人类命运共同体理念，助力全球经济治理转型和创新发展，并为其他发展中国家的改革和发展提供经验参考。

基于此，本章主要研究在数字经济时代的多重机遇和多重挑战下，中国推动全球经济治理机制变革的实施路径，本章将主要从上述六个层面展开，以对中国推动全球经济治理的实施路径进行具体规划与具体阐述，打造精准的全球数字治理新模式，完善国内数字贸易顶层战略设计，进一步构筑数据跨境流动新框架和国际数字安全监管平行议程，实现数字治理与开放治理、智慧治理和集约治理相融合，全方位、多角度地推动全球经济治理机制变革。

5.2 数字技术层面的实施路径

5.2.1 推动产业数据深度挖掘，培育数字经济发展新动能

随着数字技术日益成熟，产业大数据逐渐成为推动实体经济数字化转型、数字经济进一步发展的重要动力。一方面，数据融合的持续深化将推动企业上下游信息资源体系建设，助力企业建立区域性合作、横向平行合作以及参股合作等不同的合作方式，在供应体系上形成稳定或牢固的产业链关系；另一方面，对产业大数据尤其是工业大数据的挖掘和应用，将进一步推动行业转型与高质量发展。大数据贯穿于工业的设计、生产、服务等各个环节，使整体工业系统具备描述、预测、决策等智能化功能。据统计，2016～2019 年中国工业大数据市场规模稳健增长，年复合增长率达到 38.0%[①]，制造企业在利用大数据技术后，能够有效地降低生产成本，驱动工业升级和产业整合，因此，为培育数字经济发展的新动能，应全面深化对产业大数据的挖掘，促进产业数据应用成熟度和商业化程度的提升，进一步发掘产业数据新的应用场景，如提高企业营销能力、建设"城市智慧大脑"、实现消费者效用最大化等，以提高经济效率和社会福利水平。

5.2.1.1 加强对金融大数据的整合、共享和开放

从技术角度来看，金融大数据主要分为数据接入、数据存储、数据计算和数据分析四层。因此，应分别针对四个层级完善数据技术，为金融大数据的应用提供良好的技术支撑。目前，金融大数据已经广泛应用于精准推送、股价预测、智能投顾、信贷风险评估、消费信贷、供应链金融、风险定价等具体业务场景。其中，金融大数据在市场风险防范、非法集资监控、异常交易识别等监管科技方面的表现尤为出色。

应当大力推动企业利用大数据应用的基础模式以促进业务发展。总的来说，大数据应用基础模式在互联网金融中属于层级框架模式，其框架主要包括数据来源层、数据整合层和数据利用层。其中，数据来源层位于应用模式的最底端，

[①] 前瞻产业研究院. 中国工业大数据产业发展前景与投资战略规划分析报告 [R/OL]. https：//bg. qianzhan. com/report/detail/1611221811588043. html.

主要负责从大数据基础设施中收集所需的互联网金融数据信息，为数据资源进一步整合与应用提供良好的数据基础；而数据整合层位于数据来源层与数据利用层之间，起到系统联通的作用，即向下沟通数据来源层，向上连接数据利用层，主要负责数据的整理、分析、存储与挖掘；数据利用层位于应用模式的最顶端，主要负责为数据使用者的产品服务分析和业务决策等提供强大的信息支撑，以促进互联网金融业务的发展。因此，互联网金融企业可利用大数据应用模式中的基础设备进行业务数据收集，建立企业数据库，结合大数据挖掘技术对互联网金融信用指数、风险指数、传播指数等进行分析，实现对风险账户的监控，以提升金融业务风险管理水平，满足舆情监测、内部管控、风险监督、精准营销等需求。

同时，应当大力推动企业利用大数据应用创新模式实现业务升级。在发展互联网金融业务时，金融机构可以结合金融市场的变化趋势，利用互联网金融的数字化、网络化和信息化特征实现大数据应用模式创新，形成诸如大众筹资、C2B经营、金融门户等多种新型发展模式。例如，金融机构在发展相关的互联网金融业务时，可利用数字信息技术构建互联网银行网络平台，利用大数据技术寻找和匹配合适的客户并向其提供普惠金融服务。这样，既可以拓宽业务、盘活资金，又能有效地化解中小微企业面临的融资约束难题。而利用"金融云"，则可以使金融业务向更加注重安全稳定和风险防控的方向迈进，加快金融大数据与其他领域数据的融合应用，建立并完善金融大数据的技术标准和技术规范，进一步推动金融业向智能化、共享化方向演进。

5.2.1.2 推动企业利用工业大数据实现业务升级

对于工业大数据，应重点关注工业新模式、新业态的发展，实现"制造业＋互联网"的融合与创新。中国工业大数据具有广阔的应用市场，据统计，2019年，中国工业大数据市场规模达到146.9亿元。[①] 在此背景下，应充分发挥工业大数据的市场潜力，实现工业设计、研发、生产、销售、服务等产业要素的全面互联，促进制造产业转型升级，以助力工业数字化、智能化发展。

对政府而言，一方面，应当强化战略引导。引导和支持制造业企业突破工

---

① 中国电子信息产业发展研究院.2020中国工业大数据产业创新与投资趋势［R/OL］.2021. https://www.ccidgroup.com/info/1105/32839.htm.

业大数据、物联网、互联网、工业云等关键核心技术，深入研究工业大数据与互联网创新融合的技术架构。同时，积极完善有关数据共享与数据保护的法律制度，建立和完善工业大数据流通标准规范，助推全链条网络化转型。另一方面，应研究建立制造业的统计指标体系，并推动大数据管理局、大数据交易所尽快落地，以提供各类工业大数据的交易机制、交易指数和实时评估服务，促进工业大数据资源的采集、汇聚与交易。此外，政府还应当大力支持新老企业之间的数字化合作，以促进其在新模式、新业务和新流程等方面的协同创新。

对企业而言，应当主动把握工业大数据的发展态势，依靠主控式创新促进自身发展。例如，针对生产性服务企业，应当依托融合型人才和跨学科模型，为制造业企业提供诸如组织架构变革、业务流程再造和企业资源整合等咨询服务以及企业信息平台搭建、产品在线检测和系统远程运维等技术服务，为制造业企业提供有针对性的综合解决方案，成为沟通制造产业与互联网产业的桥梁和中介。针对消费品制造企业，应当紧紧抓住贴近终端用户的优势，转变管理架构，构建面向制造业全流程、全业务的O2O开放平台及业务部门，支持用户全流程参与。同时，可以对O2O平台沉淀的大量数据进行数据挖掘与数据分析，以关注用户价值创造、捕捉最新行业动态、构建专业圈子并获得产品收益分享，最终推动企业由产品生产商向产品个性化服务提供商转型。针对装备制造企业，可依托以智能工厂为载体的智能生产、以云平台为支持的智能存储、以万物互联为重点的智能理念和以智能决策为支撑的智能服务，进一步覆盖产品的研发、制造、运维与企业管理等全环节，依靠工业大数据等新一代数字信息技术颠覆传统制造业的生产组织方式和人机关系，带来产业生产模式和运营模式的创新与变革。针对互联网企业，则应当依托其数据优势和技术优势，广泛参与产业联盟，建立和完善互联网与制造业融合发展的技术标准与体系规范，以促进商业大数据平台与工业大数据平台的全面融合发展，实现企业生产流通一体化。

5.2.1.3 完善中国的大数据产业链

应着重完善中国的大数据产业链，促进行业应用从消费端拓展到生产端，从感知型应用拓展到预测型应用、决策型应用，以形成大数据产品体系。根据各领域功能的不同，大数据产业链可以被细分为数据源、技术层、应用层和衍生层等。针对数据源部分，当前主要集中在政府、三大运营商、互联网巨头以及与政府合作的相关企业，市场进入壁垒较大，形成了一定程度的垄断，不利于大数据市场创新活力的迸发。政府可以加大对初创企业的扶持力度，加强对现有企业的监管，可以在一定程度上缓解大数据的垄断现象。针对技术层而言，虽然国内相关企业数量众多，但核心技术对国外厂商的依赖性仍然较强，导致国内企业在与国外企业的技术竞争中处于弱势。

因此，中国应推动企业在大数据领域对系统性技术、平台级技术的研发，以提升国内相关企业的国际竞争力。针对应用层及衍生层而言，应促进大数据在各个细分垂直领域的应用，推动大数据产业与其他产业深度结合，实现全产业链拓展。

5.2.2　实施商业数据分类监管，构筑数据跨境流动新框架

大数据相关的计算、存储及传输等技术的迅猛发展使得跨境数据流动成本大幅下降，边际成本甚至接近于零，这有利于形成全球数据"公地"，并进一步提高数据的利用效率。因此，针对数据跨境流动的全球治理困境，尤其是国家安全与跨境数据自由流动之间的利害权衡，应通过数据分级、分类监管来寻求突破。

在企业维度上，对涉及商业秘密的企业私有云产品，可将现场设备、工业控制系统与私有云平台进行连接，从而实现对关键性隐私数据的保护；而针对不涉及商业秘密的企业非敏感型数据，可连接企业与工业公有云系统，甚至连接企业与协作企业、企业与用户，从而加速企业的互联网进程。

在国家维度上，可加强相关的制度基础设施建设，推动数据安全相关法律法规的修订与完善。如考虑建立数据分级管理制度、数据流动合同监管制度以及数据安全风险评估制度。同时，可通过专门的数据监管机构对涉及网络用户个人隐私数据搜集、存储及使用的企业进行定期监管与审查，另外，可设立数字自由贸易港，探索数据跨境流动的创新制度。

5.2.3　促进数字技术协调整合，开辟全球数字治理新路径

当前发展较快的数字技术，包括5G、云计算、物联网、人工智能等。综合运用这些数字技术，可以为解决一些旧有的全球治理问题提供新的思路。如"全球病毒预警行动"组织（Global Viral Forecasting Initiative）通过挖掘真实且非结构化的大数据，能够确定某些地方性疾病全球性大流行前的爆发地和爆发

原因。再如，通过充分利用大数据技术，联合国的"全球脉动计划"系统地研究并尝试解决当前主要的全球性问题，如气候变化、经济福利、食品安全、公共卫生等。基于数据监控与数据挖掘，可以即时监测、定位和跟踪事态的最新进展，从而使决策者采取有针对性的预防措施。但值得关注的是，往往会出现一些人类无法处理的大数据集，需要进一步加强对多种数字技术的综合利用。总体而言，应推动人工智能、区块链、云计算、大数据、5G 等新兴技术相互关联与相互促进，形成一系列新兴技术合成的金融科技新生态，从而使全球数字治理进入新阶段、新格局。

5.2.3.1 以数字技术构架各行业业务基础

第一，可以在人工智能技术和区块链技术基础上，推动数字普惠金融的进步。应深入研究数字货币和其他数字资产，以实现数字金融高质量发展，并助推社会治理进步；第二，可以通过轨迹追踪实现社会风险关口前移。即利用数字技术来采集各个场景、各个类型的数据进行数据分析，汇总形成人员活动路径与人员行为轨迹，以实现对社会治理风险点的精准定位；第三，综合运用多种数字技术实现对突发事件的"靶向"治理。可事先对各类应急突发事件进行建模以研判其发生概率及可能造成的后果，从而做好规划与备案。在新冠疫情期间，健康码在新冠疫情防控中起到了很重要的作用，并为后勤物质保障和复工复产复学提供了重要支撑。

5.2.3.2 以数字技术发掘大数据潜力

可结合大数据技术与云计算技术进行数据挖掘，从低价值密度的数据中发现其隐藏的潜在价值。通过云计算，有助于解决伴随大数据爆发式增长产生的数据处理分析能力不足的问题。同时，云计算可以实现弹性伸缩和动态调配以及资源虚拟化，十分契合新型大数据处理技术的要求。因此，应大力发展全栈云和智能云，以全面促进对大数据和人工智能等技术的应用。可以说，云计算是一个大的服务体系，在此服务体系下可以为多种技术，如大数据技术和人工智能技术等提供落地应用的场景。

5.2.3.3 以数字技术构建综合分析系统

可结合大数据和人工智能，通过外推和模式识别等技术，构建综合分析系统。例如，为了解决旧有数据处理过程中算法及分析逻辑受制于预先设定的传统单一模式等问题，可将大数据与 AI 深度融合，打破传统数据处理系统的固有步骤，识别其随时间变化的异常，进而实现较复杂的全球性事件的事前预测、事中监测及实时反馈。

总之，通过深入协调整合大数据、云计算和人工智能等数字技术，可以进一步推动对全球治理中关键性问题的应对，实现对全球性事件的预警及实时反馈，以利于预先确定全球治理中关键项目和关键政策的定位和走向，并及时作出必要调整。

5.2.4　推动数字技术创新应用，引领智慧经济发展新时代

随着数字信息技术的发展，各国政府日益重视对数字技术的创新应用，以智慧经济引领创新发展，提升国民福利水平，推动时代的创新进步。根据韩国政府公布的《后疫情时代数字化政府创新发展计划》，电子驾照的大规模应用时间将被提前，预计开通"国民秘书"聊天机器人以提供民防、教育、税务等领域的智能服务，并尝试利用人工智能技术构建全国综合安保管理系统。[①]

5.2.4.1　推动物联网与数据应用结合

针对以物联网为代表的数字技术，应充分利用其改造现有业务场景。通过推动物联网与数据应用的结合，有助于形成智能化的数字指挥调度平台，为基于人、设备、材料的可视化工业生产和工程调度管理提供更有效的解决方案，从而对生产过程中的人、机器、原材料等生产要素进行更科学的组织与调配，实现生产过程中的资源优化。尤其是在物流体系搭建过程中，应基于物联网和数据的结合，充分照顾不同国家的物流偏好，搭建起全面、综合的智慧型物流（消费者跨境物流信息偏好及其影响因素，参见专栏5-1）。

5.2.4.2　推动云计算技术向传统行业覆盖

针对以云计算为代表的数字技术，应加大其在互联网企业及传统企业中的应用深度和应用广度。云计算技术正在从互联网（IT）行业向传统行业覆盖，在工业互联网推动下，目前，大量传统企业也纷纷"上云"，其对于传统企业的网络化改造、智能化改造会起到非常重要的作用，将为IT行业甚至更多行业

---

① 人民网. 多国加快数字技术创新应用［EB/OL］. https：//baijiahao. baidu. com/s？id＝16722512 07813973700&wfr＝spider&for＝pc.

构建一种全新的计算（存储）服务模式。因此，从产业结构升级的大背景来看，应推动云计算全面深入传统产业领域，进一步促进互联网脱虚向实，为传统产业发展赋能。

5.2.4.3 促进数字技术系统应用落地

针对以人工智能为代表的数字技术，应充分发挥其最大效能，以拓展产业经济增长的新模式、新空间。随着智慧城市、智慧医疗以及智慧交通等社会需求的爆发，大数据智能和跨媒体智能成为人工智能的重要发展方向。因此，推动人工智能的信息资源调度、促进系统应用落地、实现运维一体化、建立新一代人工智能生态系统，应当成为人工智能下一步的发展方向。

5.2.4.4 不断开发新的数字技术应用场景

针对以5G为代表的数字技术，应推动其为物联网、云计算以及人工智能等技术提供有力支撑和可靠保障。随着5G设备的增加，各行业的数据搜集能力越来越强，数据连接也越来越广泛，会进一步推动非结构化数据暴增，并推动算法创新，助力数字技术发展实现巨大飞跃，并催生一大批新的数字技术应用场景。如金融机构云化、物联网金融开放生态圈构建以及行业监管科技创新等。

当然，在数字技术具体应用过程中，也会面临一些问题和挑战。如数字医疗等数字化服务创新应用面临着隐私困扰。各国政府可以凭借大数据及相关服务，有效遏制新冠疫情的大范围传播。但值得思考的是，新冠疫情过后是否要再度收紧隐私保护政策，这无疑取决于各国有关部门的进一步行动。

▶ 专栏 5－1

消费者跨境物流信息偏好及其影响因素

随着跨境电子商务的快速发展，跨境物流服务的需求和重要性也在增大，完善的跨境物流服务可以促进跨境电子商务的商业活动。

通过对1 372家跨境电商企业两年内的出口运单数据进行分析发现：商品运费占商品销售额的比例较高，并且，近年有不断上升的趋势，虽然挂号物流运费高于平邮物流运费，但是，仍有很多消费者会选择挂号方式。不同国家消费者对跨境物流信息的偏好程度存在差异。理论上，消费者购买商品数量与商品运送过程中的不确定性有关，且消费者对跨境物流的信息偏好程度随商品重量的增加而增加，随挂号服务费价格的增加而递减。实证分析也印证了消费者跨境物流信息偏好主要受商品重量、物流运费以及消费者所处社会经济环境的影响，确认较高的商品价值、低廉的运输成本、互联互通的信息共享机制是决定消费者物流信息偏好的关键因素。上述结论显示，首先，对于跨境电商行业而言，应尽快建立互联互通的信息共享机制。信息服务和信息共享有助于降低跨境电商行业的交易成本，是促进跨境电商发展的一大关键因素；其次，对于跨境电商平台而言，应推动跨境电商平台的优化升级，完善平台商家的竞争规则，加强对平台商家的监督和管理；最后，对于跨境物流企业而言，应努力提升物流服务专业水平，尤其是针对欠发达国家进行物流信息服务的优化和提升，以满足欠发达国家消费者对物流信息服务的需求。

资料来源：马述忠，梁绮慧，张洪胜．消费者跨境物流信息偏好及其影响因素研究——基于 1 372 家跨境电商企业出口运单数据的统计分析 ［J］．管理世界，2020（6）：49 － 64.

5.3 数字贸易层面的实施路径

5.3.1 完善贸易发展战略设计，夯实数字贸易制度基础

随着数字经济兴起，中国跨境电子商务以及数字服务贸易的发展日益成为全球经济的一抹亮色。其中，中国的电信、计算机和信息服务贸易快速发展，跨境电商规模不断扩大。在此背景下，中国无疑应夯实数字贸易制度基础，大力支持数字贸易发展。

5.3.1.1 国内：创新完善数字贸易发展战略设定

就国内数字贸易发展而言，政府应加大对数字贸易的政策支持力度，进一步改善中小企业发展面临的政策环境。《中华人民共和国电子商务法》颁布，为中国的数字贸易发展奠定了良好的制度基础。但是，现阶段，中国在具体的制度制定与落实上存在不足，尤其是专门针对数字贸易细致且完善的制度尚属

空白，国内有关数字贸易的制度制定较为滞后，亟须以完善国内市场和促进数字贸易发展为出发点制定有关政策，尤其是鉴于市场分割会造成比较严重的市场扭曲（线下市场分割和企业线上销售，参见专栏 5-2），相关政策要既能起到市场监管的作用，又能促进数字贸易增长。因此，中国应该逐步完善数据共享、数据流动方面的制度，建立健全关于数字贸易的专门立法，探索推动数字贸易进一步增长的新发展模式。

5.3.1.2 全球：参与全球数字贸易规则制定

就数字贸易的全球发展战略而言，中国可以加强数字贸易战略设计，提供全球数字贸易冲突解决的中国方案，可以推动建立一个具有广泛约束力的数字贸易规则框架。WTO 在多边数字贸易规则构建方面严重滞后。早在 2016 年，中国就向 WTO 总理事会提交了一份涉及电子商务相关议题的文件。2017 年 10 月，中国再次向 WTO 总理事会就暂停电子传输的关税，跨境电子商务便利化、无纸化贸易、法规政策透明度以及发展与合作等问题提出建议。但是，目前的全球数字贸易规则仍更偏向于发达国家，无法充分体现包括中国在内的广大发展中国家的利益诉求，存在严重的不平等、不平衡问题。因此，在战略层面上，中国应加快构建符合国情的数字贸易规制框架；在战术层面上，中国应与拥有类似诉求的国家（地区）进行合作，通过签订双边贸易协定、多边贸易协定乃至区域贸易协定来扩大诉求的影响范围。同时，应加强法治建设，努力与美国、欧盟的部分已有规制实现对接，例如，在数据跨境流动领域施行分类管理，参与并逐步引领数字贸易规则的制定。

同时，中国应借助"数字丝绸之路"等契机，积极参与双边贸易规则、多边贸易规则以及区域贸易规则的制定。一方面，通过共建"数字丝绸之路"，与海内外企业在商业模式创新、数字化人才培养等多方面展开合作，缩小世界各国在新型基础设施及人力资源之间的差距，将中国信息技术的成果推广到周边国家，引领世界各国协力弥合全球数字鸿沟。例如，通过"东盟+1"的合作机制，中国和老挝已经达成了相关合作。再如，老挝的卫星公司与在当地投资的中国企业合作推出数字电视机顶盒业务，打开了广大农村市场；另一方面，通过在"一带一路"共建国家推广使用中国的技术标准，中国可以更好地构建代表发展中国家话语权的数字贸易规则，推动各方就数字贸易规则尽快达成共识。此外，在与"一带一路"共建国家的合作中可能会出现宗教、文化和意识形态冲突等问题，可充分利用大数据技术从网络、新闻媒体和社交媒体上广泛收集相关信息，对可能面临的风险进行分析与研判，并将研究成果传达给在"一带一路"共建国家投资的中国企业，以帮助企业规避潜在的投资风险（黄黎洪，2019）。

▶专栏5-2

线下市场分割和企业线上销售

国内市场分割所形成的高进入壁垒，使得企业通过线下渠道进入其他区域市场无利可图，在这种情况下，以较低的成本进入线上统一市场成为企业更优的策略选择。从直观分析来看，线上销售对传统线下省际贸易的替代性可能比对出口贸易更强：电子商务等交易方式不再需要固定的交易场所，突破了交易的空间限制（Lendle et al.，2016），自然性市场分割大大减弱。地方保护主义形成的制度性市场分割是线下市场分割，地方政府难以在线上渠道限制商品进入本地区。因而，相比线下市场，线上市场是一个更加统一、更加完整的市场；另一方面，企业出口需要支付高额固定成本，只有高生产率的企业才能从事出口（Melitz，2003），国内的大量中小企业面临难以逾越的生产率门槛。与出口相比，通过门槛较低的线上渠道销售产品是更加有利可图的选择。此外，2008年金融危机后，海外市场需求疲软，出口转内销成为外贸企业谋求生存发展的普遍选择（张昊，2014）。面对萎缩的海外市场以及分割的国内市场，通过电子商务等线上渠道销售产品成为更优的替代性方案。

减少各种形式的市场分割，仍是完善社会主义市场经济体制的重中之重。应着力加强交通、通信等传统基础设施建设和新型基础设施建设，清理废除妨碍统一市场和公平竞争的各种规定和做法，加快建设统一开放、竞争有序的市场体系。应当重视发展以电子商务为代表的数字经济形态，充分发挥数字技术在弱化信息不对称、促进商品流动等方面的特殊作用。

资料来源：马述忠，房超. 线下市场分割是否促进了企业线上销售——对中国电子商务扩张的一种解释. 经济研究［J］. 2020（7）：123-139.

5.3.2　规范贸易垄断稽查方式，转换数字贸易监管思路

作为开展数字贸易的主要载体，数字平台在全球范围内具有广泛影响力。数字平台推动了交易和服务一体化，促进了资源配置效率提升，重构了多个领域的产业组织方式，最终推动全球经济转型升级。玛丽·米克（Mary Meeker）发布的《2019 年互联网趋势报告》指出，2019 年，有七家科技公司登上了全球十大最有价值公司榜单，包括微软、亚马逊、苹果、谷歌的母公司 Alphabet 及阿里巴巴等。[①] 可以说，这些数字平台颠覆了传统贸易的运作方式，有效地解决了企业在跨境贸易中极可能遇到的流程不透明、成本高、报关手续烦琐等问题，有助于打造集产品展示、在线交易、关检、物流、支付、服务于一体的全平台、线上化外贸闭环模式，有利于打破传统跨境贸易壁垒，推动全球贸易进一步发展。

但是，在数字平台崛起的同时，也伴随着市场失灵和监管失灵的"双失灵"问题。其中，尤为突出的是数字平台的市场垄断问题。这些数字平台依赖个人数据作为关键输入，通过向用户提供免费服务获取有价值的个人数据，从而可以通过 Apriori、Slope-One 及 K-means 等算法为用户提供有针对性的商品推荐，获得相应的竞争优势，并在此基础上利用其数据总量优势，占据更专业化的相邻市场。由此产生的网络效应和规模效应大大提高了用户的转换成本，极大地增加了新企业的市场进入门槛，造成了事实上的垄断。而垄断加剧会破坏市场良性竞争，阻碍其他公司数字技术的研发与创新。但截至目前，针对数字平台的反垄断监管，中国仍面临诸多问题。例如，传统的反垄断监管方式缺乏弹性、监管受传统条块化管理体制约束等。西方国家传统的反垄断法诞生于工业经济时代，主要解决工业企业间的共谋、大型企业的市场权利滥用以及市场经济力量过于集中引发的市场失灵问题（戴龙，2020），但这些在数字经济时代并不适用。原因在于，传统的判定准则和判定方法难以应对数字经济时代的算法合谋、算法歧视、数据集中等新问题。因此，2017 年德国在《反限制竞争法》第九次修订时明确规定，在存在多边市场效应或网络效应的现实背景下，

---

① 搜狐网.2019 互联网女皇报告：人工智能趋势强 中国 7 家互联网公司榜上有名！［EB/OL］.https：//www. sohu. com/a/320007890_120156585.

应综合考虑企业拥有的与竞争相关的数据、基于网络效应的经济规模以及创新驱动的竞争压力等新型因素和传统的市场垄断条件，以认定有关企业是否具有市场支配地位。[①] 而 2017 年修订的《中华人民共和国反不正当竞争法》中增设了"互联网专条"，以规制互联网不正当竞争行为。在 2019 年 10 月发布的《中华人民共和国反垄断法（修订草案)》征求意见稿中，进一步引入了新型认定因素。但是，上述法律规定仅强调了竞争规制，却无法配合与引导数字技术创新与经济效率提升，并且，未能很好地为数据自由流动与市场公平竞争提供制度保障，无疑成为当前中国在反垄断立法中需要高度关注和解决的问题。

5.3.2.1　政府应坚持包容审慎监管

政府应充分关注市场结构、市场行为、市场绩效等，加大对不合理的政府规制的改革力度。尤其是应重点关注数字平台的价格行为、跨界行为与集中行为、数据行为等。例如，针对数字平台的价格行为，需要注意一些具有市场优势地位的平台是否利用其数据优势进行价格歧视，损害消费者利益；针对数字市场的并购现象或集中现象以及数字平台的数据竞争、隐私保护等其他市场行为，应该综合衡量消费者福利，将消费者隐私保护水平纳入福利范围，同时，可采用社会总福利标准，更灵活、更符合实际情况、更兼顾多样化地进行数字平台反垄断市场监管工作，兼顾经济效益、社会公平、隐私保护等多个方面，从而构建能够规范数字平台健康发展的新型监管体系。

5.3.2.2　政府应继续完善反垄断立法

在《中华人民共和国反垄断法》修订时，针对数据垄断问题，应当借鉴国外立法并结合具体国情，继续引入数字经济时代评价市场支配地位的新因素。同时，应着重考虑会影响技术创新和市场效率提升的关键因素，在法律上加以引导和鼓励。应当加快制订个人信息保护法，吸收 GDPR 中有益的部分，促进数据有序自由流动与个人隐私保护相协调。

5.3.2.3　政府应强化行为监管、分类监管以及触发式监管

政府应当重视对数字平台垄断行为的事前预防、事中监测与事后规制，明

[①]　详细内容见《德国反限制竞争法》的第九次修订. https://xuewen. cnki. net/CJFD-DGYJ201804007. html.

确政府监管与平台治理之间的权责界限，寻求合作共治。在当前的国际形势下，中美贸易摩擦加剧，中国数字平台企业的海外扩张面临着极大的风险和不确定性，政府更需高度关注数字平台全球竞争的规则协调问题，以应对未来更加复杂的挑战。

5.3.3 优化数字贸易监管标准，消除数字贸易政策壁垒

目前，全球数字贸易发展过程中还存在较多显性、隐性的贸易壁垒，如竞争性壁垒、强制数据本地化要求、内容审查、市场准入及投资限制等，而严格的数字贸易监管政策无疑会加大企业的固定成本（修媛媛，2017），对国际贸易自由化造成阻碍，不利于数字贸易进一步发展。因此，中国有必要优化数字贸易监管标准，提出促进数字贸易便利化、自由化的主张。

5.3.3.1 给予国内数字贸易进出口相应政策支持

一方面，针对数字贸易进口，中国可以给予一定政策优惠，完善相关法律法规。目前，国内消费者对跨境电商进口低值货物的需求不断上升，然而，该类货物的进口关税至今未能得到减免，显然不利于跨境电商的零售进口。因此，中国可设置一定程度的关税税收优惠或设定关税免征门槛，为"针对低价值货品的免关税待遇"提供政策上的支持。同时，政府应简化跨境电商商品的海关进口程序，寻求设立单一窗口数字口岸。另一方面，针对数字贸易出口，中国应尽量减少不必要的监管负担，尽快建设贯穿数字贸易全交易流程的一致性法律法规体系。基于数字贸易的碎片化、小额化、高频次等特性，政府应谋求加快数字贸易的通关效率，以支持数字贸易发展。政府可提前布局与数字贸易相关的电子支付系统，制定技术标准，尽快推出涵盖市场准入、歧视性的许可和税收等方面的政策。

5.3.3.2 尝试推出跨境服务贸易负面清单管理制度

负面清单管理制度能够更好地适应中国深化改革的要求，在更大程度上促进贸易自由化和投资自由化，推动服务贸易领域对外开放，特别是以"一带一路"共建国家为重点，推动中国与更多国家建立服务贸易合作机制。同时，可以进一步在多边服务贸易谈判中引入负面清单管理制度。中国的数字经济规模和数字贸易发展水平较高，有接受"准入前国民待遇加负面清单"模式的条件，同时，负面清单管理制度不仅与中国现有的安全规制不相冲突，并且，能

进一步提升中国的数字经济效率。WTO 成员方在服务贸易总协定（General Agreement on Trade and Service，GATS）承诺减让表所列部门中仅承担有限的市场准入义务与国民待遇义务①，而实际上在数字贸易等方面拥有采取相应限制措施的权力。因此，在谈判时引入负面清单管理制度，可以更好地保护成员方利益，允许其在有限承诺下免于承担部分关系国计民生或者社会基础服务等关键领域的自由化义务，同时，在非关键领域可以放开对数据流动的限制，以平衡数字安全问题和经济效率问题，在一定程度上缓解当前的数字贸易壁垒（戴龙，2020）。可以看到，在全面与进步跨太平洋伙伴关系协定（Comprehensive Progressive Trans-Pacific Partnership，CPTPP）、美墨加贸易协定（The United States-Mexico-Canada Agreement，USMCA）等新型贸易协定中已经使用了较为先进的负面清单管理制度，以在区域内更好地实现贸易自由化和投资自由化。相反地，正面清单模式下的某些减让义务会给成员方增加不合理的负担，阻碍谈判进一步开展，加大协商谈判成本。在负面清单管理制度下，只要基于国家安全、公共利益和保护本国公民个人隐私等合法理由，成员方即可实施数据流动规制。这也符合 GATS 中第 14 条一般例外条款以及第 14 条安全例外条款的相关规定。由此可见，在负面清单管理模式下，成员方实施的跨境数据流动限制被纳入 GATS 的一般例外条款和安全例外条款框架之下，为其在数字贸易中对可能影响国家安全和公共利益而进行的数据审查和网络国家安全审查留出空间。

5.3.3.3 努力构建促进数字贸易与数据规制相协调的国内法律体系

全球数字经济的快速扩张在客观上要求各国进行基于"合法公共政策目标"的数字贸易监管以及数据自由流动之间的权衡，形成能够兼顾公共安全需求与数据流动需求的数据治理体系。从宏观政策上看，美国市场推崇数据的高度自由流动，尽量避免阻碍数据跨境传输的数字贸易监管。在个人隐私保护方面，美国遵从没有强制力约束的软性管理办法。而中国市场出于对数据安全的担忧，有较为严格的数字贸易监管，如某种形式的数据本地化政策。从企业角度看，随着数字经济的发展，相关科技产业和数字贸易平台具有一定"赢家通

---

① 详细内容参见 WTO 的 General Agreement on Trade in Services 文件，https：//www.wto.org/english/tratop_e/serv_e/gatsintr_e.htm.

吃"的倾向，尤其是在数据方面，可能会导致大量消费者数据被极少数数字巨头掌控，不可避免地产生数据垄断现象。因此，如何实现安全性与成长性的平衡，使数字技术创新、数据自由流动效率和公平竞争相协调，反映了一国政府的数据战略思维和数据治理能力。基于此，中国应当主动吸收先进经验，建立促进数据自由流动和维护数据安全相协调的法律制度，同时，不断完善《中华人民共和国数据安全法》，进一步解决数据确权问题，以促进数据在合法、合理的框架内被开发和利用。

5.3.4 提高数字贸易监管水平，建立贸易监管合作机制

政策差异可以视为数字贸易非关税壁垒的一种，对于一个规模报酬递增的公司而言，它服务于本国市场，同时，支付固定（沉没）成本出口到国外市场，若是这些国家有不同的数字贸易政策，则该公司只能在每个市场实现特定的规模经济，无疑增加了企业的跨国经营成本，不利于全球范围内数字贸易的深入发展。然而，如果若干个国家有共同的贸易政策，即实现了政策统一，那么，可以极大地促进企业整体范围内规模经济的实现，降低贸易合规性成本，实现更高的效率分配，提高参与国之间的数字贸易规模。但一国的监管机构不太可能放弃对国家安全和消费者隐私保护等方面标准制定的控制权，同时，国内监管机构往往会认为本国的法律法规最有利于保护本国的公民，因此，寻求各国的监管合作而不是监管标准的统一往往更为实际。例如，美国证券交易委员会（SEC）与澳大利亚证券投资委员会（Australian Securities and Investment Commission）达成协议，为交易对手国家监管的证券交易所提供申请豁免服务。笔者认为，监管合作理念并不要求监管机构放弃对相关标准的控制权，反而能使它们更好地采取跨国贸易监管行动，此时，管辖障碍将不再成为组织跨国贸易监管的理由，东道国的监管者能更好地与母国的地方执法机构合作。因此，监管合作在数字贸易监管中往往更具实用性和有效性。同时，国家之间一旦达成监管合作，特别是达成相互承认协议，更能增进两国之间执行硬性规定时的信任，促进国家之间的数据流动与数据共享，推动监管合作的顺利开展。

5.3.4.1 明确国内现有的数字贸易政策法规背后的目标
政府应就这一目标与贸易伙伴国进行商定与协调。数字贸易监管目标指导

和决定具体的监管政策，如果各国达成了一致目标，那么，在各国的监管过程中就不容易出现根本性冲突与分歧，在具体的监管政策实施方面就有更多可供协商的余地。然而，各国在政治、历史与文化方面的差异，使得监管目标的一致并不总是可以实现的。此时，不应当放弃寻求监管合作，而是应当加强相互间的信息共享，建立彼此的信任机制与合作机制，为具体的数字贸易监管合作奠定良好的基础。

5.3.4.2 提高各国数字贸易监管合作协议商讨与制定的透明度

关于数字贸易监管合作协议的任何讨论，都应以高度透明的方式进行。这不仅有助于建立监管当局之间的信任，还有助于加深参与跨境监管合作的国家及其公民之间的信任，极大地减少了数字贸易监管合作协定制定过程中一些不必要的复杂问题。此时，监管谈判代表需要对会议的主要议程进行讨论与协商，同时，需要有负责跨境监管合作的政府工作人员参加，原因在于，他们最了解贸易监管的具体实践状况，能够更好地把握他国监管的做法与影响。同时，其他利益相关者，如消费者团体代表也应参与这一进程，以减少谈判内部和谈判外部的信息差距，促进监管合作协议的达成。值得注意的是，与这些利益相关者的接触必须以公开透明的方式进行，以避免谈判中不信任情绪的滋生。另外，在监管合作讨论中，应有一些实质性的指导原则，如一国的监管机构应当确保国内法律法规在技术上是中立的——即法律法规不应侧重于所使用的具体技术。也就是说，在数字贸易监管合作谈判过程中，只有严格遵循公开原则与透明原则，才能更好地建立信任关系与合作关系，有利于谈判的顺利开展，最终推动各国就监管合作达成一致。

5.3.4.3 推动数字贸易跨国监管纠纷的本地化执行

如果参与国认为监管纠纷的地方执法具有歧视性，那么，可以委托专门的国际争端机制充当仲裁人。然而，这种仲裁成本通常较高且时间较长，因此，大多数监管纠纷的主要执行机构仍是地方性的。同时，在任何监管合作协议中，都必须包含审计和监管审查的内容。但值得注意的是，随着外部政治、经济环境的不断变化，往往需要对贸易协定文本进行更新，对条例进行监管审查。而此时，数字技术可以辅助完成一些相关工作，例如，通过收集数据实时跟踪和报告潜在的监管风险，提高监管透明度，促进各国之间的监管协调。

5.3.4.4 奉行开放源码战略

在数字贸易监管合作协定尤其是相互承认协定中应奉行开放源码战略，使更多国家易于加入该协定。如果一旦有足够多的国家进行监管合作，那么，正在考虑修订其国内条例的国家会考虑仿效已经相互承认标准的部分成员国的条例，以便有资格立即加入监管合作协定。传统上，通过双边谈判或区域谈判，更容易达成某种协定。然而，这可能会导致国际社会上的协定太多太杂，参与不同协定的国家之间难以进行对接和协调。具体对数字贸易监管而言，签订了监管合作协定国家的监管机构可能并不熟悉监管合作协定外国家的监管标准，并且，难以评估本国的监管标准能否得到承认。监管合作协定乃至相互承认协定也可能使非协定缔约方的跨国公司处于不利地位，原因在于，它们必须遵守多套标准，也在一定程度上违反了协定参与国在世贸组织中的义务。监管合作协定甚至可能导致竞争性放松管制，原因在于，公司出于利益考虑可能会利用这一协定放松管制。并且，在处境相似的国家之间更易达成协议，可能会导致贸易扭曲。因此，推动更多国家加入数字贸易监管合作协定的谈判与签订，更有利于全球贸易福利提升。

总之，尽管存在种种限制，但笔者认为，以相互承认为目标的数字贸易监管合作，可能是解决当前数字贸易跨国监管难题的最佳方法。尽管《服务贸易总协定》在为各国如何制定服务监管标准方面提供了有益的指导，但在处理贸易问题尤其是与数字贸易相关的监管问题时效果有限。因此，建议在数字贸易监管中，应注重监管合作和监管标准互认以推动数字贸易发展。

5.3.5 提高贸易政策协调水平，构建数字贸易规则框架

近年来，WTO 多边体制遭遇冲击，国际谈判日程设定、谈判功能和争端解决机制严重落后于生产力发展和生产方式变革。尤其是随着数字经济时代的到来，关于数字经济与数字贸易的规则制定严重落后于其发展速度。2019 年 1 月 25 日，中国、美国、日本等 76 个 WTO 成员发起了"电子商务诸边谈判"，签署了《关于电子商务的联合声明》，力求在世贸组织框架下制订全球数字贸易规则，维护以世贸组织为核心的多边贸易体制，协商合作解决国际贸易领域出现的新问题，并帮助 WTO 的发展中成员和最不发达成员尽快融入全球价值链、跨越数字鸿沟，以适应数字经济发展。在 WTO 的引领下，一些有影响力的区域

性国际组织相继启动了新一轮电子商务谈判，2019年6月，在日本大阪举办的G20峰会将"贸易和数字经济"作为第一阶段的关键议题列入谈判，最终有17个成员共同签署了《大阪数字经济宣言》，以推动相互之间的数字贸易政策、数字经济政策合作。与此同时，各方在数字鸿沟、网络安全、数据安全等方面尚未达成一致，在新一轮电子商务谈判中，谈判各方在关键议题上观点交集不多，面临巨大分歧与挑战，短期内难以弥合。如中美两国之间关注的议题重合之处较少，美国更关注跨境数据自由流动，欲为其GAFA巨头在全球实现持续扩张寻求规则便利，而中国则更关注贸易便利化，力求推动国内企业借助互联网平台向海外市场销售商品。因此，在重重阻碍下，如何尽快提高各国的贸易政策协调水平，构建全球数字贸易规则框架是一个亟须解决的重大问题。

5.3.5.1 提高中国经济治理机制的水平

应提升中国的经济治理机制水平，为提升中国在全球数字贸易规则制定中的话语权奠定良好的基础。一方面，应先发制人，主动完善跨境电子商务的相关制度，为国内从事跨境电商的企业提供更开放、更透明的营商环境，使其在激烈的国际竞争中抢占先机；另一方面，应加强新型基础设施建设，为商品与服务的跨境流通提供良好的基础设施，同时，可利用"一带一路"倡议在更大范围内推动信息基础设施建设，以形成更符合中国发展需要的、具有中国特色的经济治理模式。

5.3.5.2 将实践优势转化为国际数字贸易规则制定中的话语权优势

应利用高速发展的数字技术与较成熟的市场，以跨境电子商务为轴，进一步推动数字贸易发展。加强数字贸易的便利化设施建设和政策完善力度，力争在数字贸易领域建立真正公平的规则框架。尤其是在未来的电子商务谈判乃至数字贸易谈判中，中国可巧妙地采用议题联系策略，尝试将"跨境电子商务"议题、"信息基础设施"议题和"数字贸易发展"议题进行联系。必要时，可以将上述三个议题和"网络安全与隐私保护""统一标准与法律保障"进行捆绑打包。通过签订"一揽子"协议，合理调配谈判产生的利益，从而有效抵销谈判可能带来的负面影响。

5.3.5.3 坚持在多边贸易体制下推动WTO改革的立场

尽管数字贸易的蓬勃发展为世界各国带来了新一轮经济发展的机会，也带来了多边框架下的诸多问题和挑战，亟须建立并完善与之相适应的全球规则体系。而多边贸易谈判虽然陷入僵局，但是，诸如 CPTPP、USMCA 等具有代表性的区域性贸易协定为全球性规制体系的建立奠定了基础，诸多区域性贸易协定已经在制定数字贸易发展规则方面作出了尝试，且在实践中取得了较好的成效。尤其是 GDPR，为如何平衡数据自由流动与个人隐私保护提供了良好示范。作为多边贸易体制的受益者，中国不能脱离 WTO 的多边贸易体制框架，而应当主动推动 WTO 使其适应数字经济发展。应利用 WTO 的多边贸易谈判体制，主动提出各方普遍关注的数字贸易壁垒相关议题，引领新一轮数字贸易规则谈判。解决目前多边贸易体制中缺乏数字贸易规则的方案，应当主要包含以下三点内容。

第一，应解决原有规则是否适用于数字贸易的问题。只有成员方做出自由化承诺的部门才适用 GATS 规则，因此，对于数字贸易部门，尤其是完全不同于传统服务贸易的数字服务贸易部门而言，GATS 规则能否适用以及如何适用都是尚待解决的问题。

第二，应确保解决在国际货物贸易和国际服务贸易中出现的数字贸易壁垒问题。各国应当抓住发展机遇，尽快出台贯穿数字贸易全流程的一致性法律法规，避免对数字贸易设置不必要的监管负担。同时，基于数字贸易的碎片化、小额化、高频次等特点，监管主体应谋求加快数字贸易的通关效率。

第三，跨境数据流动监管的相关规则，也需要在协定中进一步得到体现。WTO 多边协定的问题之一，是缺乏对数字贸易壁垒的规定，尤其是鲜有涉及对数据跨境流动监管的规范。因此，在 WTO 体系下加强数字贸易规则制度供给的关键之处，在于吸纳已有的双边协定、区域协定及多边协定中已达成共识并经过一定实践检验的数字贸易规则，用以改进现有 GATS 协定下的服务贸易模式、市场准入原则以及国民待遇原则。

第四，要给予各方一定的政策豁免空间。例如，涉及数据跨境流动的规定，其反映一国"数字主权"的行使，而对关键信息基础设施重要数据的储存、利用、控制与管辖会关系到国家安全和公民隐私安全，因此，应当合理地设定"例外"规则。从以往来看，GATS 第 14 条的一般例外条款和第 14 条的安全例外条款为各方预留了一定政策空间，为之后数字贸易规则的制定提供了良好示范。

5.3.5.4 推动数字贸易规则谈判在双边层面、多边层面和区域层面有所发展

具体而言，在双边层面上，应加快与多个国家自由贸易协定的签署，并努力尝试在中美双边投资协定谈判中就两国的数字贸易规则达成一致，从国家的整体利益、长远利益出发，加快对外开放步伐。

在多边层面上，中国可以继续通过 WTO 这一多边贸易机制推动数字贸易自由化，但碍于 WTO 规则内容和管辖对象的局限性，不是所有电子商务领域的议题都适合在 WTO 进行协商谈判，共识原则和成员发展水平的差异更决定了 WTO 多边谈判不可能制定超高标准的协定。包含中国在内的各国可以充分利用多边谈判的灵活性，通过多边谈判影响区域性国际组织谈判，继而对接 WTO 多边贸易谈判进程，产生联动效应和协同效应。

在区域层面，一方面，可升级当前已签署的区域自由贸易协定，增加或完善电子商务及数字贸易相关条款；另一方面，可借助"一带一路"倡议大力推动"一带一路"共建国家的数字贸易标准互认，提高参与国之间的数字贸易协调水平。同时，要注重帮助数字贸易后发伙伴国共同抵制不公平的谈判主张，而与数字贸易强国求同存异，争取先在分歧较小的议题上达成初步共识，从而制定相关制度和相关标准，最大限度地消除数字贸易发展障碍。

5.4 数字金融层面的实施路径

5.4.1 创新金融基础设施建设，提高金融市场运行效率

中国的金融基础设施（financial market infrastructures，FMIs）主要是指，各金融市场主体对金融产品进行清算、结算或记录支付的多边系统，为中国经济的稳定运行提供了重要支撑。但是，当前中国的 FMIs 建设仍面临挑战，尤其是存在风险防范机制发展滞后的问题。而金融业本质上是信息服务产业，金融业的发展在很大程度上依赖互联网等信息服务产业的发展，金融交易本质上是数据处理和网络化通信。而以区块链（Blockchain）为代表的新技术无疑可以推动金融市场由单中心向多中心发展，重构市场信用机制，完善金融市场生态，降低金融市场风险。因此，中国应通过推动区块链等前沿技术应用，建设完善的

数字金融基础设施，更好、更快地推动金融数字化、金融智能化、金融线上化发展，为经济发展提供新动能，提高金融市场效率，在下一轮金融市场发展中占据先机，具体包括以下两点。

第一，在数据流转方面，区块链可以实现在数据流转过程中数据标识不丢失、不损失，即数据在上架、使用前还需经过数据确权程序，其中，标识解析体系会为数据开放主体、数据应用主体打上数据标识，从而完成数据确权、数据上架、数据流转的完整数据信任链闭环。FMIs 可以利用区块链改进系统平台实现金融交易流程再造，以链上数据联盟为基础，实现金融市场数据共享和业务一体化，提高金融数据流转的留痕及审计追溯能力，促进金融系统效率提升。

第二，在支付流程和记账处理上，区块链的证券结算系统通过去中心化的多点记账和自动算法构成的共识机制，能有效地避免人为操纵、篡改资产交易记录。此外，在信用管理和担保机制上，区块链真正实现了"货银对付"（DVP），即通过面对面交易实现了真正的去中心化。这些特点，使区块链成为新一代 FMIs 的技术雏形，并有效地分散金融风险，在很大程度上可以取代一个中心化、物理化的金融市场基础设施。总之，以数字化为代表的新一代信息革命将引起中国 FMIs 运行方式的深度变革，因此，中国可以适度放宽数字金融等相关行业的市场准入，鼓励传统金融机构与金融科技公司开展合作，通过金融科技创新优化金融市场基础设施，促进金融市场运行效率的提升。

5.4.2 推动法定数字货币应用，实现金融服务创新发展

随着数字经济发展，电子货币的便利性和经济性逐渐为人所知。目前，各国央行正在努力应对一场新的技术革命——即移动支付的兴起和对现金使用的减少为标志的技术革命。因此，各国央行开始设计自己的数字支付网络以保持对货币体系的控制。尤其对中国而言，法定数字货币可以使监管机构追踪流通中的数字货币，大大提高洗钱难度或逃税难度。央行还可以运用编码控制数字货币的使用方式，加大央行货币政策的操作空间。

5.4.2.1 充分发挥中国的网络大国优势，推动数字货币的发行与流通

作为全球互联网应用第一大国，中国不仅有丰富的互联网应用场景，而且，正在引领着全球互联网信息技术进步，因此，应充分利用互联网发展的比较优

势，在全球率先发行与流通法定数字货币。具体而言，中国应基于在 5G、大数据、云计算、人工智能与区块链技术等方面的相对比较优势，提升法定数字货币在交易中的速度和量级，推动数字人民币的发行与流通，从而为中国人民、世界人民提供高效的货币服务及金融服务。另外，应持续完善相应的金融基础设施，推动建设形成一个覆盖全国绝大部分地区的高速互联网体系和"万物互联"的物联网体系，为主权数字货币的发行与流通提供支持。

5.4.2.2　充分发挥中国的贸易大国优势，推动数字人民币的国际流通

作为全球第一货物贸易大国，中国在国际货物贸易体系中占据重要地位。因此，通过与中国的主要贸易伙伴国在贸易结算中使用数字人民币，可以进一步推动数字人民币在世界范围内的流通与使用。同时，在当前中美贸易冲突的背景下，数字人民币的使用有助于减少甚至规避在国际贸易结算中使用第三方货币特别是美元带来的汇率风险，有助于打破西方国家在国际贸易计价、支付与结算等方面的垄断地位，有效维护国际贸易秩序，推动形成均衡的国际市场竞争体系。随着人民币国际化路径受阻，亟须推动人民币数字化，加大对法定数字货币的研发，绕过美国掌控的环球同业银行金融电信协会（Society for Worldwide Interbank Financial Telecommunication，SWIFT）和美元大额清算系统（Clearing House Interbank Payments System，CHIPS），寻求人民币国际化困境的破局之道。要通过数字货币来推动人民币国际化，无疑需要抢占先机，促进中国法定数字货币的研发与应用，引领世界主权数字货币体系构建。

5.4.2.3　充分发挥中国制造业大国优势，加速数字货币融入全球实体经济进程

作为制造业大国，中国已成为具有完全产业链最多的国家，成为全球制造业中心，具备推动数字货币融入全球实体经济的产业基础。具体而言，中国可以在国际贸易中引入数字货币，作为主要计价工具、结算工具和支付工具，将数字货币嵌入全球产业链，加速数字货币融入全球实体经济的进程。

5.4.2.4　充分发挥中国制度改革优势，健全完善数字货币的顶层设计

近年来，中国一直在推动金融领域改革，尤其是推动新的货币体系建设与完善。值得注意的是，中国必须警惕新的货币体系的系统脆弱性，一旦出现市场恐慌，储户可能会将银行存款转移到中国法定数字货币账户，这会增加金融

系统压力。即使未出现市场恐慌，对数字货币的强劲需求也可能会侵蚀银行的存款基数，从而使银行更依赖于成本较高且更不稳定的批发性融资。因此，应加快制定数字货币监管的主要原则、具体机制、实施路径以及风险防范措施等，构建系统的数字货币监管架构，确保数字货币监管有法可依。同时，要格外注重从数字货币所具备的技术复杂、业态边际模糊等特点出发，采取跨部门协作监管的方式，全方位、无死角地实现对数字货币的监管，尽可能地规避风险，推出真正安全易用的数字人民币。

5.4.3 促进数字金融技术进步，助力金融服务供给改革

数字金融利用数字技术发展金融业务，弥补了传统金融服务成本高、信息不对称引发的金融主体支持不足等问题，有效地降低了金融服务门槛。一方面，通过大数据技术，金融科技能有效地推动金融行业的供给侧改革，提供小额高频的普惠金融服务与供给，满足和支持大众金融消费需求。因此，中国的数字金融发展增加了居民生活的便利性，有利于实现包容性经济增长，尤其是在提升居民家庭收入方面作用突出，可以通过收入结构调整增加低收入人群的劳动收入。另一方面，金融科技创新提高了金融服务的普惠性，提高了小微企业分享技术创新成果的可获得性。数字金融有利于缓解小微企业的融资约束，解决小微企业"融资难"问题。通过将数字技术运用到传统金融领域，数字金融可以利用其数据优势和信息优势，减少金融市场的信息不对称现象，补足传统金融市场短板，从而有利于优质小微企业通过金融市场获得融资，以缓解其发展面临的融资约束问题，而融资约束的缓解对企业提升国际分工地位具有重要的影响。因此，增加数字金融供给对于缓解小微企业融资约束、提升企业经营绩效具有重大的积极意义。同时，数字金融有利于降低小微企业的融资成本，解决小微企业"融资贵"的问题。借助于互联网、大数据、人工智能及云计算等信息技术，银行可以建立信用评估模型，有效地简化信贷审批程序，加速信贷审批流程和银行放贷速度，扩大服务范围，并通过规模效应和尾部效应降低银行运营成本，有效地节约小微企业融资成本，使其能够以可承担的价格享受正规化金融服务，最终有助于小微企业绩效的提升。因此，应大力促进金融科技进步，助力传统金融服务转型。着重关注数字金融的覆盖广度与使用深度，通过供给侧与需求侧匹配实现金融服务效率提升，解决小微企业的"融资难"与

"融资贵"的问题（融资约束与全球价值链地位提升，参见专栏 5 - 3）。

▶专栏 5 - 3

融资约束与全球价值链地位提升

改革开放以来，加工贸易长期占据中国对外贸易的半壁江山，对促进中国对外贸易发展起到决定性推动作用。然而，以加工贸易参与全球价值链（GVC）方式带来两个问题。一是缺乏自主品牌与核心技术，加工贸易过于依赖外部需求，容易遭受外部冲击，引发进出口额大幅波动；二是创新能力不足以及价值获取能力低下，在全球产业链中陷入低端锁定及比较优势陷阱的风险大。在现实经济中，从事全球价值链不同环节的企业不仅获取的附加值和利润是不同的，所要求的营运资金和先期投入成本也是不同的，融资约束限制了企业进入更高的全球价值链环节。

通过将来料加工和进料加工纳入理论模型后发现，高生产率企业从事进料加工，低生产率企业从事来料加工，这也印证了进料加工是相对于来料加工较高的全球价值链环节。而且，相对于来料加工，企业从事进料加工更可能面临融资约束困境，因此，融资约束较小的企业位于全球价值链较高的环节。使用 2000 ~ 2006 年中国工业企业数据库和中国海关数据库的相关数据实证分析证实了上述结论，融资约束较小和高生产率的企业位于较高的全球价值链环节，二者相互促进共同发挥作用。较小融资约束和高生产率的相对优势，会提高企业从来料加工转向进料加工以及从加工贸易转向一般贸易的概率。这些结论启示，为加工贸易企业提供直接的外部融资支持，可以促进其全球价值链地位的提升，同时，将提高企业生产率的举措与提高企业外部融资支持的举措搭配使用，二者的相互促进会共同作用于全球价值链地位的提高，"双措并举"效果更佳。

资料来源：马述忠，张洪胜，王笑笑.融资约束与全球价值链地位提升——来自中国加工贸易企业的理论与证据 [J]. 中国社会科学，2017（1）：83 - 107.

5.4.3.1 大力鼓励金融创新

应当鼓励传统金融机构的数字化转型，引导金融科技企业加大研发投入力度，提高社会直接融资比例，提高其自主创新能力。一方面，应全面落实和实施研发补贴政策，例如，给予研发投入持续增长的金融机构研发经费补助以及税收优惠或税收减免，提高相关企业从事金融科技创新的积极性；另一方面，应加快构建多元化的金融创新融资支持体系。例如，设立金融科技创新基金和金融科技风险投资基金等，支持金融科技创新产品的研发和运营，推动金融产业转型创新。可向小微企业提供成熟的贷款管理技术与风险管理技术，降低小微企业的经营风险。需要强调的是，数字金融应该坚持服务实体经济的方向。

5.4.3.2　完善数字金融基础设施建设

应扩大金融科技创新的基础设施建设投入规模，增加财政支持力度，提升资金投入规模，并注重优化财政支持数字金融基础设施建设的资金结构，建设形成技术创新与成果转化类的数字金融创新基地。同时，应加强开放力度与合作力度，推动国内金融机构与国际科技创新机构合作，提高国内外金融机构的新技术吸收能力与转化能力，合作促进参与各方的金融产业数字化升级，以支持金融科技创新可持续发展。

5.4.3.3　夯实数字金融发展的人才储备

在人才培养中，应注重选拔具备国际化视野、能将金融专业知识与信息技术相结合、具备实践能力的金融科技复合型人才，为金融科技可持续发展积聚有生力量，并进一步完善数字金融人才支撑体系。例如，中国银行业协会开展的金融科技师培训，已经在金融领域发挥了积极的示范效应。

5.4.3.4　深化数字金融管理机制变革

应找准数字金融管理的职能定位，推动数字金融管理创新，探索构建有利于金融服务创新的轻型化组织架构甚至扁平化组织架构，以进一步促进数字金融管理机构与其他部门之间的沟通与协调，降低相关的沟通成本；应以业务为导向，系统性、全方位地革新、优化传统金融管理部门的内部机构设置，提高管理部门的运行效率；应推动数字金融管理的制度创新，提升金融机构对不断涌现的新型市场需求的反应速度，提高数字金融领域科技转化为生产力的转化速度与转化能力；可尝试适当放松对优质数字金融企业的监管力度，允许符合条件的数字金融企业申请银行牌照，为数字金融企业进行技术研发与技术创新提供有利的制度环境。

此外，数字金融的快速发展也带来了新的问题，例如，较低的市场准入门槛与激烈的市场竞争。政府应加强对新型金融产品的监管，加大对数字金融交易安全、数据安全和个人隐私保护等方面的关注，完善相应的法律法规，在科技创新与风险防范之间取得平衡。

5.4.4 完善数字金融监管框架，注重金融体系风险防范

中国的数字金融监管框架尚待完善。首先，现有中国数字金融有关规则体系的逻辑性与体系化程度有待提升，当前国内的监管体系主要由中国人民银行、国家金融监督管理总局和中国证监会主导，而基于功能监管的综合金融监管框架构建和监管规则协调有待加强；其次，中国缺乏实现不同金融市场和不同司法辖区之间互联互通的规章制度，从而导致中国在国际监管与国际协议约束力方面存在较大不足。传统上，中国的金融业实施分业监管，即监管机构各个部门均有较为明确的监管对象。但随着金融科技的发展，监管对象越来越多地体现为科技企业，其金融活动具有跨行业的特性，各种性质的业务活动交融、嵌套，导致监管复杂性较高，而传统单一的监管机构仅能获取其业务链条上的某一片段，无法获取相关业务的全部监管信息，从而导致对相关科技企业的业务监管较为薄弱。

总体而言，中国对金融科技相关业务的监管较为分散，且以单个行为监管为主，缺少系统化、模式化的较为成熟的监管框架，部分领域甚至存在监管空白。因此，中国应尽快完善数字金融监管框架，以防范新型金融风险，提高有关部门对金融市场的监管能力。

5.4.4.1 创新金融监管技术和金融监管方法

应完善金融基础设施建设，创新金融监管技术和金融监管方法，以应对金融创新可能导致的系统性金融风险，增强金融市场稳健性。其一，可利用数字技术建立智能化反洗钱体系。应推动大数据技术、云计算技术及区块链技术在金融风险防范与管理体系中的应用，建立智能反洗钱系统并创新反洗钱应用场景，对洗钱交易行为进行智能化检索与监管防范，实现自动对融资交易背景进行调查研究与差异化响应。其二，可利用数字技术打造智能风险控制体系。应综合利用各类新兴数字技术推动智能风控体系建设，推动金融机构利用大数据技术构建风险数据集，并运用云计算技术整合金融机构内外部信息与数据，然后，通过风险模型，如风险限额指标实现对市场金融风险的实时自动化监控、预警、报告以及防范，最终推动智能化金融信用风险管

理防控体系的构建。其三，可利用数字技术打造完整的金融市场网络信息安全风险防御体系。为提升金融机构的网络攻击防御能力和数据保护能力，应推动构建网络安全和数据安全保护体系，以数字技术智能化监测各类信息资产的安全状态。

5.4.4.2 完善金融业务模式与行为合规管理制度建设

应运用数字技术，实现对金融业务的高效合规管理。其一，运用金融科技降低金融业务的合规成本。可运用大数据、云计算、区块链和人工智能等新兴技术降低对金融业务合规人员和合规技术的投入，有效地降低机构运行成本。其二，可运用新技术降低合规的复杂性，增强机构的合规能力，提高金融市场运行效率。为提高金融业务模式与业务行为合规管理的统一性，可通过采集风险信息、抓取业务特征数据等方式缓解金融业务的合规滞后性，增强金融市场业务模式与行为的合规穿透性，为有效地规范金融市场提供重要保证。

5.4.4.3 维持金融业竞争的中性环境

应谨慎对待科技企业涉足金融批发业，避免在当前监管滞后的情况下允许其进入金融批发业，从而防范金融科技公司过度替代银行业所造成的系统性金融风险。同时，需加快推进传统银行业转型升级，提高银行业务的数字化水平和信息化水平，增强银行业金融服务创新能力。

5.4.4.4 构建智能化反欺诈体系

应避免金融业务风险外溢，有效推动金融风险管控。其一，应推动传统风险防控体系与金融创新风险防范管理体系协同并进。在原有风险防控体系基础上，有机融入金融科技，填补监管空白，应对新型金融风险，实现对现有金融市场业务全方位、无死角的风险防控与风险监管。其二，应培养金融机构的科技风险意识，提升市场防范金融欺诈的能力。尽可能多地发掘和利用金融大数据，从金融大数据入手，构建统一的金融信用体系，以高效辨别低信用市场主体的业务操作，降低金融市场风险，更好地实现对金融欺诈行为的有效防范。其三，应"以链治链"，以数字技术遏制新型金融风险传播。区块链等数字技术在推动金融创新的同时，促进了金融服务链条的延展，随之而来的是业务风险外溢，这无疑加剧了金融风险防范与金融风险管制的难度。因此，必须"以链治链"，通过加强对于区块链等新技术的监管构建基于区块链的规制系统，使

"区块链＋监管"成为未来金融监管的新方向，从而实现对金融业务风险外溢的有效管控。

5.4.5 深化金融跨境监管合作，促进金融监管标准制定

在金融市场创新发展不断推进的同时，也必须防范其带来的新金融风险，因此，加强对金融科技的监管，尤其是对跨境金融科技的监管就显得愈发重要。而纵观全球，各国有不同程度的金融科技创新，虽然对金融科技的监管均有涉及，但尺度不尽相同。如对跨境外汇交易服务的金融科技监管，各国就存在较大差异，基本上以发达国家实施较为严厉的监管，而其他国家实施较为宽松的监管为主要特征。其中，美英等国一般对外汇保证金交易有牌照准入的规定，同时，实施了比较严格的监管措施；而另一些国家，如塞浦路斯等，对外汇牌照和支付牌照的监管较为宽松；中国则要求通过外汇指定银行等金融机构办理外汇交易业务。

各国在金融科技监管的政策、原则上存在较大差异，且尚未有国际组织针对金融科技建立一套成熟、有效的监管规则，目前，跨境金融服务存在诸多问题，亟须各国深化金融跨境监管合作，促进金融监管全球标准的制定。一方面，与金融科技业务相关的跨国、跨行业监管套利问题较为突出。金融科技公司能够在未于他国设立商业存在的情况下通过互联网提供跨境支付及其他金融服务，而东道国却无法对其在境内开展的金融活动进行监管。且各国对金融科技创新监管政策的不一致，造成服务对象所在国无法通过双边协作或多边协作等方式取缔在其国内开展非法跨境金融服务的境外交易公司。另一方面，与金融科技业务相关的跨境服务监管责任管辖权问题凸显。跨境金融业务导致服务对象所在的东道国对金融科技业务的监管立场需与国际多边合作协议相协调，但对尚无跨国监管相关法规条款的国家，对跨国金融交易是否具有管辖权以及如何落实对境外机构的管理尚无定论，各国监管框架不同，涉及国际层面的违规责任追索会变得更为复杂。另外，跨境隐私数据的提取难问题，也容易架空各国的金融监管。如跨境非法网络炒汇行为，因为无法采集境外外币交易流水数据，所以，难以实现有效监管。因此，中国应积极引领数字金融跨境监管合作，探索建立双边、多边的金融监管标准。

5.4.5.1　提高前沿数字技术在监管领域的应用广度和应用深度

应通过将数字技术和市场监管相结合，有效地促进监管科技的创新应用。对监管机构而言，可以实时把控金融市场状态，动态调整其监管政策；而对金融机构而言，可以促进其业务模式与业务行为和监管政策的无缝对接，使其主动增强金融风险防控能力，进而通过政府与金融机构双方协作，构建智能化数字金融监管生态，提高政府部门监管效能，提高金融机构参与度，以更开放的体系机制应对新型金融风险，更好地处理越来越复杂的金融监管业务。此外，数字化金融监管虽然为金融市场的风险防控提供了优秀的解决方案，但是，其存在一定问题，如智能化监管难以做到"具体问题具体分析"，仅针对金融数据进行监控、分析，很容易造成对金融风险的误判等；一旦出现技术漏洞，将为金融监管体系带来难以估量的风险与损失；且数字化金融监管的标准尚未明确，难以实施体系化、标准化的金融监管等。因此，必须完善数字化金融监管的顶层设计，明确其操作过程的标准与流程，健全监管政策体系，进一步推动多主体参与，以培育完善的数智化监管治理体系，加快数字技术在金融监管中的应用与拓展。

5.4.5.2　国内应搭建一体化的数字金融监管框架

应深化金融管理改革，协调国内多个部门搭建集机构监管、功能监管和行为监管于一体的系统化金融监管体系，解决金融科技混业经营中可能涉及的跨业监管问题。应当具备全局观念，积极完善相关法律法规，在差异化的监管要求上建立统一的数字金融监管框架，可尝试将"监管沙盒"应用到对数字金融的监管实践中，以推动监管体制机制的变革与创新。

5.4.5.3　加强数字金融相关业务的国际监管协作

各国监管机构合作共享金融科技信息和监管科技信息，已经成为重要的趋势。如中澳联合签署的《金融科技信息共享协议》，英国金融服务监管局（Financial Conduct Authority，FCA）和其他国家的11个监管机构推动打造的全球监管沙箱——全球金融创新网络，以及卢森堡金融监管委员会和澳大利亚证券投资委员会达成的金融科技信息、监管科技信息共享协议均体现了这一重要的发展趋势。对中国而言，应注重加强与其他国家在金融科技监管和金融体系建设方面的合作，并加大信息共享力度，从而协调跨境金融服务参与国的金融科技监管要求，提高金融科技监管口径的一致性，降低金融科技跨国监管套利的可能性。

5.4.5.4 尝试组建多边层面的金融科技监管机构

可尝试组建多边层面的金融科技监管机构，形成全球金融监管网络，提升联合监管机构在数字金融相关问题中的领导地位。推动制定金融科技的国际基本监管标准和监管规则，提高中国在金融科技领域的话语权，促进金融科技可持续健康发展。

5.4.6 完善普惠金融体系构建，助力全球贫困治理改革

如何治理全球贫困问题是世界性难题，数字普惠金融的发展为扶持贫困人口，促进落后地区发展，缓解两极分化提供了助力。要发展数字普惠金融，需要站在提升中国数字普惠金融全球竞争力的高度，促进世界普惠金融治理发展。

5.4.6.1 发挥国内数字普惠金融的示范效应

金融科技已成为全球金融服务转型的关键推动力，通过政策引导加大相关金融机构对金融科技的创新与应用，推动数字普惠金融的价值链优化、功能强化、供给多元化以及发展模式数字化，成为普惠金融发展的应有之义。中国作为世界金融科技的先行国家，更应加大政策支持力度。首先，应积极制定支持数字普惠金融发展的产业支持政策、财政支持政策和税收支持政策。通过各项政策支持产业发展，继而以产业发展促进中国金融业竞争力提升，并以中国金融业竞争力提升反哺数字普惠金融健康、可持续发展。应以数字普惠金融建设推动产业集群，充分发挥集群商业信用对贸易的促进作用（集群商业信用与企业出口，参见专栏5－4）。同时，应落实减税降费政策，鼓励对该领域的创新创业。其次，应致力于改善数字普惠金融发展环境，应坚持在金融科技引领数字普惠金融发展的原则指导下，规划改善普惠金融企业营商环境的具体举措。再次，应当加强征信数据平台建设。对中国而言，虽然已经创建了以中国人民银行为主的信用体系，但完整的征信系统尚未形成，不同政府部门之间的征信数据无法共享与整合，从而直接影响社会普惠金融活动的安全开展。可以充分利用不同地区、不同部门掌握的数字金融数据与征信数据，建立统一的全国性数字普惠金融征信数据平台，并使用微信、支付宝等第三方支付平台进行数据

的有效对接和共享，在整合各类信息的基础上，基于全方位的征信管控推动金融产品实现精准营销和风险控制。最后，应当积极鼓励数字普惠金融企业"走出去"。政府应积极布局，减少相关政策壁垒，助力数字普惠金融企业"走出去"，解决数字普惠金融机构在发展过程中可能面临的国家政策导向与商业利益平衡问题。在发展过程中，不断激励数字金融机构发挥主观能动性，在保证经济利润的基础上，实现数字普惠金融走向海外后的商业模式可持续性，实现中国数字普惠金融机构健康、良性、可持续发展。

5.4.6.2　提高中国在数字普惠金融规制设计上的国际参与度

应积极把握中国在全球金融科技领域的领先窗口期，以更加积极主动的姿态引领全球数字普惠金融的规则设计和体系设计，并主动发起相关议题的国际讨论，引导相关行业技术标准的制定与完善。具体而言，可以大力建设国内监管机构与相关国际组织之间的交流机制和沟通机制。例如，2016 年中国牵头制定的《G20 数字普惠金融高级原则》，已成为世界各国政府指导其数字普惠金融发展的重要参考原则。

5.4.6.3　推动领域内长效监管机制的建立

监管空白的存在，使得国际、国内数字普惠金融市场乱象频生。因此，应尽快转变监管思路，完善监管体系，由短期集中整治转向构建长效的数字金融监管机制。具体而言，首先，为解决部分业务存在监管空白的问题，应做到应收尽收，在监管框架体系内尽可能多地纳入各种类型的数字普惠金融业务，并明确这些业务的监管主体，最大限度地避免没有明确的监管机构、没有完备的行业监管政策以及没有具体的行业准入规则的"三不管"地带出现；其次，应尽快建立差异化的分类监管机制，实现对不同风险类型的数字金融业务的分类分级监管。应着重监管高风险的金融科技业务，并适当放松监管低风险的金融科技业务，以促进其创新发展，避免出现不负责任的"一刀切"式监管。同时，应将国内监管的先进经验积极推广到国际数字金融市场，以促进国际金融监管体系的完善。最后，应为数字金融培育肥沃土壤，优化国内外监管环境。例如，允许数字金融创新产品在风险可控的前提下，在局部区域先行先试，并根据试点效果逐步扩大应用范围，做实"沙盒监管"机制。

▶专栏 5 – 4

集群商业信用与企业出口

改革开放以来，中国取得了举世瞩目的巨大经济成就，在近30年完成了西方国家近两百年才实现的工业化进程。事实上，中国经济高速增长，主要依靠出口带动。40年来，中国实现了出口快速扩张，"中国制造"在世界范围内随处可见。早期研究发现，运行良好的金融体系是经济发展的关键，大多数国家在经济快速发展过程中都伴有发达的资本市场。然而，中国的经济增长和出口扩张却是在较为落后的金融体制下实现的。

利用中国工业企业数据库1999～2007年的数据实证研究发现，集群商业信用可以显著地促进企业的出口扩张，主要是通过影响私营企业实现的，而且，主要影响东部地区的企业出口，一系列稳健性分析发现，基本结论不发生改变。其作用机制是，集群商业信用通过缓解融资约束，不仅提高了企业进入出口市场的可能性，而且，提高了已出口企业的出口水平。将集群程度纳入方程以排除遗漏重要解释变量的影响，并根据企业是否变更经营地点构造拟自然实验，结论仍然稳健。采用加工贸易作为安慰剂检验发现，对集群商业信用没有显著影响。这可以解释在中国市场化改革进程中私营企业虽然相对于国有企业和外资企业更难以从正规融资渠道获取资金，但仍然实现了出口快速扩张。

资料来源：马述忠，张洪胜．集群商业信用与企业出口——对中国出口扩张奇迹的一种解释［J］．经济研究．2017（1）：13–27．

5.5　数字文化层面的实施路径

5.5.1　推动传统文化云端重构，促进文化资源转型创新

数字文化由"数字"和"文化"两个概念组合而成，是信息时代两者相互影响、相互作用的产物，数字文化以数字化为基本特征，以运营成本低为突出特点，以数字化的表现形式区别于传统文化。作为一种现代化的新型文化范式，数字文化以互联网空间为重要平台和载体，基于 Web 3.0 时代特有的、生动的

社会现实营造出全新的文化存在、文化活动和文化思维方式，成为广义的文化有机组成部分，具有极其重要的战略性意义。因此，如何推动数字文化治理已成为关键的时代命题。值得注意的是，文化治理并不等同于文化管理，原因在于，文化治理并不表现出政府的强制性，而是强调各社会主体共同参与，即政府引导、企业响应、社会组织与公众参与监督，能在更大程度上激发各社会主体的自主性，同时，可以使得治理手段和治理方式更加灵活多样。其中，数字文化资源作为最重要、最基础的战略性资源之一，被赋予新的时代价值以及新的应用需求。因此，大力推动数字文化资源体系建设，已成为数字文化治理的关键。但是，现阶段对数字文化资源的开发和应用仍存在诸如手段单一、深度不够和管理混乱等问题，而基于科技与人文融合的数字文化治理体系建设成为解决问题的一个可行路径。美国国家数字信息基础设施和保护计划（National Digital Information Infrastructure and Preservation Program，NDIIPP）在其推出的项目书中提出，在"社会信息化环境下和传统文化资源转换为数字文化资源的建设过程中"①，保存数字文化资源与保护传统文献资料同等重要。可以看到，传统文献资料不易保存，极易受到资料储存环境的影响，存在诸多不利于长期保存的因素，而通过数字化形式加以存储则可以很好地规避这些问题。因此，推动传统文化的数字化建设成为保护文化资源，尤其是传统的、优秀的文化资源的应有之义。

5.5.1.1 构建传统文化数字信息资源良性循环模式

第一，可以利用数字技术提升对数字文化资源存储的处理效率。在传统的记录方式与存储方式下，对传统文化资源的处理效率低下。因此，可以借助数字档案，建设允许传统文化资源不断更新的数字系统，运用电脑、数码相机等工具及各类数字信息技术随时随地收集文化资源，更真实、更全面地记录传统文化资源的原始形态，并将其上传至网络平台进行分类、存储和展示，并随时将补充信息录入相关数据库，做到及时更新，最终构建传统文化资源大数据信息保护模型，以填补其数字化传递的空白。如今，数字技术发展到了 Web3.0 时代，利用区块链技术将资源文件上传并储存在上千种不同的设备中，并且，

---

① 资料来源：https：//www. ala. org/ala/washoff/WOissues/copyrightb/section108/arl _ briefing _ 10 － 05. pdf。

具备储存数量极大、安全性较强、费用较低等特点，这使得利用数字技术建设传统文化资源档案的优势凸显。

第二，数字技术降低了对传统文化资源组织和检索的难度。在组织和检索一些传统文化资源时，人们往往面临障碍，而数字技术的大量应用，可以为研究人员提供文化资源组织和检索上的便利。例如，通过传统文化资源档案的数字化建设，可以将文化信息进行数字化转换，从而使得对相关资料的搜索、提取与分类更加便捷，增强了文化资源的可共享性。具体而言，对传统文化资源档案的数据管理，可大体上分为检索平台与体验平台两种。一种是集中管理利用数字信息技术采集到的文化资源。例如，中山大学建设的中国非遗保护数据库就属于这一类型；另一种是统一管理拥有文化档案资源的单位，从而建设多单位共同组成的文化资源共享平台。总的来看，传统文化资源数据管理平台可以涵盖多种不同的文化宣传机构与文化保护机构。而要建设该数据库，其一，要进行大量文化资源采集以及数字化转换工作，再将数字格式的文化资源整合录入资源平台以形成合集，以便进行系统化管理与利用；其二，随着网络和新媒介的发展，传统文化资源数字档案的呈现方式愈发丰富，公众可通过客户端随时访问存储于数据库中的资源，这一智能化、平台化的传播方式可以大大提升文化传播效果。

第三，可利用数字技术推动文化资源的共享与传播。值得肯定的是，数据和技术不是冰冷的存在，且一旦和人工智能方法结合，就能体现出具有人性光辉的一面。在现代信息社会，往往会采用数字化手段传达信息，大数据和人工智能等技术的应用在很大程度上为传统文化资源的保护和传播起到了积极作用。其中，人工智能技术和其他数字技术可以很好地相互补充、相互促进。例如，可利用移动互联网终端开设相关信息传播平台，即使在面对方言、外语障碍时，人工智能技术仍然可以实现信息传递。

5.5.1.2 促进人工智能技术在传统文化领域的深度模拟

智能技术的应用，可以促进传统文化资源由二元空间向三元空间转换。经由人工智能等数字技术进行赋权，传统文化资源能够愈发"看得见""摸得着"，而智能平台的构建更可促使传统文化资源被"带得走""学得来"，由此大大提升了传统文化资源信息的传播速度与传播效率。

第一，借助人工智能领域的成像技术，可形成与传统文化产品一致的仿真场景和仿真应用，从而提高传统文化资源吸引力，切实提升文化资源的传播效率。具体而言，可以针对传统文化资源进行语音识别、图像识别、分类指引和知识图谱建设，综合利用计算机识别以及图像仿真等信息技术完成传统文化"数据化"的智能体系建设。运用数字技术建立一个与传统文化资源相交互的仿真模拟系统，可以很好地保证传统文化资源的可持续发展。

第二，应大力推动传统文化资源以"活态"的形式进行展示。"活态"即智能化与仿真化的实景图像，这种智能化的展示方式可以为民众营造身临其境之感，并为传统文化的传播提供支持。可以说，数字信息技术明确了传统文化资源采样的基本方向，并对传统文化的图像源序列进行重组，以再造虚拟场景。

5.5.1.3 促进在传统文化云端重构中声音技术、语言技术与图像技术的融合并用

要想更深入地对传统文化资源进行智能化和数字化加工与传播，必须能够对其声音、图像和物化劳动进行深入加工与改造，形成具有地域特色的传统文化呈现方式与传播形式。由此可见，以人工智能为代表的数字技术的出现可以促进受众对"声音—语言—图像"这一传统文化智能传播基本过程的理解。

人工智能可以对传统文化数据资料库进行语音提取、声学模型搭建与动态解码，对传统文化的语言系统进行深度学习、挖掘和优化。可以说，对传统文化资源涉及的语言系统进行处理，主要涉及对知识的获取与表达、对特色语言的理解和生成等方面，而综合利用"人—机"对话管理和机器翻译等方法，通过加强情感识别，对地方特色语言进行识别与分类，对记录的传统文化资源进行整理与归纳，可以推动实现"人—机"交互自由，促进对传统文化载体的智能化传播。现有的图像处理可以进一步优化之前针对传统文化资源的图像识别技术，而传统文化资源的智能化传播本质上是图像与文本间交互功能的实现，可以解决传统文化产品面临的图像搜索不便、图像描述生成、应答不及时等问题，可以经由人工智能实现视觉图像的捕捉、处理和分析，最终形成传统文化图像识别和视频的立体模型架构。可以说，大数据技术打开了传统文化的传承之门，而人工智能则搭建了传统文化的传播平台。在急剧变化的时代背景下，

传统文化产品数字化赋权的技术工具也在不断改善。

5.5.2　引入多元文化治理主体，提升数字文化治理效率

党的十八届三中全会特别强调了文化改革的"系统性、整体性和协同性"①，提出中国的文化建设既需要中观、微观的文化管理策略，更需要宏观的文化治理。这也将中国的数字文化治理提上了日程，尤其是在数字文化快速发展的当下，加强数字文化治理更成为国家提升数字文化服务水平、加强文化治理机制变革的重要路径。这意味着，要构筑一个具备开放化特征与多元化特征的全面、持续、循环的系统工程，而要提升数字文化治理特征效率，就要注重引入多元文化治理主体，创新文化治理模式，确保数字文化治理的有效开展。

5.5.2.1　创新文化治理机制，强化数字文化治理的多元参与

在传统文化治理中，政府的主体性地位往往被过度强调。在文化产品与文化服务领域，政府既是文化的所有者与建设者，也是文化的管理者与监督者，而这往往不利于文化的活力激发与创新发展。尤其是在数字文化治理中，数字文化的趋同性、互动性、开放性与共享性等特征，使所有社会个体作为其组成部分被紧密联系，使社会形成一个具备整体性的数字文化体系。通过引入多元化主体参与数字文化建设，可以打破政府治理数字文化的单一模式，形成社会共同参与的多元整体性的数字文化治理框架，实现数字文化的整体协调发展。也就是说，数字文化治理应采用"1＋X"模式，其中，"1"代表政府管理机构，"X"代表数字文化企业、非营利机构与组织乃至社会公众。在保证政府占据主导地位的前提下，通过政策引导与制度建设将数字文化相关企业、非营利社会组织和社会公众引入治理体系，可以充分发挥各个治理主体的主观能动性，有效推动数字文化治理创新与变革。

第一，政府作为数字文化治理中最重要的主体，应发挥宏观引领作用与统筹协调作用，积极履行文化管理职能，实现以宏观指导为主、微观管理为辅的系统化数字文化治理。政府应将直接管理与间接管理相结合，对于公益性文化

---

① 新华社. 中国共产党第十八届中央委员会第三次全体会议公报 ［Z/OL］. https：//www. gov. cn/hudong/2015－06/09/content_2875841. htm.

事业单位可采用直接管理方式，实现区域间与区域内的合理规划与建设，使其更好地向社会公众提供公共数字文化产品与服务，满足社会公众的数字文化需求。而对于数字文化相关企业可采取间接管理方式，充分发挥市场调控作用，促进数字文化产品的生产与流通，但同时要适当进行引导与干预，制定并完善相关政策与法律法规，在数字文化产业结构、产业规模等方面进行统一管理与统一规划，克服市场机制的滞后性、自发性与盲目性。

第二，数字文化企业作为数字文化治理的重要参与者，应担当起数字文化产品与数字文化服务创新的重要职责，积极参与中国乃至全球的文化治理。一方面，应加强与政府部门之间的合作，通过与政府管理机构签订合同，约束彼此在文化治理中的责任和义务，积极履行企业社会责任，更好地向社会提供数字文化产品与数字文化服务；另一方面，应加强数字技术在文化产品与文化服务中的创新与应用，通过产业运作，充分发掘中国的优秀文化资源，以独特、新颖的方式（如短视频等）实现文化呈现方式创新，大力推动文化的线上传播；此外，要对数字文化治理进行监督，为管理部门提供有效的信息反馈，以完善数字文化治理的制约机制，优化数字文化治理流程。

第三，非营利社会组织作为数字文化治理的重要推动者，应积极致力于为社会提供多样化的数字文化产品和数字文化服务，减少数字鸿沟现象。非营利社会组织的参与，有助于缓解数字文化治理过程中可能存在的区域发展不均衡问题及数字文化需求与数字文化供应不足的矛盾。同时，非营利组织管理的环境友好性、决策民主性、人员协作性以及信息公开性也有助于弥合数字鸿沟，保障数字文化治理的顺利进行，推动全面协调立体化的数字文化治理体系的构建。

第四，公众作为数字文化资源的使用者、最终受益者以及数字文化治理体系的互动者，应充分表达自身的数字文化需求，积极参与数字文化治理。一方面，应积极为数字文化治理活动的创新与完善献计献策；另一方面，应提高公民意识，参与和监督数字文化治理中的各个环节，促进政府部门提高文化服务管理效率、管理效益，监督数字文化企业在数字文化创新中以合理、合法、符合大众数字文化需求为基本原则，并充分履行企业社会责任。

总之，通过政府部门、数字文化企业、非营利社会组织与社会公众之间的合作与协调，可以有效地缓解数字文化治理中的碎片化、分散化问题，构建全方位的数字文化治理格局，促进数字文化产业创新发展。

5.5.2.2 推动信息基础设施建设融合，提高公众数字素养

中国东部地区、西部地区的经济发展水平存在差异，地区文化数字化转型的广度与深度还存在不均等现象，中西部地区的数字文化发展尚不充分。因此，应加强对中西部地区的信息基础设施建设力度，为落后地区企业和社会公众提供信息技能培训，增强其数字素养。首先，应提高网络普及率，夯实数字文化的发展基础；其次，应提高数字文化企业对数字技术的接受度，提升企业的数字技术应用能力，提升数字文化企业的创新能力与服务能力，通过科技与文化融合增强中国文化企业的国际竞争力；最后，通过政策引导与政策宣传，提高大众的数字文化接受度，以更好地满足社会公众对多元化文化的需求，通过线上方式提高文化产品供给速度和供给效率，以弥合不同地区之间数字文化产品和数字文化服务供给的不平衡，缩小地区差异、阶层差异，使每个公民都能充分享受数字文化产品与数字文化服务。

5.5.2.3 完善数字文化治理评价体系

数字文化治理作为一个系统性工程，涉及制度建设、资源建设、治理评价等各个方面，各部分之间联系紧密、环环相扣。尤其是其中的治理评价体系，为数字文化治理提供了有效的信息反馈。其通过对优秀的数字文化治理成果进行表彰，对存在的问题及时纠正，实现了治理机制各模块的良性循环，使各模块之间相互影响、相互制约，促进数字文化治理体系不断向前发展，在评价体系中，社会公众是主要的评价主体，可以感受到数字文化治理的现实效果，表达对数字文化治理体系的满意程度，指出数字化治理体系中存在的问题与不足，推动其不断优化。而专业的社会调查机构是评价体系的重要参与者，它们充分利用专业知识，通过社会调研与分析评估得出社会数字文化治理的调查报告，对涉及的具体内容进行量化分析，得出数字文化治理规模与运行状况，提出有针对性的政策建议，并监督相关政策建议的落实情况。通过社会各方参与，数字文化治理评价体系得以不断完善，提升了全社会数字文化治理效能。

总之，多元数字文化治理主体的引入，可以有效地促进数字文化多元治理模式的形成，而在企业和公众数字素养得到极大提升的基础上，数字文化事业与数字文化产业可以实现创新和可持续发展。

5.5.3 促进多元文化矩阵构建，推动文化模因海外传播

作为软实力的一种体现，文化产业"走出去"已经成为中国企业国际化经营战略的重要组成部分。有利于中国文化产业充分利用国内和国外"两个市场、两种资源"，积极参与国际竞争与国际合作，以促进自身转型和发展，进一步有利于中国综合国力的提升，是中国提高国际影响力和国际竞争力的重要途径。基于数字技术，促进中国数字文化产业的国际化进程，无疑成为中国文化传播的重要机遇。实现文化产业的数字化转型，对中国文化进出口具有重要的推动作用。但国内数字文化内容的格式标准不一，导致文化企业"走出去"面临困境。例如，当前国内出版业的诸多数字化平台都有特有的数据格式，导致其在对接国外服务过程中存在格式不匹配、无法有效对接等问题。因此，整合国内多元化的文化内容，构建数字文化矩阵，对中国文化海外传播的意义重大。

5.5.3.1 推动国内数字文化产业的资源整合

应加强数据资源量的积累，提升中国文化产业的海外竞争力。一方面，应加强国内数字文化产业内部合作。可以将国内出版社的数字资源收集起来，汇集到统一的面向海外用户的平台，然后，通过一些贸易条件诸如元数据的交换等实现引流，以提高国内数字文化资源的海外使用率，从整体上提升国内数字产业在海外的影响力。另一方面，应加强数字文化资源体系建设。可以参考《公共图书馆、档案馆与博物馆合作》中的案例，推动各类图书馆、档案馆和博物馆之间的合作。具体来说，可应用数字技术，采用分布式与集群式结合的资源管理模式，充分利用数字技术，以互联网为主要传输渠道，整合国内各地区的数字文化资源，将各类数字文化资源分类汇总在一个大框架之下，实现数字文化资源整合的跨地区合作，避免重复建设问题，有效节约建设成本，并通过量的积累充分发挥数字文化资源的规模效应，进而实现质的突破。

5.5.3.2 为海外用户提供精准的定制化服务

可充分运用数字技术，为海外用户提供精准的定制化服务，推动文化模因的海外传播。首先，数字文化企业可通过细分数字文化产业上游的内容，为数字文化产业下游用户提供定制化的精准服务。例如，为图书馆资源建设提供专业解决方案，为科研项目、文化项目需求提供个性化的专业服务方案等。推动中国的文化产业在互联网时代积极转型，为下游用户提供个性化的创新服务。

其次，数字文化企业可积极与平台企业合作，充分利用跨境电商平台积累的用户大数据精确分析用户的阅读偏好，通过电商数据分析、用户行为分析等及时调整数字文化产品的供货品种，并适当运用营销手段引导海外读者需求。最后，数字文化产业可通过提供多样化渠道、加强模式创新实现海外拓展。

5.5.3.3 加强数字文化安全治理

要注意防范文化产业海外发展过程中潜在的冲击与风险。一方面，大数据技术难以避免出现用户隐私泄露等问题，即使企业作出了数据本地化的承诺，外国政府也很可能会以公共安全为由限制企业发展，甚至发布种种"禁令"。因此，企业应提早布局，主动并妥善规避大数据环境下的隐私安全风险。例如，通过小数据思维，即对内是用户个人隐私数据的小型控制系统，对外是个人隐私数据的唯一接口，从而实现用户对自身产生的小数据的全程监控。在数字信息技术的有力支撑下，这一思维可以有效地保护用户信息安全，只要在数字文化机构内控制对于用户数据分析的授权工作，在数据采集前及时履行告知义务，就可以有效地保护用户的数据安全，最大限度地避免因接受数字文化服务而使个人信息透明化与公开化，提高数字文化安全治理的有效性。另一方面，政府应完善相应的数字文化治理的制度保障。应根据政府、市场与社会组织的作用，结合数字文化建设的内容和特征，规范数字文化市场的企业准入门槛，细化相关的合同管理，及时考核企业和机构的数字文化服务绩效，优化数字文化产业发展环境。

5.5.4 注重数字知识产权保护，实现文化创新繁荣发展

随着互联网的飞速发展，中国网络版权产业已经崛起，并成为推动中国版权产业振兴的重要支撑。近些年来，随着知识产权保护制度的逐渐完善以及公民知识产权保护意识的不断增强，国家版权环境得到较大改善，尤其是在网络版权领域，企业的正版化运营能力和用户的版权付费意识不断加强，中国的版权产业在全球网络版权产业格局中已经取得了重要地位，网络版权产业用户付费与广告二元驱动的商业模式业已形成。然而，不可否认，面对互联网催生的短视频、网络直播等新型数字产品与数字服务，传统的产权保护法规制度受到了较大限制。因此，中国在数字文化知识产权保护上面临着新的挑战，无论在法规制度建设还是技术支撑方面都必须寻求新的解决方案。

5.5.4.1 改革文化产业外商投资准入制度

数字知识产权保护是中美经贸谈判的关键议题之一，尽快在这一议题上达成共识有利于新一轮中美经贸谈判的顺利进行和中美经贸协议的最终达成。因此，中国应从全局利益出发，尽快改革外资准入制度，对除涉及国家安全及公共利益的关键性领域之外的相关产业适当放松监管，修正技术转让法律中不合理的规定，持续扩大开放，允许外国企业在中国非重点领域实施投资行为与并购行为，尽量给予外国企业对等待遇。

5.5.4.2 构建基于区块链技术的数字知识产权保护方案

第一，就知识产权保护应用而言，区块链具有不可篡改性、可追溯性、去中心化等优良特性。可以利用智能化合约技术，借助计算机语言描述数字知识产权的相关交易规则和合同款项。当有预定义条件触发时，可以自动执行合约条款，为知识产权保护提供技术便利。

第二，基于可追溯性的特征，可以有效地推动维权业务，破解"维权难、维权贵"的问题。数字文化产品便于传播，但也可能导致对相关知识产权保护存在侵权认定与取证困难、涉案价值评估困难等问题。具体而言，其一，"侵权—维权"代价不对等。目前，在涉及网络侵权的案件中，公证费用平均为单次800~1 000元，尤其是当被侵权者的作品被多次非法使用时，固定证据的成本更高。同时，网络用户可以对其发布内容进行删除和修改，这无疑增加了取证难度。其二，"商业维权"现象的出现，进一步导致数字知识产权保护领域乱象频生。然而，区块链具有可追溯性和不可篡改性，所有的链上操作都会留下痕迹，并在全部节点同步和共享，将区块链技术应用到产权保护中可以有效地减少取证费用，降低取证难度，提高案件仲裁效率。

第三，借助区块链的分布式账本结构，可以有效地消除过度中心化的隐患。中国的版权交易过程主要由国家版权局和互联网中央服务器等进行管理，而这种中心化的管理模式存在诸如效率低、流程过于烦琐、耗时过长等问题，增加版权登记成本。另外，存在数据沉淀现象，即第三方认证机构可能会在版权转让过程中缓存原创者作品，在一定程度上可能会出现中介将作品私自再次出售的行为，严重损害版权买卖双方利益。一旦中介机构的网络遭到黑客攻击，版权交易流程将会陷入瘫痪。此时，区块链的分布式账本结构可以使全节点共享数据副本，并通过公钥技术、私钥技术实现作品加密，通过点对点传输作品，极大地削弱中心化带来的安全风险。

第四，为了解决举证难的问题，还可以将作品的元数据信息嵌入区块中，作为判别不同数字文化产品间相似性的重要考量依据，还可以考虑对数字文化产品实行"全生命周期"的集中化管理。[①] 从产品处于雏形、草稿等尚未完成状态就对其予以保护。同时，致力于提高社会数字知识产权保护意识，健全数字版权生态。

5.6 数字政务层面的实施路径

5.6.1 推进数字治理与开放治理融合，转变政府治理范式

根据 GBCP 模型，政府（government）、企业（business）、公民和社区（citizen and community）以及公共设施与公共环境（public facilities and public environment）形成了公共治理中的和谐三角。这意味着，在完善公共设施建设，提供良好公共环境的基础上，将政府、企业与社会公众充分引入公共治理过程，实现三者良性互动，可以有效地促进公共治理效率提升，形成完备而开放的政府治理生态。这一模型强调了政府治理多元主体参与的重要性。而大数据、云计算等新兴数字技术为这一理念的具体实施提供了重要的技术支持，通过推进数字化治理与开放式治理融合，可以更好地推动政府治理的革新与发展。

5.6.1.1 积极推动协商民主，构建三方协同的政府治理新框架

建议尽快转变以政府为中心的行政理念，积极构建基于数字技术的多层次、跨部门、跨区域的交互式公共治理模式。这种去中心化的开放式治理机制，一方面，可以有效地促进各治理主体之间的资源整合与信息共享，有利于群策群力，充分发挥各治理主体的主观能动性，最大限度地激发社会各方参与公共价值创造，帮助政府集合各方智慧与创造力解决新的治理难题；另一方面，可以加强多元公共治理主体之间的合作，弱化政府作为控制者的角色，以更加开放、平等的程序寻求公共事务的治理之道，实现"共商共享共治"。

---

① 资料来源：Ma S., Liang Q. Industry Competition, Life Cycle and Export Performance of China's Cross-border Ecommerce Enterprises [J]. International Journal of Technology Management, 2021, 87 (2–4): 171–204.

5.6.1.2　适当开放政府数据，促进政府治理创新与改革

随着大数据时代的到来，通过挖掘数据与分析数据推动产业价值创造已在社会各个领域得到充分体现，政府数据也不例外。政府数据的开发与共享不仅可以有效地节约行政成本，还可以提高政务资源的利用率，为政务创新提供养分。此时，政府在公共事务管理中的角色由传统的管理服务供应方与生产者转变为管理服务的合作方与数据提供者，使政府数据在社会上实现一定程度的自由流动，各主体可以借此参与公共事务治理。通过政府数据的开发、分析与应用，不断贡献民间智慧，实现政府与市场的合作共治。

5.6.1.3　寻求构建数字治理平台，提高治理协作的网络化进程

借鉴开源创新、众包众筹等理念，搭建一个数字化、扁平化的政府治理线上平台，在政府、企业和公众之间搭建一座桥梁。在平台层面，可以由政府、企业、社会组织以及社会公众共同开发、设计并提供线上公共服务，及时反馈政府治理中遇到的问题，有效地规避线下反馈的费时费力问题，使数字治理平台成为在政府治理过程中各方意见交流和分享的重要渠道，有效地提升公共服务的质量、交付速度与响应能力。

5.6.2　推动数字治理与智慧治理融合，扩展公共治理范围

随着通信网络的强势发展及云计算技术的突破，大数据时代业已到来，数据日益成为重要的财富与资源。各类数据飞速增长，大数据技术不仅推动各种新兴业态的涌现，也为政府治理机制变革提供了重要机遇。例如，美国、英国、韩国等发达国家陆续出台了与大数据相关的政府治理战略，为在世界范围内实现智慧治理提供了良好示范。国务院于 2015 年 8 月发布了《促进大数据发展行动纲要》，提出要"建设社会治理大数据应用体系"，并且，要"推动宏观调控决策支持、风险预警和执行监督大数据应用"。[①] 可以说，大数据作为一种新的战略资源，正在深刻改变着政府治理模式。而提升政府的数字治理能力可以有效提升政府的行政决策效率，有利于推动政府与公众之间的互动，打造创新发展的智慧型政府治理模式。

---

① 资料来源：国务院. 国务院关于印发促进大数据发展行动纲要的通知［Z/OL］. https：//www. gov. cn/zhengce/content/2015 – 09/05/content_10137. htm.

5.6.2.1 实现智能化管理创新

基于大数据技术，政府能够实时获取大量社会日常运行数据，并根据公共管理需要进行以目标为导向的数据分析，或者对未来做出预判，从而构建智慧型的政府治理模式。同时，大数据等数字技术的采用将有效地降低政府的信息采集成本和信息存储成本，极大地提高公共事务的决策效率。数据显示，大数据的应用，可为欧盟各国政府部门节约15%～20%的行政开支。同时，美国每年可因此而节省超过8%的医疗卫生开支（徐继华等，2014）。

5.6.2.2 提高政府治理的公众参与度

诸如标签云（tag cloud）、历史流图（history flow）、网络地图（the internet map）等数字技术可以将海量的大数据根据地理空间、时间序列和逻辑关系等不同维度进行呈现，以具象化政府决策全流程，促进社会公众更好地理解政府决策的根据与规律。由此，可以更好地激发社会公众参与公共事务决策的热情，解决以政府为单一主体的治理机制无法克服的危机和挑战。

5.6.2.3 完善公共权力的监督机制与制约机制

为实现对权力运行过程的无缝监督，可以对公共事务管理过程中产生的全流程数据进行记录和分析，及时发现腐败等风险事件，形成"数据铁笼"。例如，通过网上政务建设，制定统一的数字技术规范、标准，可以将行政权力纳入公开透明的网络中运行，规范权力运行流程，及时纠正、查处违法违纪行为，推动政府权力的合理、合法运行，形成基于数字技术的高效权力运行监督新模式。

5.6.3 推动数字治理与集约治理融合，提升全球治理水平

在传统管理模式下，部门职能交叉是政府机构改革中亟待解决的难题，其造成行政资源浪费，也不利于政府治理能力提升。在政府机构改革后，目前仍有一些部门存在职能交叉问题，尤其集中于食品安全、城市管理、社会保障、人力资源管理、经营性国有资产管理等领域，极大降低了政府行政效能。因此，提升政府治理的集约化水平，应当成为政府治理机制变革的一个重要方向。而数字经济的到来，无疑为政府治理的集约化变革提供了一些新思路和新方向。加强数字化治理与集约化治理的融合，可以成为政府治理革新的重要途径。

5.6.3.1 以部门间协作为核心，以数字化实现管理的集约化

政府应当意识到，传统行政管理实施的人海战术已不再适应时代要求，因此，应加大机构整合力度，划清部门职能边界，同时，应构建部门协调配合机制，以尽可能避免或减少部门职能交叉扯皮的现象。此外，职能分解必须建立在部门合作基础上，不能过分强调分清所有职能，还要认识到许多业务必须要由一个以上部门协同完成。但是，在传统政务体系下，政府的不同部门所对应的信息系统是各自独立建设的，软硬件设备不同，存在系统异构、数据标准不一致，甚至系统不兼容的问题，最终导致行政部门之间存在"数据烟囱""信息孤岛"的现象。因此，政府应积极利用数字技术，汇聚和统筹各部门的政务数据信息资源，把区域内散落在各部门的数据汇聚在统一的数字化平台上，搭建政府部门业务信息系统。通过人口、地理、经济等重要数据的集中与统筹打破信息孤岛，提升各部门的信息开放能力、信息交流能力和信息交换能力，指导完善各个职能部门的管理模式，优化政府机构的业务流程，为跨部门业务协同提供扎实的数据信息支持平台，有助于政府部门取得最佳集约化治理效果。

5.6.3.2 以电子政务为核心，以数字化实现流程的集约化

在传统的政府业务流程中，流程的分散性、封闭性和机械性往往会造成行政成本高、反应迟钝、局部效率牺牲整体效率和重复劳动等现象。而使用信息技术则有助于提升政府的应变能力，在数字化环境中实现政务流程再造。运用到政府治理中，则应是利用数字技术重塑政府部门的工作流程，量化政府的行为成本、公共物品与支出、服务质量、治理效能与治理效率，实现政府政务流程的优化与再造。因此，数字技术的真正价值在于，其创造了新的时空观念，创造了新的治理方式和新的服务规则，从而给政府的集约化管理带来新机会。因此，应充分利用信息技术翻新政务流程，实现政府政务流程的自动化。例如，尽快推出网上审批与电子密钥，以信息化整合政府业务流程，防止人为干扰，挖掘政府集约化管理的最大潜力。

5.6.3.3 以增强政府数字素养为核心，以数字化实现服务效率的提升

以数字治理实现集约治理要求各地政府充分认识数字治理的重要价值，改变沿用传统的治理手段应对新问题的思维方式，提升政府工作人员的数字素养，以更好地利用数字技术助力政府治理能力提升。此外，科研机构与数字技术企业等社会力量应积极为政府提供理论、技术和人才等方面的支持，尤其是针对

部分数字技术开放与应用尚不成熟的政府部门，大型互联网企业应充分利用其在数字经济领域的技术优势，为政府治理提供数据和数字化工具，助力政府治理能力与民生服务水平的提高，为数字经济发展创造更好的政策环境。当然，政府也应当注意数字技术带来的风险，尤其是在数据泄露与数据滥用等问题突出存在的情形下，政府更应合理利用数字技术，提高信息安全意识，推动政府数据的分级管理与分类管理。

5.7　数字安全层面的实施路径

5.7.1　规范等级保护建设标准，提高数据安全信息防护等级

大数据即大量数据的集合，具有数量大、速度快、价值密度小等特点，在现代社会数据的大规模收集会引发信息安全问题，因此，信息安全保护工作十分重要，其中，信息安全等级保护工作，即分等级、分标准进行信息系统的安全管理，已经成为中国加强数字安全防护的重要内容。

5.7.1.1　推动物理硬件安全建设

大数据大量、多样和高速的特点使得其对信息处理系统的物理硬件要求较高，其中，机房的建设尤为重要。信息安全管理部门应当注重对机房的维护，不断优化机房环境。具体而言，需要重点关注机房的位置、布置、建筑结构以及空气流通性、电磁屏蔽等问题。要求机房的位置远离安全隐患区域，其内部布置要兼顾安全与方便两大原则，在确保安全的基础上，尽可能满足工作人员的照明、空气流通性、噪声规避等需求。此外，还应注重对机房的整体保护，通过电磁、监控等技术手段建立机房的安全防护系统，全方位地做好物理安全防护工作，充分保障物理硬件安全。此外，应推动设备运行安全建设。参与云计算的信息处理设备种类较多，更应注重设备运行安全问题，从信息处理的主要承担者——信息处理系统入手，充分完善相应的信息安全等级保护工作。

5.7.1.2　推动信息通信安全建设

相关机构应主动设计通信访问的通道和管理途径，以强化网络通信风险防护。首先，应当借助优质算法，无差别判断参与信息通信的各主体身份，及时评估通信环境的稳定性与可靠性，着重关注相关信息通信内容的完整性与保密

性,以提高信息通信安全防范能力;其次,应当注重对信息通信分层分块的安全保护,分别从路由器、交换机、网络防火墙到入侵检测系统等多个方面入手,完善大数据时代下网络通信安全保护系统的构建;最后,应注意对在通信主体之间或者通信系统内部进行大数据传输的网络边界进行保护。可以通过身份证明等方式高效判别和鉴定未经允许访问重要计算机资源的操作,还可以在关键节点处进行通道管控,实时监听异常的信息通信及其传输方向,及时发现并消除恶意入侵行为,充分保障数据信息安全。

5.7.1.3 推动信息使用安全建设

应基于当前数据信息资源数量巨大且交换过程复杂的现状,不断完善在信息开发、传输连接的接口协议、访问鉴别和数据保密性等方面的功能。首先,应关注不同平台的状况,及时核对信息使用者的身份与其被授权内容,对不同平台产生信息和处理信息的安全路径进行设计;其次,应加强防御能力建设,提升信息处理系统的隐患防治水平和入侵防守水平,并尽可能找到会出现的安全漏洞,及时为系统使用者提供可靠的数据信息采集接口与数据信息传输接口;最后,应当提高信息数据利用过程中的监控水平和管理水平。例如,在数据使用前应及时测试数据的有效性,为各程序争取最大分配量的资源。

5.7.1.4 推动数据存储安全建设

应当不断提升中国在大数据时代的数据存储安全防护能力。数据存量已经非常庞大,且数据形式和数据来源十分复杂,数据存储问题已成为重中之重,但数据存储系统可能不只由数据用户控制,还存在未经授权的状况下被他人获取的风险。因此,应当从底层算法加以预防和控制,不断完善数据备份、数据加密与身份验证等技术,并结合数据挖掘、模糊算法、冗余设计等新技术,强化数据存储的可靠性,充分保障数据存储安全。

5.7.1.5 完善数据安全保护与分级分类体系建设

第一,设立专门的数据安全主管机构。

机构的设立有利于统筹国内的数据安全保护工作,补充和完善国内的数据安全保护体系,实现数据监管工作的"专门化""责任化"。此外,数据安全主管机构可以进行数据跨境流动监管的国际协调工作,解决数据流动的跨境监管问题。

第二,中国应当进一步完善数据分类体系。

可以参考借鉴欧盟、美国的相关做法，分级分类制定数据出境安全管理制度，原则上可根据数据来源，将境内数据大致划分为政府公共数据、企业数据和个人数据，并进一步针对不同大类的数据，依据其重要性及敏感程度分为高风险数据、中等风险数据及低风险数据，再基于此分类对相应的数据采取特定管理手段，对影响中国国家安全和国家核心利益的数据出境活动进行限制。其中，企业数据可以部分采取行业自律等社会监管模式，对没有可识别性的个人数据应适当允许其跨境自由流动，但须事先征得数据主体同意。根据中国的国际关系、国家经济发展需要及各国个人信息保护水平等因素，研究出台数据出境黑名单和数据出境白名单，促进数据在白名单国家（地区）自由出境，同时，严格限制重要数据出境至黑名单内的国家（地区），以更好地平衡国家（地区）安全和经济发展。要格外注意的是，需要针对数据出境高危主体制定特别的数据安全管理要求。具体而言，应根据数据出境主体的所属行业、掌握数据情况、股权结构、实际控制方等因素综合考虑，对数据出境风险较高的主体，例如，外资企业、合资企业、境外组织机构等差异化制定数据出境管理要求。

第三，中国应采取多元化的数据安全管理手段。

陆续出台的《中华人民共和国网络安全法》《数据出境安全评估办法》和《数据出境安全评估申报指南（第一版）》已经明确了国内数据管理的基本思路，即实行数据分类管理和数据出境安全评估，规定运营商要将关键信息基础设施上产生的个人信息和重要数据储存在境内，同时，允许数据有条件流出。但不可否认的是，存在分类标准过于粗放，监管方式过于单一等问题。因此，中国在推动制定《中华人民共和国个人信息保护法》《个人信息出境安全评估办法》《关键信息基础设施安全保护条例》等相关配套规范的过程中，应努力就数据出境管制与开放实现合理平衡，结合特定国家针对中国采取的数据出境管理措施设置弹性化、差异化的数据出境管理法律制度，实现对特定国家法律规则层面的对冲与反制。尤其是对高风险等级的政府公共机构数据和一些敏感数据应该进行严格的数据本地化管理，禁止其出境。而针对一般风险等级的政府公共数据，应设置一定限制条件进行数据流动安全风险评估以保障相关数据的存储安全与传输安全，并进行事前审查与事后备案。

5.7.2 提升算法平台风险意识，强化数据安全综合管理能力

数字信息技术的发展推动了多媒体内容平台的算法化和智能化，特别是随着自媒体的发展，用户可以进行自主的内容生产与内容创造，内容规模激增，产生了仅依靠人力无法处理的海量数据，因此，算法的重要性凸显。可以说，在当今时代，缺乏算法支撑的互联网内容平台已经无法正常运营。大量互联网平台企业基于过滤算法和分批匹配算法，对用户与内容进行个性化匹配，向用户进行内容推荐，以优化用户的使用体验。然而，一方面，往往会使用户遭遇"信息茧房"困境，基于用户在互联网通过订阅关注的方式选择的信息来源，平台算法会持续不断地推荐相同内容或者相似内容，使这些信息来源如同蚕吐丝一样不断吐出相同的信息，并最终构成使用户深陷其中的"信息茧房"。在"信息茧房"内，用户往往接收同质化内容，用户不十分熟悉但有益的内容被悄然"屏蔽"，这意味着，专属个性化的信息已经主导了人们的信息消费内容，使人们接收的信息更加单一化，长期来看，并不利于用户的知识、信息拓展，甚至会加剧社会隔离现象。另一方面，一旦算法平台的价值导向偏离，那么，算法的设计者会将错误的价值观植入算法之中，基于这一算法推荐机制，会错误地引导社会舆论，造成极大的社会危害。因此，强化算法平台的社会责任意识就显得尤为重要。

5.7.2.1 加强平台用户媒介素养

在算法平台，尤其是算法新闻平台的个性化推荐下，往往会出现伦理失范现象。因此，应从提升大众媒介素养着手，提升用户的网络信息辨别能力。引导公众在媒介使用、信息选择和媒介批评等多个层面不断提高信息素养，自主选择信息内容与接收渠道，提高对所接收信息真伪的辨别能力和批判意识，以正确使用媒介，维护社会良性秩序。

5.7.2.2 加强算法平台的社会责任意识

值得肯定的是，在互联网平台参与下，算法的出现提高了内容生产者的针对性和受众意识，同时，节约了用户信息筛选的时间。但是，在利益推动下，存在部分算法平台不顾社会利益，只注重用户点击率，将一些存在错误价值导向甚至"三俗"的内容推荐给用户以赚取商业利益。对此，政府应加强引导与监督，对此类算法平台的错误行为进行及时制止与纠正，强化其社会责任意识，

督促其弘扬主流价值观，使其在算法、频道设置等诸多技术层面进行改进。

5.7.2.3　强化个人隐私保护的法律保障

2021 年 6 月，《中华人民共和国数据安全法》颁布，以保障数据安全，维护组织、个人的合法权益。① 但目前来看，对个人信息的保护仍有不全面之处。例如，个人在使用网络软件时往往被迫作出同意收集的决定，否则，就无法正常安装与使用，这可能会造成事实上侵犯用户的有关权益。但在现实中，用户难以举证，无法阻止网络运营者违法收集用户信息。因此，中国可以借鉴在CPTPP、USMCA 等协定中确立的区域性数据流动规则，对标 21 世纪高标准的国际贸易规则，推动个人隐私保护立法的顺利进行。同时，明确界定数据主体资格，明晰用户数据的归属权和使用权，厘清数据分类规则和评定规则，规避个人隐私泄露和知识产权纠纷等问题。

5.7.3　构建国际监管平行议程，增进数据安全监管合作效率

数据跨境流动呈现监管"加剧化"态势。各国愈发意识到数据安全监管的重要性，实施了不同程度的数据本地化政策以加强对跨境数据安全的保护。但是，各国关于数据管辖权和数据执法权之间的冲突，使得各国有关数据跨境流动监管的矛盾加剧。尤其是，一方面，一国数字安全监管机构的职权行使范围受制于自身主权范围，不享有治外的监管权限，因此，如果跨境数据流动出现某些法律问题，在国内法的境外效力、冲突法法律选择以及境外执行等方面都会存在很大争议和不确定性，使得数据跨境监管难度极大；另一方面，全球性的数据流动规则谈判可能会耗费相当长的时间和成本，往往几年甚至十几年难以达成一致。各国在数据治理中的价值取向分歧较大，利益诉求迥异，难以构建能够使各方满意的统一规制。在此情况下，国际社会的数据治理各行其是，极易引发矛盾和冲突，严重威胁全球数字安全。因此，加强数据安全国际监管合作尤为重要。

5.7.3.1　推动各国尽快成立区域间数据监管机构合作组织

为了更好地促进数据跨境安全流动，必须由各利益相关方采取统一和跨行

---

① 中国人大网. 中华人民共和国数据安全法［EB/OL］. http：//www. npc. gov. cn/npc/c2/c30834/202106/t20210610_311888. html.

业的行动,以实现数据跨境流动的国际监管协调。可以说,互联网平台削弱了地域限制,极大缩短了各个数据传输主体之间的距离,使跨境数据行为涉及不同国家(地区)的法律与制度安排,因此,如何兼顾这些国家(地区)的国内数据立法和制度安排成为跨境数据规制应当考虑的重要问题。一般而言,一国的数据安全监管机构不享有治外的监管权限,因此,如果跨境数据流动出现某些法律问题,在国内法的境外效力、冲突法的法律选择以及境外执行等方面都会面临很大争议与不确定性,从而导致该国难以对跨境数据行为实施合理、有效的监管。因此,加强国际合作与安排以充分保障数据主体的权利就显得格外重要,并成为数据安全国际治理的关键。

具体而言,可以成立区域间数据监管机构合作组织,促进各方国内数据监管部门的对话与合作,推动跨境信息交换和跨境监管执法互助等合作的达成。可以看到,近年来,各国纷纷成立专门的数据监管机构,以应对大规模跨境流动数据增长背景下出现的数据跨境流动规制日趋复杂的问题,从而更好地实现对个人隐私信息和国家数据安全的保护。因此,加强各国数据监管机构合作,成立数据监管机构间的合作组织是一个值得考虑的合作方向。这种数据监管机构间直接进行的对话与合作能提升沟通效率,降低监管合作成本,更好地提高各国对跨境数据安全问题的处理能力与处理速度,为合作组织的参与方提供一个信息互通共享、执法协商合作的国际信息交换平台。此外,可以说服参与方让渡部分权力给合作组织,使其具备相应的执法权,以对数据安全相关的国际争端进行调解甚至仲裁。此外,不同区域间的数据监管水平存在差异,可以推动各区域间的监管标准达成统一,如果这点很难实现,那么,可以考虑通过监管标准互认的方式扫清监管异质性导致的跨境数据流动监管障碍,实现更大范围、更深层次的数据信息交换。

5.7.3.2 推动数据跨境流动监管的国际规则谈判

基于数据跨境流动监管现状可以发现,为了协调参与各方的价值取向差异,数据流动规制谈判通常会采取模糊性的措辞以尽快促进各方达成一致,但这往往会导致在数据跨境流动监管实践中规则适用的困难与不确定性。而如果采取"一般原则+例外规定",则可能会加大谈判达成难度,使谈判很难在短时间内取得进展,使这段时间内数据跨境流动与数字贸易的发展面临较大阻碍。而数据的分类监管可以很好地解决这一矛盾,推动各方尽快达成一致。其中,数据分类标准成为应当先加以确定的问题，关系到后续各国跨境数据分类监管的合作水平与合作效率。

第一，可以依据一定国际标准对数据进行分类，允许协议有关各方"因地制宜"地逐类开放已分类的数据承诺。在这一分类标准下，各方可以更容易地就数据安全保护达成一致——即各国可以对不同的数据类别采取不同的数据开放水平，求同存异，建立起差异化的国际数据跨境流动框架，为实现跨境数据流动国际监管奠定良好的制度基础。

第二，可以根据数据持有主体不同对数据进行分类。具体而言，不同的数据生成或数据收集的行业或者是不同的数据内容属性会带来迥异的数据监管难题。例如，企业数据，尤其是与重要基础设施相关的企业数据可能会包含关键的国家信息，个人数据中包含公民个人隐私信息，而政府数据可能会牵涉国家机密安全，这些数据的属性和内容不同，采取的监管措施也应不同。因此，在确定数据类别划分标准后，谈判各方可以进一步就数据跨境流动展开谈判。值得注意的是，目前，各国在"数字产品不征收关税""无纸化贸易""公开政府数据"方面诉求一致，而在"数据本地化""数据跨境流动""数据传输中个人隐私权""网络中介服务商责任认定"四个方面分歧较大。因此，在具体谈判过程中，各国可以采用正面清单与负面清单相结合的混合模式，尽可能地兼顾各方利益。一方面，可以在确保某些类型数据自由流动的同时，允许一国对其他类型数据自主监管。可先列出需要进行重点关注与限制的数据类别，即"负面清单"，以提升本国的数据控制能力并满足本国国内的数据管控需求，同时，承诺未列入该清单中的数据充分、自由地进行跨境流动并不再设置阻碍。在这一基础上，对其他数据类别作出不同开放水平的承诺。另一方面，各国的数据保护水平不同，可以设置专门的分级评判机构，以各国的现实发展情况、国内数据立法等为依据对各方的数据保护现状进行分级。进一步地，开始正面清单谈判，更好地推动各方按照不同的数据保护标准承诺开放。在此过程中，各国政府也应当赋予其他数据主体一定的知情权和许可权，以避免国家在谈判中所做出的承诺影响其他数据主体对相关跨境数据的控制权。此外，应推动各方就例外条款积极开展谈判，尽可能地增加其适用性，最大程度地避免对数字贸易发展造成不必要的限制。

5.7.3.3 推动各国的规制互认与模式融合

根据历史经验，以谈判推动建立一个多边的甚至全球的规则体系，往往耗时长、难度大。一方面，谈判可能会耗费较长的时间成本与谈判成本，各方可能几年甚至十几年难以达成一致；另一方面，各国的价值取向不同，利益诉求迥异，往往难以构建一个能够使各方满意的统一规制。因此，各国与其在漫长的谈判过程中争执不下，不如进一步加强国际合作，推动各个区域跨境数据流动监管模式的互认和融合。其中，代表性模式有欧盟模式，即以地域为基准、以充分性认定为原则的规制模式，其主要监管方式为自上而下的政府监管，实现了严格的数据保护；也有 APEC 模式，即 APEC 确立的以组织机构为基准的行业自律模式，其主要监管方式为以行业自律为导向的社会监管，不具备强制约束力，灵活度更好，相应的数据监管效率更高。这两种代表性模式都在跨境数据流动监管实践中起到了很好的制度示范效应，虽然它们诞生的文化背景和法律背景不同，在适用范围、监管主体和监管力度上存在差别，但不可否认的是，这两种模式具备相互承认、相互融合的条件。

第一，从设计理念看，两者都是为了协调成员方在数据跨境流动监管上的规则差异，尽可能建立统一的数据监管标准，以推动数据跨区域自由流动；

第二，从适用对象看，前者主要约束跨国公司内部的数据流动，而后者对区域内有数据流动需求的企业都适用，当然，也包括跨国公司；

第三，从保护条件看，有意加入这两种监管模式的企业都必须根据企业自身需要制定符合相应监管要求的数据保护规范，且这些规范对企业具有强制约束力；

第四，从基本原则看，两者都规定了数据的处理与使用须与数据收集目标相一致，要求被监管主体积极履行其安全管理义务，加强对数据的保护；

第五，从底线要求看，欧盟模式与 APEC 模式都提出了成员方数据安全保护和安全监管的底线要求，若成员方的数据保护标准高于该底线要求，则其可以按照各自的标准执行；否则，按照协定要求的标准执行。而欧盟与 APEC 已经在数据跨境流动监管上进行合作，建立了"APEC 与欧盟联合工作组"以推动两种模式的互认与融合。基于上述两种模式的相同点，可以说这一举措具有一定现实可行性。一旦实现，则可以在更大范围、更高水平上推动数据跨境自由流动，极大地减少重复认证导致的成本。可以展望的是，愈发深入的经贸与文化往来将会加速推动两大模式互认与融合，从而有望实现在利益协调一致基础上的制度再协调，推动形成全球性的数据跨境流动监管标准。

5.7.3.4 推动协调域内规则的域外适用

在数据的跨境流动监管中，由本地化立法和本地化监管导致的管辖权冲突问题往往不可避免。同时，一国政府为充分保护本国的数据主体及加强对跨境数据资源的控制，会倾向于增强其域内规则的域外效力，进一步加剧一些国家（地区）的数据管辖权冲突。例如，美国不断扩大其数据安全监管国内法规的适用范围，即无论数据的处理行为是发生在美国境内还是美国境外，只要数据控制者和数据处理者的经营地在美国境内，美国国内法均适用。甚至对跨国公司而言，其母国总部实施的数据处理行为也会受到美国国内法的约束。此外，欧盟也采取了类似的法规以扩张其行政执法权，以求更高效地解决跨境数字贸易争端。应当指出，这种管辖权的扩张往往会给其他国家执法权的完整性带来极大挑战，不符合主权原则和国际礼让原则；同时，其不满足实质合理性的要求，区域组织和区域机构往往没有能力单方面地对域外事项进行调查与执法，导致沦为"名义上的监管"，但实质上无法真正解决矛盾与争端，甚至可能诱发更大的贸易冲突与外交冲突，为组织带来监管成本，也不符合效果原则。此时，构建协议管辖制度是解决这一困境的有益尝试。

具体而言，协议管辖制度是解决管辖困境问题的重要方式之一，在域内规则的域外适用出现冲突时，可以考虑使用协议管辖方式。也就是说，尽管互联网的弱地域性特征造成了难以判断跨境数据属地属性的问题，但数据传输主体明确及传输所需的基础物理设施都是客观存在且可定位的，因此，数据管辖权的划分冲突并非无法解决。此时，可以综合考量各国的利益和需求，并鼓励参与国适当让渡部分国家权力给第三方，使其可以对参与国数据管辖权冲突问题进行协调，化解监管执法过程中的矛盾。其中，当涉及管辖权归属问题时，可以依据国际法的基本原则予以确定：其一，可以尝试在条约中对管辖权进行直接划分，由具有数据跨境需求的各方明确数据跨境案件管辖主体、适用条件、管辖方式及管辖限度，并最终签订《协议管辖相互认可和执行安排》。在相关条约签订后，可以定期根据监管实践对其进行及时、适当的修正；其二，各国政府在制定本国数据监管法律法规时，可以考虑适当让渡部分数据监管案件的管辖权，根据国际礼让原则，综合考虑监管纠纷的性质、利益攸关范围及案件当事人的具体情况，把案件管辖权让渡给管辖最方便或牵涉利益最多的国际组织、国家（地区）。此外，在划分时应当遵守几个基本原则，即：合理合法原则、效果原则和合作原则，保证在行使管辖权过程中做到有理、有利、有节，而不会引发贸易冲突或外交冲突。

5.7.3.5　推动对跨境数据流动的科技监管

针对当前全球数据产业发展呈现出的高度技术化特征，为更好地预防和应对数据安全风险，应在数据安全的国际监管过程中实现科技监管。首先，以科技化的监管方法监管多样化的信息收集、存储、处理和使用行为，提升各国数据监管分析能力和数据监管决策能力；其次，应采用多样的科技监管工具，提升跨境数据流动监管的国际合作水平，保障监管效果，提高监管质量；最后，应当建立更加专业化、科技化的监管信息全球共享机制，基于数据流动性强和隐蔽性强等特征，促进各地数据交易平台和政府数据开放平台合作，不断提高数据安全国际监管效率，降低监管的国际合作成本。

5.7.4　倡导多元主体立法合作，打造数据安全生态治理体系

随着全球数字化程度不断加深，跨境数据流动的规模已呈现指数级增长。但不同国家的数据规制诉求和数字规则制度仍存在较大差异。例如，美国强大的科技实力使其拥有数量众多且实力雄厚的跨国公司，因此，美国鼓励数据在全球范围内自由流动。而欧盟则更加重视公民权利以及个人隐私保护，对数据跨境流动管制较为严格，只允许有限制的数据跨境流动。中国则出于跨境电子商务发展的需要，致力于提升数字货物贸易中企业与消费者的信心，但在参与全球数据跨境流动规则的制定时往往处于劣势地位。各国不同的利益诉求不仅不利于数字贸易的自由化进程，而且导致在跨境数据争端解决中规则操作上的诸多难题。因此，在客观上要求对跨境数据流动的立法实现国际共识，只有积极倡导多元主体的数据规则立法合作，才有助于打造全球数据安全生态治理体系。

5.7.4.1　推动确立数据主权优先和数据安全与经济发展并重的立法原则

可以看到，在抗击新冠疫情中，大数据的广泛应用发挥了重要作用，为疫

情防控与企业复工复产提供了重要支撑。因此，平衡好数据主权、公共利益及数字贸易发展应是中国数字安全立法的一个重要考量点，制定符合中国社会环境和经济发展的数据安全政策对中国乃至全球的经济治理具有极其重要的意义。一方面，可以明确数据主权在数据安全治理中的基础性地位，只有明确了数据主权，后续的数据安全治理措施才有落地的"土壤"。但是，数据主权并不必然意味着要实施数据本地化措施，而应当被理解为一国（地区）对其境内的数据资源所享有的权利。有了数据主权，才能自主制定其数据安全监管法规，以一种更平等的姿态参与数据安全治理的国际谈判，以提升其在全球数据流动规则制定中的话语权；另一方面，在数据安全立法过程中，不仅应以数据主权为基本原则，而且，应当平衡数据安全与经济发展之间的关系，在维护个人数据安全和国家数据安全的同时，不遗余力地推动国内数字产业发展。即在明确了数据主权后，还应当在保障数据安全的前提下积极推动数据的分类、开放、共享，最终构建全球范围内的数据共享机制，更好地开发数据资源，支持国内优秀数字企业的发展。过于严格的数据本地化要求反而会导致数据存储过于集中，使得数据泄露后果更加严重。

但也应当看到，短期来看，加强数据安全保护会增加跨国企业的合规成本，而从长期来看，会增加消费者对该国市场的信心，对消费者偏好具有正向影响，有利于国内产业和经济发展。因此，在数据安全立法时，一定要平衡二者之间的关系。结合中国的具体国情，政府可以给予一定政策空间，在满足国家安全和个人数据保护需求的同时，更好地扶持新型产业和新兴业态的发展。可以对现有的法律法规进行梳理，厘清与立法目标不一致的地方，更好地修订和完善《中华人民共和国网络安全法》等单独的数据安全保护法规，构建协调一致、彼此关联的数据安全保护法律框架体系，以便中国在对内执法和对外规则谈判中更好地明确立场，提出符合中国利益的诉求。

5.7.4.2　成立专门的数据安全主管机构

数据安全保护牵涉多个利益相关者，内容涵盖了个人隐私数据保护、企业商业机密保护乃至国家安全保障，因此，成立一个专业的、独立的数据安全主管机构显得尤为重要。而大数据时代数据的跨境流动愈发复杂，更在客观上强调此类专门机构成立的重要性与必要性，成立专门的数据安全主管机构已成为国际社会的普遍共识。此外，从目前规制数据跨境流动的国际形势来看，成立专门的数据主管机构已经成为国际社会的普遍共识。例如，一国要想加入跨境隐私规则（cross-border privacy rules，CBPR）这类国际认证体系，必须先拥有具备独立执法权的数据安全主管机构。在其他一些双向认证机制中，也将申请国是否成立专门且具备独立执法权的数据安全主管机构作为重要的考量因素和认证标准。

5.7.4.3　主动参与国际数据流动规则的制定并积极完善国际互信机制

可以说，数据的跨境流动是传统贸易和数字贸易得以开展的基本条件。在传统贸易下，数据的跨境流动奠定了更高水平的跨境贸易；在数字贸易下，数据跨境流动更关系到海外贸易活动的开展，因此，数据跨境流动监管政策变成了影响未来全球经济发展的重要因素。而一国的数据跨境流动监管政策一定离不开国际标准与国际制度的影响，管理数据跨境流动的国际规范正在形成，中国作为全球最大的互联网使用国，可以积极主动地参与相关双边规则谈判和区域规则谈判，抢抓机遇，在新一轮数字贸易规制体系的构建中提出"跨境数据流动监管"的中国方案，规避在国际数据流动规则制定中被边缘化的风险。

第一，中国可以积极参与有关数据跨境流动规则的数字贸易双边谈判及区域谈判，促进双边贸易协定及区域贸易协定中数据安全相关条款的达成，并代表和维护广大发展中国家的利益。在具体谈判过程中，可以从已有的数据跨境流动监管实践出发，并兼顾主要国家关于跨境数据流动监管的立场，求同存异，在各方的利益诉求中找到交叉点，并结合中国的具体国情对现有的数据跨境流动监管规则进行创新，以提出符合自身利益诉求的方案。在谈判结束后，可借由"数字丝绸之路"和RCEP等平台，进一步分享并推广中国方案以提升影响力，在数据安全的国际规范建设中发挥建设性作用。

第二，可以考虑加入国际社会中已有的数据跨境流动国际认证机制，并致力于完善本国的国际认证与互信机制。基于较高的转换成本以及当前的国家间综合国力对比，国际互认机制在短时间内难以改变。因此，现阶段中国在促成新的区域贸易协定的同时，可以考虑加入APEC的CBPR体系，以相关标准不断完善本国的数据规制，形成并得到广泛承认的与国际互认机制相协调的数据规范，以进一步为中国企业的海外业务拓展扫清障碍，促进中国数字产业发展。

此外，在国际合作方面，中国可以采取积极措施，以工业互联网等重点领域的数据出境为突破口，加速通过双边协议和区域性协议，积极构建与重要贸易伙伴的数据出境国际通道，以在数据跨境领域占据重要位置。

5.8 本 章 小 结

在数字经济时代背景下，中国该如何规划推动全球经济治理机制变革的实施路径，不仅是当前中国深度参与和引领全球经济治理面临的一项重要任务，也会广泛而深刻地影响全球经济治理体系乃至世界经济格局和世界政治格局的转变，具有极其重要而深刻的实践意义。因此，本章从数字技术、数字贸易、数字金融、数字文化、数字政务和数字安全六个视角，提出数字经济时代中国推动全球经济治理机制变革的现实路径，并逐一进行详尽分析与阐述。

在数字技术方面，中国可以进一步推动产业数据深度挖掘，培育数字经济发展新动能；实施商业数据分类监管，构筑数据跨境流动新框架；促进数字技术协调整合，开辟全球数字治理新路径；推动数字技术创新应用，引领智慧经济发展。在数字贸易方面，中国可以完善贸易发展战略设计，夯实数字贸易制度基础；规范数字贸易垄断稽查方式，转换数字贸易监管思路；优化数字贸易监管标准，消除数字贸易政策壁垒；提高数字贸易监管水平，建立数字贸易监管合作机制；提高数字贸易政策协调水平，构建数字贸易规则框架。在数字金融方面，中国可以创新数字金融基础设施建设，提高数字金融市场运行效率；推动法定数字货币研发，实现数字金融服务创新发展；促进数字金融技术进步，助力数字金融服务供给改革；完善数字金融监管框架，注重数字金融体系风险防范；深化数字金融跨境监管合作，促进金融监管标准制定；完善数字普惠金融体系构建，助力全球贫困治理改革。在数字文化方面，中国可以推动传统文化云端重构，促进文化资源转型创新；引入多元文化治理主体，提升数字文化治理效率；促进多元文化矩阵构建，推动文化模因海外传播；注重数字知识产权保护，实现数字文化创新繁荣发展。在数字政务方面，中国可以推动数字治理与开放治理相融合，转换政府治理范式；推动数字治理与智慧治理融合，扩展公共治理范围；推动数字治理与集约治理相融合，提升全球治理水平。在数字安全方面，中国可以规范等级保护建设标准，提高数据安全信息防护等级；提升算法平台风险意识，强化数据安全综合管理能力；构建国际监管平行议程，增进数据安全监管合作效率；倡导多元主体立法合作，打造数据安全生态治理体系。

　　基于以上实施路径，中国可以抢抓时代机遇，响应时代召唤，全方位发力，积极主动地贡献推动全球经济治理机制变革的中国方案，修正现有全球经济治理规则体系的内在缺陷，推动崭新的公平合理的全球经济治理机制的建立。

6

数字经济时代中国推动全球经济治理机制变革的关键举措研究

6.1 问题的提出

从国际角度看，当前以多边贸易、国际货币金融体制为核心的全球经济治理机制主要形成于第二次世界大战后，其包含了经济、金融等各方面的协议，以此实现国际经贸关系的调整及全球经济治理。当前的全球经济治理机制体现了多边特征，却在发达国家主导下建立并受其控制的。近年来，全球经济逐渐进入新阶段，伴随新一轮技术革命的到来及全球数字经济的快速发展，新兴市场国家开始在国际社会崭露头角并逐渐占据重要位置，这使得全球经济秩序、规则及治理机制亟须新的调整与重建。

从国内角度看，历史教训说明，中华民族伟大复兴与发展无法独立完成，中国需要积极融入国际社会，秉持开放原则，主动参与全球经济治理，为中国乃至国际社会发展营造良好的世界政治、经济、投资、能源等多方面环境。随着全球治理体系及国际经贸秩序的调整变化，全球化进程进一步加快，中国将继续主动承担大国责任，积极参与全球经济治理机制变革，不断贡献中国经验、中国智慧和中国力量。随着改革开放进一步加深，中国经济已经与世界密不可分。随着经济发展，中国的国际政治地位随之提升，为巩固已有发展成果，保护在海内外的政治利益、经济利益和安全利益，要求中国在参与全球经济治理过程中要不断加强国际话语权及国际影响力。如何在全球经济治理中化被动为主动，推动国际经济治理机制变革，如何在自身发展基础上推动全球经济治理机制更公平化、合理化、有效化，如何实现中国在全球经济治理体系机制变革中的角色定位，是数字经济时代中国需要面对的重要问题。

本书第 3 章阐述了中国在数字经济时代推动全球经济治理机制变革过程中的博弈能力、基本原则和角色定位。然而，如何扮演及持续扮演这些角色，需要进一步探讨与分析。

本章将以数字经济时代中国在全球经济治理机制变革中的角色定位为基础，研究实现各类角色的关键举措。其中，6.2 节就中国如何以数字经济的推动者、南北数字鸿沟的弥合者、数字经济共同体的构建者及全球数字公共产品的供给者四大角色，推动全球发展治理机制变革进行关键举措探究；6.3 节给出了中国如何以多边贸易体系的拥护者、数字贸易规则的建设者及数字贸易新业态的引领者三种角色，推动全球贸易治理机制变革的关键性举措；6.4 节就中国如何通过现有投资规则的践行者、投资治理机制的变革者以及全球投资活力的拉动者三种角色，推动全球投资治理机制变革开展关键举措研究；6.5 节从全球金融治理机制变革的角度，就中国如何实现包容普惠金融体系的建设者、全球金融风险治理的合作者及全球数字金融发展的推动者三大角色开展关键举措研究；6.6 节根据中国实现在推动全球能源治理机制变革中的三大角色定位：能源供需变革的倡导者、能源体制变革的引领者及能源技术革命的驱动者提出关键举措。

6.2　如何推动全球发展治理机制变革

6.2.1　关键举措一：以提升国内数字化水平为杠杆，推动全球数字经济发展

世界经济面临着"百年未有之大变局"，数字经济方兴未艾，正在推动全球经济结构和分工格局深化调整，也逐渐成为推动全球价值链调整与发展的重要因素之一。中国应当立足本国数字经济发展经验，积极参与全球数字经济与数字贸易进程，实现全球经济治理机制的改革与重建。

6.2.1.1 加快新基建发展

基础设施是指，为社会生产和居民生活提供公共服务的物质工程设施，完善的基础设施建设是国家社会经济活动有序开展的重要保障，也是提升国内数字化水平的重要支持。2020 年 4 月 20 日，国家发展和改革委员会发文指出，新型基础设施是以新发展理念为引领，以技术创新为驱动，以信息网络为基础，面向高质量发展需要，提供数字转型、智能升级、融合创新等服务的基础设施体系。核心是"数字化基建"，主要包括七大领域：5G 基站建设、城际高速铁路和城市轨道交通、特高压、新能源汽车充电桩、大数据中心、人工智能、工业互联网。①

近年来，中国加强对新型基础设施建设的重视程度并出台诸多政策文件，2018 年中央经济工作会议提出"加快 5G 商用步伐，加强人工智能、工业互联网、物联网等新型基础设施建设"，② 由此产生了新基建的概念，此后，新基建被列入 2019 年《政府工作报告》并作为重要议题多次在重要会议以及政府政策中被提出。中共中央政治局提出要加速推动新基建建设，然而，当前中国经济仍然处于转型期，与美国等发达国家间的经济冲突仍存在，国际经济形势日渐复杂。此外，受新冠疫情等不可抗力的外在影响，开展新基建的重要性及必要性日渐凸显。数据显示，河北省、山东省、广东省的新型基础设施数量全国领先，占比分别达到 43.5%、35.0% 及 34.1%。③ 截至 2020 年 6 月，基础电信企业建成 5G 基站超过 25 万个，自 2015 年起，中国人工智能产业规模逐年上升，截至 2019 年，中国人工智能产业市场规模达到 554 亿元，④ 可见，当前中国新基建呈现蓬勃发展之势。

新基建在发展过程中不可避免地会存在问题。首先，是核心技术研发能力不足，主要依靠国外进口。科技是新型基础设施建设的核心，然而，当前中国各类技术需求对外依存度较高，将会导致中国开展新基建过程的不可控性提高

---

① 搜狐网.啥是新基建？发改委官宣了！［EB/OL］.https：//www.sohu.com/a/389995801_825950.

② 新华网."新基建"提速 经济转型升级注入"数字动力"［EB/OL］.http：//www.cac.gov.cn/2020－03/09/c_1585297290315280.htm.

③ 中新经纬.九成云计算企业分布在企业服务领域，SaaS 成投资热点［EB/OL］.https：//baijia-hao.baidu.com/s？id=1713566840977052539&wfr=spider&for=pc.

④ 新浪财经.5G 商用一周年：领跑新基建，将带动信息消费 8.2 万亿［EB/OL］.https：//baijia-hao.baidu.com/s？id=1668735015358609706&wfr=spider&for=pc.

且存在安全隐患。尽管当前中国新基建的发展速度与规模在国际上领先，但在核心技术诸如芯片、操作系统等方面的研发及投资却不如西方国家，中国亟须改变当前技术落后的局面，突破发达国家的技术垄断与技术封锁。其次，是投融资机制不畅和结构失衡问题。传统基建投资以政府投资为主，相较于传统基建投资，新基建投资坚持市场化方向，投资主体呈多样化特征，属于市场主体的投资，更具可持续性，然而，当前该领域仍缺乏完善的相关投融资机制，社会资本和民营企业对开展新基建投资存在很大顾虑。最后，是人才短缺问题。新基建的开展离不开专业人才支撑，然而，当前中国在互联网技术（IT）、通信、物联网、物理学、数学等领域的人才输出无法满足行业需求，如何培养专业化人才及工人、如何满足新基建各领域的人才需求，是中国亟须解决的重要问题。

为加快推动新基建建设进程，全面提高中国数字化水平，本节提出以下三点建议。

第一，提高核心技术自主研发能力，降低核心技术的对外依赖程度。营造良好的技术创新环境与社会氛围，需要完善知识产权保护的相关法律法规，为技术创新提供法律保障，维护研发者的合法权益，激发创新积极性。此外，重点攻克大数据、工业互联网、物联网等领域的各项技术难题。

第二，大力提高社会资本参与积极性，构建多元融资体系。首先，政府应充分发挥"看得见的手"的功能，引导市场主体有序参与新基建投资。其次，完善对新基建、财政、金融、产业等方面的政策支持，合理把控资金来源，适当约束新基建规模；在市场企业层面，企业应结合资金规模、考虑风险及回报率制订合理的投资计划，避免盲目扩大投资导致资金链断裂等问题。了解中央政府及地方政府的最新政策动向，以政策为导向展开投资活动。除资金投资外，企业也可将技术、知识经验转化为投资优势，这在一定程度上可以减少过多的资金流动，不仅有助于控制投资规模，也有助于实现多元化投资。

第三，加强新基建相关领域人才培养。通过完善专业人才培养计划、建立产学研联盟等方式，为新基建的开展输送充足的专业化人才。

6.2.1.2 加快政府数字化转型

党的十九届四中全会通过的《中共中央关于坚持和完善中国特色社会主义制度推进国家治理体系和治理能力现代化若干重大问题的决定》明确指出：

"建立健全运用互联网、大数据、人工智能等技术手段进行行政管理的制度规则；推进数字政府建设，加强数据有序共享，依法保护个人信息。"① 在数字经济背景下，建设数字政府、提高政府数字化职能是各级政府实现行政方式创新、行政效能提升并建设服务型政府的重要途径。随着全球范围内数字化转型的加速，世界各国政府相继开始数字化转型，不断提高政府工作水平，推动建设具备数字化职能的新型政府。

数据是政府信息公开、数据开放和信息服务的基础，完善基础数据设施建设是构建"数字中国"、提高国家现代化治理水平的必然要求，将"数字基础 + 数字服务 + 数字经济 + 数字治理"四位一体发展模式融入数字政府、智慧社会和数字中国的建设过程中，建成整体协同、管理科学、服务精准、运行高效的数字政府。以杭州市为例，杭州市政府以"最多跑一次"，即人民群众到政府机构办事最多只需跑一次为目标，通过商事制度的重点改革及互联网法院的构建，推动政府职能数字化转型。通过大数据的运用与处理提高政府办事效率，简化办事步骤，更好地为人民服务，营造国际一流的政务环境。在智慧交通方面，2016 年杭州开始利用大数据、人工智能技术改善城市交通环境，开启"城市大脑"时代。截至 2019 年底，杭州"城市大脑"已经能够完成 11 大系统、48 个场景的同步推进，已建成涵盖公共交通、城市管理、卫生健康、基层治理等 11 大系统的 48 个应用场景，完成从"治堵"到"治城"的转变。②

提升中国整体数字化水平离不开政府职能的数字化转型，本节提出以下三点建议。

第一，坚持以人民为中心的原则与发展思想。政府可制定明确、清晰的数字化建设目标，以人民诉求为导向，不仅要反映公众需求、社会关注，也要拓宽社会公众获取公共服务的渠道和路径。在此基础上，引导人民群众积极参与政府数字化转型，真正做到政府数字化改革为了人民，以人民为中心。在全面深化改革中，政府要不断推动行政审批改革和管理体制机制创新，运用大数据、

---

① 新华社. 中共中央关于坚持和完善中国特色社会主义制度 推进国家治理体系和治理能力现代化若干重大问题的决定［Z/OL］. https：//www. gov. cn/zhengce/2019 – 11/05/content_5449023. htm？eqid = 9c89e484000eaa9f00000006649404b0.

② 新华社. 从"治堵"到"治城"杭州城市大脑建成 48 个应用场景［EB/OL］. https：//baijia-hao. baidu. com/s？id = 1654423763738624551&wfr = spider&for = pc.

云计算、人工智能等技术推动数字政府建设，加快政府改革速度，提高政府公共服务水平。

第二，完善数据基础设施建设。数据基础设施建设关乎中国能否完成数字化转型，也关乎国家治理水平能否提升。在建设数字政府的道路中，应形成四位一体的发展模式，建成能够协同化、高效化、精准化、科学化运行的数字政府。

第三，提升政府工作人员网信工作能力。强有力的领导决策中枢可以在提升政府相关数字战略统一性的同时兼顾各方，明确中国数字政府建设各阶段的任务及目标，确保中央政府与地方政府数字化改革的同步性与协调性。各级各类政府机构部门不仅要进行自身的数字化改革，也要学会充分运用互联网进行网络环境管理与公众舆论引导，净化网络环境并确保网络安全。重点运用互联网技术和信息化手段实现政府工作优化升级，降低各类风险的可能性、危害性。此外，通过开展专家讲座、专题学习以及引进专业人才等方式，提升政府工作人员的数字化技能水平。

6.2.1.3 加强数据安全保护

无论是新基建投资还是打造数字政府，数字经济蓬勃发展与大数据技术的应用使数据的重要性日渐凸显并成为新的重要生产要素。但世界各国在享受数字经济带来的福利的同时，也面临数据过度采集、滥用、个人数据被盗取并交易等网络数据安全问题。数据安全不仅是保护数据应用的前提，更是数字经济可持续发展的重要支撑，因此，要重视并加强通信业和互联网行业的数据安全保护工作，提升网络安全保护能力。此外，数据资源开发和利用也存在诸多问题，例如，公民个人信息频繁被盗用并形成相关灰色产业链，不法分子借助盗用信息滥发广告甚至进行网络电信诈骗，损害公民权益、扰乱社会秩序；企业过度收集用户数据事件频发，侵害用户隐私、降低用户体验感。

在数字经济快速发展的今天，数据安全逐渐成为一项重要议题。激发创新力量、推动产业发展、提升经济运行活力离不开数据资源在国家间、地区间、产业间、用户间的流动与使用，可以说，数据安全是保证数据有效使用、数字贸易有序开展、数字经济快速发展的重要前提。因此，要加快构建网络数据安全保障体系，形成良性的数字经济发展环境。当前，世界各国都在不断探索推动网络数据安全立法，欧洲国家、澳大利亚等纷纷颁布并不断完善个人信息数据保护相关法律法规。相比之下，中国网络数据安全标准化工作存在缺陷，主要表现为：第一，缺乏完整性、统筹性的标准体系，标准制定流程尚未完善，同时，缺乏在专业术语内涵、种类等级划分等方面的标准；第二，缺乏数据安全评估、重要数据保护等关键性标准的制定；第三，5G、云计算、区块链、人工智能、大数据、物联网等重点领域的网络安全标准亟待制定。

加强数据安全保护需要注意四点：第一，构建完善的网络数据安全保护体系，重点加强对于互联网用户个人隐私数据的保护，不断完善数据安全标准化工作，使企业对用户数据的采集合理化、有限化；第二，鼓励相关领域包括5G、大数据、人工智能、物联网等数字技术创新与研发，为网络安全体系的构建提供技术保障；第三，加强网络安全治理，不断完善数据安全相关法律法规，严厉打击互联网违法犯罪行为，保障用户个人信息与个人隐私；第四，通过开展国际多边谈话与多边合作，就数据跨境流动、国际数据安全、国际数据开放等议题达成共识，有效防止网络跨境犯罪、非法盗用他国数据、非法监视监听等行为，形成世界各国共同应对全球网络安全问题与挑战的局面。

6.2.2　关键举措二：以扩大互联网普及范围为抓手，推动全球数字鸿沟弥合

21 世纪以来，新型贫困问题特别是国际数字鸿沟的加深逐渐引起国际社会关注，数字鸿沟是指，随着信息社会进步产生了一大批与信息技术及信息社会隔离的国家或人群，导致其逐渐与世界发展脱节。数字鸿沟的产生可能会加大贫富差距，尽管在数量方面全球技术进步与技术扩散缓解了数字鸿沟，但在质量方面数字鸿沟却进一步扩大。数字鸿沟主要由接入鸿沟、使用鸿沟、能力鸿沟三部分组成。接入鸿沟是指，不同群体触及数字技术和数字设备的差异，主要体现在宽带接入、网络终端设备等硬件条件上的差异；使用鸿沟是指，不同群体能否使用数字技术和数字设备的差异，即人们对数字技术的使用水平参差不齐。例如，一般老年人使用数字设备的能力要比年轻人弱，更多反映的是人们在数字技术知识掌握、数字技术使用广度和使用深度上的差异；能力鸿沟是指，不同群体数字素养和数字技能方面的差异，区别于强调数字技术接入与数字技术使用的接入鸿沟与使用鸿沟，能力鸿沟是一种更深层次的数字鸿沟表现。例如，在数据资源获取能力及处理能力上的差异。数字鸿沟的存在会在

个体、企业、地区、国家之间造成重大影响（数字鸿沟的现实影响，参见专栏6-1）。因此，弥合数字鸿沟，是推动全球经济朝普惠共赢方向演进的必由之路。

▶专栏6-1

数字鸿沟的现实影响

一、数字鸿沟使得个体机会的不均等加剧。例如，在数字化程度高的地区，学生可以通过互联网获取名师课程、在线习题等海量教育资源，而对于欠发达地区的学生而言，传统的课堂学习仍是获取知识的主要渠道，这势必进一步拉大本已存在的教育机会不均等。

二、数字鸿沟使得企业竞争的不均等加剧。企业通过数字化转型，可以在市场竞争中占据优势地位，例如，通过建设智能车间提升其内部生产效率，使用电子商务增强其开拓国内外市场的能力。传统企业仍依托传统的资源禀赋，如劳动力成本优势、自然资源优势等，导致其在数字经济时代的全球竞争中处于弱势地位。

三、数字鸿沟使得地区发展不协调加剧。从发展机会看，一些农村地区、中西部地区因数字基础设施不完善、专业技术人员缺乏等，难以发展人工智能、大数据、云计算等相关产业，错失数字经济发展的重要机遇。从发展结果看，城市相比农村地区、东部地区相比中西部地区，数字产业化程度、产业数字化程度更高，数字化治理更完善，数据价值化挖掘也更充分。

四、数字鸿沟使得全球发展不平衡加剧。发展中国家受限于经济发展水平和数字技术水平，一方面，很难成为数字消费国，无法享受数字技术带来的生产生活便利；另一方面，即使成为数字消费国，也很难实现从数字消费国到数字生产国的转变。这使得发展中国家在全球数字经济红利的分配中处于非常被动的地位。

资料来源：马述忠，房超．弥合数字鸿沟 推动数字经济发展［N］．光明日报（理论版），2020年8月4日理论版（第11版）。

缩小数字鸿沟离不开发展中国家的努力。首先，要大力发展经济，提升信息化水平离不开良好经济条件的支持，发展中国家经济的发展可以为信息化的发展和普及提供良好的前提与保障，通过调整经济结构、产业结构，提高数字化经济在国民经济中的比重，紧跟世界数字化发展浪潮，扩大与其他国家的合作与交流。其次，大力发展教育，提高文化教育水平，培养专业化人才。数字鸿沟是国家间数字化、信息化的差距，更是知识、教育上的差距。一个国家信息化的发展受制于当地知识吸收水平与教育水平，只有提升国家（地区）吸收知识的水平、公民教育水平以及受高等教育比重，才能推动信息化不断发展。最后，要积极完善和营造有利于数字信息技术发展的制度环境与法律环境。

作为负责任的大国，中国可以从以下角度为弥合全球数字鸿沟、缓解全球发展问题作出贡献。

6.2.2.1 着力推动各国在通信、基础设施领域达成合作共识

在全球范围内扩大互联网普及率以弥合数字鸿沟，首先，需要不断扩大全球特别是落后国家（地区）的数字基础设施覆盖范围。固定宽带网络和移动通信基站是数字基础设施建设的主要内容，需要有足够的资金支持与技术支持，以确保基础设施建设的顺利开展。具体方式有：一是提供数字基础设施建设贷款和利率减免优惠政策、合理共享数字技术等。在扩大互联网覆盖范围、扩大数字技术可接入范围的同时，实现互联网接入方式的多样化与广泛化，通过扩大接入设施的分布范围、技术创新成本，降低接入成本等方式实现互联网普及范围扩大。特别是将落后国家与贫困地区纳入其中，真正实现互联网在世界范围内的普及。二是提高互联网接入质量和传输能力。通过数字技术（宽带技术、5G 通信技术等）的应用与创新，提高网速、减少能耗、扩大容量，为网络教学、视频会议、远程医疗等领域提供关键支撑。三是不断完善网络空间法治化建设，在建立健全国内网络空间相关法律法规制度的基础上，积极参与国际网络空间安全规则的构建，营造积极安全和平的网络环境，实现数字技术、网络安全、数字经济的协调发展。

6.2.2.2 推动"数字丝绸之路"建设

要坚持创新驱动发展，加强"一带一路"共建国家在数字经济、人工智能、大数据、云计算、物联网、区块链等前沿领域的合作。① 我们要顺应第四

---

① 光明网."数字丝路"造福全球［EB/OL］. https：//m. gmw. cn/baijia/2023–02/13/36363802. html.

次工业革命的发展趋势，共同把握数字化、网络化、智能化发展机遇，共同探索新技术、新业态、新模式，探寻新的增长动能和发展路径，建设"数字丝绸之路"。① 然而，"一带一路"倡议所涵盖的 64 个国家间信息化发展水平差距较大，信息基础设施存在很大的数字鸿沟，严重阻碍了"一带一路"共建国家信息互联互通进程的开展。为弥合与"一带一路"共建国家间的数字鸿沟，需要中国从多方面进行努力。首先，完善"数字丝绸之路"的顶层设计，通过与"一带一路"共建国家的合作对话，实现数字经济相关领域诸如跨境电商、知识产权保护、网络安全等相关法律法规的统一与完善，为数字经济发展提供良好的政策环境与政策保障。其次，统筹推进"数字丝绸之路"基础设施合作，同时兼顾传统基础设施，在完善"一带一路"共建国家传统基础设施的基础上，提升新型基础设施建设水平，为互联网的普及奠定基础。最后，传播数字技能以弥合数字软鸿沟。中国可以通过向"一带一路"共建国家推广电商平台、实现跨境电子商务合作等方式传播相关信息技术与专业知识，充分发挥企业在技术传播、人才培养方面的作用，发挥中国数字贸易大国的国际影响力。通过企业间的合作推动各国科研交流、技术共享及优秀管理经验的传播，同时，加大对员工的培养，提升公司整体实力。可以通过数字化服务（如在线课程、网络培训等）的出口提升"一带一路"共建国家人民互联网的使用技能，弥补"一带一路"共建国家教育水平不足的缺陷，培养专业化人才，推动"一带一路"共建国家信息化水平的提升。

6.2.2.3 积极推动全球互联网治理体系变革

"国际社会应该在相互尊重、相互信任的基础上，加强对话合作，推动互联网全球治理体系变革，共同构建和平、安全、开放、合作的网络空间，建立多边、民主、透明的全球互联网治理体系。"② 中国应倡导各国加强对全球互联网治理的重视并积极参与到数字鸿沟这一新型国际问题的解决过程中，通过加强沟通、合作，坚持多边主义，充分发挥从国际组织到各国政府到企业等主体参

---

① 新华社. 习近平在第二届"一带一路"国际合作高峰论坛开幕式上的主旨演讲（全文）［EB/OL］. https：//www. gov. cn/xinwen/2019 – 04/26/content_5386544. htm.

② 新华社. 习近平出席第二届世界互联网大会开幕式并发表主旨演讲［EB/OL］. https：//www. gov. cn/xinwen/2015 – 12/16/content_5024700. htm.

与全球互联网治理的积极作用。

6.2.3 关键举措三：以实现人类命运共同体为目标，推动数字经济共同体构建

6.2.3.1 践行人类命运共同体理念

当今世界面临诸多挑战，风险不断增加。世界发展鸿沟日益加深，气候变化、难民危机等非传统安全威胁继续升级，给全球治理带来了诸多难题。此外，随着经济全球化的逐步加深，世界格局呈现出多极化特征，与此同时，互联网等通信技术的普及使得各个领域的信息化程度不断加深、各国文化也更加繁荣发展，引发新的科学革命、技术革命和工业革命。每个国家都是相互联系、相互依存的，当今世界的和平、发展、合作与共赢趋势加强，这些都对全球发展治理体系提出了新的要求。与单边主义、孤立主义相比，全球发展治理需要共同的价值理念，治理不仅限于建立制度和运行制度，还包括共同的价值体系、社会规范、文化实践及社会团结观念，即人类命运共同体观念。由此可见，人类命运共同体观念在全球经济治理中的重要性。中国经济的快速崛起以及全球治理理念的多元化发展为中国理念在全球范围内的扩大提供了全新契机，促进中国在创设全球治理新平台、提供系统性规则调整上提出新的方案。

数字经济可以实现各个国家间、政府与公民间、社会与个人间、企业间的连接与合作，通过推动经济的数字化转型，有助于推动经济、社会、环境的协调可持续发展，因此，要积极构建数字经济共同体。这不仅是当前经济发展的必然要求，也符合人类命运共同体的核心理念，且有助于进一步推动人类命运共同体的实现。

6.2.3.2 构建数字经济共同体

在数字经济时代，世界市场相互连接的趋势更加显著，各主体间的联系更为密切、利益相互挂钩。任何国家的经济发展都不能离开国际社会而实现，面对有关数字贸易规则制定、数字安全维护、电子认证统一等多方面的挑战，只有开展多边合作、携手解决国际问题才能实现互利共赢。然而，现实问题在于，对于数字贸易规则、数字执行规则所需的载体等全球性公共物品，所有国家均抱有"搭便车"的心理，却不希望被他国搭上自己的便车，这将会导

致全球经济治理中的公共品供给不足，从而陷入集体行动的困境。因此，需要构建以积极参与、自觉承担、合作共建为基本原则的数字经济时代的数字经济共同体。

构建数字经济共同体，需要完善相关顶层设计，建立数字经济共同体政策体系，应加快完善相关顶层政策设计，建立数字经济政策共同体。一是完善数字产业评估体制，实现各国间数字技术标准的统一。通过有效评估实现数字产业的快速发展，通过技术标准统一实现数字技术的广泛传播与通用，各国还可以充分发挥国内银行的作用，为数字产业和数字技术的发展提供金融支持、资金支持。二是建立人才联合培养机制。专业化数字人才是实现技术创新、推动数字经济发展的重要因素，缩小与发达国家间的技术差距以及发展差距，需要建立跨国人才联合培养机制及区域性的人才培训机构。通过官方、企业双重路径加大对数字技术人才的培养力度，确保人才供给能够满足数字经济发展、数字命运共同体构建的需求。三是建立国际网络主权安全联合应对机制。构建数字经济共同体需要有安全的国际网络环境作为保障，而发达国家实施的数字霸权阻碍了数字经济共同体构建的进程。因此，需要各国联合起来共同对抗网络霸权主义与强权政策。四是完善数字经济领域相关法律法规，确保数字经济的有序开展以及数字监管的有法可循，实现数字经济共同体内部政策统一协调化。推动数字经济联合治理，中国可以秉持"共商共建共享"的理念，在多边体系下，创新运用数字技术建立新型联动反恐机制，积极推动全球数字空间治理水平提升。联合世界各国构建数字空间治理合作组织，推动国际组织职能转变，形成多方参与的全球化数字空间治理体系。

6.2.3.3 构建网络空间命运共同体

近年来，网络空间治理已日益成为全球治理体系的重要议题，引起了很多国家（地区）的关注和参与。从横向角度看，网络空间治理是全球治理的重要环节且具有较大的治理难度；从纵向角度看，全球网络空间治理的顺序和模型随着不同阶段的特征而不断变化。关于网络空间治理，存在两种观念：一种是发达国家主张的非政府机构治理，即网络空间安全的治理应该超越政府机构存在；另一种是发展中国家主张的政府主导治理，即发展中国家认为网络安全不属于全球公域而具有主权属性，应通过多边化的手段予以治理。上述两种观念回答了三个层面的问题：一是网络空间的根本属性是什么；二是各国政府如何参与全球网络空间治理；三是各国政府机构或者非政府机构应选择什么治理模式。一方面，这两种观念之间的冲突非常明显，它们的竞争将仍然是推动全球网络空间治理的主要动力；另一方面，近年来，倡导这两种不同思想观念和思维模式的国家一直在相互交流，并试图在网络空间领域达成合作。

为解决网络空间治理难题，中国创造性地提出了网络空间命运共同体理念。互联网加速了世界互联互通，各国在日渐密切的联系过程中逐渐形成了休戚与共的利益关联并使网络空间命运共同体初具雏形。为构建网络空间命运共同体，一是可以树立共享共治的治理理念，坚持平等、互信的原则，网络空间的开放性、包容性特质决定了其治理也应秉持开放共享的理念；二是中国可以推动网络空间治理规则革新，改变发达国家在网络空间安全治理领域的垄断局面，让广大发展中国家有机会参与网络安全的全球治理过程，网络空间命运共同体的构建离不开国际社会的多边谈判、多边合作，在求同存异理念的指导下，通过寻找彼此间的利益契合点以达成共识，洽谈并制定相关国际法律法规；三是以中国为代表的发展中国家应该在推动本国发展的同时，积极参与全球网络空间安全治理；四是贯彻尊重、维护网络主权的原则，部分国家奉行霸权主义，利用网络扩张以谋求全球范围内的网络主权，中国可以推动各国相互尊重网络主权并实现合作共赢，以"命运共同体"的理念引导世界各国共塑全球网络治理新秩序。

6.2.4 关键举措四：以贯彻可持续发展理念为动力，推动数字公共品供给增加

当前全球发展仍面临诸多挑战，许多问题诸如贫富差距、生态环境破坏等都威胁着人类发展，是全球各国需要共同面对的重要议题。目前，全球范围内的贫困人口数量仍然高达数亿，随着贫富差距的不断加深，国家间的不平等不断深化，人种歧视、差别化性别待遇等问题仍然存在。经济发展带来的副作用也使人类面临资源短缺和物种灭绝的巨大挑战。近年来，全球气候变化不仅威胁各类生物的生存环境，也不利于人与自然和谐发展愿景的实现。这些挑战不能仅靠一国力量消除，而是需要各国的协商与合作。随着数字经济时代的到来，全球发展也逐渐面临新的挑战，例如，南北数字鸿沟的扩大、贫富差距进一步扩大、全球贫困问题加剧等，全球发展治理面临发展需求多元化及国际公共产

品短缺两大挑战。2010 年，G20 首尔峰会将发展问题列入峰会议程；① 2015 年，联合国发展峰会正式通过了《2030 年可持续发展议程》，为全球发展治理指明方向，也为其转型提供契机，可持续发展是《2030 年可持续发展议程》的核心，其包含了消除贫困与饥饿、取消性别歧视、普及教育、能源开发利用、经济增长和环境等多项议题。② 与传统发展模式相比，《2030 年可持续发展议程》重点关注经济的外部性影响，更加重视经济与环境的协同发展，即经济发展不能以环境破坏为代价，而应在保护生态环境的基础上实现经济社会的发展进步。从文件核心变化可见，当前全球发展治理的理念正在不断优化，其治理目标不是局限于某一具体问题，而是更加广泛地涵盖了各领域，旨在实现真正的可持续发展。而为推动全球发展治理体制改革，响应《2030 年可持续发展议程》，中国必须贯彻可持续的核心理念，坚持走可持续发展道路，本节从以下三方面分析如何为推动全球可持续发展贡献中国力量。

6.2.4.1　贫困问题

如何解决贫困问题、缩小贫富差距，是国际社会亟须共同探讨的一大议题。20 世纪 90 年代以来，虽然全球贫困问题取得了较大缓解，但是仍然存在不少问题，需要国际社会的关注与重视，21 世纪以来，国际政治经济新形势与动荡对贫困治理提出了全新要求。《2030 年可持续发展议程》的发布，更体现了国际社会对世界贫困问题的进一步重视。

在解决全球贫困问题过程中，中国为推动全球减贫问题的解决作出了重大贡献、提供了主要动力。改革开放 40 余年来，中国取得了令人瞩目的减贫成效，不仅率先实现了联合国千年发展目标及联合国《2030 年可持续发展议程》的减贫目标，而且在 2021 年初实现了消除绝对贫困的重大目标。在新的国际国内形势下，中国应坚持"四个全面"战略布局，以打赢脱贫攻坚战为基础，立足国内"脱贫"的成功经验，为推动改善全球贫困问题提供切实可行的方案与措施。除积极推动本国经济发展并实现减贫目标外，中国也可以积极参与国际减贫行动，帮助缓解国际贫困问题，充分发挥"一带一路"倡议的作用，以实

---

① 人民网．首尔峰会领导人宣言（2010 年 11 月 11 日至 12 日）［EB/OL］．http：//world. people. com. cn/n1/2016/0816/c1002 – 28640390. html.

② 新华社．2030 年可持续发展议程［EB/OL］．https：//www. gov. cn/xinwen/2016 – 09/21/content_ 5110150. htm.

现世界经济的包容性增长为目标，将中国扶贫减贫的有益经验分享给"一带一路"共建国家，带动"一带一路"共建国家的经济发展。此外，还可以通过推动国际组织改革，完善国际多边组织职能、形成相应组织，推出更多诸如减贫战略计划、减贫与增长信托等扶贫战略，联合国际力量共同解决世界贫困问题。

6.2.4.2　环境问题

环境是人类生存与发展的基础和支持，然而，随着世界经济的快速发展，不合理的资源开发利用及废物排放等行为导致环境问题逐渐成为当今世界的主要问题之一，废物转移扩散、海洋污染、大气变暖等环境问题危害着人类健康与生命安全，引起了全人类的广泛关注。各国需要在环境治理中履行各自的职责和义务，共同努力规划经济发展、社会进步和环境保护，实现各国的互利双赢和可持续发展。

为推动落实《2030 年可持续发展议程》，中国可以通过 G20 平台促进发展工作组与联合国、不同地区、不同国家之间的协调，推动世界各国达成环境保护共识，共同守护地球环境。与此同时，从国际角度看，环境问题的解决需要具备长远规划且离不开世界各国的协同合作，作为负责任的大国，中国应该主动推动国际环境领域相关法律法规的制定进程，推动相关国际组织、国际机构，如联合国环境规划署等实现职能改革，从而在国际环境治理领域更好地发挥作用，推动各国间对话的开展以及合作的实现，使各国充分认识经济发展过程中环境治理保护的重要性。

6.2.4.3　国际公共产品问题

国际公共产品是国际层面的公共产品概念，主要是指能够使世界范围内人口受益的公共产品。当前，国际社会面临来自国际公共产品问题的挑战在于，如何使国际公共产品供给满足日益多元化的发展需求。数字经济时代，国际经贸投资活动的增加及世界范围内人口流动数量的增加，都将加大对国际经济秩序、国际公共基础设施、国际公共安全和动植物疾病防治等全球公共产品的需求。连续 40 多年快速增长的经济总量，以及新一代数字化技术持续领先和开放型新体制优势越发凸显，也使得中国对数字公共产品的供给能力不断提升。中国可以利用数字经济发展优势向世界供给公共产品。

第一，应建立健全国际公共产品相关供给制度。除需求量大、供应不当外，供应机制的不协调也是导致国际公共产品不足的一大因素。为解决该问题，中国可以发挥本国数字经济优势，通过与他国供应方加强协作、与公共产品接收方建立合作模式等，完善中国国际公共产品供给的制度指导。例如，中国可以通过"一带一路"倡议为"一带一路"共建国家提供数字基础设施支持，推广数字技术与数字化服务。并在原有融资体系的基础上，加强国际对话合作，搭建跨区域的融资渠道，推动多种类型的资本包括政府资本及私有资本共同参与新型基础设施项目投资过程，不断完善"一带一路"倡议下的相关金融机制，改善国际公共产品的投融资环境。

第二，实现国际公共产品形式的多样化与创新化。不应该将国际公共产品的内容局限于捐赠、国际组织会费等狭窄范围内，而应拓宽其领域，涵盖制度设计、人才培养、管理经验共享等多元形式，也可以体现为政府牵头、社会承接的运作方式，通过制定双边、多边乃至全球范围内的规则制度及成立相关组织，为增强国际话语权提供可行路径。

第三，中国是最大的发展中国家，是数据大国，也是全球各领域治理机制变革的重要参与者，能够发挥联系各方的作用。为构建网络空间命运共同体，中国要发挥优势，不仅要贡献有形数字产品、有形数字技术和有形数字市场，也要贡献无形数字文化、无形数字制度和无形数字思想，使得数字技术能够在世界范围内推广普及，推动各国发展，为世界带来福利。

6.3 如何推动全球贸易治理机制变革

6.3.1 关键举措一：以经贸组织改革为手段，引领全球多边贸易谈判开展

6.3.1.1 推动世界贸易组织（WTO）职能改革

WTO 成立以来，在多边贸易谈判及国际治理中发挥了不可替代的重要作用，逐步推动全球贸易秩序走向多元化、自由化以及非歧视化。然而，21 世纪以来，随着全球贸易模式及权力结构的变化，全球范围内的贸易治理谈判难度逐渐攀升，WTO 也因未及时调整功能导致其无法适应全球贸易治理发展的新诉求，使其无法更好地推动世界经贸朝着更自由的方向发展。与此同时，区域贸

易协定的不断增加威胁多边贸易体制，部分大国公然违反 WTO 相关规定的行为更是令 WTO 面对生存危机，新形势下，WTO 的改革势在必行。

作为 WTO 的核心成员之一，中国自加入 WTO 以来始终积极履行义务、享受权利并积极参与多边谈判，熟悉且遵守 WTO 运行机制，目前，中国已发展成为 WTO 中贸易第一、经济总量领先的重要成员。巨大的国内市场不仅促进中国经济快速发展，对世界经济发展也有较大的推动作用与辐射作用，并使中国在多边贸易中居于主导地位。此外，作为当前世界最大的发展中国家，中国与发展中国家和发达国家间均有较多的利益交汇点，这可以使中国充分发挥枢纽协调作用，协调不同主体间的利益关系，推动多边谈判、多边贸易以及多边合作的开展。因此，无论是 WTO 的改革还是新型全球经济治理体系的确立，都需要中国的积极参与。

坚定原则，主动参与改革。中国始终是多边贸易体系的拥护者，在参与全球经贸活动过程中，中国遵守各项规定与争端裁决决议，充分履行各项义务、积极行使自身权利并参与 WTO 的各项日常工作，通过引导发展中国家加入多边贸易体制等方式推动自由、便利的全球多边贸易投资格局构建。《中国关于世贸组织改革的建议文件》中提出了三点改革原则：第一，明确多边贸易体制的重要原则与核心内容，营造平等、稳定的世界经贸环境；第二，保障发展中国家（地区）的利益，近年来，发展中国家（地区）也纷纷利用自身优势实现了经济发展，WTO 中的"发展赤字"不再适应当前发展中国家（地区）的利益诉求，亟须予以更新完善，以更好地发挥其效用帮助发展中国家（地区）化解参与全球化过程中的挑战与问题，助推 2030 年可持续发展目标的实现；第三，遵循协商一致的决策机制，通过平等对话、普遍参与，在相互尊重的前提下共同确定改革具体议题、工作时间表和最终成果。[①] 此外，中国也可以从以下五点推动世贸组织改革。

一是推动解决危及 WTO 生存的最根本、最紧迫的问题，主要是创新上诉机构成员选择方式与选择途径，避免陷入选择僵局。通过加强对以国家安全为由乱征关税等行为的管制，防范滥用国家安全例外的措施，并对其展开多边审议，

[①] 商务部. 中国关于世贸组织改革的建议文件 [Z/OL]. http：//www. mofcom. gov. cn/article/jiguanzx/201905/20190502862614. shtml.

推动形成良好的贸易纪律。同时，为确保利益受影响的成员国在 WTO 中权利与义务的平衡，应为其提供更多快速有力的救济权利。要警惕单边主义，推动多边谈判成为 WTO 的合法规则，因此，一方面，要做好相关的制度设计，将当前需求与长远规划相结合，充分考虑全球贸易发展趋势和贸易规则重建后的规则体系，保证多边谈判制度具有长期适用性；另一方面，要将多边贸易谈判结果与 WTO 成员利益保障相结合，即多边谈判对 WTO 所有成员开放，且最惠国待遇适用于未参加 WTO 的国家。以此获取 WTO 各成员最大程度的支持与参与，避免议题重复谈判、全球贸易治理机制形成缓慢等现象。

二是推动提升 WTO 在全球经济治理中的地位。在全球经济治理的各领域，如解决农业领域的不公平问题，同时，与时俱进地关注电子商务、数字贸易相关议题，坚持包容、开放地进行与电子商务有关内容的磋商。以发展为导向，着重关注通过网络平台实现贸易数字化及其衍生的相关数字化服务，如数字货币、跨境物流、数字金融等，逐步在跨境电子商务各领域建立完善的规则。通过合作条款的制定，加大对发展中国家特别是较落后国家的援助与支持。尊重成员国包含监管权利在内的各项权利，平衡各成员国经济发展、技术创新进步与本国合理数据隐私权、网络主权、数据所有权、数据流动等诉求之间的关系，以多边协商的方式尽可能实现共赢目标。

三是提高 WTO 运行效率。各成员国在行使权利的同时需要积极履行义务，对 WTO 内部各组织职能工作予以改革优化。就贸易政策审议机制而言，应改革旧机制，鼓励各国贸易代表、商界代表甚至民众积极参与贸易政策审议过程，提高社会参与度和开放度。这不仅可以充分调动各成员国的积极性以带动其国内贸易改革，也有助于世贸组织规则更科学化。目前，WTO 的改革仍由西方发达国家主导，对此，中国应积极参与改革过程，不仅要与世贸组织秘书处、发达国家商界、学界加强沟通，以显示中国力量与善意，也要通过民间力量宣扬中国主张，以获得在全球贸易治理新规则制定过程中的主动权。此外，要吸收多哈回合的谈判教训，不断提高 WTO 规则的运行效率并学会变通。可以通过简单程序、投票表决等方式避免谈判中止或无限期延续的情形，也可以签署非正式条款弥补正式条款的不足，提高 WTO 谈判机制的运行效率。

四是增强多边贸易机制包容性。WTO 应及时调整其相关规定与相关条约，确保时效性、可操作性，与此同时，尊重各成员国的合法权益，努力降低贸易规则带来的负面影响，实现经贸与环境的可持续发展。贯彻落实协商一致、公平公正的原则，不断增加多边贸易机制的包容性，即在开展多边贸易过程中坚持求同存异，尊重不同国家的发展方式与经济状况。公平、透明审查外资安全，为不同所有制企业的同类投资提供同等待遇。

五是改革争端解决机制。第一，通过规定专家组审理和上诉机构审理中应披露和可披露的信息内容及信息范围、明确上诉机构权限、严格控制上诉机构审议时限和审议范围等方式，提高争端解决过程的透明度、参与度以及效率；第二，各成员国都要发挥主动性，主动参与世贸组织有关争端解决的会议、规则制定过程；第三，在 WTO 争端解决机制稳定后，进一步扩大其管辖范围。

6.3.1.2　发挥 G20 作用

近年来，G20 逐渐成为新兴国际治理平台，但其作用的发挥离不开与包括世贸组织、世界银行等其他国际组织的协商与合作。G20 成员国不仅是区域贸易谈判的倡导者和参与者，也是全球多边贸易谈判的重要参与者与推动者，可以发挥引导作用，在 WTO 的规则制定、组织改革过程中发挥效用。G20 成员国不仅要延续以往的重要议题，也要在世贸组织的未来发展方向上予以引导。借力 G20 推动 WTO 改革，恢复 WTO 在全球贸易治理领域以及推动贸易自由化领域的重要地位，推动多边谈判，加速全球贸易治理机制变革。为此，中国可以做以下三点。

第一，凝聚共识，增强各国参与全球贸易的治理意识、治理意愿。中国是广大发展中国家（地区）的代表，可以承担相应的国际责任，可以号召各国（地区）坚持以 WTO 为主导的多边贸易体制，凝聚 G20 成员国共识，加强继续推动全球贸易治理进程的政治意愿。而 G20 成员国的广泛代表性意味着，成员国更有必要主动推动全球贸易治理进程。

第二，采取切实措施促进全球贸易增长。中国可积极推动 G20 加强与世贸组织的合作，在降低贸易成本、改善贸易便利化水平、促进服务贸易发展、促进电子商务等新兴业态的发展和全球贸易监管等方面取得突破性进展。

第三，为 WTO 未来的发展提供战略指引。一是继续推动多哈回合谈判。二是审视 WTO 条款与区域条款间是否存在矛盾与重复，防止产生"意大利面条碗"效应，使区域协定条款的制定与 WTO 条款的内容原则保持同步，还可以适当收入世贸组织相关条文，这是当前 WTO 需要重视并积极开展的主要议程，也是多哈回合谈判的重要内容之一。在 G20 引领世贸组织在区域——多边贸易协定改革过程中，应倡导各国（地区）在 WTO 框架下制定新的区域贸易协定，确保区域贸易协定与多边贸易体系的兼容并存。与此同时，通过推动切实有效的多边谈判减少非关税措施、降低关税税率，尽可能地降低区域贸易协议带来的不良影响。三是创新谈判方式，运用有效的创新方法引领和加快世贸组织谈判进程，倡导成员根据国情承担与其能力相当的国际责任。此外，可以从多边谈判入手，汇聚部分成员进行进度更快、程度更深的谈判，以求尽快达成共识，也可以适当添加跨境电商、数字贸易新议题的谈判，使得区域条款与 WTO 条款都能在全球数字化背景下与时俱进，关注并解决国际新问题。

6.3.1.3 借力"一带一路"倡议

中国发起"一带一路"倡议，是以国际合作高峰论坛为平台，通过深化这一多边合作机制区域合作。"一带一路"倡议坚持人类命运共同体的发展观以及可持续发展的原则，以双边、区域多层级经济贸易治理为辅助，与相关国家共同提供公共产品，应对国际公共产品供给不足等问题。当前，为推动"一带一路"沿线贸易的开展，中国已经和 60 多个国家（地区）以及国际组织达成了合作共识，签订了相关协定，取得了重大进展。在全球化不断发展的今天，逆全球化浪潮仍然存在且对全球经济贸易治理以及开展多边合作有较大威胁，"一带一路"倡议提出以来，在推动跨区域要素流动、区域经济贸易发展等方面发挥了重要作用，逐渐成为新型区域合作交流平台，也逐渐成为中国参与全球经济贸易治理的良好契机与途径。具体可以做到以下三点。

第一，提升全球经济贸易治理话语权。中国可以从实际情况出发在全球范围内与更多国家构建合作伙伴关系，实现合作方式的优化创新，妥善处理经济发展水平与公共产品供给能力、国际责任承担与全球经济贸易治理话语权提升等各方关系。为承担更多国际责任、使全球经济贸易治理更加合理化、公平化，中国要在正确义利观的引导下推动"一带一路"建设、有序参加全球经济贸易治理改革。

第二，加强经贸合作，夯实坚实的全球经济贸易治理合作基础。中国可以与"一带一路"共建国家达成合作共建自由贸易区，积极参与全球经贸规则的修订与完善，推动全球价值链调整，努力提升在贸易网络中的地位，提升中国和"一带一路"共建国家间的战略契合程度（农产品贸易网络特征与全球价值链分工地位，参见专栏6-2）。充分发挥中国对各国产能优势的溢出效应，通过衔接本国资本、技术、优势产能输出和"一带一路"共建国家经济发展的现实需要，带动"一带一路"共建国家的就业、税收以及经济增长，改善"一带一路"共建国家人民群众的生活水平以及收入水平，夯实全球贸易治理的基础。

▶专栏6-2

农产品贸易网络特征与全球价值链分工地位

随着经济全球化的深入，全球农业实现了由传统农业向现代农业的转变，并在此基础上获得了新的发展。在科技进步和市场竞争推动下，国际分工形式发生了重大改变，已经从基于比较优势的产业间分工演变到当前的全球价值链分工。中国以加工贸易为突破口积极参与全球农业价值链分工。值得注意的是，在全球农业价值链内部，越来越多的发达国家的涉农跨国公司在中国布局，利用中国丰富的物产、廉价的人力资源以及广阔的市场进行农产品生产、加工、配送和销售，进一步加强它们对全球价值链的掌控。

从拓扑结构出发，全球农产品贸易系统是一个极其复杂的网络，它并不只是以国家为单位的贸易主体的简单集合，还包含了贸易主体之间错综复杂的贸易关联。采用社会网络分析方法，利用 UN Comtrade 公布的 1996~2013 年71个国家的农产品双边贸易数据实证研究发现，全球农产品贸易网络的密度值在整体上呈上升趋势，各国之间的农产品贸易关联日益加深，且其结构演化是一个渐进过程。考虑到一国贸易特征对其国际竞争力的决定性作用，进一步实证检验揭示，第一，网络中心性的提高有助于提升一国在全球农产品贸易网络中对核心资源的控制能力，促进该国价值链分工地位的提升；第二，网络联系强度的提高可以扩展与网络中其他国家建立的贸易关联，可以增加其对贸易伙伴的吸引力，有助于维持并推动一国价值链分工地位的提升；第三，网络异质性的提高有助于缓解过度依赖特定国家产生的贸易依赖风险，有助于一国对外贸易的稳定性，促进该国价值链分工地位的提升。

资料来源：马述忠，任婉婉，吴国杰. 一国农产品贸易网络特征及其对全球价值链分工的影响——基于社会网络分析视角 [J]. 管理世界，2016 (3)：60-72.

第三，坚持"共商共建共享"的原则。"共商共建共享"原则是中国在"一带一路"倡议下与"一带一路"共建国家合作的基本原则，核心与强调的重点在于倡导包容性、全球化，应以"共商共建共享"原则为前提创新合作模式，构建多元合作平台。中国在加强与各国合作的过程中应考虑不同国家的国情并尊重其基本发展权利，改善全球经济贸易治理中不公正、不合理的因素，推动全球经济贸易治理公平化、合理化。

6.3.2 关键举措二：以跨境电商发展为契机，引领全球数字贸易规则制定

党的十九大报告指出，中国要充分发挥负责任大国作用，积极参与全球治理体系改革和建设，不断贡献中国智慧和中国力量。[①] 随着互联网的快速普及以及新兴经济体的崛起，传统贸易结构已经无法适应新的国际形势要求，急需进行调整与变革。随着世界经济的快速发展，各界对于数字贸易的关注程度逐渐上升，而中国以电子商务、跨境电子商务为突破口，通过供给侧改革、新型基础设施建设以及制造业智能化转型等措施，实现了国内数字产业的快速发展。中国已经成为数字贸易大国以及全球数字经济发展的重要引领者，也应当成为全球数字贸易规则重构的重要参与者和推动者。因此，中国应充分抓住历史机遇，在不断完善国内数字贸易相关政策规定的基础上，提高自身在制定全球数字贸易规则、推动全球数字贸易治理体系改革过程中的影响力。

跨境电商是国际贸易发展的大趋势，能带动更多企业直接参与国际贸易，也有利于大中小企业融通发展，促进国内制造业升级和品牌成长。[②] 跨境电子商务是数字贸易的初级形态，抓住跨境电子商务发展的契机，通过加大政府政策的扶持力度，推动跨境电子商务综合试验区制度创新（制度创新助推跨境电商出口增长，参见专栏6-3）。加快跨境电商软硬件基础设施建设，完善物流、通关、海外仓储、关税等相关政策，提高线下通关、物流、仓储等流程的效率

---

① 新华社. 习近平. 决胜全面建成小康社会 夺取新时代中国特色社会主义伟大胜利——在中国共产党第十九次全国代表大会上的报告［Z/OL］. https：//www.gov.cn/zhuanti/2017 - 10/27/content_5234876.htm.

② 第一财经. 李克强：加大支持跨境电商发展［EB/OL］. https：//www.yicai.com/news/100224974.html.

以及线上支付安全保障，降低跨境电商交易履约风险，[①] 建立跨区域联动等措施推动中国跨境电子商务快速发展。提升中国数字化水平，加快数字贸易发展速度，从而加强在全球贸易治理机制变革、全球数字贸易规则重塑中的话语权。

▶专栏6-3

制度创新助推跨境电商出口增长

为了扫除跨境电商的发展障碍、有效激励市场，中国政府自 2012 年起推出一系列政策措施，支持跨境电商产业发展。国务院先后发布了《关于实施支持跨境电子商务零售出口有关政策的意见》《关于大力发展电子商务加快培育经济新动力的意见》《关于促进跨境电子商务健康快速发展的指导意见》《关于加快发展外贸新业态新模式的意见》等文件加强顶层指导，财政部、国家税务总局多次调整税收政策以提升企业参与主动性，中国海关总署增列了"9610""1210""1239""9710""9810"等监管方式促进物流通关阳光化。在众多措施中，设立跨境电商综合试验区是尤为重要的一项改革。2015 年 3 月，国务院同意设立杭州跨境电商综合试验区，之后分批次不断扩大试点范围，截至 2022 年 1 月已累计批复了六批共 132 个城市设立跨境电商综合试验区，涵盖中国的 30 个省（区、市）。综合试验区旨在通过技术标准、业务流程、监管模式等方面先行先试，破解跨境电子商务发展中的深层次矛盾和体制性难题，以促进跨境电子商务的自由化、便利化、规范化发展。自第一批综合试验区设立以来，综合试验区内诞生了简化申报、汇总统计、批量转关、便捷结售汇、"无票免税"等多项制度创新，大幅简化流程的同时给予跨境电商企业切实的优惠和扶持，显著优化了跨境电商发展的外部环境。

以第三批综合试验区设立为准实验，详细的量化评估表明，综合试验区的设立使得城市内各行业的跨境电商出口额平均增长了大约 21%，这一促进效应的产生与综合试验区配套的系列制度创新所带来的融资约束缓解、出

---

① 延伸阅读见：Ma S., Chai Y., Jia F. Mitigating transaction risk for cross-border e-commerce firms：A multiagent-based simulation study［J］. International Business Review, 2021：101965.

口贸易成本降低密切相关。同时，上述出口促进效应具有强烈的异质性，对消费品、中间品、中低技术及以下产品的出口产生了显著的促进作用，对原材料、资本品、中高技术及以上产品的出口影响不显著。在贸易边际方面，综合试验区的设立显著提升了地区出口的扩展边际和出口数量，对集约边际无明显影响，对出口价格则产生了一定的负向影响。这些结论启示应持续进行制度创新，尽快实现跨境电商综合试验区由点到面的覆盖，有助于形成海陆内外联动、东西双向互聚的发展格局。

资料来源：马述忠，郭继文．制度创新如何影响中国跨境电商出口？来自综试区设立的经验证据［J］．管理世界，2022，38（8）：83－102．

中国可从三方面助推跨境电子商务的发展。

第一，加强跨境电商发展顶层设计。欧美国家凭借先进的技术优势以及人才优势在数字服务贸易领域占据了先行优势，与之相比，中国的数字服务贸易竞争力仍然较弱，服务贸易领域的数字化程度有待提升。因此，政府应充分使用税收等手段，鼓励数字服务贸易相关行业的孵化与发展，弥补当前中国跨境电子商务的不足，通过开展跨境交流合作、构建跨境电子商务综合试验区、培育龙头企业发挥带头作用等方式营造国内良好的跨境电商发展市场环境、政策环境。

第二，积极参与全球跨境电商相关国际制度、国际规则的制定。在互联网快速发展的今天，中国的跨境电子商务呈现出蓬勃发展之势，因此，中国要积极参与全球跨境电子商务规则的制定，这不仅有助于为全球跨境电子商务发展营造良好的国际政策环境，也有助于维护中国跨境电子商务企业的利益。随着跨境电子商务逐渐过渡为全球数字贸易，中国成为世界数字经济大国之一，然而，许多不合理、不公平的国际规则，诸如数据跨国流动、知识产权保护等制约着中国数字经济的发展以及国际利润的合理分配。因此，中国应抓住机遇，在全球跨境电子商务规则尚未形成完整体系之前，积极参与多边交流与制定过程，不断提升话语权，为构建全球跨境电子商务新规则贡献中国智慧。

第三，推动跨境电商规则相关国际谈判，一方面，中国可以与已经签订贸易协定的国家开展跨境电商相关领域的对话与合作；另一方面，中国可以借助"一带一路"倡议与更多国家开展相关合作，在推动跨境电子商务的同时不断完善顶层设计，实现跨境电子商务规则制度的创新与改进，破除贸易壁垒，为双边贸易、区域贸易以及多边贸易的自由开展营造良好的政策环境，具体应做到以下三点。

一是中国可以制定并逐渐完善本国数字贸易规则、数字贸易制度，并加快对接全球经济贸易新规则，有助于中国方案在国际上起到示范作用，也有助于中国参与全球数字贸易规则的制定。首先，加快相关领域体制改革、机制改革、修改甚至废除阻碍数字贸易发展的规章制度、流程手续，在完善监管方式的同时秉持包容的态度，确保新规则能够获得试错的机会从而激发各方的积极性与创新性；其次，推动政策创新，可以在更大范围内进行新规则的试点运行，通过完善政策制度、创新监管体系等方式为数字贸易提供良好的政策保障以及公平的市场竞争环境；最后，建立健全本国数字贸易法律条款与法律体系，保障公民合法隐私权，与此同时，加强网络监管力度，弥补审查漏洞，严格把关互联网内容的传播。

二是在完善国内制度建设的基础上，积极参与全球数字贸易规则体系构建与变革。中国可以积极参与各类全球经贸合作并发出中国声音：其一，深入研究国际服务贸易协定、跨大西洋贸易与投资伙伴协议中与数字贸易相关的条款与规则，掌握当前各国对于数字贸易的观点以及谈判立场，了解各国的利益主张；其二，在自由贸易协定中加入数字贸易相关条款。确定并完善数字贸易总体谈判框架制度体系，就投资规则、争端解决方式以及平台监管体系达成共识；其三，与"一带一路"共建国家开展跨境电子商务合作，实现从跨境电商合作到数字经济合作的深度转变，并联合"一带一路"共建国家达成数字贸易规则制定的共识，推动搭建全球数字贸易规则框架。

三是构建有助于数字贸易发展的规则体系。纵观当前中国数字贸易相关规定可以发现，在跨境数据流动方面，中国仍然存在较多缺点与不足，对此，应尽快明确并完善中国在个人数据利用、网络进入与网络使用、线上交易许可和跨境数字流动等相关领域的规则体系。为了更好地对跨境数据流动进行管理，可以对数据进行分类，对于关乎国家安全、国民经济命脉的行业数据加强管制与流动限制，降低对部分数据储存的标准，并允许普通企业数据与个人数据在合理范围内跨境流动。

6.3.3　关键举措三：以顶层设计创新为路径，引领全球数字贸易业态发展

近年来，数字技术在传统经济领域的运用助推了中国数字经济的快速发展，中国开始在全球数字贸易领域崭露头角并逐渐占据重要地位。数字贸易将在未来贸易领域内扮演越来越重要的角色，这也为中国引领数字贸易新业态发展提供了重要契机。中国可以充分发挥本国已经取得的数字贸易优势，抓住时代机遇，不断提升在全球经济治理中的话语权。要想推动中国数字贸易快速发展，离不开顶层设计的不断创新完善，可以具体做到以下两点。

第一，可以构建完善的数字贸易发展体系。首先，加强数字贸易监管，完善政府支撑体系。充分利用先进的数字化技术构建与时俱进的数字贸易监管体系，深化"放管服"改革，提供优质公共服务，为数字贸易发展提供良好的环境保障。此外，也要适度放松国内数字贸易进入管控力度，设立数字贸易发展专项基金，增加对数字贸易企业的政策补贴与优惠力度。其次，探索财税政策与金融政策相结合的多元化体系。在财税政策方面，增加对有助于推动数字贸易发展的新型基础设施项目的投资，鼓励数字贸易企业发展，为其提供优惠政策与财政支持，如对重要企业投资予以投资抵免等，孵化出具备较强竞争力与创造力的领头企业。金融机构应提供新型服务产品以满足数字贸易发展的需求。此外，政府部门也要积极引导金融机构合理增加对数字贸易产业、数字贸易项目的贷款金额与贷款力度，适当放宽对中小数字贸易企业的贷款要求。最后，加强国际交流与国际合作，建立数字贸易全球合作共享中心。从全球视角出发，与数字贸易强国加强贸易往来，创新合作方式与合作途径，主动参与数字贸易规则体系的构建。发挥中国的数字贸易建设优势与建设经验，协同"一带一路"共建国家构建数字贸易全球合作共享中心。

第二，可以形成有利于数字贸易发展的制度环境。能否实现制度的革新、与时俱进，关乎经济发展的前景与效率。开展全面的制度改革，为数字贸易发展提供良好的制度支持与制度保障，为此，可以从四个方面入手。一是完善数字贸易领域的法律法规。相比于发达国家较完善的数字贸易立法体系，中国仍处于数字贸易立法的起步阶段，为顺应数字经济发展趋势与发展需求，中国应加快数字经济领域的立法工作进度，完善个人信息保护、数据所有权等法律法规。

特别是明确有关个人隐私数据使用以及数据市场化的相关规定，鼓励开展产教融合，引入高校、学术界的科研力量，开展数字贸易相关法律制定的专项研究。构建维护数据安全、知识产权等相关体制、机制，保障国内企业开展国际数字贸易过程中的合法权益。二是实施跨境数据流动分级管理制度、分类管理制度。数据是数字贸易的核心内容，数据的交换与使用是开展数字贸易的关键环节。因此，中国应该从数字贸易发展情况出发，明确自身在全球价值链中的准确定位，结合国情，制定数据跨境流动的分级流动制度、分类流动制度，在推动数据流动、促进数字贸易发展的同时，也要保护国家权益与数字安全。三是完善数据要素流通制度。改善数字经济市场环境、形成数据要素市场，建立数据收益补偿机制的同时维护合法的数字收益，取缔非法收入，降低数据限制要求，实现数据共享与数据的有效流动。四是推动构建、改进国内数字贸易规则、体制、机制。建立健全数字使用、数字管理相关规则制度，并完善跨境电商、数字支付等电子商务领域的具体规则。建立与数字贸易发展实际相适应的评价指标体系以及企业数据库。在加强企业管理能力的同时，借助外部力量诸如政府、行业协会等加强对企业的监管与约束。

6.4 如何推动全球投资治理机制变革

6.4.1 关键举措一：完善国内、国际投资协定，响应国际投资体制改革

6.4.1.1 国家层面，完善本国国际投资协定，响应国际投资体制改革清单

第一，梳理目前中国已签订的国际投资协定，形成能够体现最新数字贸易相关利益诉求体系的双边投资协定范本、自由贸易区协定范本。在中国已签订的投资协定中，大部分签订对象是发展中国家以及"一带一路"共建国家，这些投资协议签订的目的在于形成稳定、公平的贸易投资环境，以推动对外投资的开展并吸引外资进入。近年来，部分投资协定即将到期废止，在这个关键时期，中国与合作国家亟须对双边投资协定进行系统梳理和重新修订，删除不符合当前发展的标准或要求。在自由贸易实验区协定修订过程中，尤其需要注重

前瞻性并关注国际规则新趋势、新标准。梳理双边投资协定和自由贸易实验区协定，形成能够体现中国最新利益诉求的范本，以此管控风险、强化相关国内领域改革。

第二，对可能或将要引入的条款进行风险评估，明确制度支撑和制度保障。与国际通行惯例相比，目前中国的负面清单仍与之差别较大，需要有明确的制度支撑和制度保障并不断完善负面清单，逐渐与国际接轨。

6.4.1.2 区域层面，整合区域既有投资协定，缓解"意大利面条碗"效应

多边谈判的开展以及统一的全球投资治理体系构建受到全球投资治理规则碎片化以及"意大利面条碗"效应的不利影响，要从双边层面和区域层面推进投资规则体系改革，推动双边自由贸易实验区协定升级，不断推动投资便利化，坚持并强化可持续发展导向。构建"一带一路"沿线自由贸易实验区协定网络，弥补现有双边投资合作制度的不足，与此同时，整合区域内既有国际投资协定，缓解"意大利面条碗"效应。

6.4.1.3 多边层面，贯彻 G20 投资指导原则，参与全球投资规则体系建设

为实现投资规则体系改革，中国可以联合各国力量，通过多边谈判、寻求利益共同点达成一致、制定多边协定与各自的变革方案。尽管近年来世贸组织正在努力取消农产品出口补贴并实现信息技术协定范围的扩张，但是，其在谈判机制方面的改革却收效甚微，基本上还是延续多哈回合以来的停滞状态。同时，当前投资规则体系受区域一体化影响较大。在此背景下，迫切需要各国能够凝聚共识，且充分认识到投资对推动全球经济发展的重要作用，打击各类跨境投资保护主义，力求国内层面、国际层面的投资和对投资产生影响的政策能够保持协调一致，增加投资存量、投资流量，实现经济的可持续增长、包容增长。

中国可以发挥在改革开放过程中取得的优势与经验，积极融入经济全球化进程，坚定不移地走中国特色发展道路，立足于自身发展的需求，倡导在全球范围内建立更加公正、合理的体制、机制，推动《全球投资指导原则》落地，在国家层面、双边层面、多边层面推动国际投资规则更具开放性、公平性、包

容性、透明性以及可持续性。此外，区别于西方发达国家，中国在基础设施建设、工业化分工方面借助改革开放以来的经验，形成了全新的治理方法与治理路径，在投资方面也可以通过实践探索形成中国特色的方式，并不断根据国内外新形势更新内容。

6.4.2 关键举措二：贯彻 G20 投资指导原则，参与全球投资规则建设

在 2016 年 G20 杭州峰会上，国际社会首次就全球投资规则达成多边共识，通过了《G20 全球投资政策指导原则》。[①]《G20 全球投资政策指导原则》为国际投资协定的谈判以及各国投资政策的制定提供了政策指引。当前，全球投资规则仍未健全，在这种情况下，《G20 全球投资政策指导原则》能够为全球投资规则的制定提供统一范式与指导，从而提升各国投资政策的关联性与协调性，营造更有助于开展投资的国际环境。《G20 全球投资政策指导原则》主要包含了全球投资体系构建的九大原则：反对投资保护主义原则、投资促进与便利化原则、非歧视原则、投资保护原则、政府对投资的监管权原则、透明度原则、可持续发展原则、企业社会责任及公司治理原则、国际合作原则，这九大原则也是搭建全球投资体系框架的基石。

《G20 全球投资政策指导原则》在一定程度上体现了当前多数国家正有意识地推动全球投资体系变革，全球投资体系内的多边合作与深化改革具有较大可能性。接下来，中国可以在九项原则的指导下积极参与新型全球投资体系变革，倡导各国能够在相关政策的制定以及谈判过程中贯彻落实《G20 全球投资政策指导原则》，以此推动新一代全球投资规则逐步形成。

针对国内而言，第一，中国可参照《G20 全球投资政策指导原则》《可持续发展投资政策框架》《国际投资协定体系改革路线图》，重新审视既有协定，坚定本国立场，制定符合要求的国际投资协议样本，并确保投资规则、投资协定的时效性。将中国制定的投资协定在全球传播，以期对相关国际谈判的开展以及各类国际投资协定的制定产生影响；第二，在管理外资过程中始终贯彻落实《G20 全球投资政策指导原则》，为实现该目标，中国可以做到三点。其一，

---

① 《G20 全球投资政策指导原则》，http://www.g20chn.org/hywj/dncgwj/201609/t20160914_3459.html。

进一步扩大对外开放，扩大可持续发展目标中重点行业的对外开放程度，坚持并促进可持续发展，加强对外资企业的监管并提升企业社会责任感，促进投资并不断提高投资便利化程度。其二，保持国内政策、国际政策相协调，避免国内投资政策与国际统一通行范式相冲突。此外，投资政策的制定不能过于绝对，制定过程应立足于长远发展目标，为未来产业发展以及政策修订留有余地。合理审视、检查并修改已有政策，保证其内容符合国际投资协定框架要求。确保投资政策在与国际接轨的同时要与其他领域的政策保持协调统一，如投资政策与贸易金融政策相适应的同时也要兼顾对环境的影响，以实现各领域政策的相互包容与可持续发展。其三，建立健全投资争端预防机制以及解决机制，根据投资保护原则，中国要完善外资管理体制，在预防、解决争端的过程中处理好各职能部门之间的关系，提高争端处理效率。为建立投资争端预防机制可以设立专门的部门处理相关投资问题，同时，应确保投资申诉部门权力的独立性，提高行政办事效率，从而更加快速、高效地解决投资矛盾，避免投资争端的产生。

就全球而言，倡导国际社会将五点内容融入全球投资规则制定以及体制变革过程中。第一，充分认识投资在经济发展中的重要作用，在制定总体战略过程中将投资作为重要内容之一引入相关政策文件；第二，推动经济发展的同时注重环境保护，通过开展有效、合理的投资实现经济社会与环境的可持续发展；第三，制定合理有效的政策，推动投资开展并提高投资便利化程度，从而实现更高的经济效益；第四，倡导企业、个人在开展投资、受到投资保护的同时兼顾国家安全与国家利益，做到权利与义务相统一；第五，避免投资保护主义。以上五点是构建新型投资规则体系、全球投资规则等投资政策制定过程中最重要的内容，也是当前国际社会普遍关注的议题，这些原则具有普适性，能够激发各方合作、沟通的积极性。构建多边投资体系不可能一蹴而就，需要通过长期协商以更新其内容。实现全球投资体系改革与完善，需要坚持《G20 全球投资政策指导原则》，从全球投资体系建设的目标、途径、具体方式以及范围等方面开展公平谈判并达成多方共识。在具体操作过程中，可以选择由简入难、由零到整的方式，逐步就各领域开展谈话达成共识，最终形成完整的全球投资体系。

6.4.3 关键举措三：利用数字经济发展契机，促进全球投资活力进发

数字经济与投资相互作用、相互影响，数字经济对投资方式、投资内容等产生了重要影响，且投资发展大力促进数字贸易发展。采用数字技术不仅可以改变跨国公司的国际业务，而且，可以影响东道国的外国分支机构。相较于传统贸易通过发挥资源优势降低成本以获得海外市场的竞争优势与业务资源，数字经济可以通过新的渠道开拓市场，通过关停实体商铺业务、降低开设国外分支机构的费用成本增加企业盈利，也可以通过建立虚拟全球商业网络开拓海外业务。但这也存在弊端，如导致国际化生产倒退、不利于国际化生产等。与此同时，数字经济的跨国活动需要新的全球管理机制进行监管和约束，这也会对跨国投资流量、投资领域产生影响，也会改变跨国公司海外分支机构的管理方式及其对东道国的影响。对跨国企业的国际化投资路径以及国际化经营模式均产生了深远影响。随着全球对外投资进入低增长的新阶段，跨国企业也逐渐进入国际化新阶段，数字技术不断发展并逐渐成为影响甚至决定跨国投资的重要因素。发达国家利用其技术优势、人才优势快速抢占国际投资的优势地位，表现为数字化跨国企业的地理位置大多分布在发达国家（三分之二来自美国），只有小部分分布于发展中国家（特别是中国），而跨国企业地理位置的高度集中化将会带来技术垄断和市场垄断等问题。随着发达国家在数字化国际投资格局中地位的不断上升，国际经济领域的国际竞争越发激烈，全球投资规则亟须改进以进一步加强协调性。

随着数字经济的发展，国际生产以及大型跨国公司与其投资和决策受到数字经济的革命性影响，进入数字经济时代后，投资不再以东道国资源、劳动力以及基础设施条件等为绝对导向。因此，投资者应抓住数字经济发展机遇，加大数字经济相关投资并积极参与数字发展战略的制定，推动数字发展战略朝着有助于国际投资的方向不断改进。推动数字发展战略与数字投资政策的制定相融合，数字发展战略包含诸多层面，不仅涉及基础设施投资，也关乎数字公司的设立投资及非数字经济行业数字化专业投资等多方面。因此，在推动投资政策融入数字发展战略的过程中应着重关注七个方面。一是评估数字发展战略所需基础设施，诸如互联网接入设施、宽带网络设施等；二是支持并鼓

励私人资本参与新型数字基础设施投资；三是通过开展双边合作、区域合作以及多边合作，促进国际数字基础设施投资；四是数字发展战略的制定，要确保数字化投资能够满足公共政策要求；五是大力支持本国企业数字化转型，发展数字经济，形成企业集聚，促进数据互联互通，创新企业资金融通方法；六是鼓励企业增加对信息通信技术部门以及相关技能部门的投资，通过技术进步、技能进步降低数字服务成本，获得诸如云服务等低成本的数字服务；七是政府层面不断提升政府服务数字化水平，提供优质电子政务服务，帮助当地技术研发企业扩展市场需求，在提升政府工作效率的同时降低本地开发者经营成本。

在鼓励数字投资的同时，决策者也应尽可能降低其带来的不良效应，聚焦公众关注点，保护合法公共权益。这就要求相关职能部门不断更新有关数据安全、知识产权维护、用户信息隐私安全等领域的法律法规。当数字化转型产生负向效应时，决策者需要及时采取措施、制定相关政策规定以降低损害，确保公众权益以及投资者利益不受侵害。

在利用外资方面，中国也需要采取五种新策略。第一，推动外资战略转型升级，充分认识人才、技术等"软资本"的重要性，改变以资本引进为主的战略方向，转而增加对于"引智""引能"的重视程度，创新投资模式，在传统股权投资的同时鼓励开展非股权投资，即以国外先进技术及经验引进替代资金引进。第二，促进外资评价标准的革新。以先进技术、生产能力的引进效率等质量指标，替代引进资本数量指标、税收数量指标。第三，构建投资促进体制。借鉴斯坦福模式及欧洲原子能研究中心模式，鼓励高校、科研平台利用其技术优势、知识优势，成为吸引外资的重要途径，在扩大投资规模的同时推动投资便利化水平提升。可考虑实现自由贸易实验区负面清单与《外商投资产业指导目录》中限制和禁止类清单一致，《外商投资产业指导目录》的鼓励类清单与《中西部地区外商投资优势产业目录》合并，提高政策的协调性和透明度，不仅严格把控市场准入，有效筛选合格外资企业，而且要确保企业在进入后的合法权益。第四，创新外资监管。在外资企业开展投资的过程中，其经营形式的多样性及复杂性要求更加完善的外资监管体系予以管理规范。部分企业利用其无形资产、流动资产比重较大等经营优势、技术优势，凭借远低于50%的股权掌握海外实体的实际控制权，并通过转移订价（专利等）等方式实现利润转移。此方式为大型数字化跨国公司提供了逃避数字纳税的机会，不利于全球数字化的公平竞争与公平发展，也会损害本土数字化企业的发展权益。传统的监管方法已逐渐无法适应当前数字经济时代新形势的需求，仅通过股权限制无法起到有效的监管效用，应通过反垄断及国家安全审查等方式管理外资。第五，积极倡导多边对话与多边合作，引导国际投资新规则的建立。中国已在数字经济领域拥有了突出的发展优势并成为国际投资的中坚力量，中国可以充分利用这一优势，以国际重要组织及相关机构为平台，积极推动数字经济时代全球投资规则体系的变革及投资规则的重建，借助"一带一路"倡议以及中非合作机制，对"一带一路"共建国家以及非洲合作国家提供技术援助与技术支持，帮助改善当地投资环境。

6.5　如何推动全球金融治理机制变革

6.5.1　关键举措一：改变旧格局，强调平等理念以探索构建新型包容普惠金融体系

6.5.1.1　改变旧格局，构建新型包容普惠金融体系

随着数字化时代的到来，世界金融体系也受到一定影响并逐渐发展。2020年，世界银行与联合国分别发布了《全球经济展望》[①]和《2020世界经济形势与展望报告》[②]，文件指出，当前世界金融面临较高风险，随着不合理的货币政策、利率政策及过度债务压力导致的全球金融风险系数不断上升，各国应提高警惕，谨防全球金融危机再次发生。除全球金融体系存在的诸多弊端外，世界金融也不断受到外部冲击，如新冠疫情的暴发、美国股市熔断及部分国家石油大幅降价等，使全球金融治理变革面临巨大挑战与不确定性。随着全球各类危机频发，国际社会亟须相关国际公共产品以应对突发事件，并对全球金融系统提出了更高、更紧迫的要求。与此同时，发达国家与新兴发展中国家间的金融结构差异及全球金融体系治理诸多领域的差异都制约着全球金融治理进程的推进。

---

① 《全球经济展望》，https：//www.imf.org/en/publications/weo？page=2。
② 《2020世界经济形势与展望报告》，https：//news.un.org/zh/tags/shijiejingjixingshiyuzhanwangbaogao。

因此，改变世界金融旧格局、降低全球各类金融风险及实现全球金融体系改革的重要性逐渐提升，并获得国际社会的广泛关注。作为广大发展中国家的代表，中国有必要参与推动全球金融机制变革的过程。在数字经济时代，金融科技的创新发展为实现中国数字普惠金融转型升级提供了良好的机遇与保障，中国应充分抓住机遇，借助国内金融科技和数字普惠金融发展的良好势头，打造建设包容普惠的全球金融治理体系。

在改革过程中，各国应倡导坚持公平、平等的理念。自布雷顿森林体系建立以来，发达资本主义国家凭借其全球经济地位，在国际货币金融体系中占据主导地位，这对其他国家特别是发展中国家而言，是非常不公平、不公正的，发展中国家在发达国家的主导之下无法在国际货币金融体系中发出自己的声音，无法维护自身的发展权益，导致其发展受阻、利益受损。除此之外，世界银行与国际货币基金组织的份额调整不及时也使中国无法更好地发挥大国作用，因此，中国应以 G20 与联合国等国际组织、国际机构为平台，积极主动地联合新兴发展中国家，推动世界银行与国际货币基金组织份额改革，让国际金融治理体系充分体现各方权益，获得各国的共同支持与共同参与。

各国还可借力数字金融，构建新型包容普惠的金融体系。数字普惠金融的产生与发展主要由数字技术推动，是对普惠金融的发展与延伸。但数字普惠金融诞生时间较短，在各方面仍存在不足之处，不可避免地面临规范不严、非法集资等问题。亟须中国乃至国际社会完善相关法律制度，拟定数字普惠金融发展战略，坚持科学、普惠原则，使数字普惠金融以服务实体经济为主旨，切忌金融脱离实体经济而存在，通过法律法规制度的制定，规范数字普惠金融的开展。

此外，对于数字金融领域的不法行为要予以严惩，以规范行业秩序，营造良好的法律氛围。应该不断在政策上加大力度，自上而下形成发展的国际高地，积极制定相关产业规划和发展政策，提高中国数字普惠金融的国际影响力，推动中国相关企业"走出去"，从而在国际上形成示范效应，展现和巩固中国在包容普惠金融体系中的国际领先地位。同时，应积极参与相关国际体系建设，提高中国的话语权，在此基础上应把握金融发展机遇，提出相关议题，发起标准和规则的制定，引导金融治理体系发展。

6.5.1.2 改革旧职能，探索形成新型全球金融治理秩序

核心组织职能改革：世界银行与国际货币基金组织。国际货币基金组织在

2008 年全球金融危机后对职能进行改革，部分实现了组织内部份额改革、选举方式变革、增加执行董事中新兴市场国家的数量与占比、保证并增加成员国的投票权等。这些措施虽然提升了发展中国家在国际货币基金组织中的地位，提升了其影响力，但是，没有从根本上解决不公平的问题，较多发展中国家的地位仍然没有相对变动，在表决机制中仍缺少发言权。因为表决制度存在固有弊端，所以，国际货币基金组织提高部分发展中国家的缴纳份额与投票权并不能从实质上解决组织内部的不公正现象，只有从根本上变革国际货币基金组织的表决机制，才能保证发展中国家拥有公正合理的地位及权利，实现组织内部的平等与公正，更好地发挥组织职能，保护所有成员国的共同利益，获得各国的普遍支持。但从现实角度看，想要完全实现国际货币基金组织职能，改变美国等发达国家的主导地位，有一定难度与挑战，为了实现各成员国拥有平等话语权的目标，需要进行切实可行的改革，诸如改变组织中美国一国独大的局面，取消其一票否决权并降低其份额，不断提升其他国家的投票权与发言权等。中国要积极参与世界银行改革，通过制定合理策略实现世界银行增资以解决世界贫困等问题，使各成员国平等参与。因此，中国可以 G20 和联合国等国际组织、国际机构为平台，积极主动地联合新兴发展中国家，共同推动世界银行及国际货币基金组织的份额调整走向更公平与民主，提升中国的投票份额。中国在加强与世界银行的联系，积极参与国际事务，特别是在缓解贫困问题、推动基础设施建设方面发挥示范作用并与其他国家共享"中国经验"。国际货币基金组织应加强对金融市场和金融部门的监督，在充实贷款资源的同时，降低发展中国家的贷款门槛，确保国际货币基金组织的政策远离国际政治及大国偏见的影响，保证贷款的公正与合理，提高放贷效率、放贷水平。世界银行应该为实现全球目标，如联合国千年发展目标等项目提供贷款，以此缓解全球经济发展带来的负效用，如环境污染、气候变暖、臭氧层空洞、生态破坏等；加大对区域开放银行的支持，充分发挥其职能，为区域发展提供充足的公共产品。

其他组织优化改革。世界经济发展离不开国际经济组织与国际机构的助力，G20 在全球金融体系中的地位举足轻重，其制定的经济发展方向对全球金融发展态势预测与应对措施都会产生重要的影响。2008 年金融危机以来，G20 积极转变职能，实现了金融治理机构的有效升级与变革，在全球金融治理机制变革过程中发挥积极作用，其中，金融理事会是最具代表性的金融治理机构之一，应充分发挥 G20 的后盾作用，对金融稳定理事会进行全球金融治理模式改革，与国际货币基金组织等正式的国际金融组织联手构成维持全球金融秩序稳定的核心力量，通过对成员国行为的有效管制，规范国际金融秩序。与此同时，也应充分发挥国际金融机构，如巴塞尔委员会等在制定金融监管标准方面的作用，帮助金融稳定理事会制定完善、细致的全球金融治理规则，推动全球金融治理理念具象化，形成新型多元化国际金融监管规章制度。在此基础上，倡导各成员国将国际金融监管制度运用到国内立法中，实现全球范围内的广泛应用与执行。此外，也要发挥新机制，如亚洲基础设施投资银行、金砖国家新开发银行等在增量改革中的作用，如提高成员参与率、优化合作方式、创新投融资方式等，推动增加全球基础设施投资量及公共产品供应量。通过投资量增加及投资能力上升，解决全球金融治理机制变革过程中的投资存量改革问题。

6.5.1.3 依托新平台，形成平等开放合作新模式

2008 年金融危机爆发后，国际反对全球化的声音逐渐兴起，威胁到全球经济治理机制变革，逐渐成为国际社会不容忽视的问题。在此背景下，中国坚持改革开放政策，积极融入全球化进程，提出了"一带一路"倡议以进一步加快全球化进程，推动世界经济发展以及全球金融治理体系变革。为借助"一带一路"倡议推动建立新型多元化开放合作的模式，可以通过以下三种方式不断提升中国的国际影响力。

第一，联合"一带一路"共建国家共同成立新型区域金融合作机构、新型区域金融合作组织。经过多年的发展与积累，中国已经拥有了世界领先的基础设施及充足的资金支持，此外，中国的基础设施建设能力和运用基础设施推动经济发展的经验也在不断丰富与完善。因此，中国可充分利用国内外各种资源优势，推动政府、产业、金融各方面协调发展、相互促进，带动"一带一路"共建国家国内基础设施与经济金融的共同发展。

第二，建立"一带一路"共建国家贸易人民币结算体系，"一带一路"共建国家贸易合作的开展需要统一、稳定的结算货币以降低贸易成本、提高贸易效率，而人民币的稳定性、信用度均较高，能满足这一需求。2016 年底，在正式加入特别提款权（SDR）货币篮子后，人民币成为世界主要储备货币之一。此后，人民币国际化进程稳步推进，能够提供持续、流动性的资金支持。因此，

中国不仅可以丰富人民币国际债券类型、不断加快人民币国际化进程，也可以在"一带一路"共建国家开设人民币结算中心，为"一带一路"共建国家将人民币作为储备货币提供良好的制度保证与机制保证。在此基础上，开拓离岸人民币市场，提供更多相关金融衍生品，健全人民币结算方式、定价方式等。与此同时，中国也可积极与"一带一路"共建国家开展货币合作，不仅要与"一带一路"共建国家共建货币互换机制保证汇率稳定及人民币国际地位的提升，也可丰富人民币金融衍生产品，实现其在"一带一路"共建国家的使用与融合，推动"一带一路"贸易活动的开展。

第三，推动形成多元化投融资体系。"一带一路"建设需要基础设施的支持及产业发展的保障，而这两者都要求有充足的资金供给。因此，要对"一带一路"共建国家开展投资，先要构建多元化的资本结构，以资本金吸引债务资金，构建多元投融资"利益共同体"，实现成员利益共享、风险共担。在开展"一带一路"建设过程中，中国及相关国家（地区）应相互合作，倡导其他国家（地区）共同参与投资，充分发挥金融机构和金融产品的作用，不断发展并壮大以资本融资为基础的利益共同体。为此，在构建"一带一路"国际金融新体系的过程中，应坚持具体问题具体分析原则，建立为"一带一路"共建国家国情所需的金融机构以及各类投资基金，通过发行股票、债券等证券实现多渠道融资。此外，可以完善金融制度，确保资金流的连续性，关注信用体系的构建、金融风险防控等一系列其他问题。

6.5.1.4 推动全球金融治理新价值理念形成

在全球金融治理机制变革过程中，一国的地位与影响力主要由其知识水平与创新水平决定。中国要坚持"精简、廉洁、绿色""绿色金融"等创新性全球金融治理理念，将无形化的理念转换为具体可行的规则制度、标准方法及评价准则。真正贯彻落实全球金融治理新理念，不断提升中国在国际社会及金融治理领域中的话语权。

6.5.2 关键举措二：直面新风险，利用数字技术探索建立全球金融风险治理机制

受全球经济放缓的影响，许多国家财政支出大幅提高，财政赤字情况不容乐观甚至债台高筑。此外，全球也有数个国家不断降低利率，使其利率处于负

水平状态，无法有效地开展货币政策。特别是在后危机时代，世界形势进一步变化，各国经济加速分化，金融周期不同步性增强，主要经济体非常规政策对其他经济体产生的溢出效应不容小觑，全球系统性金融风险防范长效机制仍存在诸多不足。种种因素的叠加导致目前全球金融风险不确定性大大提高，新冠疫情的出现更是导致全球经济衰退，引发诸如债务危机、全球产业链断裂、股市受挫、美元贬值、货币金融危机、国际银行危机等全球性金融风险，全球性金融风险的治理任重道远。

6.5.2.1 利用数字技术防控全球金融风险

在新冠疫情期间，劳动力成本上升及近年来中国电子商务基础的不断积累，为中国数字化进一步发展提供了良好契机。而数字经济的发展离不开数字技术的研发与应用，数字技术不仅可以促进金融领域创新，也可以提升金融透明度，可以通过大数据的分析监控功能降低金融性风险，提高金融发展效率、金融发展质量。在数字经济时代，数字技术在金融风险防控方面的作用及重要性日益凸显，因此，要重视数字技术创新，提升其识别、预防金融风险的能力。特别是利用数字技术有效识别并预防汇率波动风险，进而从金融侧保障出口活动的平稳快速发展（汇率波动对跨境电商出口的影响，参见专栏6-4）。同时，可推广大数据技术，提升对金融风险的控制能力。针对中国而言，可在充分认识数字技术重要性的基础上大力推广，缓解传统全球金融风险，具体可以做到三点。第一，在传统普惠金融体系中，信用信息获取成本较高，加大了对用户开展全面信用评估的难度，极易导致金融信用风险，而数字技术可以通过解决传统普惠金融信息不对称的问题降低甚至规避信用风险，与此同时，在大数据时代，利用互联网技术可以收集和整合个人信用信息，提升借贷的可能性与效率，帮助更多用户更方便地进入金融服务系统；第二，数字技术可以帮助普惠金融摆脱对硬件设施的过度依赖，其简单便捷的操作可以使数字普惠金融拥有较低的硬件要求以及人员要求，降低了部分培训成本及设备购置成本；第三，数字技术的使用可以为数字金融拓宽资金来源，具体表现为使用数字技术后，普惠金融体系更具可操作性，能够吸引更多客户，拓宽金融机构的资金来源，克服传统普惠金融资金来源少、风险承担能力弱的问题，数字技术可以帮助金融机构充分利用闲置资金，降低流动性风险。

▶专栏6-4

汇率波动对跨境电商出口的影响

汇率是连接国际贸易的纽带，随着全球经济一体化进程的不断加快，汇率波动对世界经济和国际贸易的影响越来越大，汇率波动对国际贸易的影响也成为国际贸易、国际金融领域的重要研究方向。与国内贸易和国际传统贸易相比，跨境电商贸易面临着更加复杂的内外部环境，汇率变动是一个非常重要的环境因素。在经济、金融形势持续动荡的背景下，如何保持中国对外贸易（包括国际传统贸易和跨境电商贸易）的平稳健康发展，进而促进经济长期稳定增长，是一个很重要的现实问题。

利用国内领先的跨境电商出口运单数据，通过实证研究发现，汇率变动会显著影响中国跨境电商出口贸易并存在明显的空间溢出效应。跨境电商出口目的国货币的汇率上升（即该国货币贬值）会导致中国对该国的跨境电商出口金额、出口数量减少，这与汇率变动对一般出口贸易的影响方向一致，值得注意的是，地理距离对跨境电商出口贸易的影响较弱。从地理邻近和经济邻近两个维度考虑，中国对不同目的国的跨境电商出口贸易金额和出口贸易数量都呈现出一定的空间相关性，虽然在地理邻近权重矩阵下空间相关性相对较弱，但有逐渐增强的趋势，而且，空间相关性较为稳定。此外，从跨境电商出口金额和出口数量来看，中国跨境电商出口贸易目的国的空间集聚形式主要是高—高集聚形式和低—低集聚形式，而低—高集聚形式和高—低集聚形式所占份额相对较小。在地理邻近权重矩阵和经济邻近权重矩阵下，汇率变动对中国跨境电商出口贸易的影响不仅表现为直接效应，还表现为空间溢出效应（间接效应），而这种空间溢出效应可能是经济全球化联系愈加密切的金融制度、汇率变动的价格传递效应、国家间经济协调与贸易合作等诸多错综复杂的影响因素相互作用的结果。这些结论启示，在跨境电商出口发展过程中，要高度重视汇率波动所带来的经济风险，尽可能地为跨境电商"走出去"创造稳定的国际金融环境。

资料来源：马述忠，曹信生，张洪胜. 汇率变动对跨境电商出口的影响及空间溢出效应研究 [J]. 浙江大学学报（人文社会科学版），2020（1）：14-36.

数字普惠金融不可避免地存在缺陷，随着大数据与数字技术的应用，数字普惠金融在快速获取信息的同时也会导致风险扩散速度的加快以及影响范围的扩大。因此，如何识别数字普惠金融风险至关重要，需要做到三点。第一，运用数字化方法精准识别参与主体，通过人脸识别、指纹认证等方式，精准、快速地识别不同主体，通过精准识别数字普惠金融参与主体降低金融风险；第二，精准识别产品风险，随着数字产品逐渐增加，在金融市场快速活跃的同时其隐含的金融风险也随之上升，因此，要重视对金融产品风险的防范；第三，精准识别环境风险，数字普惠金融的环境风险主要来自微观与宏观两方面，金融环境状况对金融风险的产生有较大影响。

要重视金融环境的保护与监控，及时识别、发现可能存在的金融风险并采取有效的应对措施。数字普惠金融更强调金融的普惠性，旨在让所有具备还款意愿的人都能获得与其还款能力相适应的贷款。传统普惠金融主要通过对客户的资产考察或抵押物以及历史借贷记录判断客户的还款能力及是否予以贷款，但这种方法虽然可以挑选出合理的客户，降低无法还贷的违约风险，但信息获取的局限性及巨大的工作量导致客户数量有限，无法真正做到普惠金融。然而，数字普惠金融可以克服传统普惠金融的不足之处，通过调用客户在互联网上记录的相关金融借贷数据、信用数据等，借助大数据技术收集、整理、归纳有关数据材料，判断客户的信用状况、风险偏好及其他相关信息，以此构建的金融风险防控模式可以有效地降低金融机构获取用户资信状况多花费的成本，提高其服务质量与服务效率，有力地支持数字普惠金融发展。

6.5.2.2 完善监管体系，防范金融风险

可建立全球性金融风险预警机制，在全球金融治理机制变革中，能否控制风险至关重要，如果金融治理体系无法有效地防控风险，其效用也较难得到国际社会的认可。近年来，随着国际经济形势日趋复杂，全球金融风险也不断多样化、复杂化，为应对这些风险，可对其进行系统分析与预防，以此维护全球金融市场的稳定。此外，可建立区域性的金融监管机制。随着全球化进程的不断推进，面对日益全球化的金融活动，当前的监管体制已无法更好地发挥职能。同时，不同国家的利益出发点存在差异，金融监管的实行面对诸多不确定性与低效率问题，难以实现全面监管。因此，健全全球金融监管体系需要加大对主要金融机构的监管，对于监管者也要予以管理和约束，避免职位短缺或滥用职

权的现象。不仅如此，区域间还可以相互合作、互通有无，通过信息数据的流动与分享，有效地降低信息不对称、不透明等产生的金融风险。

6.5.3 关键举措三：借力新业态，推广数字金融以探索搭建新型全球金融交流平台

6.5.3.1 推动国内数字金融发展

目前，数字金融已在消费互联网金融领域蓬勃发展，社会个体普遍应用数字金融工具，实现了沟通、协作、交易效率的大幅提升。数字金融的快速发展有助于更好地发挥金融在经济运行中合理配置资本要素的作用，有助于促进各国转变经济动力、调整经济结构。中国可顺应数字金融新业态，积极发展国内数字金融，具体可以做到以下三点。

第一，政府可积极营造良好的数字普惠金融发展环境。具体而言，政府可以采取有效措施诸如完善基础设施建设、通过政策性金融机构如国家开发银行、中国进出口银行、中国农业发展银行等营造良好的金融发展氛围。在公共服务层面，政府可以完善相关法律法规推动数字普惠金融发展并实施有效监管。在基础设施建设改善方面，中国的"金卡工程"实施于 20 世纪 80 年代，为推动数字普惠金融的快速发展，中国人民银行建立了诸多支付清算系统、批准设立多个民营个人征信机构、开展数字货币等技术的研究，不断完善当前中国的支付体系、征信体系、大数据系统，并通过数字货币推动基础设施改善。在政策性金融机构服务方面，中国应不断扩大农村信用合作社、村镇银行等网点的覆盖范围。

第二，传统金融机构数字化转型。可以通过传统金融业务的电子化提供新型数字化金融产品，如以数字货币、线上支付等方式实现金融机构的数字化转型，提高其提供数字普惠金融服务的能力。近年来，中国的基础性金融服务指标已经逐步达到世界中等偏上水平：在银行网点方面，截至 2019 年末，中国银行业金融机构网点共计 22.8 万个，其中，年内改造营业网点达到 15 591 个，设立社区网点达到 7 228 个，小微网点达到 3 272 个；在设施设备方面，全国范围内共设立自助服务机器设备 109.35 万台，交易总额逾 60 万亿元。[①] 截至 2020

---

① 新华社. 中银协：2019 年末中国银行业金融机构网点总数达 22.8 万个［EB/OL］. https：//www. gov. cn/xinwen/2020 – 03/12/content_5490425. htm.

年，全国共开立银行账户 125.36 亿户，平均每人拥有银行账户数达 8.9 户。[①]传统金融机构的数字化转型能够有效地降低成本，如手机银行投入使用后，银行网点成本可降低近 90%。

第三，金融科技企业提供数字普惠金融服务。随着中国信息化水平的飞速提高以及跨境电商、金融科技公司，如百度、腾讯、阿里巴巴等的快速发展，金融科技企业提供数字普惠金融服务的能力不断提升。《国家信息化发展评价报告（2016）》指出，随着中国信息化水平的不断提高，中国信息化国际竞争力随之增强，同时，中国也具有市场、基础设施、产业基础等促进信息化发展的多方面优势。[②] 中国互联网络信息中心第 47 次《中国互联网络发展状况统计报告》[③] 的相关数据显示：截至 2020 年 12 月，中国网民规模达 9.89 亿人，手机网民规模达 9.86 亿人，互联网普及率达 70.4%，相较于 2020 年 3 月，增长率达 5.9%。其中，40 岁以下网民超过 50%，学生网民最多，占比为 21.0%；从城乡分布来看，农村网民数量达到 3.09 亿人，占总体网民数量的 31.3%，城镇网民数量共计 6.80 亿人，占总体网民数量的 68.7%。此外，中国网络购物用户数量高达 7.82 亿人次，占网民总量的 79.1%，其中，通过手机网购人数共计 7.81 亿人次，占手机网民的 79.2%，约 86.4% 的网民开通并使用网络支付，可见，中国的网络用户规模庞大，金融服务市场需求旺盛。

6.5.3.2　充分发挥全球数字金融中心作用

当今世界数字化浪潮不可阻挡，数字金融以其独有的优势展现出良好的发展前景，中国可充分利用数字经济领域探索的经验，推动世界数字金融的发展。目前，中国已取得诸多成果，如 2019 年，全球数字金融中心在中国成立，该中心由中国互联网金融协会和世界银行联合成立，是一个在数字金融领域产学研相融合的、面向国际的综合性机构，其目的在于发挥世界银行在数字金融和金融部门发展领域的全球经验以及在知识管理和能力建设方面的资源优势。中国

---

① 光明网 . 2020 年支付体系运行总体情况：移动支付金额增长 24.5% ［EB/OL］. https：//m. gmw. cn/baijia/2021 - 03/25/1302188259. html.

② 搜狐网 . 2016 国家信息化发展评价报告出炉，解读信息化战略 ［EB/OL］. https：//www. so-hu. com/a/119570971_485585.

③ 中国互联网络信息中心 . 第 47 次《中国互联网络发展状况统计报告》（全文）［R/OL］. http：//www. cac. gov. cn/2021 - 02/03/c_1613923423079314. htm.

可以总结本国数字金融发展经验,发挥互联网金融协会的专业优势,充分发挥全球数字金融中心作用,推动国际社会提高对数字金融发展的重视并就其发展达成共识。同时,传播中国的经验,推动数字金融的国际实践,为其他国家特别是第三世界国家提供数字金融相关技术支持,从而促进国际数字金融发展,搭建一个国际化的开放、包容、多样的平台以共享、共建数字金融。

6.5.3.3 促进数字普惠金融的国际合作

数字普惠金融的发展,需要国际社会共同协作。2005 年,普惠金融的概念由联合国首次提出,此后,联合国与世界银行、国际货币基金组织等诸多国际机构共同致力于推动普惠金融在国际社会的应用与合作。全球金融危机以来,诸多与普惠金融有关的国际组织,如全球普惠金融合作伙伴组织(GPFI)、普惠金融联盟(AFI)、G20 普惠金融专家组(FIEG)相继成立,为全球普惠金融发展制定了总体框架与发展方向。截至 2016 年,已有 57 个国家加入《玛雅宣言》(Maya Declaration),且截至 2019 年 4 月,AFI 成员已作出 66 项《玛雅宣言承诺》,其中,有 600 多个具体目标致力于实现各国的金融普惠议程,可见,国家层面的普惠金融体系正在逐渐构建。

近年来,中国取得了较多普惠金融领域的国内发展成果与国际合作成果。在国内,中国主要从机构以及制度规划两个层面推动数字普惠金融的发展。在机构方面,中国设立了中国银保监会普惠金融部门;在制度规划层面,2016 年国务院颁布了《推行普惠金融发展规划(2016~2020 年)》;在国际上,中国积极参与国际合作,除加入普惠金融联盟外,也积极借助国际平台推动全球数字普惠金融相关议题对话的开展以及国际多边合作的达成。

除此之外,G20 可以为中国参与全球金融治理,推动数字普惠金融发展提供良好的平台与机遇,G20 旨在推动全球经济稳定、可持续发展、协调发展,其多次强调普惠金融发展的重要性并发布了《G20 创新性普惠金融原则》,可见,G20 在全球数字普惠金融领域的重要作用。2016 年,G20 杭州峰会强调了发展数字普惠金融的重要性,并通过了《G20 数字普惠金融高级原则》[①] 等三个文件,指出"成功的数字普惠金融商业模式,以及新的监管规则和监管手段

[①] 《G20 数字普惠金融高级原则》,http://www.pbc.gov.cn/goutongjiaoliu/113456/113469/3142307/2016091419 074418496. pdf。

已经在世界范围内出现"，倡导各国加强对于数字技术发展的重视程度及认识数字技术对于推动数字金融发展的重要作用。这些文件、原则都为中国借助 G20 平台，实现全球数字金融及普惠金融发展引领者角色提供了良好的机遇与助力。

6.6　如何推动全球能源治理机制变革

6.6.1　关键举措一：倡导开展国际对话，建立稳定能源供需体系，破解碎片化问题

6.6.1.1　针对碎片化问题，倡导开展国际对话，建立能源稳定供需体系

目前，碎片化是全球能源治理体系的主要问题之一。当前，世界范围内存在诸多能源治理组织和能源治理机构，既包括全球能源的直接治理者，如八国集团（G8）、石油输出国组织（OPEC）、国际能源论坛（IEF）、G20、能源宪章条约（ECT）、国际能源机构（IEA）、可再生能源及能源效率伙伴关系（Renewable Energy and Energy Efficiency Partnership，REEEP）、国际可再生能源机构（International Renewable Energy Agency，IRENA）等，也包括全球能源治理的间接治理者，如世界贸易组织（WTO）、世界银行（WB）、经济合作与发展组织（OECD）、亚洲太平洋经济合作组织（APEC）、金砖五国（BRICS）等。然而，如此多的能源机构却没有一个能够将所有国家（地区）整合起来，也无法确保能源治理过程的真正公平与平等，甚至无法提供关于全球能源合作规则或相关政策的战略思考。纵观当前国际社会较大的三个能源机构，即石油输出国组织、国际能源机构和国际能源论坛，石油输出国组织因其职能的局限性，即主要维护石油输出国利益，导致其在国际上的影响力逐渐降低。国际能源机构成立于1974 年，是经济合作与发展组织的辅助机构，旨在促进各成员国的能源规则制度互相适应，增强国内能源的自我供应能力，针对石油资源短缺问题采取诸如建立分摊制度等有效措施，推动石油消费链各环节国家达成共识与相互合作。但国际能源机构实际上为大国（地区）所控制，主要服务于能源消费较大的国家（地区），如美国、欧洲等。而国际能源论坛受到其论坛形式的约束，能够发挥的作用有限。如今全球能源生产、消费间的联系更加紧密，这就要求各国之间与各部门之间能超越利益边界，实现全球能源治理的动态包容发展，这需

要克服现有能源治理机制、能源治理组织的局限性，改善甚至剔除不适应能源发展、治理需求的形式，着力解决全球能源治理碎片化问题，为形成统一、高效的全球能源治理体系、推动全球能源合作奠定良好的基础。

全球能源治理的碎片化将会导致诸多问题，主要会引发国际能源市场的剧烈动荡，引发能源供应不足、能源价格波动等问题，进一步导致全球经济波动。为参与全球能源治理，解决能源治理碎片化问题，中国应该以身作则，在完善本国能源治理的基础上发挥能源生产大国、能源消费大国的影响力，推动国际能源治理。中国可以从三方面进行努力，第一，在能源供应方面，要不断提升国内能源供应能力，降低对国外购入能源的依赖程度，在开发新能源如提高天然气产量、使用清洁能源的同时，提高旧能源如煤炭等的利用效率，完善能源储备制度和能源应急体系；第二，在能源消费层面，要改善能源消费结构，倡导新型消费观念，推广清洁能源、可再生能源，转变经济发展方式；第三，在能源技术方面，鼓励技术创新，将新型技术运用到能源的勘测、开发等方面，提高中国能源产量及能源利用效率。

在国际层面，中国可积极倡导开展国际对话，建立安全、稳定的能源供需体系。近年来，随着国际社会对能源需求的不断增加及世界能源危机频发，全球能源供需体系逐渐向多元化与一体化方向发展。从供给角度看，当前世界能源供给主体逐渐增加，改变了以中东地区为主的传统局面，美国、中国、加拿大、南非等逐渐加入全球能源供应体系。从需求角度看，随着世界经济的发展，新兴市场国家出于发展需求，对于能源的需求量不断增加，为了确保本国能源需求得到满足、能源安全得到保证，能源供需体系中各个主体间的较量日渐复杂，但是，任何国家都不能在全球能源供需格局中独善其身，没有国家可以实现完全的自给自足，与此同时，在国际能源运输过程中需要多国相互配合、相互合作，有助于实现各国的互利共赢与能源共同安全。全球能源形势的复杂化不仅威胁到全球能源安全，而且，会阻碍多边能源谈判、合作的开展。为此，中国可以坚决反对能源领域的霸权行为与强权政治，推动国际对话的开展，坚持以能源命运共同体理念为指导，兼顾各国需求形成更具包容性的全球能源供需体系，确保世界能源安全，形成各国共同应对各类能源风险的良好局面，从而稳定全球能源贸易秩序，推动各国经济健康发展。

6.6.1.2   针对安全性问题,倡导推动国际合作以制定维护能源安全政策

世界经济的波动下行影响国际安全格局,导致全球能源安全治理面临过度供应、生产失序、运输风险上升、能源消费不振、霸权干预等多方面的风险与挑战。国际社会开始逐渐重视能源安全问题,解决能源安全问题,降低能源风险迫在眉睫,但是,这离不开国际社会的共同配合与共同努力。虽然国际社会曾试图建立一些应对全球能源安全治理问题的能源治理框架与能源治理机制,为当今全球能源治理提供一些参考与借鉴,但不可避免地存在机制可行度不强、机制协调度下降的问题。国际社会现有的治理体系存在三个问题。第一,治理机制、治理体系建立时间较短,大多建立于 21 世纪,存在不足之处,有些机构,如国际能源署、国际能源论坛,虽然诞生于 20 世纪 70 年代,但是受到冷战影响,其实际有效运行时间仍然较短;第二,全球能源安全治理局限在区域范围内,特别是集中在发达国家,如美国、日本等资本主义国家,这些能源治理机构、平台的重要部门也选址在发达国家,成员也以发达国家为主;第三,治理的重点聚焦于消费领域,治理的参与者也是以能源市场的购买者为主。

在能源安全治理面对诸多问题的同时,现有治理成果也面临新的风险与挑战。面对新的国际形势与全球能源治理的新要求,中国可以通过增强实力并发挥国内治理成效的示范作用,提升在全球能源治理体系中的地位与话语权,积极推动全球能源安全治理不断创新、完善,向着新方向与未来前行。具体有以下五点。

第一,中国可完善国内油气国际交易中心、国际期货市场以及国内石油定价标准建设,同时,着手建设非美元石油结算体系。以此打破以美国为主的发达资本主义国家对国际石油市场的控制局面,为亚太地区国家以及新型发展中国家在全球能源治理过程中争取一席之地,提升新兴市场国家的地位与话语权。此外,也可以借此降低美元市场波动对于全球能源市场的不良影响。

第二,推动国际合作,应做到三点,一是充分发挥"一带一路"倡议的作用,搭建新型全球能源治理机构、全球能源治理平台。当前,国际社会的能源生产与能源消费大多分布在欧洲、非洲以及亚洲的部分区域,而这些区域的主要国家以及较多国际组织都积极响应"一带一路"倡议,有利于中国通过"一带一路"平台联合各成员国在能源生产信息、消费信息、储备信息、安全威胁情报信息等领域达成共识并加强协作,搭建能源安全沟通网络。二是不断提升

本国在国际能源治理领域的影响力，积极开展双边谈话、多边谈话以达成各方共识或签订相关协议，不仅要与能源大国、技术大国达成合作，也要通过开展区域对话加强能源方面的合作。当前，中国加入了诸多国际能源组织或与相关能源机制达成合作，其中，不仅包含专业性能源组织，如 IEA、OPEC、IRENA 和 IEF 等，也包括国际或区域综合性合作机制，如 G20、BRICS、APEC 和 SCO 等下设的能源合作机制。中国可以主动参与全球能源治理，不断提高影响力与话语权，不仅可以推动世界能源治理机制变革，而且可以为本国营造良好的能源国际环境及机会。此外，在加入各能源组织后，中国不仅要发挥效用，也要从组织成员吸取经验，学习先进能源技术，提高能源治理建设水平以及能源可持续发展水平。为确保能源安全、推动基础设施建设、促进相关领域如运输业等的投资以及实现能源技术合作等，中国可以充分利用现有机制以及所加入的各类组织，达成一致的合作协议，推动国内外能源治理机制、体制的完善。三是解决民主问题，从表象来看，目前，全球能源治理机制包含了尽可能多的重要能源消费国家。但是，从实质上看，在全球能源治理体系中，发达能源消费国家特别是北美、欧洲以及亚太地区的国家仍然占据主导地位。尽管当前全球能源贸易中心开始逐渐向亚太地区转移，但是，能源治理体系却未能及时体现这一现象特征，且新兴能源消费大国在能源治理体系中的话语权仍然有待提升，全球能源治理需要传统能源大国以及新兴市场经济体的共同参与和协调。因此，全球能源治理改革应为新兴市场国家提供更广阔的平台，而作为发展中国家的代表，中国可以发挥带动作用，引导新兴市场国家共同参与全球能源治理。充分发挥 G20 职能，通过开展能源部长级会议等方式为全球能源问题的解决提供多边沟通的机会与平台。此外，加快国际能源署职能的转型升级，加强与发展中能源消费大国的合作，进而发展成全球性能源机构。

第三，为全球能源安全治理提供新的发展方向与动力源。在 2016 年 G20 杭州峰会上，中国提出世界各国应联合起来构建绿色低碳、可持续的全球能源治理格局，并提供了全球能源治理机制变革的重要新思路，其具有三大优势。一是可以更加公平、便捷地获得能源，可再生能源的广泛分布性使其能够轻易克服传统能源生产消费过程中所受到的地理因素限制；二是能够推动能源消费节能环保化，减缓常规能源的需求压力、开发压力并有效减少碳排放；三是推动能源安全信息公开透明化，中国应做好能源相关领域的数据统计工作，确保能源数据的真实有效性，以此来回击国际上对于中国能源数据质疑的声音，积极协助 G20 等国际组织开展相关工作。国际能源市场、国际能源价格的稳定离不开对各国能源数据的分析，如果数据测量、数据收集存在偏差将不利于国际能源价格的制定与市场维稳，各国也无法制定适合本国国内能源发展的政策。然而，能源问题关乎一国的国防策略、经贸发展。因此，部分能源数据也要保密。此外，统计能源数据也具有一定复杂性。因此，中国需要从诸如经济发展、国防战略、技术水平等方面综合考量能源数据公开问题。此外，中国也可以充分发挥在减排减碳、发展绿色能源领域的示范效应，引导国际社会能源消费模式向绿色低碳化转变，构建绿色低碳能源安全治理新格局，为国际能源安全治理作出中国贡献。

第四，借助金融性国际机制弥补传统能源治理机制的不足。随着国际能源形势的快速转变，传统治理模式已经无法适应当下的需求，且无法对新型能源安全问题作出及时有效的反应与控制。在消除能源贫困以及助推能源新技术研发层面，全球能源治理急需诸如世界贸易组织、世界银行、信贷机构以及一些双边、区域、多边的贸易协定、投资协定等机制来引导能源投资方向、推动能源技术创新以及能源结构调整。

第五，完善法律体系。纵观当前国际社会能源相关法律，有关能源投资与能源贸易方面的法律规定较为欠缺，目前，仅有《国际能源宪章》以及世贸组织的部分条款，随着国际能源市场的扩张以及国际能源交易日益频繁，相关法律法规亟待完善，为确保能源投资、能源贸易的公平开展，需要用法律规范相关主体，使得全球能源治理由利益相关各方的法律义务以及法律法规所主导。

6.6.2 关键举措二：倡导改变治理理念，形成新能源命运共同体，以破解全局性问题

人类命运共同体理念，为解决全球发展问题贡献了中国智慧。长期以来，能源的开采、使用不仅有助于节约大量人力，提升生产力水平，对于能源的需求也间接推动了相关技术的研发以提升能源开采量以及利用效率，而全球范围内能源的买卖与运输更突破了地理距离的限制，进一步推动了全球化进程，也为构建能源命运共同体提供了良好的基础与铺垫。然而，近年来，全球正不断受到不合理的能源治理体系导致的一系列诸如环境污染、生态破坏、能源危机

等问题威胁，构建新型能源治理体系迫在眉睫。构建能源命运共同体，是中国参与全球能源治理变革过程中对人类命运共同体理念的实践，不仅有助于提升和世界各国的多边合作水平，更有助于推动构建更公平、更合理的全球能源治理体系。

6.6.2.1 能源命运共同体内涵

能源命运共同体理念为世界各国应对全球生态环境问题、保护全球能源安全、缓解能源冲突，实现各国互利共赢提供了有效指引。能源命运共同体的构建，包含了全球能源合作的所有领域，是实现全球能源治理的重要方式。

1. 互利共赢的能源合作关系

战略物资和工业生产离不开对能源的使用，能源问题关乎每个国家的经济发展、社会稳定以及国防安全。经济全球化的不断深化，使得各国间的经济联系更加紧密，然而，在能源开发利用过程中，因地理分布等客观条件的限制，不可避免地存在能源分布不均衡、能源市场供求关系不平等问题，此外，能源在开采、加工、使用过程中也会导致各种生态环境问题，不利于世界经济的发展，也威胁人类的生命健康。因此，为实现能源市场的均衡、能源使用效率的提高以及环境问题的改善，各国需要在共同利益的基础上建立合作关系，共同应对世界能源问题。然而，当前全球能源治理体系仍然受到发达资本主义国家的影响与控制，无法真正实现利益的平等分配，导致部分经济实力较弱的国家受到诸多不公正待遇。在各国坚持相互尊重、平等互利的基础上，能源合作共同体将会兼顾发达国家、发展中国家以及能源生产国、能源消费国、过境运输国等各方利益，通过多边对话与多边交流，构建牢固的合作关系。实现能源贸易利益的合理分配，能源市场的公平竞争与均衡，实现世界各国的共同繁荣以及全球环境的可持续发展。

2. 普适高效的能源治理体系

随着国际能源形势的不断变化，原有的全球能源治理体系表现出诸多不合理，无法更好地发挥作用。当前，国际能源组织与国际能源机构主要由少数国家联合成立，不具备广泛的代表性，也不能真正具备全球能源治理的职能。国际能源机构和石油输出国组织在全球能源领域内发挥着较大作用。国际能源机构成立于1974年，有29个成员国，该组织旨在促进能源生产国以及能源消费国之间的合作，以及促进各成员国内部政策相互协调，尽管IEA对其成员国有着较强的约束性，但是，它主要受到欧洲、美国等国家（地区）的主导，且机构无法代表所有国家（地区）的利益，也忽视了能源中转国与能源生产国、能源消费国之间的利益关系，因此，具有一定局限性。而石油输出国组织的成员国主要分布在中东地区，且多数为石油生产国，其对于能源问题的治理方式较为简单且低效——主要以限制石油价格与石油产量为主。国际能源组织与石油输出国组织所奉行的"俱乐部治理"方式已经不再适应当前国际能源发展的要求，无法发挥其调解成员间利益分歧的作用，组织内部的关系也逐渐松散，且存在诸多不足，在全球能源治理机制变革中的作用不断减弱，无法承担维护世界能源贸易公平、有序、高效开展的职能。与之相比，能源命运共同体克服了IEA 与 OPEC 的缺陷，以互利共赢为主张，倡导各国在维护自身利益的同时也要考虑他国利益，实现共同发展，构建多元开放的全球能源治理体系。因此，能源命运共同体具备更广泛的代表性，真正实现了各国平等，有效关注新兴市场国家的能源需求，确保全球能源市场的稳定、全球能源贸易的有序开展。

3. 绿色环保的能源发展方式

生态环境问题不仅关乎人类生存环境质量，更影响人类的生命健康以及长远发展，保护生态环境、减少环境污染是人类社会所要关注的主要问题，也是能源开发利用、经济发展过程中所要确保的第一要务。近几个世纪以来，不合理、低效的能源开发及使用虽然带来了世界经济的快速发展，但与此同时，也导致了不可逆转的环境污染、生态失衡等问题。特别是 19 世纪中期以来，工业革命过程中产生的先进生产技术在提高生产力的同时，也进一步加大了各国对于能源的需求，随着能源开发技术的不断提高，人类对于自然资源开发的力度也不断加强，对环境的破坏也随之加深。环境问题已经成为全球关注的重要问题之一，美国科普作家蕾切尔·卡逊在1962 年出版的《寂静的春天》中记录了工业社会所带来的诸多负面影响以及过度使用化学物品给生态环境带来的巨大破坏，警示人类应该在发展的同时关注环境问题，否则，终将给人类带来巨大灾难。中国秉持与世界各国休戚与共、责任共担的理念，在与各国开展合作，重塑全球能源治理格局的过程中，坚持平等协商的原则以及绿色低碳的发展方式，有效开发能源，调整能源消费结构，提高能源使用效率，开启人与自然和谐共存、互利互赢的能源发展道路。

6.6.2.2 树立正确的治理理念

构建能源命运共同体是解决当前全球能源治理体系失衡、失序的有效路径，其构建过程离不开世界各国的共同参与并达成共识，共同坚持绿色发展方式，根据当前已有的多边组织、机构以及平台，重组全球能源交易的布局，为实现全球能源安全、稳定国际能源治理秩序、实现共同发展达成合作。

一个国家的国防安全、经济发展、生态环境以及公民利益都离不开能源安全，随着国际能源联系的日益紧密、能源治理环境的日渐复杂，能源安全的保证离不开世界各国的共同参与和共同努力。在前期世界能源治理合作过程中，各参与国大多从自身利益出发，仅寻求对自身能源安全的保护。而现阶段，能源命运共同体则要求参与各方，包括能源生产国、能源消费国、能源中转国等主体都能够具备长远目光，以合作共赢为理念，加强共同体意识，通过积极开展对话沟通，以实现能源供给稳定化、定价合理化、运输畅通化。各国应做到以下三点。

一是树立正确的能源义利观。正确的能源义利观以合作共赢为理念，追求的不是少数国家的经济利益而是世界各国的共同发展，区别于以利为先的能源霸权主张，能源命运共同体以正确的能源义利观为导向，讲求以义为先，构建全球能源治理新秩序。因此，在构建能源命运共同体时，能源消费链各环节的国家都应秉持谋求共同发展、和平共处的理念，反对歧视、不公正待遇以及任何形式的霸权主义。特别是发达国家与发展中国家开展合作过程中应摒弃偏见，开展平等对话与平等合作，才能形成世界各国休戚与共、互帮互助、共同发展的良好国际能源发展形势。

二是积极承担国际责任。能源命运共同体是新形势下中国提出的创新国际能源治理理念，因此，中国也要积极承担构建能源命运共同体、推动全球能源治理机制变革的国际责任。从经济层面来看，目前，中国已经跻身于世界发展中国家前列，经济发展规模仅次于美国，并逐渐成为新兴市场国家的主要代表；从政治层面看，随着中国经济实力的增强，其国际地位不断提升，中国不仅是联合国的创始国及常任理事国，也是G20等国际组织的重要成员国，具有较强的国际政治影响力；从能源层面看，中国有着较大的能源储备以及极具潜力的能源市场。因此，中国在全球经济、政治以及能源各方面均表现出较强的实力，在国际秩序快速变化调整的当今，中国有能力也有义务参与全球经济治理过程。

因此，中国可充分利用自身的国际影响力，主动承担相应的责任与义务，为全球能源治理体制的构建贡献中国智慧。

三是秉持互利共赢的能源合作理念。能源合作需要能源生产国、能源消费国、能源运输国等多方主体的共同参与和共同协作，合作过程中各国利益相互关联，一旦出现危机将对所有国家利益造成不同程度的损害。因此，中国在开展国际能源合作、构建能源命运共同体的过程中要坚持互利共赢的合作理念，同时，兼顾自身利益与他国合理关切，既要保证能源生产过程的出口利益以及满足能源消费国的合理需求，也要考虑到能源中转运输国的诉求与经济利益。在与部分经济实力较弱的国家合作中，要充分考虑对方的国情与发展需求，充分发挥能源命运共同体的价值效用，推动合作国国内经济水平提升、失业率下降、人民生活水平提高以及生态环境改善。

6.6.3 关键举措三：倡导推进科技创新，推动全球能源技术革命，以破解可持续问题

6.6.3.1 倡导推进科技创新，推动全球能源技术革命

能源问题的解决，离不开能源技术的创新与运用。能源技术的使用可以增加能源使用种类、改造电力行业、提升运输效率，也可以在缓解气候问题方面发挥重要效用。先进能源技术的使用不仅有助于能源的开采、运输，使人类能够获得更多资源，也有助于提升能源使用效率、降低能源消耗，改善能源使用结构，减轻环境压力。

相较于国际先进能源技术，中国的各项能源技术总体上处于落后地位，特别是在新能源技术、非常规油气资源开采技术、边疆勘探开发技术和深海油气开采技术等方面均处于弱势，其中，非常规油气资源开采技术也不甚成熟，短时间内无法在国家能源体系改革过程中发挥重要作用。在能源企业管理方面，中国能源企业经验相对欠缺，核心技术竞争能力暂时落后于发达国家，不利于中国开展国际能源合作。因此，中国可以通过政策鼓励、财政补贴、完善知识产权保护等方式鼓励新能源技术的创新与研发，追随国际能源技术发展趋势，推动相关产业发展。中国能源企业应积极借鉴国际先进管理经验，运用先进能源开发技术开采多种类型的能源，不断攻克能源开采难题，提升能源自足能力，确保中国能源供给的稳定，有效规避各类能源问题。

积极推动与发达国家间的"南北"能源技术合作。从多方面诸如市场、政策规则、技术水平、制造能力等方面寻找与发达国家间的共通点以及互补性。坚持尊重知识产权原则,积极参与发达国家组织的新能源技术研发项目,在技术研发、科技创新等领域加强与发达国家的沟通与交流,在学习先进技术、先进经验的基础上与发达国家共同开发创新技术。此外,也要主动组织国际合作活动,整合世界范围内的资源与知识,进行能源技术领域的技术攻关,解决新能源开发、能源效率提升、能源优化等问题,提升中国在能源领域的话语权。

着力推动"南南"能源技术合作。借助"一带一路"倡议、G20 等多边合作平台,积极开展与其他发展中国家在能源技术、能源政策、能源开发、能源应用等方面的对话与合作。借助"南南合作"平台,加强知识开发者与知识使用者之间的合作,使知识开发以现实应用为导向,在发展中国家间推广先进技术,实现技术的共享与共研。通过技术合作,实现各类资源的有效合理开发,提高资源利用效率,如开发共享"一带一路"沿线能源。同时,加强区域新能源开发合作,借助能源外交带动"一带一路"共建国家共同实现能源结构转型升级,降低传统能源如石油、煤炭等的使用比例,向绿色、低碳、清洁的能源消费、经济发展方式转变。充分彰显中国的大国责任感,提升中国在全球能源治理机制变革、气候治理机制变革中的话语权。

加速推动能源数字化。近年来,数字化浪潮推动数字技术逐渐与全球能源治理相融合。虽然新冠疫情的爆发阻碍了传统经济发展步伐,但是,也为一些行业特别是以数字化平台为载体的数字贸易发展提供了难得的契机,改变了人类的生产生活方式,为推动全球能源发展提供了可能性。新冠疫情后,各国达成了能源实体经济要充分利用数字技术实现商业模式转型升级以及行业发展的共识,相关企业也要加快在管理、生产等领域的数字化转型。然而,现实的国际社会中,多数国家仍然处于能源建设数字化程度较低、数字化转型艰难的困境之中。为了提高在全球能源治理机制变革领域的话语权以及国际影响力,中国有必要在能源领域数字化转型、网络化转型方面抢占先机。因此,中国可以联合能源数字化转型后发国家共建数字能源运行平台,以增强应急能力确保能源安全。在数字政府、数字能源管理平台建设基础上建立能源生产、能源运输、能源消费、能源风险预测等全过程运行平台,利用数字技术,如大数据技术、人工智能等采集并快速处理相关数据，提升能源数字化运行效率，实现中国数字化技术与其他国家能源行业的深度合作。

6.6.3.2　坚持可持续发展原则，保护全球环境

能否进行外部性治理是当前国际能源体系改革面临的一大挑战，在参与全球环境治理之前，中国可以完善本国治理，处理国内的环境外部性问题。中国是能源生产大国，煤炭产量约占全球的 47%，因此，中国在煤炭资源开发、运输、加工等过程中极易产生环境问题，中国可以先处理好这些问题，秉持经济与环境协调发展的理念，充分吸取欧洲"先污染后治理"的教训。近年来，中国积极参与全球环境治理，充分发挥大国示范作用，不仅在改善国内环境方面取得重大成果，取得了较好的国际声誉，为进一步开展国际合作减少了边际成本，而且，逐渐增强了在国际社会环境治理领域的发言权。随着世界经济的发展，臭氧层空洞、全球升温等气候变化问题逐渐成为国际社会关注的焦点与能源治理的重点领域，而中国在全球气候变化治理方面的表现较为突出。中国政府不仅在 2017 年推出全国碳排放交易体系并承诺将于 2030 年前后达到 CO_2 排放峰值，同时，宣布将提供 200 亿元人民币建立"中国气候变化南南合作基金"以支持其他发展中国家共同应对气候变化。[①] 就国内而言，当前，中国也积极倡导发展低碳经济、低碳能源，不断开发新能源，通过推广使用新能源汽车、倡导公民低碳出行等方式不断减少温室气体的排放，获得国际社会的认可与好评。但同时，中国因经济、人口、技术、资金等方面的限制能够承担的责任有限，故可以从国情出发，强调共同但有区别的原则与各自能力原则，承担力所能及的国际责任，在参与国际气候治理过程中，把重点放在形成更合理的国内能源可持续发展体系。推动经济与能源可持续发展，通过清洁能源、绿色能源的使用以及能源技术、能源结构、能源效率的改善来应对全球气候变化。

当今世界在经济迅速腾飞的同时也面临日益严重的生态环境问题，如何实现经济与环境的协调发展是世界各国所需要共同面对的重要议题。对此，中国提出要构建能源命运共同体，实现能源产业的绿色升级，这不仅是中国能源治理的未来方向，也是全球能源治理机制变革所需要实现的主要目标，具体可做

---

① 新浪财经. 中国承诺 2030 年实现碳排放达峰非温室气体排放达峰［EB/OL］. http：//finance. sina. com. cn/roll/2018 – 03 – 27/doc-ifysqfnh2781359. shtml.

到以下三点。

第一，树立绿色环保的发展理念。19世纪中期以来，工业革命实现了生产技术的不断革新，同时，导致各国对于化石能源需求量的不断增加。而这些资源的过度开采也为全球生态环境带来了巨大压力与破坏，全球臭氧层空洞、气候变暖、物种大量灭绝等生态环境问题不断凸显，严重威胁人类生存与发展。为此，推动全球能源结构变革、开发新型清洁能源迫在眉睫，需要世界各国的共同应对与合作。作为世界上主要的能源消费国之一，中国有责任也有义务积极参与全球气候治理。国际层面，应积极推动构建能源命运共同体，倡导各国重视国际生态环境问题并积极开展跨国能源合作与生态环境治理合作。国内层面，主动承担大国责任，树立绿色低碳的发展理念，在实现温室气体减排、调整能源结构等方面做出积极表率。同时，鼓励开展能源技术的创新与变革，增加对于诸如风能、潮汐能等清洁能源的开发，减少对于化石能源等传统能源的使用、提高资源利用效率。

第二，推广常规清洁能源的使用。清洁能源具备不排放污染物、可再生等特点，克服了传统能源储备量有限、排放污染物、分布不均匀等缺陷，符合当前全球能源治理、生态环境保护的需求。其中，天然气具备热值大、污染小、易获得、可推广、可支付等特征，逐渐受到国际社会的关注与使用。可以通过增加天然气的开发与使用以替代对于诸如石油、煤炭等传统化石能源的需求，从而达到减少污染排放、实现全球各国能源结构转型升级、改善生态环境质量的目的。全球范围内天然气资源较为丰沛，仅2005年世界已探明的天然气总储量就高达179.53兆立方米。天然气具有较大的生产量与市场需求，具有良好的发展趋势，天然气的使用也有助于改善国际能源生产消费结构，降低污染性气体的排放，实现世界经济的可持续发展。因此，在开展全球能源治理、构建能源命运共同体的过程中，世界各国要加强天然气领域的跨国合作与跨国交流，不断完善开采、运输、储存等各环节的基础设施，为天然气工业提供坚实的支持与保障。

第三，加强新能源产业开发合作。随着国际社会对环境问题的日益重视以及全球能源结构的逐渐调整，新能源产业逐渐走入国际社会的视野并呈现出良好的发展前景，可以说，新能源产业将会引导全球能源的发展方向。然而，因受到技术、设备以及专业知识、专业人才等方面的限制，多数发展中国家面临新能源开发的难题与困境，对相关产业的发展造成了诸多不利影响。对此，各国要秉持互帮互助、互利共赢的理念，具备技术优势的国家之间在开展技术沟通交流的同时，也要加大对于落后国家的技术援助与技术扶持。可以通过构建跨国新能源技术研发机构、鼓励企业间通过技术入股等形式开展技术与经验的交流、加快实现产学研相融合等方式，推动国际新能源技术进一步创新与使用。实现新能源产品在全球的广泛使用，构建绿色、高效、可持续的国际新能源发展机制。

6.7　本　章　小　结

在数字经济时代背景下，中国如何实现全球经济治理机制变革各领域的角色定位，不仅关乎未来中国在国际社会的话语权，更关乎中国能否顺应时代发展的潮流、带领全球经济治理体系走向更公正、合理、有效的方向。本章于数字经济时代中国在全球经济治理机制变革中角色定位的基础上，对中国如何实现在发展、贸易、投资、金融和能源五大领域的角色定位进行关键举措研究。

6.1 节从国际、国内双重角度引出数字经济时代中国推动全球经济治理机制变革应该着力的方向。6.2 节探讨了中国如何以数字经济的推动者、南北数字鸿沟的弥合者、数字经济共同体的构建者以及全球数字公共产品的供给者四大角色推动全球发展治理机制变革，即以提升国内数字化水平为杠杆，以扩大互联网普及范围为抓手，以实现人类命运共同体为目标，以贯彻可持续发展理念为动力，推动全球发展治理。6.3 节探讨了中国如何以多边贸易体系的拥护者、数字贸易规则的建设者以及数字贸易新业态的引领者三种角色推动全球贸易治理机制变革的关键性举措，分别以经贸组织改革为手段，以跨境电商发展为契机，以顶层设计创新为路径，引领全球数字贸易规则构建。6.4 节对中国如何通过现有投资规则的践行者、投资治理机制的变革者以及全球投资活力的拉动者三种角色推动全球投资治理机制变革进行关键举措研究，即中国应完善国内、国际投资协定，贯彻 G20 投资指导原则，利用数字经济发展契机促进全球投资活力迸发。6.5 节从全球金融治理机制变革的角度，对中国如何实现包容普惠金融体系的建设者、全球金融风险治理的合作者以及全球数字金融发展的推动者三大角色进行关键举措研究，即中国应探索构建新型包容普惠金融体系，利用数字技术以探索建立全球金融风险治理机制，推广数字金融以探索搭建新型全球金融交流平台。6.6 节根据中国实现在推动全球能源治理机制变革中的三大角色定位（能源供需变革的倡导者、能源体制变革的引领者以及能源技术革命的驱动者）提出关键性举措，即中国可倡导开展国际对话，建立稳定的能源供需体系以破解碎片化问题；倡导改变治理理念，形成新能源命运共同体以破解全局性问题；倡导推进科技创新，推动全球能源技术革命以破解可持续问题。

参考文献

[1] 保建云. 主权数字货币、金融科技创新与国际货币体系改革——兼论数字人民币发行、流通及国际化 [J]. 人民论坛·学术前沿, 2020 (2): 24-35.

[2] 蔡翠红. 网络空间命运共同体: 内在逻辑与践行路径 [J]. 人民论坛·学术前沿, 2017 (24): 68-77.

[3] 陈德铭. 全球化下的经贸秩序和治理规则 [J]. 国际展望, 2018, 10 (6): 1-22, 157-158.

[4] 陈东晓, 叶玉. 全球经济治理: 新挑战与中国路径 [J]. 国际问题研究, 2017 (1): 11-22, 137.

[5] 陈玲, 段尧清, 王冰清. 数字政府建设和政府开放数据的耦合协调性分析 [J]. 情报科学, 2020, 38 (1): 162-168.

[6] 陈伟光, 王燕. 全球经济治理中制度性话语权的中国策 [J]. 改革, 2016 (7): 25-37.

[7] 戴龙. 数字经济产业与数字贸易壁垒规制——现状、挑战及中国因应 [J]. 财经问题研究, 2020 (8): 40-47.

[8] 邓集文. 数字安全: 国家安全的新维度 [J]. 求索, 2004 (2): 85-87.

[9] 董青岭. 多元合作主义与网络安全治理 [J]. 世界经济与政治, 2014 (11): 52-72, 156-157.

[10] 樊勇明, 沈陈. 全球经济治理结构重组是中国的新战略机遇 [J]. 国际观察, 2013 (3): 1-5.

[11] 冯军. 价值观念在经济全球化背景下的趋同与多元化发展辨析 [J]. 湖北大学学报 (哲学社会科学版), 2001 (5): 29-33.

［12］龚沁宜，成学真．数字普惠金融、农村贫困与经济增长［J］．甘肃社会科学，2018（6）：139－145．

［13］郭晴，陈伟光．中国参与全球经济治理机制与战略选择的探讨［J］．国际经贸探索，2018，34（3）：4－11．

［14］郭周明，田云华，王凌峰．"逆全球化"下建设国际金融新体制的中国方案——基于"一带一路"研究视角［J］．国际金融研究，2020（1）：44－53．

［15］何圣东，杨大鹏．数字政府建设的内涵及路径——基于浙江"最多跑一次"改革的经验分析［J］．浙江学刊，2018（5）：45－53．

［16］衡容，贾开．数字经济推动政府治理变革：外在挑战、内在原因与制度创新［J］．电子政务，2020（6）：55－62．

［17］胡滨，程雪军．金融科技、数字普惠金融与国家金融竞争力［J］．武汉大学学报（哲学社会科学版），2020，73（3）：130－141．

［18］胡键．全球经济治理体系的嬗变与中国的机制创新［J］．国际经贸探索，2020，36（5）：99－112．

［19］黄超．全球发展治理转型与中国的战略选择［J］．国际展望，2018，10（3）：29－49，153－154．

［20］黄仁伟．全球经济治理机制变革与金砖国家崛起的新机遇［J］．国际关系研究，2013（1）：54－70．

［21］黄益平，黄卓．中国的数字金融发展：现在与未来［J］．经济学（季刊），2018，17（4）：1489－1502．

［22］黄益平，陶坤玉．中国的数字金融革命：发展、影响与监管启示［J］．国际经济评论，2019（6）：5，24－35．

［23］康伟，姜宝．数字经济的内涵、挑战及对策分析［J］．电子科技大学学报（社科版），2018，20（5）：12－18．

［24］蓝庆新，窦凯．中国数字文化产业国际竞争力影响因素研究［J］．广东社会科学，2019（4）：12－22，254．

［25］李长江．关于数字经济内涵的初步探讨［J］．电子政务，2017（9）：84－92．

［26］李俊江，何枭吟．美国数字经济探析［J］．经济与管理研究，2005（7）：13－18．

［27］李杨，陈寰琦，周念利．数字贸易规则"美式模板"对中国的挑战及应对［J］．国际贸易，2016（10）：24－27，37．

［28］李由．全球经济治理机制变迁与中美方案的历史考察［J］．经济问题，2018（6）：20－25．

［29］李忠民，周维颖，田仲他．数字贸易：发展态势、影响及对策［J］．国际经济评论，2014（6）：8，131－144．

［30］林梦瑶，李重照，黄璜．英国数字政府：战略、工具与治理结构［J］．电子政务，2019（8）：91－102．

［31］刘津含，陈建．数字货币对国际货币体系的影响研究［J］．经济学家，2018（5）：17－22．

［32］刘明明，李佳奕．构建公平合理的国际能源治理体系：中国的视角［J］．国际经济合作，2016（9）：28－36．

［33］刘淑春．数字政府战略意蕴、技术构架与路径设计——基于浙江改革的实践与探索［J］．中国行政管理，2018（9）：37－45．

［34］楼项飞，杨剑．拉美数字鸿沟消弭与中拉共建"数字丝绸之路"［J］．国际展望，2018，10（5）：56－74，159－160．

［35］马述忠，房超，郭继文．世界与中国数字贸易发展蓝皮书（2018）［R/OL］．http：//www.zjskw.gov.cn/u/cms/www/201809/29142313hdlq.pdf．

［36］马述忠，房超，梁银锋．数字贸易及其时代价值与研究展望［J］．国际贸易问题，2018（10）：16－30．

［37］马述忠，潘钢健．从跨境电子商务到全球数字贸易——新冠肺炎疫情全球大流行下的再审视［J］．湖北大学学报（哲学社会科学版），2020，47（5）：119－132，169．

［38］逄健，朱欣民．国外数字经济发展趋势与数字经济国家发展战略［J］．科技进步与对策，2013，30（8）：124－128．

［39］裴长洪，倪江飞，李越．数字经济的政治经济学分析［J］．财贸经济，2018，39（9）：5－22．

［40］裴长洪．全球经济治理、公共品与中国扩大开放［J］．经济研究，2014，49（3）：4－19．

［41］齐爱民．数字文化商品确权与交易规则的构建［J］．中国法学，

2012 (5)：73－86.

[42] 阙天舒，李虹．网络空间命运共同体：构建全球网络治理新秩序的中国方案 [J]．当代世界与社会主义，2019 (3)：172－179.

[43] 盛斌，黎峰．中国开放型经济新体制"新"在哪里？[J]．国际经济评论，2017 (1)：7，129－140.

[44] 盛斌，王璐瑶．全球经济治理中的中国角色与贡献 [J]．江海学刊，2017 (1)：83－87，238.

[45] 孙德林，王晓玲．数字经济的本质与后发优势 [J]．当代财经，2004 (12)：22－23.

[46] 田刚元，陈富良．习近平数字经济发展思想的历史逻辑、核心要义及其时代价值 [J]．理论导刊，2021 (1)：4－9.

[47] 王世伟，曹磊，罗天雨．再论信息安全、网络安全、网络空间安全 [J]．中国图书馆学报，2016，42 (5)：4－28.

[48] 王馨．互联网金融助解长尾小微企业融资难问题研究 [J]．金融研究，2015 (9)：128－139.

[49] 王作功，李慧洋，孙璐璐．数字金融的发展与治理：从信息不对称到数据不对称 [J]．金融理论与实践，2019 (12)：25－30.

[50] 吴伟华．中国参与制定全球数字贸易规则的形势与对策 [J]．国际贸易，2019 (6)：55－60.

[51] 谢绚丽，沈艳，张皓星，等．数字金融能促进创业吗？——来自中国的证据 [J]．经济学（季刊），2018，17 (4)：1557－1580.

[52] 徐崇利．新兴国家崛起与构建国际经济新秩序——以中国的路径选择为视角 [J]．中国社会科学，2012 (10)：186－204，208.

[53] 徐继华，等．智慧政府：大数据治国时代的到来 [M]．北京：中信出版社，2014.

[54] 徐金海，夏杰长．全球价值链视角的数字贸易发展：战略定位与中国路径 [J]．改革，2020 (5)：58－67.

[55] 徐秀军．新兴经济体与全球经济治理结构转型 [J]．世界经济与政治，2012 (10)：49－79，157－158.

[56] 徐忠．新时代背景下中国金融体系与国家治理体系现代化 [J]．经

济研究，2018，53（7）：4－20.

［57］杨东.监管科技：金融科技的监管挑战与维度建构［J］.中国社会科学，2018（5）：69－91，205－206.

［58］杨新铭.数字经济：传统经济深度转型的经济学逻辑［J］.深圳大学学报（人文社会科学版），2017，34（4）：101－104.

［59］尹应凯，侯蕤.数字普惠金融的发展逻辑、国际经验与中国贡献［J］.学术探索，2017（3）：104－111.

［60］詹晓宁，欧阳永福.数字经济下全球投资的新趋势与中国利用外资的新战略［J］.管理世界，2018，34（3）：78－86.

［61］詹晓宁.全球投资治理新路径——解读《G20 全球投资政策指导原则》［J］.世界经济与政治，2016（10）：4－18，155.

［62］张发林.全球金融治理议程设置与中国国际话语权［J］.世界经济与政治，2020（6）：106－131，159.

［63］张贺，白钦先.数字普惠金融减小了城乡收入差距吗？——基于中国省级数据的面板门槛回归分析［J］.经济问题探索，2018（10）：122－129.

［64］张焕国，韩文报，来学嘉，等.网络空间安全综述［J］.中国科学：信息科学，2016，46（2）：125－164.

［65］张晓，鲍静.数字政府即平台：英国政府数字化转型战略研究及其启示［J］.中国行政管理，2018（3）：27－32.

［66］张晓.数字经济发展的逻辑：一个系统性分析框架［J］.电子政务，2018（6）：2－10.

［67］赵龙跃，李家胜.WTO 与中国参与全球经济治理［J］.国际贸易，2016（2）：18－23.

［68］赵永华.构建网络空间命运共同体的必要性与合理性［J］.人民论坛，2020（20）：110－113.

［69］周念利，陈寰琦.基于《美墨加协定》分析数字贸易规则"美式模板"的深化及扩展［J］.国际贸易问题，2019（9）：1－11.

［70］周念利，陈寰琦.数字贸易规则"欧式模板"的典型特征及发展趋向［J］.国际经贸探索，2018，34（3）：96－106.

［71］周念利，李玉昊.数字知识产权保护问题上中美的矛盾分歧、升级趋

向及应对策略［J］. 理论学刊，2019（4）：58 – 66.

［72］周宇. 全球经济治理与中国的参与战略［J］. 世界经济研究，2011（11）：26 – 32，87.

［73］朱锋.“百年大变局”的决定性因素分析［J］. 南京大学学报（哲学·人文科学·社会科学版），2019，56（5）：83 – 87.

［74］朱旭. 全球治理变革与中国的角色［J］. 当代世界与社会主义，2018（3）：158 – 165.

［75］邹志强. 全球经济治理变革对中国与新兴国家合作的启示［J］. 世界经济与政治论坛，2014（4）：72 – 84，127.

［76］Bell D. The Coming of the Post-industrial Society［M］. New York：Basic Books，1976.

［77］Hawken P. The Next Economy［M］. New York：Ballantine Books，1984.

［78］Machlup F. The Production and Distribution of Knowledge in the United States［M］. Princeton：Princeton University Press，1962.

［79］Malecki E.，Moriset B. The Digital Economy：Business Organization，Production Processes and Regional Developments［M］. London：Routledge，2008.

［80］Mesenbourg T. L. Measuring the Digital Economy［R］. Washington DC：United States Bureau of the Census，2001.

［81］Negroponte N. Being Digital［M］. New York：Vintage，1996.

［82］Porat M. U. The Information Economy：Definition and Measurement［M］. Washington DC：Office of Telecommunications，1977.

［83］Reinsdorf M.，Quiros G. Measuring the Digital Economy［J］. IMF Policy Papers，2018.

［84］Tapscott D. The Digital Economy：Promise and Peril in the Age of Networked Intelligence［M］. New York：McGraw Hill，1996.